ATLAS DER ALTEN WELT

EINE ATEMBERAUBENDE REISE
ZU DEN HOCHKULTUREN
DER MENSCHHEIT

MARGARET OLIPHANT

ATLAS DER ALTEN WELT

EINE ATEMBERAUBENDE REISE ZU DEN HOCHKULTUREN DER MENSCHHEIT

Aus dem Englischen von Konrad Dietzfelbinger

Lieber Opa!

Alles Liebe und Gute zum Geburtstag. Viel Glück und Gesundheit für die Zukunft und bleibe so wie Du bist. Viel Spaß beim Lesen und entdecken der alten Welt.

Alles Liebe und Gute

Dein Andreas

ORBIS VERLAG

Genehmigte Sonderausgabe 2000
Orbis Verlag für Publizistik, München
in der Verlagsgruppe Bertelsmann GmbH

Titel und Bearbeitung der englischen Ausgabe:
The Atlas of the Ancient World
Cheflektorat: Ruth Binney
Lektorat: James Harpur
Gestaltung: David Goodman
Bildbeschaffung: Richard Philpott
Wissenschaftliche Berater: Heather Magrill, Jazz Wilson
Die Verleger danken Iris Barry für das Verfassen des Amerika-Kapitels
(Seite 178 bis 201)

veröffentlicht in der Edition „Villa Arceno“
4. Auflage 1998
Übersetzer: Konrad Dietzfelbinger
Wissenschaftliche Beratung: Linda-Marie und Wolfgang Günther
Lektorat und Herstellung: VerlagsService Dr. Helmut Neuberger &
Karl Schaumann GmbH, Heimstetten
Satz: Filmsatz Schröter GmbH, München
Druck und Bindearbeiten: Mohn Media, Gütersloh
Printed in Germany
ISBN 3-572-01214-7

Umwelthinweis:
Das Buch wurde auf chlorfrei gebleichtem Papier gedruckt.
Die Einschweißfolie – zum Schutz vor Verschmutzung –
ist aus umweltfreundlicher und recyclingfähiger PE-Folie.

Inhalt

Vorwort

Dies ist eine Reise zurück durch viele Jahrtausende, durch viele Länder und Kulturen. Im Zuge meiner Studien und Forschungen habe ich mich auf die Frühgeschichte des Mittelmeerraums und des Nahen Ostens spezialisiert, doch fand ich es auf meinen zahlreichen Reisen stets anregend, auch andere Kulturen zu erforschen. Die Erfahrungen mit vielen Menschen haben mich gelehrt, daß die Rolle des Historikers die eines Führers und Begleiters auf dem Weg durch die Rätsel der Vergangenheit sein muß.

Ich habe versucht, dieser Rolle gerecht zu werden, ob es um die Einflüsse des Hellenismus auf die römische Welt, um die Bestattungsbräuche der Shang-Dynastie im alten China oder um die Götterwelt der Ägypter ging. Stets war es mein Bestreben, das Interesse des Lesers zu wecken und ihn anzuregen, durch vertiefende Lektüre ein genaueres Bild von der Vergangenheit zu gewinnen.

Und noch etwas haben mich meine Erfahrungen auf Reisen gelehrt: Immer wenn ich mit einer Reisegruppe vor den steinernen Monumenten der Geschichte wie den Ruinen von Hattusa oder jenen von Sardis stand, wurde ich gefragt, welches Bild sich an diesen Orten wohl geboten haben mag, als sie noch die lebendurchfluteten Hauptstädte des Hethiterreiches bzw. Lydiens waren. Aus diesen Fragen habe ich erfahren, wie wichtig es ist, die historiographische Information durch plastische Eindrücke wie Fotos, anschauliche Karten und lebendige Rekonstruktionen zu ergänzen.

Die Geschichte überlebt in archäologischen Funden, in Museen und Büchern, doch lebendig wird sie erst in der Vorstellungswelt der Lebenden. Die Phantasie aber bedarf der Inspiration, und dazu soll dieses Buch beitragen.

Margaret Oliphant

MARGARET OLIPHANT

Ein farbiges Fries *aus dem Palast des Perserkönigs Darius (522–486 v. Chr.). Es zeigt eine Reihe von Bogenschützen aus der königlichen Leibwache. Rechts ein Detail.*

Einführung

Wir leben am Ende eines unruhigen Jahrhunderts. Eine Regierung löst die andere, ein Herrschaftssystem das andere ab, und an vielen Stellen der Erde werden Grenzen neu gezogen. Das Leben ist unsicher geworden. Die Folge ist, daß nationale Bewegungen an Boden gewinnen. Die Völker wenden sich wieder ihrer Vergangenheit zu in der Hoffnung, daraus Sicherheit und eine neue Identität zu gewinnen. So war z. B. die Entscheidung der Leningrader im Jahre 1991, ihre Stadt wieder St. Petersburg zu nennen, ein Wachrufen der Erinnerung an die Größe des vorrevolutionären Rußland und ein Zeichen dafür, daß sich die Menschen auf ihre Wurzeln zurückbesinnen und eine geistige Erneuerung anstreben.

Tatsächlich haben das Wissen um eine große gemeinsame nationale Vergangenheit und deren Symbole stets Einheit unter den Menschen und ein durchaus positives Zusammengehörigkeitsgefühl gestiftet. An Denkmälern der Geschichte entzünden sich die nationale Begeisterung und der Nationalstolz eines Volkes. Bei den Briten lösen die Steinsäulen von Stonehenge die gleichen Empfindungen aus wie der Parthenon bei den Griechen und das Forum Romanum bei den Italienern.

In diesem Buch werden die großen Kulturen der Vergangenheit vorgestellt und die Schicksalslinien der Völker nachgezeichnet. Es schildert ihr Leben und Sterben, ihre Hoffnungen und Träume. Die neun behandelten Kulturen sind auf der Karte (unten) mit einigen ihrer wichtigsten Städte angegeben. Das prähistorische Europa, Ägypten, Mesopotamien, der Nahe Osten, Persien, Indien und China sind auf der Hauptkarte eingezeichnet, die beiden Amerika, die römische Welt und Griechenland mit der Ägäis auf den eingeklinkten Karten. Die Seitenzahlen für jedes Kapitel stehen hinter den Kapitelüberschriften.

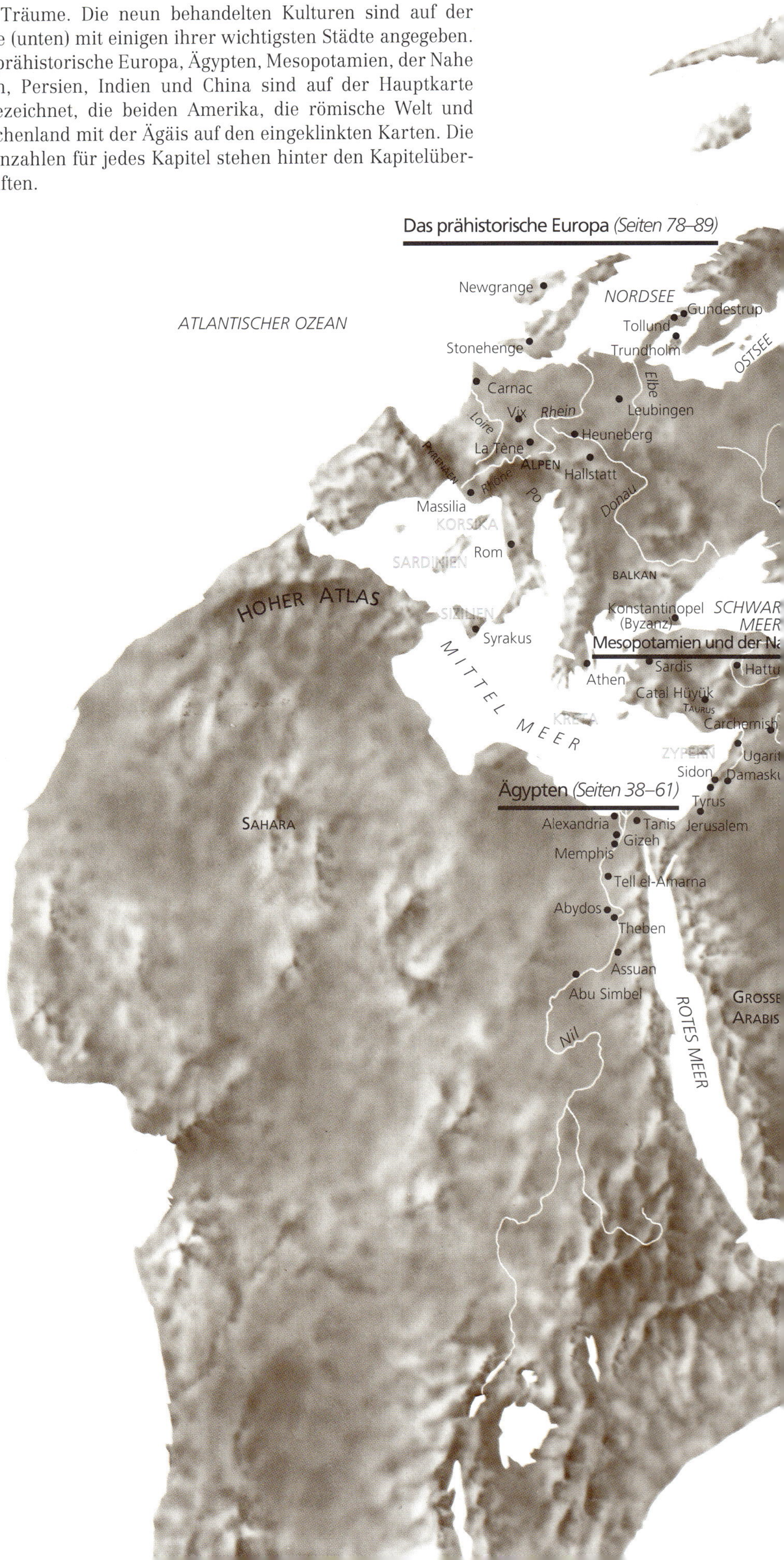

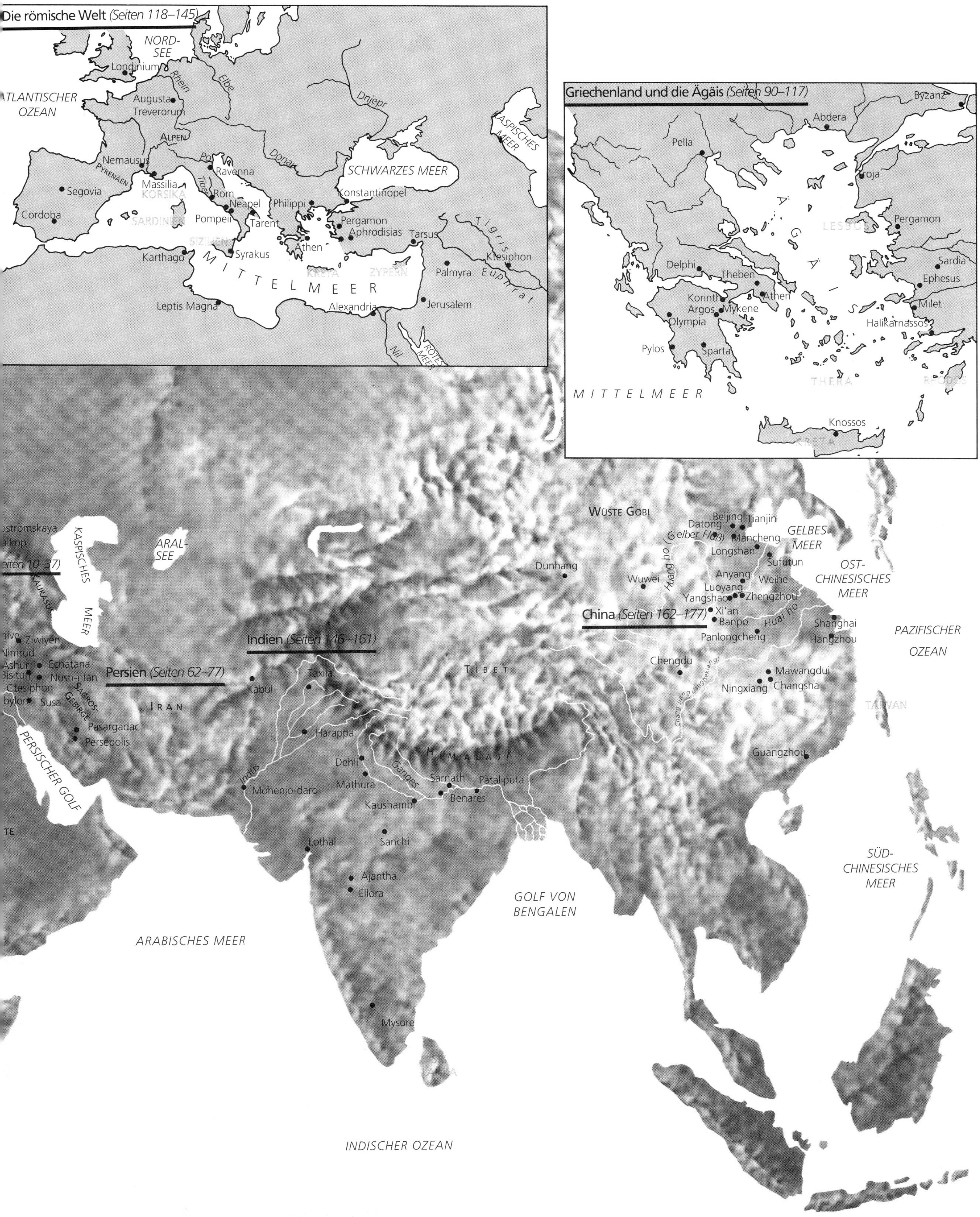
Die römische Welt (Seiten 118–145)
NORD-
SEE
Londinium
ATLANTISCHER
OZEAN
Rhein
Elbe
Dnjepr
Augusta
Treverorum
ALPEN
KASPISCHES
MEER
Nemausus
PYRENÄEN
Po
Ravenna
Donau
SCHWARZES MEER
Segovia
Massilia
KORSIKA
Tiber
Rom
Neapel
Philippi
Konstantinopel
Cordoba
SARDINIEN
Pompeii
Tarent
Pergamon
Aphrodisias
Tigris
SIZILIEN
Athen
Tarsus
Karthago
Syrakus
Ktesiphon
MITTELMEER
KRETA
ZYPERN
Palmyra
Euphrat
Leptis Magna
Alexandria
Jerusalem
Nil
ROTES
MEER
Griechenland und die Ägäis (Seiten 90–117)
Byzanz
Abdera
Pella
Troja
ÄGÄIS
LESBOS
Pergamon
Sardia
Delphi
Theben
Ephesus
Korinth
Athen
Argos
Mykene
Milet
Olympia
Halikarnassos
Pylos
Sparta
MITTELMEER
THERA
RHODOS
Knossos
KRETA
WÜSTE GOBI
Beijing
Tianjin
Datong
Mancheng
Hang ho (Gelber Fluß)
GELBES
MEER
Longshan
Sufutun
Dunhang
Anyang
Wuwei
Weihe
OST-
CHINESISCHES
MEER
Luoyang
Yangshao
Zhengzhou
Xi'an
Banpo
China (Seiten 162–177)
Huai ho
Shanghai
Panlongcheng
Hangzhou
PAZIFISCHER
OZEAN
Chengdu
Mawangdui
Ningxiang
Changsha
Chang Jiang (Jangtsekiang)
TAIWAN
Guangzhou
KASPISCHES
MEER
ARAL-
SEE
KAUKASUS
Ziwiyen
Nimrud
Ashur
Echatana
Nush-i Jan
Ctesiphon
Susa
SAGROS-
GEBIRGE
Pasargadae
Persepolis
PERSISCHER GOLF
Persien (Seiten 62–77)
Indien (Seiten 146–161)
Kabul
Taxila
IRAN
TIBET
Harappa
HIMALAJA
Dehli
Indus
Mathura
Ganges
Sarnath
Pataliputa
Mohenjo-daro
Benares
Kaushambi
Lothal
Sanchi
Ajantha
Ellora
GOLF VON
BENGALEN
SÜD-
CHINESISCHES
MEER
ARABISCHES MEER
Mysore
SRI
LANKA
INDISCHER OZEAN

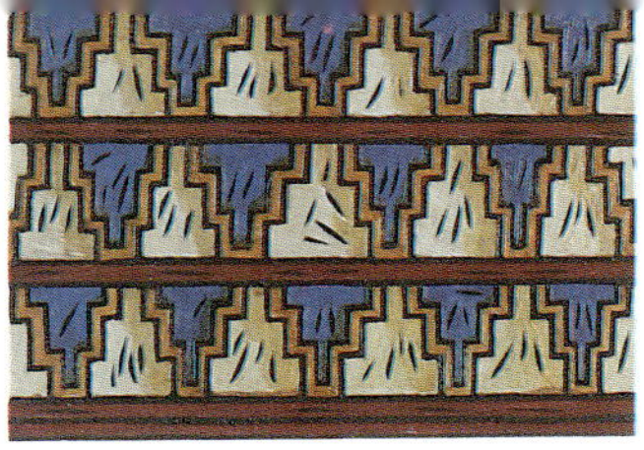

Mesopotamien und der Nahe Osten

***Der Zikkurat in Ur,** erbaut von dem großen sumerischen König Urnammu (2112–2095 v. Chr.), ist der besterhaltene Tempelturm Mesopotamiens. Der gewaltige Bau maß am Fuß 63 mal 43 Meter und war mit gebrannten Ziegeln verkleidet. Er lag inmitten des heiligen Bezirks und war dem Mondgott Nanna geweiht. Man nimmt an, daß der Zikkurat drei Stockwerke besaß, die durch außen verlaufende Treppen verbunden waren. Die Spitze krönte ein Heiligtum.*

„Also zerstreute sie der Herr von dort in alle Länder, daß sie mußten aufhören, die Stadt zu bauen. Daher heißt ihr Name Babel, daß der Herr daselbst verwirrt hatte aller Länder Sprache ...“ (1. Mose 11, 8–9)

Der Nahe Osten des Altertums der Menschheit erstreckte sich von der Ostküste des Mittelmeers bis zum iranischen Hochland. Er war die Wiege einer ganzen Anzahl blühender Hochkulturen, von den Sumerern bis zu den Neubabyloniern. Diese Periode dauerte etwa 3000 Jahre bis zur Mitte des 1. Jahrtausends v. Chr. Lange Zeit war uns dieses Gebiet und seine Geschichte nur durch die Berichte der Bibel und die ungenauen Schilderungen der Autoren der Antike bekannt. Das änderte sich erst mit den archäologischen Entdeckungen Mitte des 19. Jahrhunderts und mit der noch späteren Entzifferung der babylonischen Schrift.

Die deutschen Ausgrabungen in Babylon Anfang dieses Jahrhunderts haben gezeigt, daß die Stadt des Königs Nebukadnezar II. (604–562 v. Chr.) wohl noch viel prachtvoller war, als wir es uns vorstellen können.

Im Nahen Osten, vor allem in Palästina und der Levante, vollzog sich zum erstenmal der Übergang von den Jäger- und Sammlerkulturen der Frühzeit zu einer seßhaften bäuerlichen Gesellschaft: ein entscheidender Schritt in der Geschichte der Menschheit. Es handelte sich dabei um eine völlig neue Methode der Nahrungsgewinnung. Sie schuf die Voraussetzungen für die Anlage von Dauersiedlungen und ersten Dörfern. Das wiederum machte die Entwicklung von Städten und Staaten möglich. Diese entstanden im südlichen Mesopotamien im Gebiet zwischen Euphrat und Tigris. Mit ihnen bildeten sich auch die Merkmale zivilisierter Gesellschaften heraus: Literatur, religiöse Institutionen und Monumentalarchitektur, hier in Form der riesigen pyramidenförmigen Zikkurats. In Mesopotamien wurde überdies die Schrift erfunden. Es war dies zunächst eine Bilderschrift, die sich später zur abstrakten Keilschrift entwickelte. Mit ihrer Entzifferung näherte man sich den Anfängen der schriftlich tradierten Geschichte.

Die Sumerer waren das erste Volk, das in Mesopotamien Städte baute. Ihnen folgten die Akkader, Amoriter, Churriter und andere Völker, die in diese Gebiete einwanderten oder eindrangen. Sie alle wurden Träger einer Gesamtkultur, die einen Zeitraum von über 3000 Jahren umspannte. Im Westen Mesopotamiens kamen die Kanaaniter Palästinas und der Levante mit der ägyptischen Kultur in Berührung, was sich in der Kunst der Levante widerspiegelt. Doch bewahrten im allgemeinen die Kanaaniter ihre kulturelle Eigenständigkeit, bis sie im 1. Jahrtausend v. Chr. von den Philistern, Israeliten und Aramäern verdrängt wurden.

In Anatolien errichteten die Hethiter ein mächtiges Reich, das sich von Anatolien bis Syrien erstreckte. Eigentlich kann man aber bei ihnen noch nicht von einem wirklichen Reich sprechen. Das erste zentralgelenkte Reich schufen die Assyrer, ein Kriegervolk, das fast den gesamten Nahen Osten über 200 Jahre lang bis zum Beginn des 6. Jahrhunderts v. Chr. beherrschte. Den Assyrern folgten die Babylonier nach, die ihrerseits 531 v. Chr. von den Persern abgelöst wurden. Diese letzten mesopotamischen Reiche zerfielen, als Griechen und Römer den Vorderen Orient eroberten.

***Dieses Stiermosaik** aus glasierten Ziegeln stellt den im Nahen Osten verehrten Himmelsgott Adad dar. Das Relief zierte das große Tor der Ischtar zu Babylon, das unter der Regierung König Nebukadnezars II. (604–562 v. Chr.) erbaut wurde.*

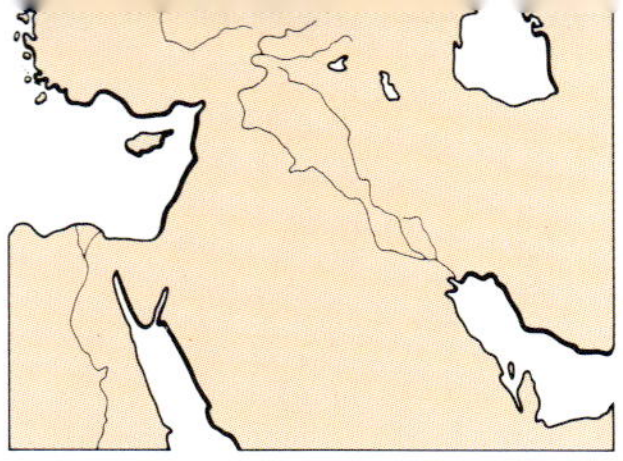

Das Minarett *der Großen Moschee von Samarra im Irak wurde 848 n. Chr. von dem Abbasidenkalifen al-Mutawakkil erbaut. Die spiralförmig verlaufende Rampe folgt dem architektonischen Vorbild der mesopotamischen Zikkurats.*

Vergoldete phönizische Elfenbeinarbeit, *die einen Nubier zeigt, der von einer Löwin gepackt wird. Die Arbeit wurde in der assyrischen Stadt Nimrud gefunden. Sie stammt aus dem 8. Jahrhundert v. Chr., als die Assyrer viele phönizische und syrische Elfenbeinarbeiten erbeuteten.*

Die ersten Bauern

Vom Ende der Eiszeit um 10 000 v. Chr. bis zum Entstehen der ersten Kulturen im Nahen Osten vollzog sich ein tiefgreifender Wandel im Leben der Völker. Zu Beginn streiften noch kleine Horden von Jägern und Sammlern im Lande umher und suchten sich Pflanzen und Tiere als Nahrung. Doch innerhalb weniger tausend Jahre entstand mit der Einführung des Ackerbaus eine völlig neue Welt von Dörfern und Städten. Der Ackerbau revolutionierte das Zusammenleben der Menschen. Er führte nicht nur zur Seßhaftigkeit, sondern schuf auch die Voraussetzungen, wodurch sich neue Techniken wie Töpferei und Metallverarbeitung entwickeln konnten.

Im Hochland des Fruchtbaren Halbmonds, dem Gebiet, das sich in breitem Bogen von Palästina ostwärts bis zum Sagrosgebirge hinzieht, gediehen verschiedene Getreidearten, z. B. Weizen und Gerste. Funde von Sichelblättern beweisen, daß schon 15 000 v. Chr. Jäger und Sammler diese wildwachsenden Pflanzen ernteten. Um 10 000 v. Chr. intensivierte sich dieser Prozeß, und Siedlungsgemeinschaften in Palästina und Syrien lagerten wildes Getreide in Gruben ein und mahlten Mehl mit Mahlsteinen. Etwa 1000 Jahre später taten die neolithischen Bewohner des Nahen Ostens einen der wichtigsten Schritte in der Entwicklung der Menschheit: Sie begannen Nutzpflanzen anzubauen. Von jetzt an wurde planmäßig gesät und geerntet, und wilde Arten wurden kultiviert. Jericho, die berühmte Stadt der Bibel, ist die erste uns bekannte Niederlassung von Ackerbauern. Aber die frühesten Spuren einer Kultivierung in größerem Stil finden sich in Südostanatolien und im Zagrosgebirge. Um 7000 v. Chr. war der Nutzpflanzenanbau in großen Teilen des Nahen Ostens verbreitet, und die Domestizierung von Haustieren begann.

Allmählich entstanden bäuerliche Dörfer. In Palästina, wo die Menschen zuvor in Hütten zusammen gehaust hatten, wohnten sie nun in festen Häusern mit gekalktem und bemaltem Fußboden. Sie flochten Körbe, webten Stoffe aus Flachsgarn und höhlten Steingefäße aus. Solche handwerklichen Fähigkeiten konnten sich entwickeln, weil die aus dem Acker-

***Korndreschen** im heutigen Iran* (unten links).
Diese typische Szene beweist, daß sich traditionelle Arbeitsmethoden, über die Jahrtausende bis in unsere Zeit erhalten haben.

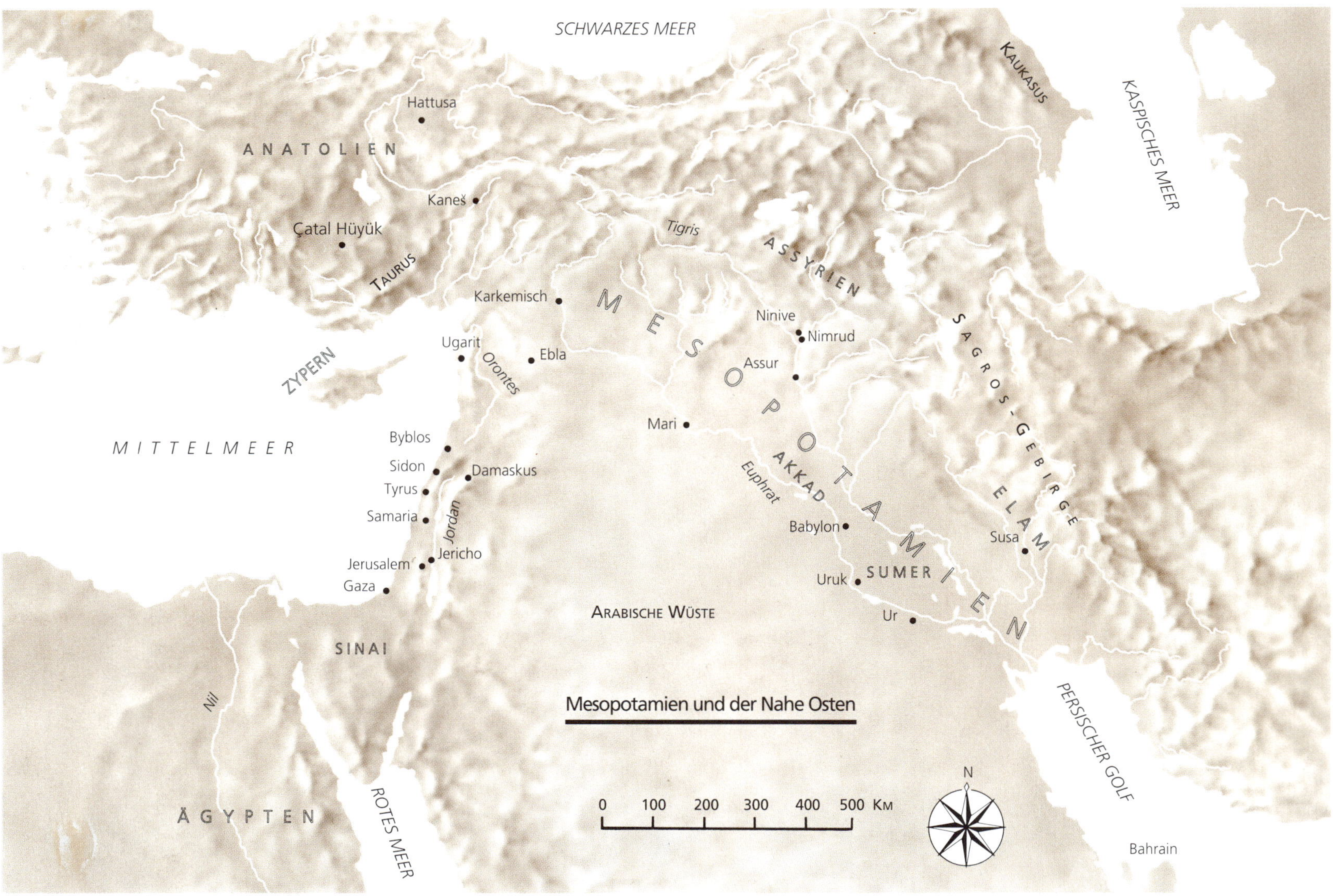

***Das alte Mesopotamien** und der Nahe Osten von prähistorischen Zeiten bis zur zweiten Hälfte des 1. Jahrtausends v. Chr. »Mesopotamien« bedeutet »(Land) zwischen den Flüssen«. Gemeint sind Euphrat und Tigris. In diesem Gebiet entstanden die ersten Städte der Menschheit.*

bau gewonnene größere Nahrungsmenge mehr Menschen ernähren konnte als für die Feldarbeit gebraucht wurden. So nahm die Arbeitsteilung ihren Anfang.

Auch diese ersten bäuerlichen Gemeinschaften lebten nicht vom Brot allein. Denn 1983 wurden im Gebiet von Ain Ghazal in Jordanien mehrere große männliche und weibliche Figuren aus Gips gefunden, die wohl kultische oder religiöse Bedeutung hatten. Überdies wurden in Jericho und an anderen Stellen menschliche Schädel mit Gesichtern aus Gips entdeckt, in die Muscheln als Augen eingelegt waren. Man nimmt an, daß diese in Zusammenhang mit einem Ahnenkult stehen.

Auf dem für die Archäologie so interessanten Gebiet von Jericho hatte sich schon um 9000 v. Chr. in der Nähe einer unversiegbaren Quelle eine Siedlung gebildet. Um 8000 v. Chr. wuchs sie plötzlich zu einer Stadt mit rund vier Hektar Fläche an. Etwa zur selben Zeit wurde eine riesige Mauer aus Stein mit einem ebenfalls steinernem Turm errichtet, die entweder zur Verteidigung oder als Damm gegen Überschwemmungen diente. Ein solcher Bau erforderte eine Menge Arbeiter, dazu Ausrüstung und Lebensmittel, so daß die Stadt auf rund 1500, möglicherweise sogar 3000 Einwohner geschätzt wird. Die Quelle des Reichtums der Bewohner von Jericho ist nicht bekannt, doch stammt er wahrscheinlich aus dem Handel mit Salz und Bitumen vom nahegelegenen Toten Meer.

Die Zähmung von Tieren

Mit der Zähmung von Tieren begann der Mensch kurz nach der Einführung des Ackerbaus, etwa 9000 v. Chr. Mit dem Übergang von wilden zu domestizierten Arten veränderten die Tiere allmählich ihr Aussehen. Tierarchäologen können mittels einer Analyse der Knochen wilde von zahmen Tierarten unterscheiden. An den Knochenfunden sind auch Veränderungen in der geographischen Verteilung der jeweiligen Art abzulesen, was weitere Schlüsse auf den Vorgang der Domestizierung zuläßt. Die Tafel (unten) zeigt diesen Prozeß am Beispiel von Jericho zwischen 8000 und 7000 v. Chr. Nicht alle Wildtiere lassen sich zähmen. Aber um 7000 v. Chr. waren schon eine ganze Anzahl Tiere des Nahen Ostens zu Haustieren geworden: der Hund aus dem Wolf, die Ziege aus der Bezoar-Ziege, das Schaf aus dem Wildschaf, die Kuh aus dem Ur und die Katze aus der Wildkatze. Esel und Pferd wurden erst um 4000 v. Chr. gezähmt.

Die ersten Bauern widmeten sich, auch nachdem sie schon Rinder weideten und züchteten, weiter der Jagd. Da sich Hunde gut zur Jagd eigneten, waren sie schon um 10 000 v. Chr., kurz vor der Kultivierung von Pflanzen, gezähmt worden. Die Aufzucht von Tieren, wie z. B. der Ziege, bedeutete eine weitere Nahrungsquelle in Form von Milch. Ziegen waren beliebt, weil sie weite Flächen abgrasten und wenig Futter brauchten. Schafe schätzte man wegen ihrer Wolle, Rinder und Esel als Zugtiere.

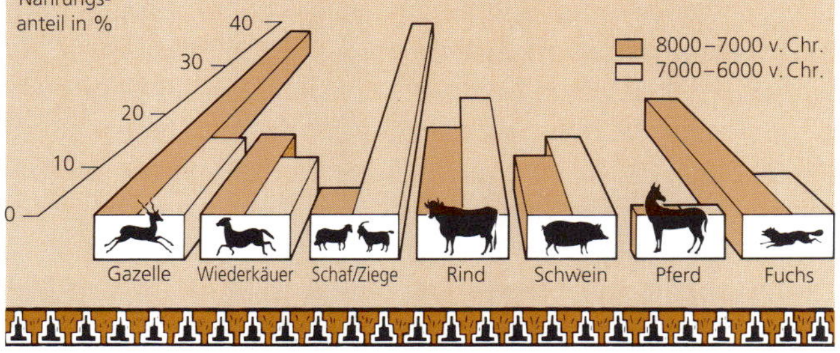

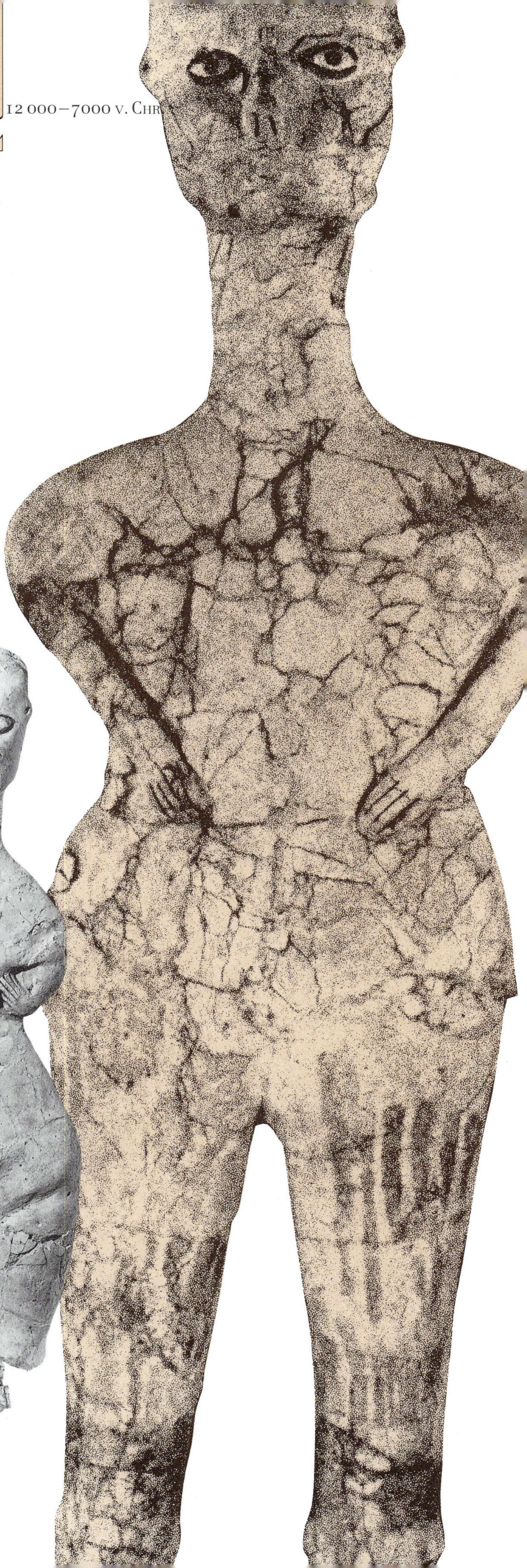

***Diese eindrucksvollen Figuren** fand man in einer Grube bei Ain Ghazal in Jordanien. Sie bestehen aus Gips, der über ein Gerüst aus Schilfrohr modelliert wurde. Ihr Zweck ist unbekannt, doch hatten sie wohl rituelle Bedeutung.*

Vom Dorf zur Stadt

Blick aus einem Mudhif, *dem Gemeindebau eines arabischen Dorfes im südlichen Irak. Man sieht Boote und Häuser aus Schilfgeflecht, einem Material, das schon vor 5000 Jahren in Mesopotamien verwendet wurde. Die Boote gleichen noch immer den in den Königsgräbern der Stadt Ur gefundenen Modellen. Das Mudhif selbst ähnelt jener Schilfhütte, die auf einem in Uruk gefundenen Trog* (rechts) *abgebildet ist. Dieser datiert von etwa 3000 v. Chr. Möglicherweise war der Trog eine Opfergabe für die Göttin Inanna. Aus dem Dach der Hütte ragen Stangen, die an der Spitze Schleifen und Quasten tragen: die Abzeichen Inannas.*

Durch die Entwicklung neuer handwerklicher Fertigkeiten nahmen seit 7000 v. Chr. im Nahen Osten der Handel zwischen den einzelnen Siedlungen und die Ausbeutung von Bodenschätzen einen großen Aufschwung. So hat man Obsidian aus Anatolien im 800 km entfernten Jericho entdeckt. Aus Obsidian, einem vulkanischen Glas, stellte man Schneidewerkzeuge her. Es kommt in Zentral- und Ostanatolien vor, aber man hat es überall in weiter Entfernung von diesen Herkunftsländern gefunden. Auch Halbedelsteine, Muscheln und Bitumen wurden an Stellen aufgefunden, die weit von den Gegenden entfernt sind, an denen sie vorkommen.

Als sich um 7000 v. Chr. der Ackerbau immer mehr ausbreitete, entfaltete sich auch das Gewerbe der Töpferei. Man hatte zwar auch schon vor dieser Zeit Ton verarbeitet, aber nur in beschränktem Umfang und ohne die Gefäße zu brennen. Gebrannter Ton ist ein ungemein dauerhaftes Material und daher Hauptquelle für die Archäologie.

Ein weiterer großer Fortschritt in dieser Periode bestand in der aufkommenden Metallverarbeitung. Sie ermöglichte es dem Menschen, seine Herrschaft über die Natur auszudehnen. Zuerst wurden natürlich vorkommende Kupferklumpen auf einfachste Art mit dem Hammer bearbeitet und mit Steinwerkzeugen zugeschnitten. Stücke aus dieser Frühzeit fand man bei Cayonu im südöstlichen Anatolien, nicht weit von den Kupferminen, die in einer späteren Zeit ausgebeutet wurden. Aber irgendwann nach dem Jahre 7000 v. Chr. kam es zu einer revolutionären Entdeckung: Man fand heraus, daß reines Metall gewonnen werden konnte, indem man das Erz erhitzte.

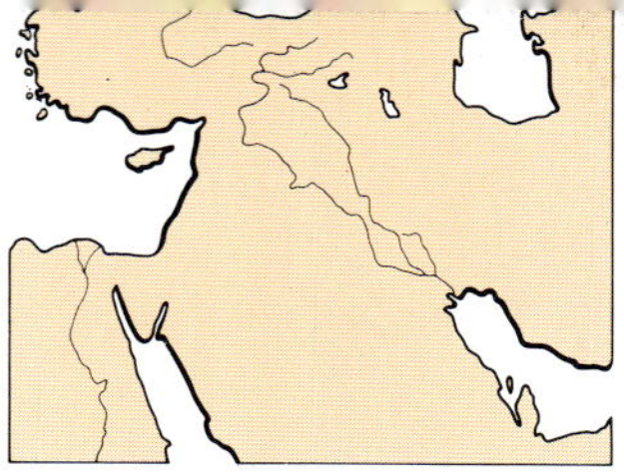

Çatal Hüyük: Eine Stadt des Neolithikums

Ausgrabungen in Çatal Hüyük, einer anatolischen Stadt des 7. Jahrtausends v. Chr., haben reichere Funde aus dem Neolithikum zutage gefördert. Es handelt sich hier um die größte neolithische Siedlung des Nahen Ostens. Die künstlerischen Leistungen ihrer Bewohner sind ein beredtes Zeugnis für das Geschick und die Kreativität der Menschen des Neolithikums. Die untersten, frühesten Schichten sind noch nicht ausgegraben. Aber die 14 freigelegten Schichten decken einen Zeitraum von etwa 600 Jahren ab, beginnend mit dem Jahr 6800 v. Chr. Das wirtschaftliche Leben dieser Stadt von vielleicht 5000 Einwohnern beruhte auf dem Ackerbau, doch gab es bereits ein spezialisiertes Handwerk. In Çatal Hüyük blühte der Handel mit Obsidian, einem vulkanischen Glas, das möglicherweise von den nahegelegenen Vulkanen Hasan Dag (unten) und Karaca Dag stammte. Die Menschen wohnten in Häusern aus Ziegeln und Holz, die aneinander gebaut und mit Leitern von oben her zugänglich waren. Jedes einzelne bestand aus einem Lager- und einem Wohnraum mit eingebauten Möbeln, gewöhnlich einer Bank und Plattform zum Schlafen, Sitzen und Arbeiten. Unter diesen Plattformen wurden die Toten begraben. Am einen Ende befand sich die Küche mit Ofen und Herd. Einige Gebäude dienten als Heiligtümer, wie die dort gefundenen Götterstatuetten und Reliefs vermuten lassen. Auch finden sich Nischen, in denen Stierköpfe aus Gips angebracht waren. In einem anderen Heiligtum hat man Bilder von Geiern und menschliche Schädel entdeckt. Deutet man die Geier als verkleidete Priester, würde dies auf eine Art Bestattungsritual hinweisen.

__Hasan Dag,__ ein erloschender Vulkan nordöstlich von Çatal Hüyük, war wahrscheinlich neben Karaca Dag und Erciyes Dag die Hauptquelle, aus der sich die Stadt mit Obsidian versorgte. Es handelt sich dabei um ein vulkanisches Glas, das zu scharfen Schneidewerkzeugen verarbeitet wurde.

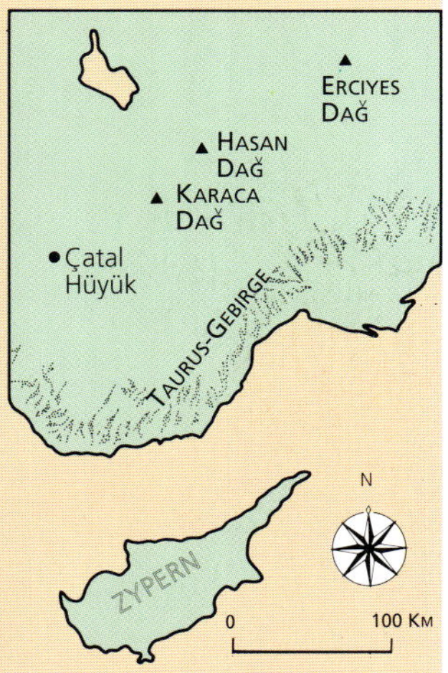

Der erste aus Kupfer gegossene Gegenstand, von dem wir wissen, stammt ebenfalls aus Anatolien und wurde um 5000 v. Chr. hergestellt.

Mit Ausnahme von Jericho im 8. Jahrtausend gab es bis ca. 6000 v. Chr. keine Stadt, die diese Bezeichnung verdient hätte. Doch um diese Zeit entwickelte sich auf dem Gebiet von Çatal Hüyük in Westanatolien eine ungewöhnlich reiche Stadt mit über 5000 Einwohnern. Obwohl man davon ausgeht, daß es sich hier um ein isoliertes Phänomen handelt, könnte dieser Anschein trügen.

In Mesopotamien, wo der Ackerbau bis 6500 v. Chr. in weiten Teilen des Landes verbreitet war, wurde auch die künstliche Bewässerung erfunden. Diese gestattete es dem Menschen, auch in den fast regenlosen, doch fruchtbaren Schwemmlandebenen des Südens Ackerbau zu treiben. Die dadurch erzielten besseren Ernten ermöglichten die Ernährung einer größeren Bevölkerung und veränderten das Gesicht der Landschaft. Hier entstand das Land Sumer.

In historischer Zeit glaubten die Einwohner Mesopotamiens, die erste Stadt der Welt sei Eridu gewesen. Die babylonische »Schöpfungsgeschichte« erzählt: »Es wuchs noch kein Schilf, es sproß noch kein Baum, es gab noch kein Haus, es gab keine Stadt, Meer deckte das Land: Da wurde Eridu erbaut.« Ausgrabungen haben das Alter des Ortes bestätigt: Er wurde im 5. Jahrtausend besiedelt. Dabei wurde auch ein kleines Heiligtum mit entsprechenden Einrichtungen erbaut – z. B. einer Altarnische und einem Opfertisch – die später zum Standard der mesopotamischen Tempel gehörten.

Die ersten Städte

Die ersten uns bekannten Städte der Menschheit entstanden zwischen 4000 und 3000 v. Chr. in Südmesopotamien, dem späteren Sumer. Die künstliche Bewässerung war bereits erfunden und hatte einen Anstieg der Nahrungsmittelproduktion und damit der Bevölkerung zur Folge gehabt. Das wiederum war die Voraussetzung zur Entstehung von Städten gewesen. Die Entwicklung von Städten bedeutete nicht nur Ausdehnung der Siedlungsfläche und Menschenzusammenballung, sondern auch einen drastischen Wandel im sozialen, politischen und wirtschaftlichen Leben. Der Ackerbau hatte somit zwar die wirtschaftlichen Voraussetzungen zur Entstehung von Kulturen geschaffen, war aber nicht ihre eigentliche Ursache. Obgleich das Phänomen der Entstehung von Städten noch nicht ganz geklärt ist, haben doch sicher eine Reihe von Faktoren dabei mitgewirkt. In jedem Frühjahr traten Euphrat und Tigris über die Ufer und setzten das Schwemmland unter Wasser. Wollten die Bauern der jährlichen Überschwemmungen Herr werden, mußten sie ein kompliziertes System von Kanälen anlegen. Das erforderte einen hohen Grad der Kooperation und Organisation.

In den früheren Dorfgemeinschaften hatte ein relativer Überschuß an Nahrungsmitteln schon die Herausbildung des Handwerks ermöglicht. In Südmesopotamien aber ergab sich durch die Bewässerung des Schwemmlands ein so erheblicher Überschuß, daß auch spezialisierte Gewerbeformen existieren konnten. Eine Gesellschaft von Bauern, Handwerkern, Arbeitern, Händlern und Funktionären einer allmählich entstehenden Verwaltung war nun allerdings zu komplex, als daß sie etwa ohne Gesetze und ohne Einrichtungen zu deren Durchsetzung funktionieren konnte. Man brauchte nun ein Zentrum der Entscheidungsfindung sowie Institutionen, die die Durchführung der Entscheidungen garantierten. Hand in Hand mit diesen dynamischen Veränderungen der Gesellschaftsstrukturen ging die Erfindung der Schrift. Man mußte geschäftliche Transaktionen registrieren: Wareneingänge, den Umfang der Ernten, die gelieferten Mengen und dergleichen. Die ältesten dieser Aufzeichnungen datieren von etwa 3100 v. Chr. Man fand sie bei Ausgrabungen in Uruk. Die Schrift nämlich entwickelte sich von Zahlen und einfachen Bildern zu einem komplexen, abstrakten Gebilde, und die schriftlichen Aufzeichnungen lagen in den Händen besonderer Schreiber, die sich allmählich zu einer Elite herausbildeten. Die ersten Texte, die wir lesen können, sind auf sumerisch abgefaßt.

Genau zur selben Zeit (ca. 3500–3000 v. Chr.) wurden auch die Bauten allmählich größer und aufwendiger. Archäologische Ausgrabungen zeigen, daß es gegen Ende des 4. Jahrtausends schon eine ganze Anzahl von Städten in Sumer gab, die über einen zentral gelegenen Tempel oder eine Tempelanlage verfügten, wobei sich auch eine zentrale Wirtschaftsbehörde im Tempelbereich befand.

Über die ersten Jahrzehnte der Stadt Nippur ist wenig bekannt. Sie war im 3. Jahrtausend der bedeutendste religiöse Mittelpunkt. Jede Stadt stand unter dem Schutz eines besonderen Gottes, der im Tempel wohnte. Geographisch und gesellschaftlich wurde die Stadt von der Tempelanlage beherrscht. Zum Tempel gehörte der größte Teil des Landes und des Viehs. Die Schreiberelite wurde in Tempelschulen ausgebildet. Aus ihr rekrutierten sich auch die Tempelbeamten.

Uruk, die uns am besten bekannte dieser Städte, liegt heute etwa 20 km vom Euphrat entfernt. Damals aber floß ein Arm dieses Stromes durch die Stadt. Der hier auf einer erhöhten Terrasse gelegene Weiße Tempel ist das beste Beispiel für einen sumerischen Hochtempel. Im Innern befand sich ein Altar, zu dem Stufen hinaufführten, und ein Tisch in der Mitte für die Brandopfer. Außentreppen an der Seite führten aufs Dach, wo die Gebete gesprochen wurden.

Diese weiße Marmormaske *aus dem Tempelbezirk von Uruk ist fast lebensgroß. Möglicherweise gehörte sie zu einer aus mehreren Teilen zusammengesetzten Statue oder einem Relief. Die Rückseite ist flach, Bohrungen lassen auf eine Befestigung schließen. Augen und Augenbrauen waren eingelegt. Uruk ist die am besten erforschte sumerische Stadt der Frühzeit, die Stadt des legendären Königs Gilgamesch, dessen Heldentaten in dem gleichnamigen Epos erzählt werden.*

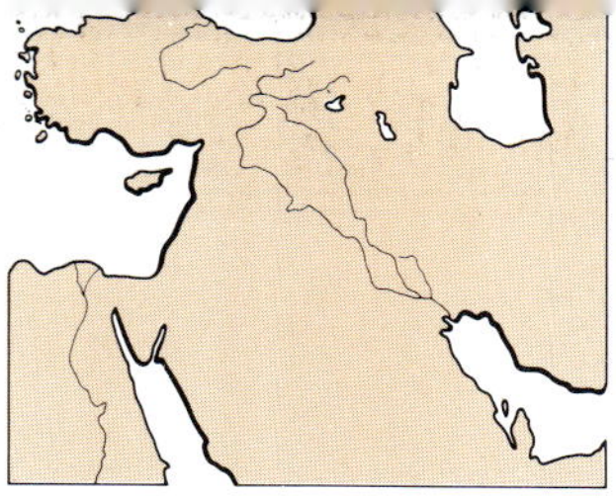

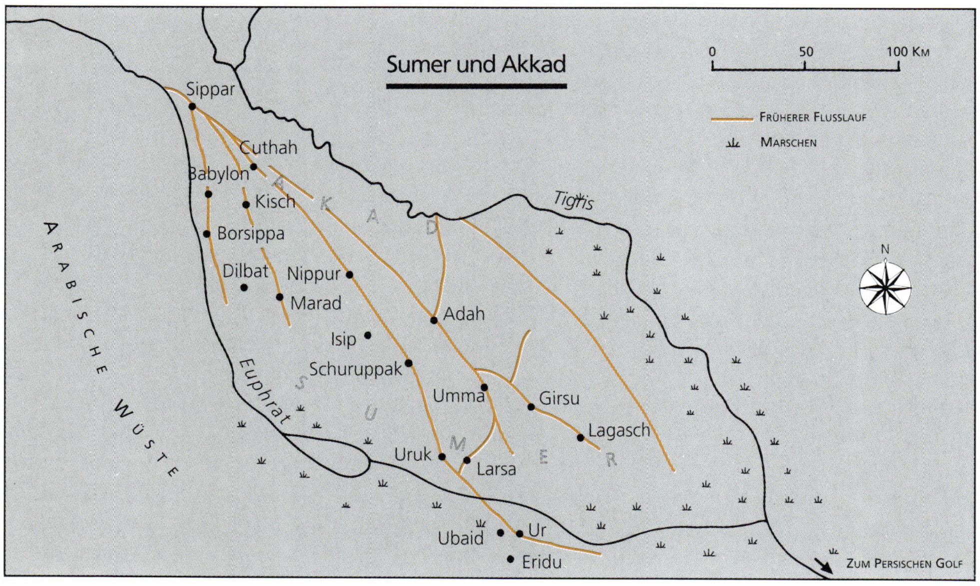

***Karte** mit dem wahrscheinlichen Verlauf des Euphrat im 3. Jahrtausend v. Chr. und den Städten des Sumerischen und Akkadischen Reiches. Das langsam fließende Wasser des Euphrat war leichter abzuleiten als das des Tigris. Daher liegen die frühesten uns bekannten sumerischen Orte an diesem Strom. Der Euphrat verlief einst in drei großen Armen. Die größte Siedlung lag am östlichen Arm. Im 3. Jahrtausend war der durch die Stadt Kisch fließende Arm der größte, tausend Jahre später der, an dem Babylon lag. Heute fließt der Strom weiter westlich.*

Kostbare Krüge

Die früheste Keramik des Nahen Ostens wurde in Syrien gefunden. Man datiert sie auf den Beginn des 8. Jahrtausends v. Chr. Die Krüge sind handgearbeitet und gebrannt. Noch im 5. Jahrtausend benützten die Töpfer die langsame, handgetriebene Scheibe. Etwa tausend Jahre später wurde die schnellrotierende Töpferscheibe erfunden, und seit dieser Zeit ist Keramik ein Massenprodukt. Die Töpferei war von überragender Bedeutung für jede damalige Siedlungsgemeinschaft, stellte sie doch die Kochgeräte, Eß- und Trinkgefäße und Vorratskrüge her. Auch die Archäologen sind weithin auf Keramikfunde angewiesen. Denn Tongefäße sind zwar zerbrechlich, Tonscherben aber praktisch unzerstörbar.

Aus ihnen lassen sich wertvolle Informationen ableiten. Chemische Analysen geben Auskunft über den Herkunftsort des Tons, den Typ des Gefäßes und die Art der Herstellung. Zusammen mit den Verzierungen und dem handwerklichen Niveau lassen sich daraus vielerlei Rückschlüsse auf das Leben und den technischen Standard der Menschen ziehen, die die Ware produzierten. Da sich Keramikstile ziemlich schnell ändern, lassen sich auch archäologische Perioden anhand von einschlägigen Funden definieren.

Ein Töpfer auf Bahrain (rechts) *arbeitet mit der uralten, schnellrotierenden Töpferscheibe. Der Krug* (unten) *datiert von etwa 2700 v. Chr. und wurde in Khafajeh am Tigris gefunden. Seine naturalistischen, geometrischen Motive sind in Rot und Schwarz gemalt.*

Sumer und Akkad

Die erste Schrift

Die frühesten Schriftzeichen der Menschheit wurden auf Tafeln in Uruk gefunden und stammen von etwa 3300 v. Chr. Sie enthalten wirtschaftliche Aufzeichnungen und bestehen aus Bildern: Ein Ochse wurde z. B. durch einen Ochsenkopf dargestellt usw. Auf einer 5000 Jahre alten Tafel (unten) befindet sich eine solche piktographische Inschrift. Mit einem derartigen System kann man aber keine komplexen Gedanken ausdrücken, so daß sich mit der Zeit die Bilderzeichen zu einer Silbenschrift entwickelten. Aber Bilder konnten wenigstens einfache Begriffe wiedergeben. »Mund« nahm etwa auch die Bedeutung »Sprechen« an, und Zeichen konnten kombiniert werden. Die Zeichen für »Mund« und »Wasser« zusammengenommen z. B. bedeuten »Trinken«. Ein entscheidender Schritt wurde gemacht, als ein Wort oder ein Symbol verwendet wurde, um die Laute, nicht mehr die Bedeutung eines Wortes auszudrücken. Allmählich wurden so aus den Bilderzeichen abstrakte Symbole, wie das Schema (unten) zeigt. Das Sumerische war die erste Sprache, die in Silbenschrift geschrieben wurde.

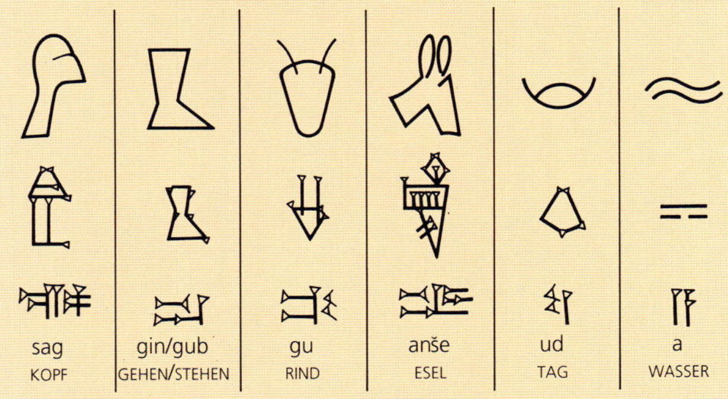

***Das Schema** (oben) zeigt die Entwicklung der Bilderschrift zu einer frühen Keilschrift (ca. 2400 v. Chr.) und zur spätassyrischen Keilschrift (ca. 650 v. Chr.). Wie die Laute im Sumerischen klangen, ist unten angegeben.*

Die sumerischen Stadtstaaten gelangten während des 3. Jahrtausends in Südmesopotamien zur Blüte. Wir kennen sie vor allem durch ausgegrabene Tempeln und Tempelbezirke. Diese heiligen Bereiche wurden immer wieder überbaut, so daß sich weithin sichtbare Hügel, sogenannte Tells, bildeten, die seit dem 19. Jahrundert die Neugierde der Archäologen erregten. Von den Städten selbst, die einst die Tempel umgaben, weiß man wenig. Die Tempel aber spielten eine große Rolle, einerseits als religiöse Institutionen, andererseits als Wirtschaftszentren.

Das Königtum scheint sich zu Zeiten dauernder Grenzstreitigkeiten und Kämpfe entwickelt zu haben, in denen man starke Männer brauchte, die dann auf Dauer zu Führern bestimmt wurden. Der Titel, der im Sumerischen einen König bezeichnete, lugal, bedeutet einfach »großer Mann«. Vielleicht geht er auf diese ursprüngliche Führerfunktion zurück, die im Lauf der Zeit manifest gemacht wurde. Sicher bestand die Geschichte dieser frühen dynastischen Staaten aus fast ununterbrochenen Kriegen. Deshalb mußten große Stadtmauern gebaut werden, und es entwickelte sich ein Militärwesen.

Der Reichtum dieser Städte schwankte, den Launen des Kriegsglücks folgend. Das spiegelt auch die Sumerische Königschronik wider, ein Text mit Berichten über die ersten Dynastien Sumers. Darin gilt Eridu, das wir als eine der ältesten Städte kennen, als der Ort, an dem das Königtum »sich vom Himmel herabsenkte«. Nach einer großen Flut (für die wir noch keine Beweise haben, obwohl es eine besonders schwere Überschwemmung gewesen sein könnte, wie sie ja jährlich auftraten), soll dann das Königtum auf die Stadt Kisch, eine andere sehr frühe Siedlung übergegangen sein. Die nächste Stadt in der Reihe war Uruk, die zur gleichen Zeit wie Kisch blühte. Auch andere Städte: Lagasch, Ur und Umma, waren an diesen Kämpfen der Frühzeit beteiligt. Aber schließlich trat Lugalzagesi von Umma, nachdem er Uruk erobert hatte, als »König des Landes Sumer« an die Spitze einer Konföderation.

Diesem politischen Gebilde war freilich nur kurze Dauer beschieden, denn schon etwa 2340 v. Chr. wurde Sumer von Sargon von Akkad erobert. Die Legende von Sargons Geburt ist die erste vieler ähnlicher Geschichten über die Geburt von Heroen – bis zu Mose. Die Mutter Sargons legte das Kind in einen verpichten Korb und setzte ihn auf den Fluten des Euphrat aus. Es wurde von einem Schäfer gerettet, der das Kind wie sein eigenes aufzog. Als junger Mann wurde Sargon Mundschenk des Königs von Kisch, den er später stürzte. Er eroberte ganz Mesopotamien, Teile des nördlichen Syrien und Elam im Osten. Als Hauptstadt seines Reiches Akkad gründete er eine neue Stadt namens Akkade. Er und seine Nachfolger sprachen eine semitische Sprache, heute als das Akkadische bezeichnet. Die sumerische Keilschrift wurde der nunmehr semitischen Amtssprache angepaßt.

Auch Sargons Dynastie war nur kurzlebig. Zwar war sein Enkel Naramsin ebenfalls ein kriegerischer, tüchtiger Herrscher, doch das Reich war Spannungen von innen und außen ausgesetzt. Um 2200 v. Chr. wurde es von den Gutäern überrannt, einem Bergvolk aus dem Osten. Nach 100 Jahren Anarchie begründete Urnammu die dritte Dynastie von Ur (2111–2003 v. Chr.). Diese Könige schufen eine effiziente Zentralverwaltung, bauten die Tempel wieder auf und begünstigten eine Blüte sumerischer Kunst und Literatur. Doch schon 2006 wurde Ur von den Elamitern, einem östlich von Sumer auf dem Gebiet des heutigen Iran lebenden Volk, eingenommen und verwüstet.

***Sir Leonard Woolley** (1880–1960) war einer der größten britischen Archäologen des 20. Jahrhunderts. Mit 27 Jahren begann er im Sudan nach ägyptischen Altertümern zu graben. Fünf Jahre später arbeitete er zusammen mit T. E. Lawrence (»Lawrence von Arabien«) an Ausgrabungen in der Hethiterstadt Karkemisch in Syrien. Der Höhepunkt seiner Karriere war aber zweifellos die Freilegung von Ur.*

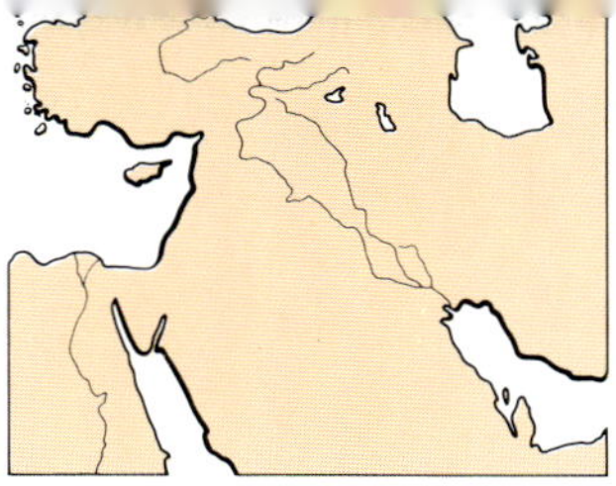

Die Königsgräber von Ur

Von 1922–1934 leitete der britische Archäologe Leonard Woolley im Auftrag des Britischen Museums und der Universität von Pennsylvania die Ausgrabungen in der sumerischen Stadt Ur. In einem Friedhof mit 1840 Gräbern konzentrierte sich Woolley auf 17, die von besonderem Interesse waren. Nur zwei von ihnen waren noch nicht geplündert und unversehrt. Die Namen Meskalamdug und Akalandu, Königsnamen, die man auf Inschriften fand, bewiesen, daß es sich um Königsgräber aus der Zeit um 2500 v. Chr. handeln mußte. Aber auch ohne die Nameen wäre klar gewesen, daß die Toten Könige waren. Denn die Grabbeigaben zeugten von ungeheurem Reichtum.

Auch die Grabkammern selbst, aus Ziegeln oder Bruchsteinen gemauert, waren weit geräumiger als die anderer Gräber. Offenbar wurde der König von seinem engsten Gefolge in den Tod begleitet. Man fand in verschiedenen Gräbern zwischen 3 und 74 menschliche Skelette. Die Diener waren offensichtlich mit ins Grab hinabgestiegen, hatten sich in der ihrem Rang entsprechenden Reihenfolge niedergelassen und dann Gift genommen. In einem Grab fand man eine Frau, die in ihrer Tasche noch eine Borte ihres Kopfputzes hatte. Sie war offenbar vom Tod überrascht worden, bevor sie diese hatte aufstecken können. Da es sich hier um die einzigen ungeplünderten Gräber handelte, wissen wir nicht, ob diese Begräbnisart nur in Ur oder auch in anderen sumerischen Städten üblich war. Das größte Grab, die »Große Todesgrube«, enthielt 74 Skelette und drei Leiern, zwei aus Silber, eine aus Gold. Einer der überraschendsten Funde war der Helm Meskalamdugs. Er ähnelt den Helmen der Soldaten Eannatums I. von Lagasch, wie sie auf der »Stele der Geier« abgebildet sind. Die sogenannte »Standarte von Ur«, wahrscheinlich ein Kasten zur Aufbewahrung einer Leier, ist mit in Bitumen eingelegten Muschelschalen und Lapislazuli verziert. Auf der einen Seite ist eine Kriegsszene mit Streitwagen und einer Phalanx von Soldaten abgebildet. Oben werden dem König, der überlebensgroß abgebildet ist, Gefangene vorgeführt. Die Rückseite zeigt einen Festzug, vielleicht nach einem Sieg veranstaltet. Ein scheinbar blinder Sänger hält in der Hand eine Leier nach Art der in den Gräbern gefundenen Instrumente.

Ausgegraben wurden auch große Mengen an Schmuck: Halsbänder, Kopfputz und Ohrringe aus Gold, Silber, Lapislazuli, Karneol und Achat. Die Einwohner von Ur waren so reich, daß sie diese Luxusgüter aus weit entfernten Gegenden wie dem Industal und Afghanistan, dem Herkunftsland der Lapislazuli, einführen konnten. Woher das Gold stammt, ist unbekannt. Sicher nicht aus Sumer selbst, denn diese hier gefundenen Schmuckstücke wurden dort nicht hergestellt.

Dieser Helm (unten) *gehörte König Meskalamdug von Ur. Er stammt aus der Mitte des 2. Jahrtausends v. Chr. An der Innenseite fand man Spuren einer Stoffpolsterung. Sie war mittels Löchern, die durch den Rand gebohrt waren, befestigt. Die Helmperücke mit dem dünnen Haarknoten war ein hohes Rangabzeichen.*

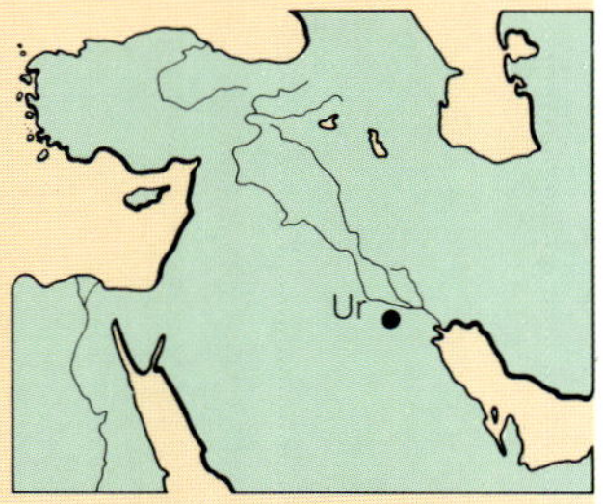

Die »Standarte von Ur« *dürfte ein Kasten zur Aufbewahrung einer Leier gewesen sein. Auf ihrer »Kriegsseite«* (links) *ziehen* (in der unteren Reihe) *Onager-Gespanne mit zwei Männern besetzte Streitwagen in die Schlacht. In der Mitte treiben behelmte Krieger Gefangene vor sich her. Und oben sitzt überlebensgroß der König , um die Gefangenen in Empfang zu nehmen.*

Handelsmagnaten

Schon vor der Plünderung Urs durch die Elamiter um 2000 v. Chr. waren Nomaden aus dem Westen in Mesopotamien eingedrungen und hatten große Landstriche in ihre Gewalt gebracht. Diese Neuankömmlinge, die man gewöhnlich mit einem in der Bibel Amoriter genannten Volk identifiziert, schwangen sich schließlich zu Herren über einige Städte auf, unter anderen Mari am oberen Euphrat, Assur weiter nördlich und Babylon, wo von 1900 v. Chr. an eine Amoriterdynastie regierte. Zu dieser Zeit war Babylon (der Name bedeutet »Tor der Götter«) noch eine kleine Provinzstadt. Das änderte sich jedoch unter der Herrschaft seines großen Königs Hammurabi (1792–1750 v. Chr.), der Mesopotamien unter Führung Babylons für kurze Zeit einigte.

Man weiß viel über Hammurabis diplomatische Beziehunhen und Handelsverbindungen zu anderen Städten der Region aus einer Korrespondenz, die man bei Ausgrabungen in Mari im heutigen Syrien fand, als die Archäologen unvermutet auf mehr als 13 000 Keilschrifttafeln stießen. Diese Briefe beleuchten die internationale Lage in den ersten 30 Jahren der Herrschaft Hammurabis. Sie zeichnen ein Bild ständig wechselnder Allianzen, mittels denen die mächtigsten Städte versuchten, die Vorherrschaft über ihre Rivalen zu gewinnen. Aber Hammurabi war all seinen Gegnern überlegen, und um 1750 v. Chr. zerstörte Babylon Mari.

Irgendwann im 3. Jahrtausend war Mari gegründet worden und hatte sich in der sumerischen Zeit zu einer bedeutenden Stadt entwickelt. In dem Maße, wie die reichen Städte des Südens wuchsen und Rohstoffe in Form von Bauholz, Stein und Metallen aus dem Westen benötigten, entstand ein Handelsnetz im heutigen Syrien. Ebla z. B. kontrollierte den Schnitt und Transport von Bauholz, während Mari durch die Zölle reich wurde, die es dem Flußverkehr auferlegte.

Die in Mari gefundenen Briefe vermitteln uns ein Bild von den komplexen politischen Beziehungen zwischen den verschiedenen Königreichen der Amoriter. Die Überreste des Palastes in Mari zeigen außerdem, wie diese Herrscher lebten. Die sumerischen Einflüsse auf Malerei und Bildhauerkunst der Einwohner Maris sind dabei deutlich erkennbar: Erbaut aus Tonziegeln, enthielt dieser gewaltige Bau mindestens 260 Räume zu ebener Erde.

Bemalte Verputzstücke zeigen, daß viele Räume mit bunten Wandszenen ausgeschmückt waren. Eines dieser Stücke, das

Handelsrouten im 2. Jahrtausend v. Chr.

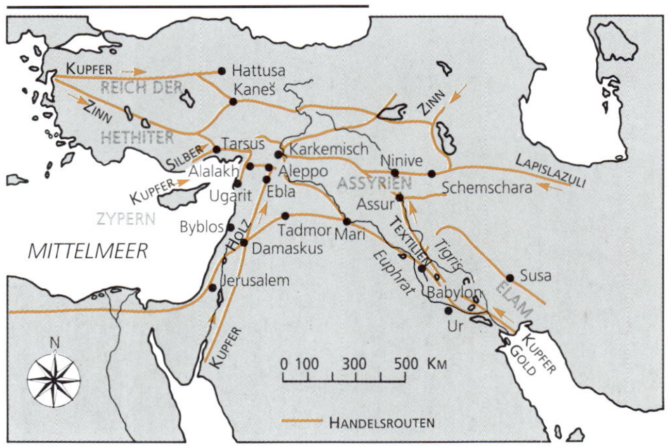

Im 2. Jahrtausend v. Chr. bestand ein ausgedehntes Netz von Handelsstraßen im ganzen Nahen Osten und Mesopotamien. Eine der wichtigsten Handelsstädte war Mari, dessen Reichtum auf den Zöllen beruhte, die man auf die über den Euphrat verschifften Waren erhob.

Götter und Göttinnen des Nahen Ostens

Die Religionen des Nahen Ostens waren polytheistisch. Anfangs waren es Naturreligionen, doch im Lauf der Zeit wurden Himmel, Wind, Wasser, Erde und andere Elemente der Natur, die man verehrte, personifiziert. Häufig behielt man aber die nichtmenschlichen Attribute bei der Darstellung der Gottheiten bei, z. B. Lichtstrahlen, die die Schultern des Sonnengottes durchdrangen, oder einen Blitzdreizack in den Händen des Himmelsgottes Baal. Es ist möglich, daß die bilderfeindliche Tendenz der Religionen Kanaans eine Reminiszenz an die archaische Verehrung der Elementgewalten ist. Manche Gottheiten waren mit bestimmten Städten verbunden und ihre Bedeutung wuchs mit deren Aufstieg. So geschah es etwa mit Marduk, Stadtgott von Babylon. Es gab besondere Kulte und Festlichkeiten für die verschiedenen Gottheiten, von denen man glaubte, daß sie in ihren Tempeln wohnten. Hier dienten ihnen ihre menschlichen Diener. Die Herrscher der Stadt waren die irdischen Stellvertreter der Götter.

In Mesopotamien waren die Deutung von Vorzeichen und die Wahrsagerei wichtige Bestandteile der Religion. Tieropfer sollten die Götter gnädig stimmen, und es gibt Hinweise darauf, daß die Phönizier, Nachkommen der Kanaaniter, Kinder opferten. Im allgemeinen aber war das Altertum in Sachen Religion tolerant, und man identifizierte seine Stadtgötter gerne mit denen anderer Städte, so daß der selbe Gott durchaus unter verschiedenen Namen auftreten konnte. So waren An der sumerische, Anu der akkadische, Adad der assyrische, Baal der kanaanäische, Hadad der aramäische und Teschub der churritische Himmelsgott.

***Auf dieser Stele** aus Ugarit ist der Himmelsgott Baal, der im Nahen Osten verehrt wurde, mit einem Donnerkeil und einem Pflanzenstab abgebildet. Fließendes Wasser unter den Füßen und Hörner auf der Stirn symbolisieren Fruchtbarkeit. Das Wort »Baal« bedeutet »Herr« – der alte Titel der Fruchtbarkeitsgötter in Syrien und Kanaan.*

***Dieser Rollsiegelabdruck** (links) zeigt den sumerischen Gott Utu (Schamasch in Akkad), wie er mit einer Säge die Tore des Himmels öffnet. Er war als Gott der Sonne und der Gerechtigkeit auch auf der Säule des Hammurabi abgebildet, auf der dessen berühmter Gesetzeskodex eingemeißelt ist.*

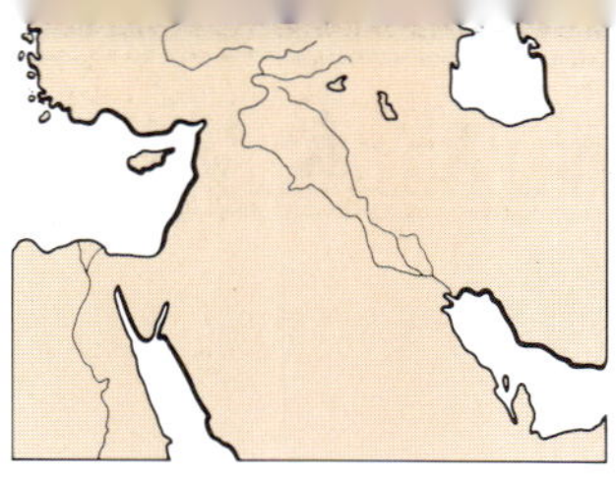

aus der Zeit des letzten Königs, Zimrilim, stammt, stellt dar, wie Stiere zum Opfer geführt werden. Es gab auch Dekorationen mit Muschelmosaiken, die in der sumerischen Periode sehr populär waren. Der Palast ist im Lauf von 300 Jahren immer mehr erweitert worden. In seiner Nähe befand sich ein Tempel, ein wenig abseits die Privathäuser. Die Stadt war von einer massiven Ziegelmauer umschlossen.

Ein anderer Komplex von Dokumenten, viele davon Briefe, gibt einen faszinierenden Einblick in das Leben einiger Generationen assyrischer Kaufleute. Man fand diese Tafeln in Anatolien an der Stelle einer assyrischen Handelsniederlassung. Sie lag am Rand der Stadt Kaniš und wurde von einem lokalen Fürsten regiert. Zwischen 1950 und 1750 v. Chr. trieben Kaufleute aus Assur mit mehreren solcher Städte Handel. Mit Eselskarawanen wurden Stoffe und Zinn über das Taurusgebirge zu den in der Handelsniederlassung wohnenden assyrischen Agenten geschafft. Diese verkauften die Waren im Ort, und die Gewinne wurden nach Assur zurückgeschickt.

Die Stadt Mari *lag am Westufer des Euphrat im heutigen Syrien. Sie wurde reich durch ihre Handelsbeziehungen zu anderen Städten und ihre Einnahmen aus dem Schiffsverkehr auf dem Fluß. Aus dem Westen kamen Bauholz, Kupfer, Silber und Stoffe, aus dem Nordosten Zinn – Güter, die für die Städte Sumers und Akkads bestimmt waren, während aus dem Osten Lapislazuli aus Afghanistan kamen. Auch die Landwirtschaft blühte dank einer wirksamen Bewässerung.*

In Çatal Hüyük *wurde diese weibliche Figur gefunden. Sie ist typisch für Statuetten früher bäuerlicher Gemeinschaften. Die Bedeutung dieser Figuren ist nicht völlig geklärt. Doch da es sich häufig um sehr üppige, schwangere oder auch gebärende Frauen handelt, sind sie mit Fruchtbarkeitskulten in Verbindung zu bringen.*

Die Göttin Ischtar *(sumerisch: Inanna) vereinigt in sich die Eigenschaften mehrerer früherer Gottheiten. Hier wird sie als Kriegsgottheit dargestellt* (unten)*, steht auf einem kauernden Löwen und hält Pfeil und Bogen in der Hand. Die Palmen weisen auf ihren sumerischen Ursprung als Göttin der Dattelspeicher hin.*

Astarte (rechts) *war die kanaanitische Form der Ischtar. Als Fruchtbarkeitsgöttin wurde sie häufig nackt dargestellt. Doch auch kriegerische Eigenschaften wurden ihr zugeschrieben, und in Küstenstädten wie Tyrus und Sidon wurde sie die »Herrin der See« genannt.*

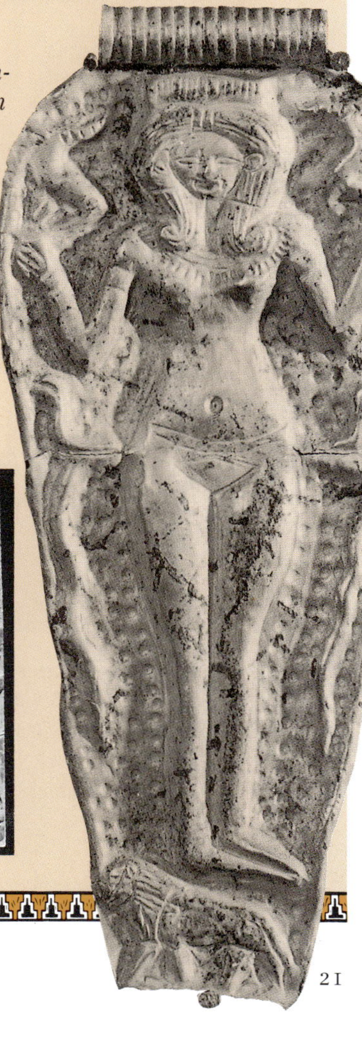

Anatolien und die Hethiter

Im 2. Jahrtausend v. Chr. gewannen die Hethiter aus Anatolien große Macht im Nahen Osten. Innerhalb von vier Jahrhunderten errangen sie mehrmals die Vorherrschaft in diesem Gebiet und boten den Ägyptern in Syrien erfolgreich die Stirn, bis sie kurz vor dem Jahr 1200 doch der Untergang ereilte. Von ihrer Hauptstadt Hattusa, dem heutigen Boğazköy, in Zentralanatolien aus herrschten sie über ein Reich, dessen Geschichte durch unaufhörlichen Wechsel von Ausdehnung und Schrumpfung charakterisiert ist. Manchmal wurde ihr Einfluß bis zur Bannmeile ihrer Stadt zurückgedrängt.

Hattusa war ursprünglich eine hattische Siedlung. Vom Volk der Hattier weiß man wenig, doch schlug sich sein Einfluß auf die hethitische Kultur im Namen der Hauptstadt und des Landes nieder, das Hatti hieß. Die Herkunft der Hethiter liegt im Dunkeln, die Zeugnisse aus ihrer Frühzeit sind lückenhaft. Um 1800 v. Chr. wurde Hattuša von dem hethitischen König Anitta aus Kuššar verwüstet. Er belegte Hattusa mit einem Bannfluch und verbot seinen Nachfolgern, dort ihre Residenz aufzuschlagen. Indessen wurde das Verbot keineswegs ernst genommen, denn schon in der Ära Hammurabis (1792–1750 v. Chr.) war die Stadt, die in beherrschender Position auf einem Gebirgsvorsprung lag, hethitisch geworden.

Unter Hattusili I. (ca. 1650 v. Chr.) wurde Nordsyrien, das wegen der durch das Land führenden Handelsrouten und als Zugang zu den Häfen Byblos und Ugarit an der Mittelmeerküste eine große Bedeutung besaß, erobert. Bald darauf ging es wieder verloren, wurde aber wenig später von neuem gewonnen. Um 1595 v. Chr. überfiel Mursili I. Babylon und plünderte es, was zum Fall der Hammurabi-Dynastie beitrug. Doch mit der Entstehung des mitannischen Reiches verloren

***Jazilikaja** war ein religiöser Mittelpunkt der Hethiter und lag nordöstlich Hattusa. In die Kalkfelsen gemeißelte Reliefs stellen wahrscheinlich Prozessionen von Gottheiten dar. Auf dem Fries* (unten) *wird der Hethiterkönig Tudhalija vom Gott Scharruma begrüßt, der eine hohe Krone trägt. Das Heiligtum von Jazilikaja wurde im 13. Jahrhundert v. Chr. unter Hattusilis III. erbaut.*

***Als aus dem Felsen gehauenes Hochrelief** bildet diese Prozession männlicher Gottheiten einen Bestandteil der sakralen Kunst im hethitischen Heiligtum Jazilikaja. Die Götter tragen bemalte Kronen, Röcke und Schnabelschuhe, in der Hand halten sie Krummschwerter oder Stäbe.*

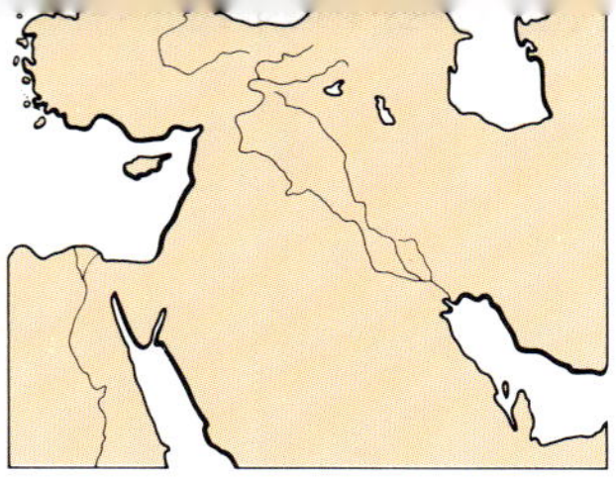

die Hethiter Teile ihres Territoriums und blieben für fast ein Jahrhundert erheblich geschwächt.

Mit der Thronbesteigung Suppiluliumas' im Jahre 1380 v. Chr. konsolidierte sich die Macht der Hethiter aufs neue, und das nächste Jahrhundert war das goldene Zeitalter ihres Reiches. Zum zweitenmal eroberten sie Syrien, beherrschten es mittels Vasallenstaaten und kontrollierten die mächtigen Städte Karkemisch und Alalach.

Der offene Konflikt zwischen den Hethitern und Ägyptern war damit unvermeidlich. Der Höhepunkt war die Schlacht von Kadesch (1285 v. Chr.), die allerdings unentschieden ausging. Einige Jahre danach, etwa 1269 v. Chr., wurde ein Friedensvertrag unterzeichnet, in dem die Ägypter ihr Interesse an Palästina verankerten. So unglaublich es klingt – beide Ausfertigungen des Vertrags, die hethitische (auf Akkadisch geschrieben) und die ägyptische, sind uns erhalten geblieben. Der Frieden hielt, bis sich das Hethiterreich kurz vor dem Jahr 1200 v. Chr. auflöste. Die Gründe für diesen plötzlichen Untergang kennt man nicht genau, doch hängt er wahrscheinlich mit dem Auftreten der »Seevölker« auf der Bühne der Geschichte zusammen. Es gibt keine Beweise für die Hypothese, daß die Macht der Hethiter auf ihrem Eisenmonopol beruhte. Einen Großteil ihrer kriegerischen Erfolge hatten sie vielmehr ihrer Reiterei und Streitwagentruppe zu verdanken. Der König war Oberbefehlshaber dieses Heeres und verfügte außerdem über zahlreiches Fußvolk und eine Leibwache, die ihm auf Lehensbasis diente. Er war außerdem die höchste richterliche Instanz und der Oberpriester. In dieser Rolle als Oberpriester wurde er auf Denkmälern abgebildet. Auch die Königinnen der Hethiter hatten eine starke, unabhängige Position. Die Hethiter unterschieden sich beträchtlich von ihren Nachbarn im Nahen Osten, obgleich sie Elemente fremder Kulturen übernommen hatten. Aus Mesopotamien bezogen sie die Schrift und Teile ihrer Literatur, während ihre Religion churritische Einflüsse aufweist. Trotz des plötzlichen Verschwindens hielten sich Bestandteile der Welt der Hethiter in den kleinen neohethitischen Königreichen Südostanatoliens und Nordsyriens noch drei Jahrhunderte lang erhalten.

Winkler in Hattusa

***Nach seinen Löwenskulpturen** wird ein großes Tor in Hattusa benannt. Charakteristisch für die Haupttore der Stadt waren mächtige Wachtürme* (unten) *zu beiden Seiten.*

Im Oktober 1905 begann Dr. Hugo Winkler, ein deutscher Assyriologe, mit Ausgrabungen in Boghazköi nördlich von Ankara, der türkischen Hauptstadt. Trotz des Regens, der die Ausgrabungsstätte in einen Schlammtümpel verwandelt hatte, fand Winkler schon in der ersten Woche 34 Bruchstücke von Tontafeln. Dieser Anfangserfolg fand 1906 seine Fortsetzung, und im Lauf eines Jahres sah Winkler seine kühnsten Hoffnungen übertroffen: Er hatte mehr als 10 000 Keilschrifttafeln und Teile einer Stadt mit massiven Befestigungsanlagen freigelegt. Viele der Tafeln waren mit akkadischer Keilschrift beschrieben. Winkler erkannte, daß einige von ihnen Briefe zwischen Ägypten und dem König von Hatti darstellten. Er hatte offensichtlich das hethitische Königsarchiv entdeckt, und Boghazköi war Hattusa, die Hauptstadt der Hethiter! Während Winkler an diesen Tafeln arbeitete, war er sehr krank. Aber er hielt durch. 1907 veröffentlichte er die von ihm entzifferten Texte. Er hatte viele akkadische Tafeln übersetzt, aber es blieb noch ein großer Rest in einer Sprache, die er nicht beherrschte. Nach Winklers Tod im Jahre 1913 entzifferte ein junger tschechischer Gelehrter namens Bedrich Hrozny diese Sprache – es war Hethitisch – und machte die erstaunliche Entdeckung, daß sie zur Gruppe der indoeuropäischen Sprachen gehörte, der auch die meisten modernen europäischen Sprachen angehören, und vielleicht sogar die älteste dieser Sprachen war.

Könige und Diplomaten

Von 1600 bis 1200 v. Chr. rangen mächtige Reiche imNahen Osten mit militärischen und diplomatischen Mitteln um die Hegemonie in der Region. Es herrschte ein Mächtegleichgewicht zwischen den Kassiten in Babylonien, den Mitanni in Ostsyrien und Palästina, dem ägyptischen Reich in Palästina und Südsyrien, den Assyrern in Nordmesopotamien und den Hethitern in Anatolien und Nordsyrien. Seine Hochblüte erlebte das Reich von Mitanni zwischen 1430 und 1350 v. Chr. In diesen Jahren erstreckte es sich vom Sagrosgebirge bis zum Mittelmeer. Die Hauptstadt Waššugani hat man noch nicht gefunden, doch vermutet man sie im sogenannten Nairi-Gebiet, im Osten der großen Schleife des Euphrat. Die Bevölkerung Mitannis bestand vorwiegend aus Churritern, doch scheint es, daß die herrschende Schicht Indoarier waren

Nach dem Sturz der Hammurabi-Dynastie um 1530 v. Chr. herrschte in Babylonien ein Volk dunkler Herkunft, die Kassiten. Diese Menschen tauchen in historischen Berichten erstmals um das Jahr 1700 v. Chr. auf, gewöhnlich als Experten im Pferdehandel. Denn zu dieser Zeit revolutionierte das Pferd die Kriegführung. Einer dieser Kassiten-Fürsten bemächtigte sich nach der Plünderung Babylons durch die Hethiter des babylonischen Thrones. Es gibt wenig Urkunden aus der kassitischen Periode, doch blieb es während der knapp 400 Jahre der kassitischen Herrschaft in Babylon anscheinend bemerkenswert ruhig. Die Hauptstadt des Reiches wurde in die strategisch günstig gelegene Stadt Dur-Kurigalzu verlegt. Sie ist erst teilweise ausgegraben.

In den ersten tausend Jahren seiner Geschichte war Assyrien von Sumer beherrscht worden. Aber als die dritte Dynastie von Ur um 2000 v. Chr. ihr Ende fand, wurde Assyrien unabhängig, und seine Kaufleute trieben mit Anatolien Handel. Der Amoriter Šamšiadad wurde 1815 v. Chr. König von Assyrien und dehnte die assyrische Macht auf den größten Teil Nordmesopotamiens einschließlich Mari aus, das aber später von seinem angestammten Fürsten zurückerobert wurde. Doch mit dem Aufstieg Hammurabis verdunkelte Babylon den Glanz Assyriens, das allmählich immer schwächer wurde und schließlich unter die Botmäßigkeit der neu auf der Bildfläche erschienenen Mitanni geriet.

In dieser Periode wurde die Keilschrift, die sich schon zur Blütezeit Mesopotamiens über den Großteil des Nahen Ostens ausgebreitet hatte, international: Das Akkadische war die Diplomatensprache. Ein Archiv aus dem 14. Jahrhundert mit Keilschriftbriefen, das auf dem Gelände von Tell el-Amarna in Ägypten gefunden wurde, enthält die Korrespondenz zwischen den großen Königen dieser Länder.

Die »Amarnabriefe« wurden 1887 von einer Bauersfrau gefunden. Als die Gelehrten die Briefe untersuchten, stellten sie schnell fest, daß es sich hier um die Korrespondenz des ägyptischen »Außenministerium« unter Echnaton handelte. Man fand überdies noch ältere Briefe, die wahrscheinlich von Theben hierhergebracht worden waren, als man die Hauptstadt verlegte.

Anhand der Tafeln läßt sich die internationale Politik der damaligen Zeit verfolgen. Eine Zeitlang war der ägyptische Pharao der mächtigste Herrscher. Während der Herrschaft Echnatons jedoch (1364–1347 v. Chr.) verlor Ägypten diese Hegemoniestellung.

Die Hethiter Anatoliens hatten die Macht der Mitanni gebrochen und sich mit den ägyptischen Vasallenstaaten in Syrien verbündet. Loyale Vasallen hatten Ägypten zu Hilfe gerufen, doch ging Echnaton offenbar auf ihre Bitten nicht ein. Am Ende seiner Regierung waren die Länder, die Ägypten in Syrien besaß, verloren.

***Der Zikkurat von Dur-Kurigalzu** im Norden Babylons ist ein kassitischer Bau aus dem frühen 14. Jahrhundert.*

***Die meisten Tafeln** von Tell el-Amarna, wo sich für kurze Zeit die Hauptstadt Ägyptens, Achetaton, befand, sind Briefe aus dem Archiv Echnatons und seines Vaters Amenophis III. Viele von ihnen beziehen sich auf Palästina, das Ägypten am Ende der Regierungszeit Echnatons (1362 v. Chr.) verlor. Hilferufe loyaler Vasallen an Ägypten verhallten ungehört. Andere Briefe, aus denen Zitate in die Karte* (rechts) *eingefügt wurden, stammten von Herrschern anderer Regionalmächte. Sie zeigen, daß Ägypten primus inter pares war, mit Staaten durch Heirat verbunden, und daß eine Zeitlang der Status quo im Nahen Osten durch Diplomatie und den Austausch von Geschenken aufrechterhalten wurde.*

Rib Adda spricht zu dem König der Länder, der vielen Länder, zum großen König, dem König, meinem Herrn. Ich werfe mich meinem Herrn, dem Sonnengott, zu Füßen, siebenmal. Die Stadt Byblos, die treue Magd des Königs, rüstet sich gegen die Verbündeten, die auch seine Feinde sind. Und ich bin in großer Not. Siehe, der König hält seine schützende Hand nicht mehr über die große Stadt, die treu zu ihm hält. Möge der König die Länder all derer zerschmettern, die ihn berauben wollen.

Brief von Rib Adda von Byblos an Amenophis IV.

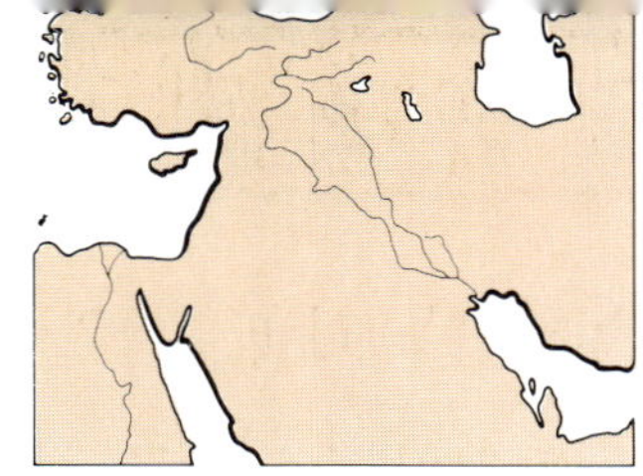

Ich habe dir als brüderliches Geschenk fünf Streitwagen und fünf Joch Pferde gesandt. Als Geschenk an Dilukipa, meine Schwester, habe ich Goldschmuck und ein Paar goldene Ohrringe sowie Edelsteine geschickt.

Brief des Tuschrata von Mitanni an Amenophis III.

Du hast nun, Bruder, den Thron deines Vaters bestiegen, und wie dein Vater und ich Geschenke austauschten, so seien auch wir, du und ich, gute Freunde.

Brief des Hethiter-Königs Suppiluliuma an Amenophis IV.

Die Goldsendungen aus deinem Land, die früher zum großen König gelangten, haben nun aufgehört. Ruhen deine Augen nicht mehr gnädig auf ihm? Wenn dein Angesicht noch gnädig ist, schicke doch wieder Gold und gib dem Überbringer dieser Botschaft mit, was notwendig ist. Erlaube umgekehrt, daß Gaben von uns an dich geschickt werden.

Brief des Assurubalith von Assyrien an Amenophis IV.

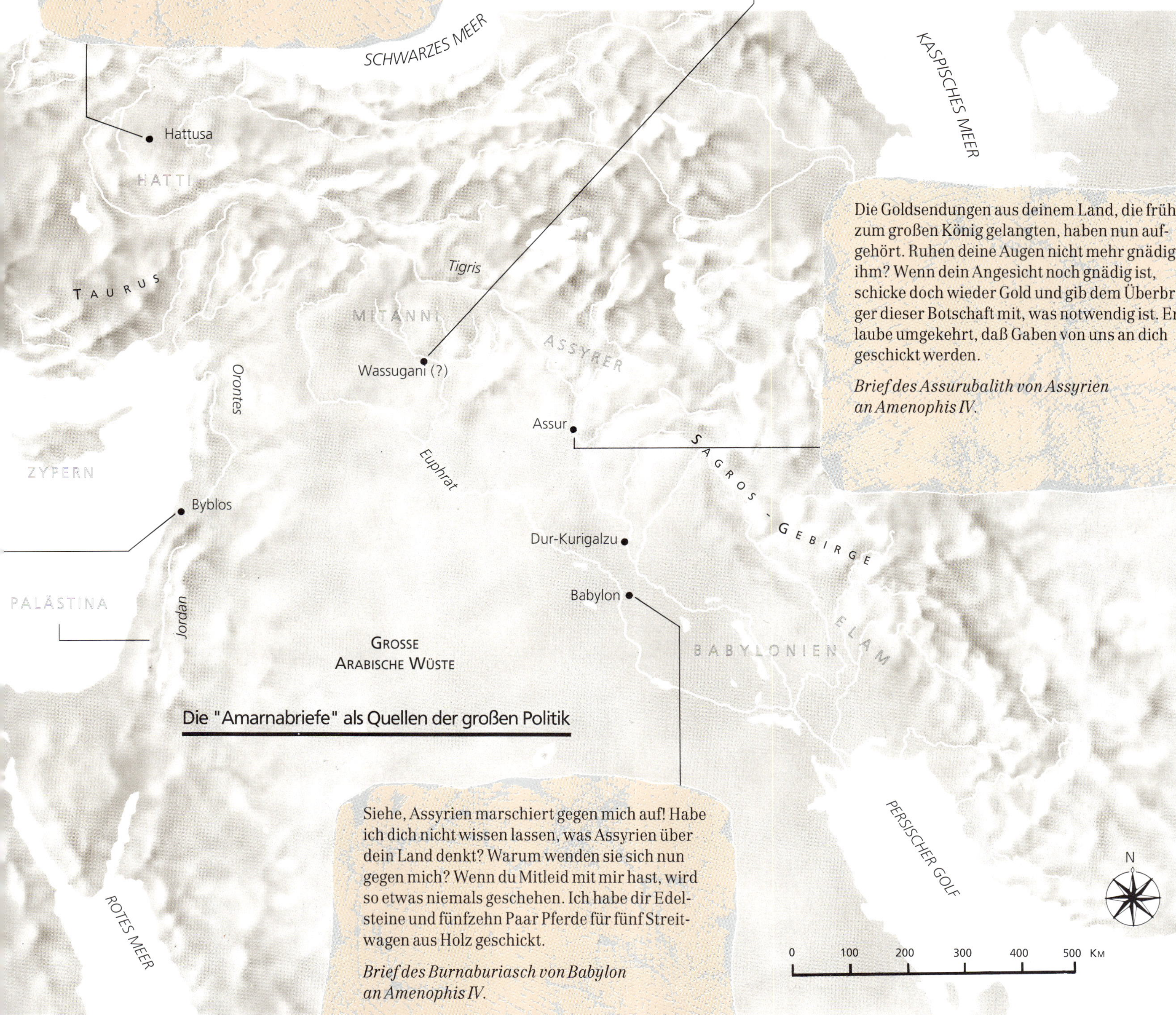

Die "Amarnabriefe" als Quellen der großen Politik

Siehe, Assyrien marschiert gegen mich auf! Habe ich dich nicht wissen lassen, was Assyrien über dein Land denkt? Warum wenden sie sich nun gegen mich? Wenn du Mitleid mit mir hast, wird so etwas niemals geschehen. Ich habe dir Edelsteine und fünfzehn Paar Pferde für fünf Streitwagen aus Holz geschickt.

Brief des Burnaburiasch von Babylon an Amenophis IV.

Syrien, Palästina und die Levante

Von etwa 1650 v. Chr. an war die Geschichte Syriens, Palästinas und der Levante (der Küstenregion von Ägypten bis Anatolien) eng mit den ihnen benachbarten mächtigen Reichen verknüpft. Ägypten im Süden, die Hethiter im Norden und die Mitanni im Osten – sie alle wetteiferten um den Besitz der reichen Stadtstaaten dieses Gebietes und um Einfluß auf die Handelsrouten, die diese kontrollierten. Es waren semitische Amoriter und Kanaaniter, die trotz gewisser kultureller Unterschiede praktisch eine gemeinsame Sprache sprachen. Die Kanaaniter, die in der Levante und Palästina lebten und wahrscheinlich von früher eingewanderten Amoritern abstammten, kamen durch ihren Handel unter den Einfluß der ägyptischen Kultur. Weiter im Norden wurden die Amoriter durch die mesopotamische und churritische Kultur geprägt, mit der sie der Ost-West-Handel zwischen dem Euphrat und dem Mittelmeer in Berührung brachte.

Die alte syrische Stadt Ebla südlich Aleppo ist uns aus akkadischen Texten vom Ende des 3. Jahrtausends v. Chr. bekannt. Aus in Ebla selbst gefundenen Archivtexten, die z. T. in eblaitischer Keilschrift, der frühesten uns bekannten Form westsemitischer Schrift, abgefaßt sind, ergibt sich, daß Ebla um 2500 v. Chr. eine blühende Handelsstadt war. Ihre Bewohner waren noch älter als die nomadischen Amoriter, von denen man einst glaubte, sie seien das älteste semitische Volk in Syrien gewesen. Um 2000 v. Chr. eroberten die Amoriter Ebla, und um 1800 v. Chr. bestanden einige amoritische Königreiche in Syrien und Palästina, u. a. Byblos und Ugarit. Das größte Königreich war Jamchad (Aleppo). Es umfaßte das Gebiet vom Taurusgebirge bis zum Euphrat und herrschte auch mit Hilfe von Vasallenkönigen, z. B. dem König von Alalach. Zu Beginn des 16. Jahrhunderts v. Chr. zerstörten die Hethiter Aleppo. Später kam die Stadt unter die Herrschaft der churritischen Mitanni. Die Churriter, ein nichtsemitisches Volk, wahrscheinlich aus Ostanatolien stammend, lebten am Anfang des 2. Jahrtausends in Syrien. Aber erst im 16. Jahrhundert v. Chr. bildeten sie das Königreich Mitanni. 1480 v. Chr. war Alalach ein Vasallenstaat des Mitannireiches.

Als der ägyptische Einfluß in Syrien in der Folge zurückging, gelang es dem Hethiterkönig Suppiluliuma (1380–1346 v. Chr.), Mitanni und seine Vasallen Aleppo und Alalach zu schlagen. Am Ende des Jahrhunderts kontrollierten die Hethiter einen Großteil des Gebietes, einschließlich Ugarit, das vordem ein Vasallenstaat Ägyptens gewesen war. Ägypten trieb schon seit langem Handel mit der Levante, und zwischen 1900 und 1788 v. Chr. bestanden enge Beziehungen zu Byblos. Gegenstände aus den Königsgräbern zu Byblos zeigen z. B., wie der ägyptische Einfluß allmählich in die kanaanitisch-amoritische Kultur eindrang.

Zwei Jahrhunderte lang, bis zum Jahre 1570 v. Chr., wurde Ägypten von den Hyksos beherrscht. Nach deren Vertreibung aber dehnten ägyptische Herrscher ihre Macht auf Palästina, die Levante und Teile Syriens aus, so daß sie um 1525 v. Chr. bis zum Euphrat reichte. Frieden gab es in diesen Ländern erst nach den Feldzügen Amenophis' II. (1438–1412 v. Chr.) gegen Mitanni. In dieser Epoche der ägyptischen Hegemonie blühte der Handel. Unter den kanaanitischen und syrischen Erzeugnissen befanden sich Bauholz, gefärbtes Tuch, Weinkrüge, Ölfläschchen, Metallgegenstände und Vieh. Doch unter der Regierung Echnatons (1364–1347) verlor Ägypten große Gebiete. Trotz bedeutender militärischer und diplomatischer Anstrengungen gewann es niemals mehr seinen früheren Umfang zurück.

Byblos und seine Beziehung zu Ägypten

Die alte Küstenstadt Byblos wurde reich durch den Handel besonders mit Ägypten, wohin es seit 2600 v. Chr. und vielleicht noch früher Holz exportierte. In späteren Jahrhunderten enwickelte sich eine sehr enge Beziehung zu Ägypten, was lange auf Kunst und Kultur der Stadt nachwirkte. In den Königsgräbern von Byblos wurden die amoritischen Herrscher der Stadt mit ägyptischen Grabbeigaben bestattet, z. B. einem mit Gold verzierten Obsidiankästchen, das den Namen des Pharao Amenemhet IV. (1798–1790 v. Chr.) in Silberhieroglyphen trug.

Der goldene Horus-Brustschmuck (oben) aus einem anderen Grab ist aber wahrscheinlich im eigenen Land entstanden. Er ist zwar im ägyptischen Stil gehalten, weist aber auch Merkmale der kanaanitischen Kunst auf. Auch die im Tempel gefundenen Stücke sind dem Stil und der Ausführung nach amoritisch. Darunter befindet sich die goldene Scheide eines Dolches mit Elfenbeingriff. Auf ihr sind drei Männer abgebildet, die eine seltsame Tierherde weiden: eine Ziege, einen Löwen, einen Pavian, einen Hund und einen Fisch. Die Stadt wird schon in mesopotamischen Texten von 2100 v. Chr. erwähnt und trieb Handel mit der Stadt Mari, vor allem mit Stoffen und Gewändern. Handelsbeziehungen bestanden auch zum minoischen Kreta.

***Der Einfluß Ägyptens** auf die Kunst von Byblos wird gut dokumentiert durch diesen prächtigen goldenen Brustschmuck* (oben)*. Auf ihm ist Horus, der ägyptische Falkengott, abgebildet, doch weisen stilistische Elemente darauf hin, daß er von einheimischen Kunsthandwerkern gefertigt wurde. Das Pektorale wurde in den Königsgräbern gefunden.*

***Auch dieser exquisite Anhänger** aus Gold mit eingefaßten kostbaren Edelsteinen* (rechts)*, den man in einem Königsgrab zu Byblos entdeckte, zeigt ägyptische Motive, u. a. den Gott Horus.*

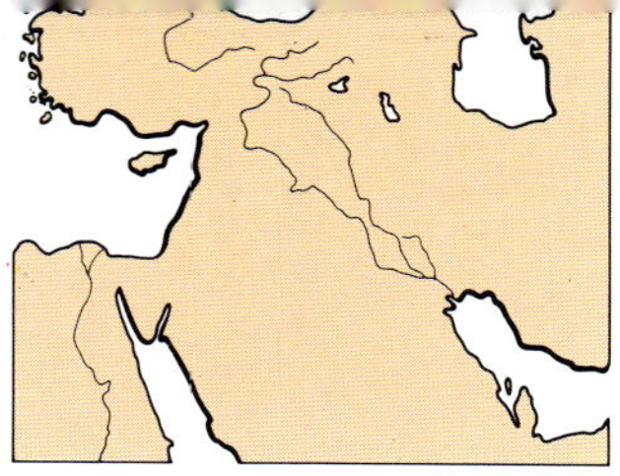

Ugarit und der Handel

Die Hafenstadt Ugarit an der syrischen Küste war ein großes Handelszentrum, das, wie Byblos, Anfang des 2. Jahrtausends unter ägyptischem Einfluß stand. Seine Hochblüte begann in der Zeit des Friedens zwischen Mitanni und Ägypten, unter dessen Oberherrschaft es nominell stand. Doch arrangierte es sich auch mit der hethitischen Macht und konnte somit, wie alle Städte an der Levante, unbehelligt seinen Geschäften nachgehen. Ugarit stand auch mit der mykenischen Kultur in der Ägäis in Verbindung. Ein Großteil seines Reichtums stammte aus dem Handel mit zyprischem Kupfer und Metallarbeiten. Die Farbe der Purpurschnecke, Salz und Getreide waren weitere Exportgüter.

Die in Ugarit gefundenen Archive enthalten Texte in mehreren Sprachen, manche in einer keilförmigen Buchstabenschrift. Sie bieten Hinweise auf die ugaritische Religion und ihre Mythologie, was wiederum ein Licht auf die religiösen Riten der Kanaaniter wirft. Die Stadt wurde um 1200 v. Chr., wahrscheinlich durch die Seevölker, zerstört.

Dieser Goldteller (oben) *stammt aus dem Ugarit des 14. Jahrhunderts. Die abgebildete Jagdszene atmet Kraft und Frische. Der Streitwagen ähnelt denen des Neuen Reiches Ägyptens. Im 14. Jahrhundert v. Chr. herrschte Ugarit* (rechts) *über etwa 50 km Küstenland mit vier Häfen. Seine Lage begünstigte den Seehandel. Die Stadt erreichte damals ihre größte Ausdehnung und war auf einer Fläche von etwa 20 Hektar von einer starken Befestigungsanlage umgeben. Der Palast enthielt 67 Räume und 5 Höfe zu ebener Erde.*

Diese kantige Figur (rechts) *stellt wohl einen ugaritischen König dar. Er hält einen Stab in der Hand, das Symbol königlicher Macht.*

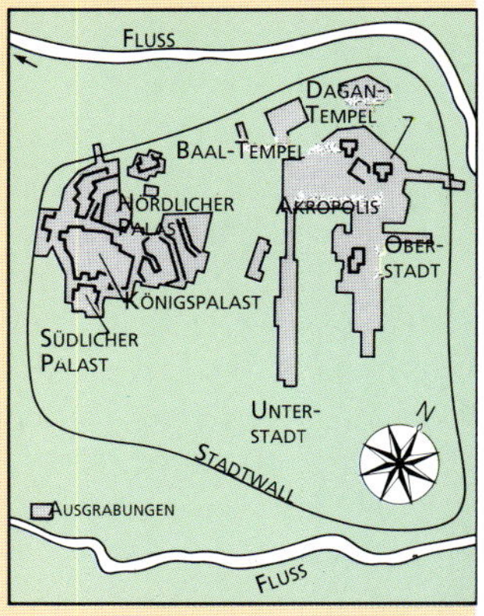

Die Völker des Alten Testaments

Um 1200 v. Chr. verschwand das hethitische Reich urplötzlich, und die Städte an der östlichen Mittelmeerküste verödeten. Einige von ihnen, etwa die reiche kanaanitische Stadt Ugarit an der syrischen Küste, wurden ganz von ihren Bewohnern verlassen. Man vermutet, daß diese Katastrophen durch marodierende Scharen verursacht wurden, die als die Seevölker bekannt sind. Es ist nicht sicher, aber durchaus möglich, daß diese Seevölker auch mit der Zerstörung Trojas und der Städte des mykenischen Griechenland zu tun hatten. Wir wissen aus ägyptischen Berichten, daß sie zweimal Ägypten angriffen und zurückgeschlagen wurden, zum zweiten Mal etwa 1186 v. Chr. Teile der Seevölker siedelten an den ägyptischen Grenzen und verdingten sich später als Söldner, während eine andere Gruppe, die Peleseten, in Südkanaan, in der Gegend von Gaza, lebte. Von dieser Gruppe, die später den Namen Philister erhielt, hat das Gebiet seinen Namen: Palästina. Man hat Eisenwaffen gefunden, die von ihnen benutzt wurden. Sie bestätigen die Berichte des Alten Testaments, daß die Philister mit langen Speeren kämpften und ein wildes, kriegerisches Volk waren.

Die Ereignisse im Nahen Osten des 11. Jahrhunderts v. Chr. liegen für uns im Nebel, die archäologischen Funde sind lückenhaft. Aber sobald wir wieder über Zeugnisse verfügen, zeigt sich, daß sich die politische Landkarte des Nahen Ostens drastisch verändert hat. Die früheren Großmächte, Ägypten, Babylonien und Assyrien, sind erheblich geschwächt, das Hethiterreich von der Bühne der internationalen Politik verschwunden. Nomadenstämme haben sich in Syrien und Palästina niedergelassen und allmählich kleine Staaten gebildet.

Die nomadischen Aramäer siedelten in Syrien und entlang dem Euphrat. Im 10. Jahrhundert v. Chr. erstreckten sich ihre Königreiche sogar bis auf assyrisches Territorium. Das Königreich Damaskus mit der gleichnamigen Oase als Mittelpunkt entwickelte sich zum größten dieser Reiche und befand sich, bevor es 732 v. Chr. von Assyrien besiegt wurde, regelmäßig im Kriegszustand mit Israel. Die Aramäer hinterließen als wichtigstes Erbe ihre Sprache. Sie wurde die Umgangssprache des Nahen Ostens bis zur Einführung des Arabischen nach dem 7. Jahrhundert nach Christus. Die aramäische Schrift ging allmählich in das phönizische Alphabet ein und löste, da sie leicht zu schreiben war, die Keilschrift ab. Das Aramäische war auch die Sprache, die man zur Zeit Jesu Christi sprach, und Teile der Bibel sind ursprünglich auf Aramäisch geschrieben.

Im Norden der aramäischen Gebiete, teils in Syrien und mit Ausläufern bis nach Südostanatolien, befanden sich die neohethitischen Staaten, die man so bezeichnet, weil ihre Lebensweise gewisse Ähnlichkeiten mit den früheren Hethitern aufweist. Auch diese Völker wurden im 9. Jahrhundert vom Assyrischen Reich aufgesogen. Man glaubt, daß einige Elemente ihrer Architektur von den Assyrern übernommen wurden.

Aus der Bibel weiß man von der Landnahme der hebräischen Stämme im alten Kanaan, ihren Kämpfen mit den benachbarten Völkern und der Aufspaltung des davidischen und salomonischen Königreiches in die Teilstaaten Israel und Juda. Vom 8. Jahrhundert v. Chr. an wurden die Geschichte und Gesetze dieser Völker schriftlich niedergelegt und aufbewahrt, einige im Rahmen der hebräischen Bibel, dem Alten Testament der Christen. Die Hebräer spielten zwar politisch eine relativ unbedeutende Rolle im Nahen Osten, aber sie hinterließen ein bleibendes Vermächtnis: ihre Religion. Das Judentum, die erste monotheistische Religion der Welt, bildete die Basis des Christentums und des Islam.

Immer war der Nahe Osten auch vom Nomadenleben geprägt. Auch heute noch gibt es Nomaden, wie hier im Irak (links), *obgleich es immer weniger werden. Sogar den schwarzen Nomadenzelten, die bereits in der Bibel erwähnt werden, kann man heute noch begegnen.*

Das Nomadentum der Amoriter, Aramäer und anderer alter Völker war in Wirklichkeit das Leben von Wanderhirten mit langfristigen Unterbrechungen. Eine Gruppe, meist eine Großfamilie, zog mit dem Gang der Jahreszeiten auf der Suche nach Weidegründen durch das Land und ließ sich dabei immer wieder für längere Zeit an einer Stele nieder, um Ackerbau zu treiben. Die Nomaden lebten inmitten seßhafter Bevölkerungen, denen sie ihre Erzeugnisse verkauften.

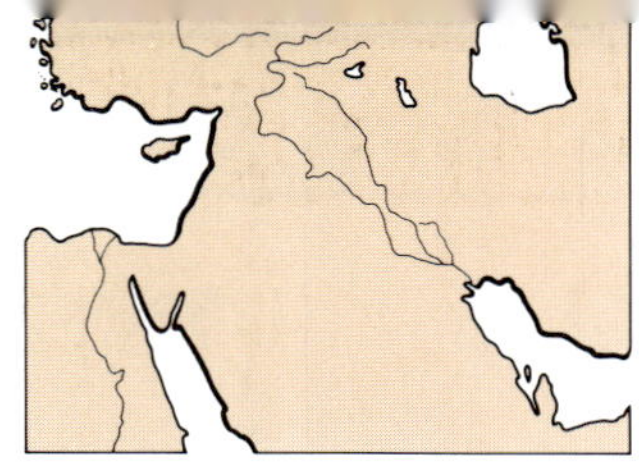

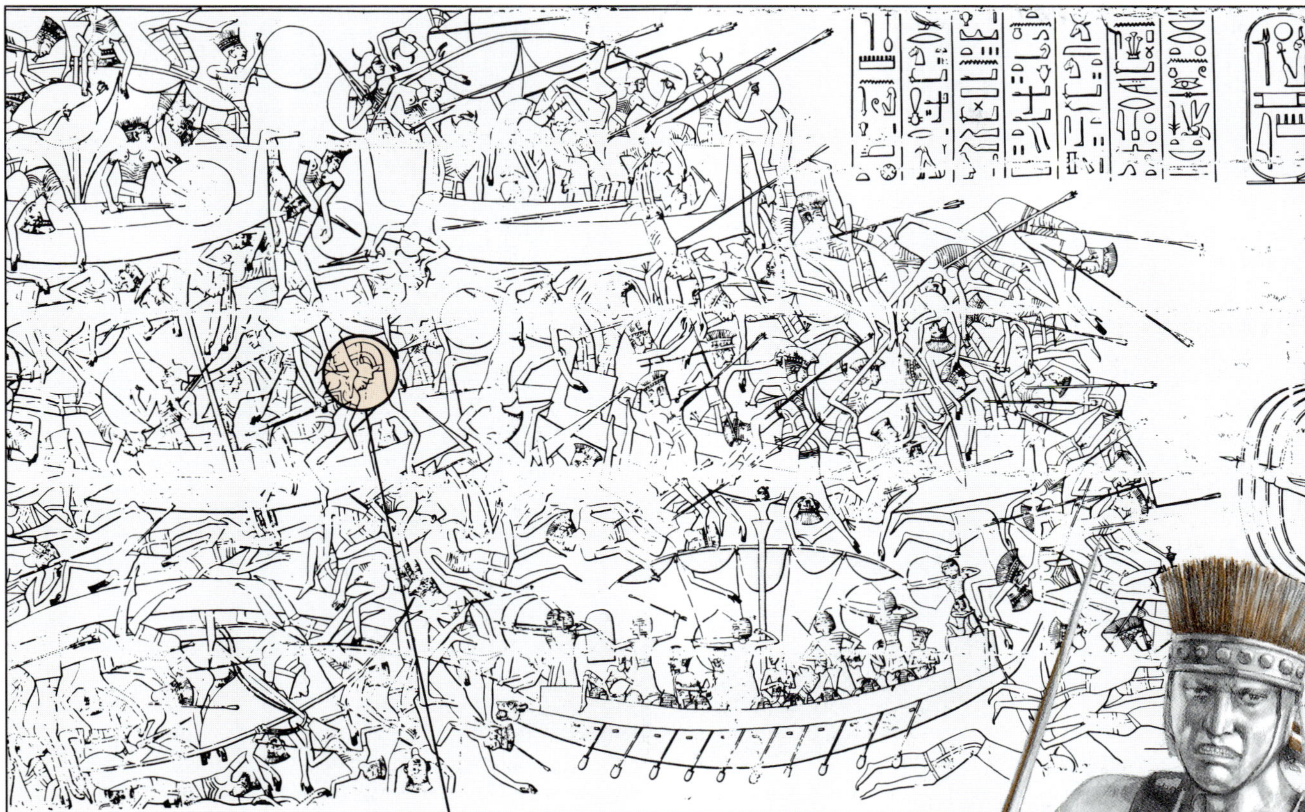

Die Reliefs *des ägyptischen Pharao Ramses III. in Medinet Habu stellen eine erbitterte Seeschlacht* (links) *zwischen ägyptischen Truppen und den Seevölkern dar, von denen man annimmt, daß es die Philister und ihre Verbündeten waren. Ägyptische Bogenschützen zielen von ihrem Schiff im unteren Teil des Reliefs auf feindliche Krieger, die getroffen werden und ins Wasser stürzen. In den Inschriften auf den Reliefs berichtet Ramses, wie diese Feinde es gewagt hatten, in die Nilmündung einzudringen, und wie er selbst sie gebührend empfangen hatte.*

Die mit den Philistern *verbündeten Schardana waren wilde Söldner und Piraten, die zwei Jahrhunderte lang vor 1200 v. Chr. die Küsten Ägyptens, Libyens und der Levante unsicher machten. Rechts einer ihrer Krieger mit dem charakteristischen Hörnerhelm.*

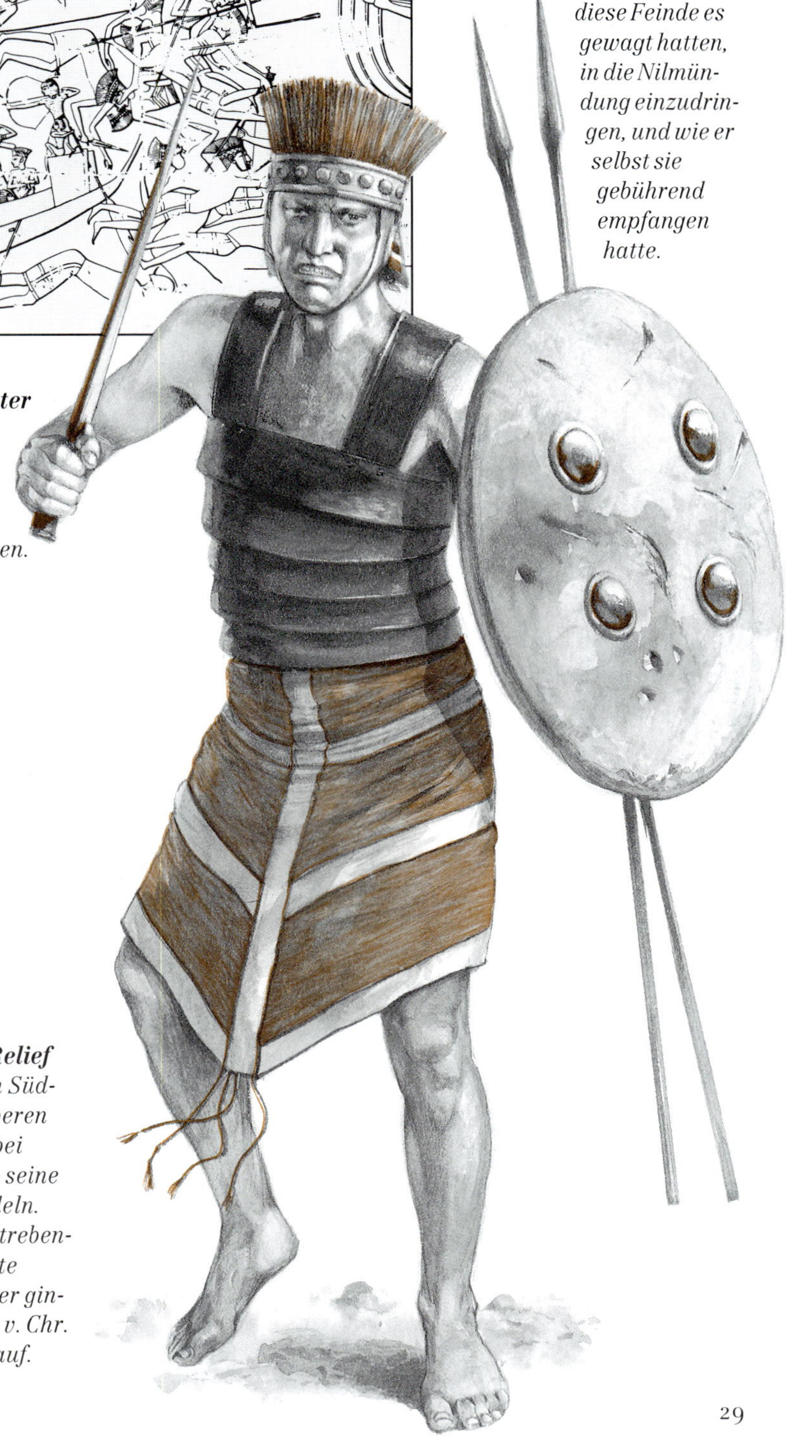

Die Krieger der Philister (rechts) *trugen Helme mit Büschen aus Pferdehaaren oder Lederstreifen sowie kurze Röcke mit Quasten.*

Ein neohethitisches Relief (links) *aus Karatepe in Südostanatolien. In der oberen Reihe steht ein König bei einem Fest, neben ihm seine Diener mit Fliegenwedeln. Unten wird ein widerstrebendes Tier zur Opferstätte gezerrt. Die Neohethiter gingen im 9. Jahrhundert v. Chr. im assyrischen Reich auf.*

Die Phönizier

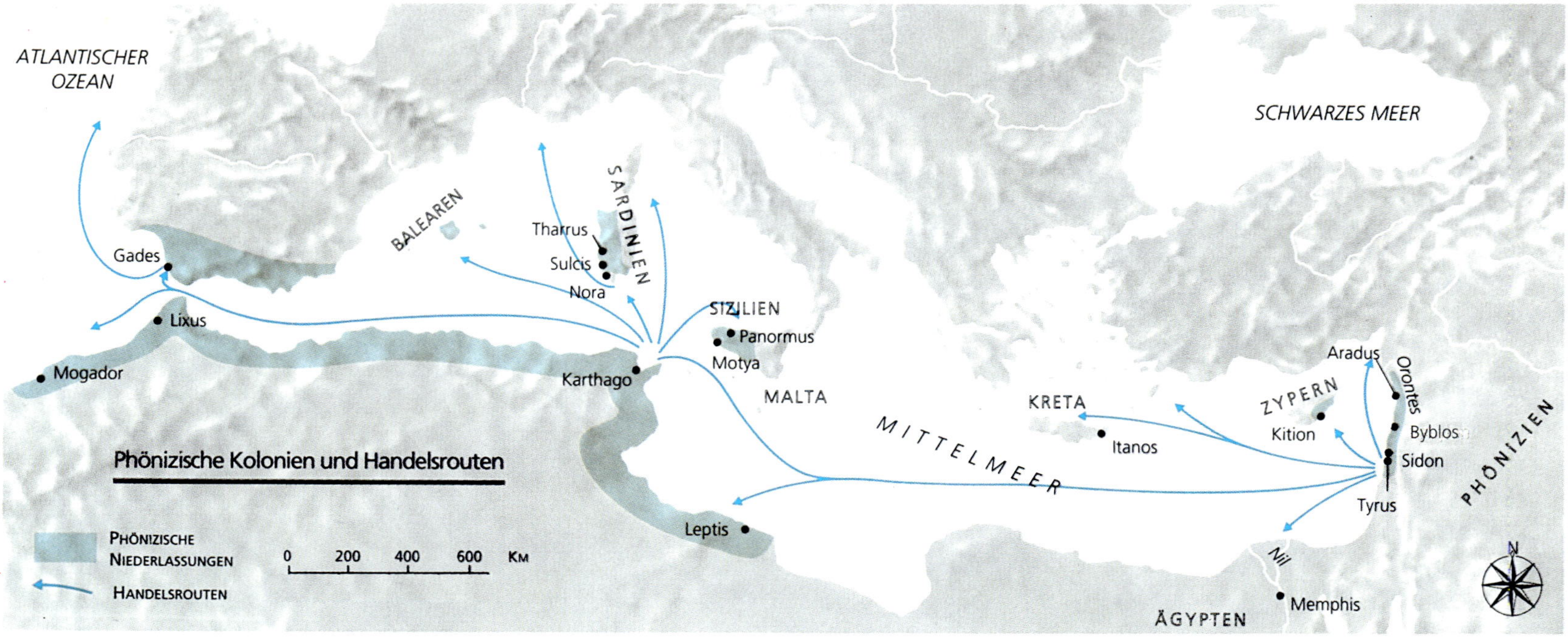

***Die Phönizier** waren hervorragende Seeleute. Glaubt man dem griechischen Geschichtsschreiber Herodot, so umsegelten sie sogar Afrika. Wie die Karte* (oben) *zeigt, gründeten sie Handelskolonien in Nordafrika, Spanien, Sardinien und Sizilien, und, noch früher, in Zypern, wo sie Kupferminen ausbeuteten. Als dann Karthago zur größten Macht im westlichen Mittelmeer aufstieg, kamen Gold aus Westafrika und Zinn aus Portugal nach Phönizien. Etwas prosaischer war der Handel mit Trockenfisch. Die typischen hohen Tonkrüge, in denen diese Ware transportiert wurde, hat man an vielen Stellen an der Küste gefunden.*

Die alten Völker der Küstenländer des östlichen Mittelmeers standen untereinander über das Meer in Verbindung. Das älteste geschichtliche Dokument Ägyptens berichtet über den Import von »40 Schiffslasten Zedernholz« unter der Regierung König Snefru (ca. 2600 v. Chr.). Das bezieht sich zweifellos auf die berühmten Zedern des Libanon. Sie waren zusammen mit dem aus ihnen gewonnenen kostbaren Öl die ersten Güter, mit denen diese Küstenvölker Handel trieben. Noch in späterer Zeit, im 1. Jahrtausend v. Chr., exportierten die Phönizier der Küstenstädte Zedernholz und Öl. Sie waren zu den besten Kaufleuten, Seefahrern und Handwerkern der Region geworden.

Die Phönizier waren ein semitisches Volk, das sich Kinahu oder Kanaaniter nannte, obgleich sich ihre Städte nur auf dem engen Küstenstreifen des heutigen Libanon drängten. Die Griechen kannten sie unter dem Namen »Phoinikes«, die Purpurmänner, weil eines ihrer begehrtesten Produkte der berühmte tyrische Purpurstoff war.

Die phönizischen Städte waren unabhängige Staaten, allerdings schlossen sie immer wieder Bündnisse untereinander. Tyrus wurde zum größten dieser Stadtstaaten, aber auch andere wie Byblos und Arados waren ungeheuer reich. Wann immer es die Geographie erlaubte, wurden diese Städte auf Landzungen erbaut, die ins Meer vorsprangen, oder an die Küste vorgelagerter Inseln. Hohe Steinmauern und Türme schützten ihre Bewohner, die in zweistöckigen Häusern mit Balkonen lebten. Die Phönizier waren wegen ihrer Fähigkeiten als Baumeister und Handwerker berühmt. So beschäftigte König Salomon bei seinem Tempelbau in Jerusalem im 10. Jahrhundert v. Chr. phönizische Bauleute.

Im ganzen Mittelmeerraum von Mesopotamien bis nach Spanien sind phönizische Elfenbeinschnitzereien, Glasarbeiten, Goldschmiedearbeiten und Metallwaren gefunden worden. Ihre Elfenbeinschnitzereien zierten zum Beispiel den von Omri, einem König Israels, in seiner Hauptstadt Samaria erbauten Palast. Ebenso entdeckte man eine riesige Sammlung von Elfenbeinstücken, viele von ihnen im phönizischen Stil, in der assyrischen Hauptstadt Nimrud. Nach Meinung mancher Historiker geht die Praxis der späteren Griechen, Elfenbeinstatuen zu vergolden, auf phönizische Vorbilder zurück.

Abgesehen von der Produktion für ihren eigenen Export betätigten sich die Phönizier auch als Zwischenhändler. Seit dem 10. Jahrhundert v. Chr. durchpflügten phönizische Schiffe das Meer auf der Suche nach Metallen in den Küstenländern. Ihre ersten Kupferbergwerke legten sie auf Zypern an, wo sie die Kolonie Kition gründeten. Die reichen Silbervorkommen in Spanien führten später zur Gründung von Gades, dem heutigen Cadiz. Die berühmteste Kolonie Phöniziens war jedoch Karthago, das nach der Überlieferung im Jahre 814 v. Chr. von Tyrus gegründet wurde. Diese Stadt der legendären Königin Dido war ursprünglich nur ein Anlegeplatz auf der langen Reise nach Spanien gewesen. Aber im Lauf der Zeit entwickelte sie sich zu einer Großstadt, die sogar Tyrus in den Schatten stellte.

Doch das bedeutendste Erbe, das die Phönizier der Nachwelt hinterließen, war ihre alphabetische Schrift. Es waren einfache Zeichen, die von den Kanaanitern im 2. Jahrtausend erfunden worden waren und von den phönizischen Kaufleuten nun überallhin verbreitet wurden. Von ihnen ging das Alphabet in veränderter Form auf die Griechen über, und in späterer Zeit übernahmen es die Römer. Deren lateinisches Alphabet bildet die Grundlage der modernen Schriften westlicher Zivilisationen.

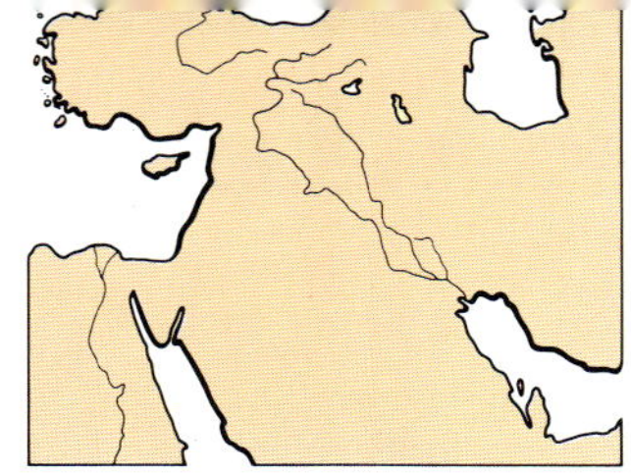

Bis zum Ende der Bronzezeit *(ca. 1200 v. Chr.) wurde das Mittelmeer von den Mykenern vom griechischen Festland beherrscht. Doch nach deren Untergang wurde der Seehandel eine Domäne der phönizischen Städte an der Levante. Das von diesen kontrollierte Hinterland indessen beschränkte sich auf einen schmalen Küstenstreifen zwischen Meer und Gebirge, der im allgemeinen höchstens 35 km breit war. Da die Phönizier somit nur über wenig Land verfügten, mußten sie seit dem 9. Jahrhundert ihr Auskommen auf dem Meer suchen und vom Handel und ihren Kolonien leben.*

Ihre Kriegsschiffe wie dieser auf einem assyrischen Relief (unten) abgebildete Zweiruderer eskortierten die Handelsschiffe und schützten sie vor Piraten. Wie alle Kriegsschiffe der Antike konnte die phönizische Bireme sowohl gesegelt als auch gerudert werden. Der lange Rammsporn diente zum Rammen und Versenken feindlicher Schiffe.

Natürliche Rohstoffe bildeten die Grundlage für den Großteil der phönizischen Gewerbe. An den nahegelegenen Berghängen wuchsen Zedern und Pinien, deren Holz in Ägypten sehr begehrt war. Aus dem Harz gewann man Öle und Salben. In späteren Zeiten wurde Phönizien seiner kostbaren Purpurstoffe wegen im ganzen Mittelmeerraum berühmt: Die Purpurfarbe wurde aus der Purpurschnecke (Murex Trunculus) hergestellt, und ihre hochwertigen Stoffe woben die Phönizier aus der Wolle ihrer eigenen Schafe und aus ägyptischem Flachs. Seit etwa 600 v. Chr. zogen sie sogar aus dem Sand, der ihnen überreichlich zur Verfügung stand, Nutzen und erzeugten ein fast farbloses Glas, sowie bunten Zierat und Amulette, die man in weit entfernten Gegenden, z. B. in Ägypten und am Schwarzen Meer, gefunden hat.

Das erste Alphabet

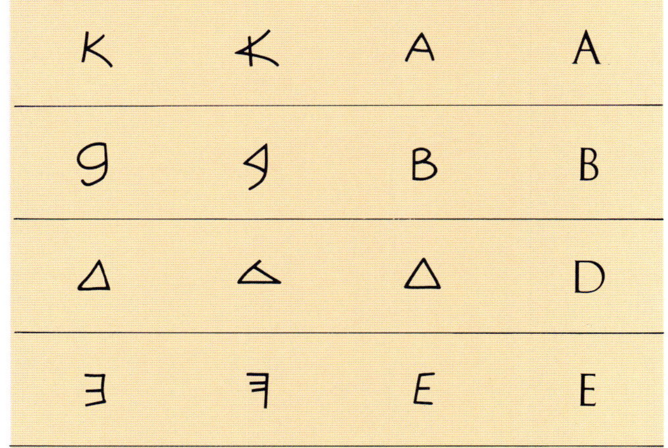

Die Tabelle zeigt die Phasen der Entwicklung des Alphabets. Die erste senkrechte Reihe enthält vier Buchstaben der kanaanitischen Schrift vom Ende des 2. Jahrtausends. Sie durchliefen verschiedene Formen, z. B. die frühphönizischen und griechischen, wie sie die zweite und dritte Spalte zeigen, bis zu den lateinischen Buchstaben. Die alphabetische Schrift wurde um 1600 v. Chr. in der Levante erfunden. In diesem System steht ein Zeichen für einen Laut, und so wird im Vergleich zu den früheren piktographischen Schriften, deren Zeichen jeweils Begriffe darstellten, die Zahl der Zeichen wesentlich reduziert. In Ugarit im heutigen Syrien war um 1400 v. Chr. ein Keilschriftalphabet mit 32 Symbolen in Gebrauch. Zur gleichen Zeit gab es in Ägypten Versuche, das Hieroglyphensystem zu vereinfachen. Anfang des 10. Jahrhunderts hatte sich das früheste vollalphabetische System herausgebildet, das wir kennen, das kanaanitische. Den Beweis liefert eine Inschrift auf dem Sarkophag Hirams, des Herrschers von Tyrus. Das phönizische und das erste hebräische Alphabet sind mit diesem weniger bekannten kanaanitischen System verwandt. Als die Griechen das alphabetische System übernahmen, führten sie auch Zeichen für Vokale ein, denn das kanaanitische System kannte nur Konsonanten.

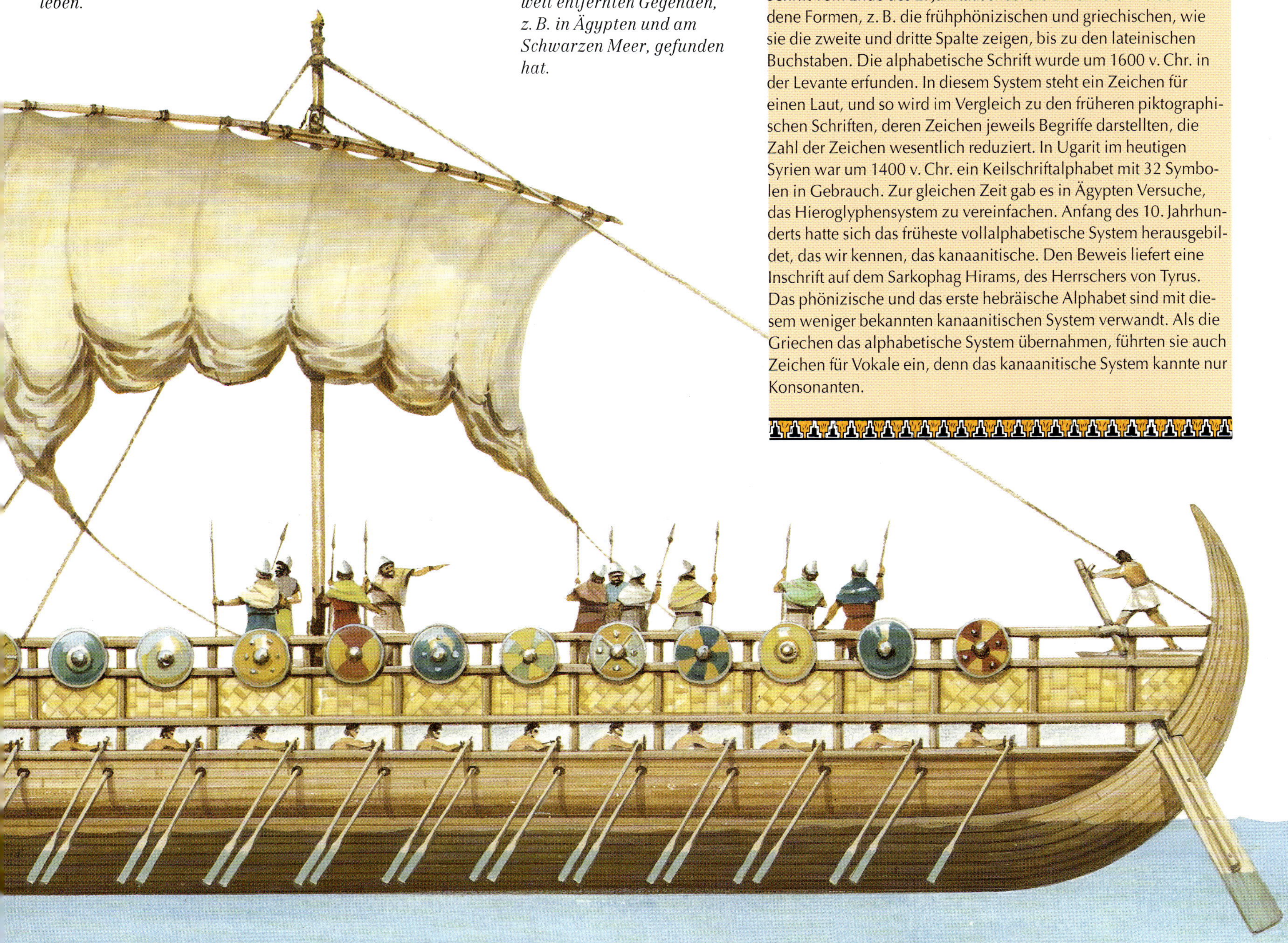

Das Assyrische Reich (I)

Die Assyrer waren das erste Volk, das den größten Teil des nahen Ostens in einem Reich vereinigte. Zwar hatten schon die Hethiter und die Ägypter ihre Territorien weit ausgedehnt, aber sie hatten die von ihnen unterworfenen fremden Völker durch Vasallen regieren lassen. Demgegenüber bildeten die Assyrer ein System von Provinzregierungen aus. Das assyrische Reich unterschied sich also von den früheren Großreichen auch durch seinen Umfang und vor allem durch eine hoch organisierte Verwaltung.

Das Kerngebiet Assyriens befand sich in Nordmesopotamien am Tigris. Hier hatten die Assyrer schon seit etwa 3000 v. Chr. in Assur, der Hauptstadt, und Ninive, der Stadt der Ischtar, Heiligtümer errichtet. Im ersten Jahrtausend seiner Geschichte wurde Assyrien, das an den bedeutenden Handelsrouten nach Anatolien lag, von Sumer beherrscht. Aber mit der Thronbesteigung des Amoriterkönigs Schamschiadad I. um 1814 v. Chr. gewannen die Assyrer Macht über einen Großteil des nördlichen Mesopotamien. Als das hethitische Reich um 1200 zusammengebrochen war und der Niedergang Ägyptens begonnen hatte, füllte Assyrien das so entstandene politische Vakuum. Es etablierte sich als Hegemonialmacht und gewann das Territorium zurück, das seinerzeit an die Aramäer verlorengegangen war. Unter der Regierung von Assurnasirpal II. (883–859 v. Chr.) begannen die Eroberungen neuer Länder. Unter diesem König und seinem Nachfolger Salmanassar III. (858–824 v. Chr.) schob Assyrien seine Grenzen bis zum Euphrat vor und machte die Königreiche in Nordsyrien zu Vasallenstaaten. Aber eine Revolution in Assyrien am Ende von Salmanassars Regierungszeit wendete das Blatt. Sie ermöglichte es dem Königreich Urartu, das im Nordosten lag, seinen Einfluß auszudehnen und die Handelsrouten im Osten unter seine Kontrolle zu bringen. Ebenso unterwarf es sich die syrischen Vasallenstaaten, auf die Assyrien angewiesen war, da es von dort seine Soldaten, Metalle und Pferde aus Kleinasien bezog.

Die erste Hälfte des 8. Jahrhunderts ist durch eine Periode schwacher Zentralregierungen in Assyrien gekennzeichnet. Die Provinzgouverneure regierten praktisch als unabhängige

Von etwa 800 bis 600 v. Chr. *dehnte Assyrien sein Kernland am oberen Euphrat zu einem Reich aus, das einen Großteil des Nahen Ostens umfaßte. Die Expansion begann im 9. Jahrhundert, als Assurnasirpal II. das Gebiet aramäischer Stämme bis zum Euphrat beanspruchte. Unter Assarhaddon erreichte das Reich seine größte Ausdehnung.* (rechts)

Assurbanipal *streckt hoch zu Roß eigenhändig einen Löwen nieder. Relief aus Ninive, etwa aus dem Jahr 650 v. Chr* (unten rechts).

Layards Ausgrabungen in Assyrien

Im November 1845 begann Sir Henry Austen Layard (1817–1894) in der assyrischen Stadt Nimrud (dem alten Kalhu) mit Ausgrabungen. Bevor er sich an dieses Unternehmen wagte, hatte er schon weite Reisen im Osten unternommen. Die Kenntnis von Land und Leuten, die er sich auf seinen Reisen erworben hatte, kam ihm sehr zustatten, als er sich mit dem lokalen Pascha und der dort ansässigen Stämmen auseinandersetzen mußte.

In Nimrud entdeckte Layard den großen Nordwest-Palast Assurnasirpals II. (883–859 v. Chr.) und die späteren Paläste des Assarhaddon (680–669 v. Chr.) und Tiglatpilesar III. (745–727 v. Chr.), sowie die Reste vieler anderer Gebäude. Kurze Zeit hielt er sich dann zu Ausgrabungen in Assur auf und begann 1849 mit archäologischen Arbeiten am Palast Sanheribs (704–681 v. Chr.) in Ninive. Dort legte er insgesamt, wie er später schätzte, zweieinhalb Kilometer Steinreliefs frei. Ein schwieriges Problem war auch die Organisation des Transports von Skulpturen nach Großbritannien, unter anderem riesiger geflügelter Stiere, die jeweils 10 Tonnen wogen. 1851 verließ Layard Mesopotamien endgültig. Sein einige Jahre zuvor erschienenes Buch »Ninive und seine Ruinen« wurde ein großer Publikumserfolg und gibt eine lebhafte Schilderung seiner Arbeiten in Nimrud, das er zuerst irrtümlich für Ninive hielt. Nach England zurückgekehrt, widmete sich Layard der Politik.

Eine Abbildung viktorianischer Zeit: *Kinder bestaunen Stücke aus Layards Ausgrabungen im Britischen Museum.*

Sir Henry Layard (links), *in persischer Kleidung neben seinem Diener Salah, begann 1849 mit Ausgrabungen in Ninive* (rechts). *Einige der menschenköpfigen, geflügelten Stiere, die er ausgrub, gelangten schließlich ins Britische Museum (oben links).*

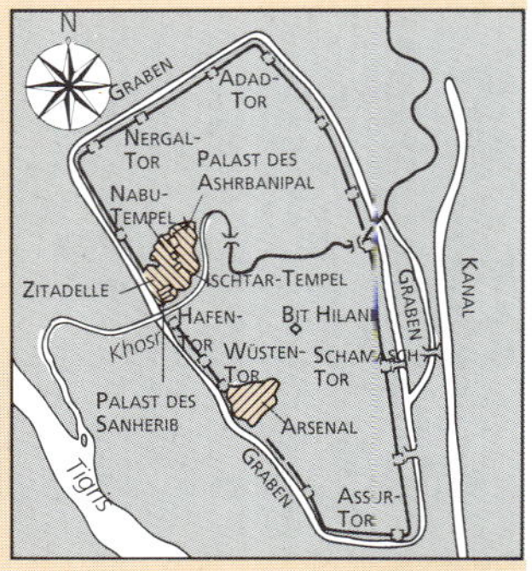

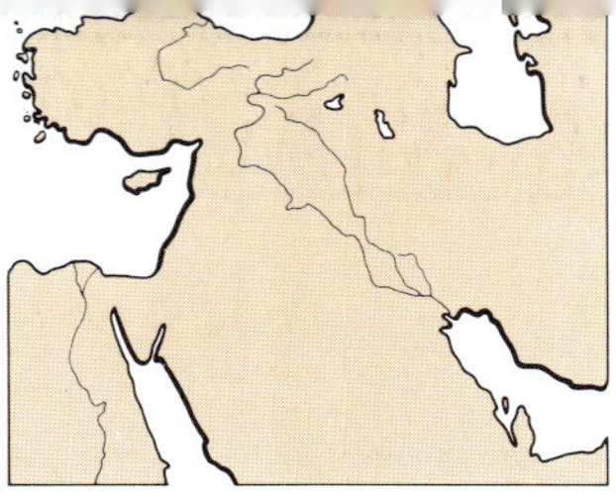

Herrscher. Das änderte sich jedoch, als 745 v. Chr. Tiglatpilesar III. den Thron bestieg. Dieses Jahr markiert den Beginn des Jahrhunderts der größten Machtentfaltung Assyriens. Tiglatpilesar bereinigte schon lange schwelende Grenzstreitigkeiten mit Babylonien, indem er Assyriens Position festigte und die Grenzen weiter nach Syrien hinein verlegte. Hierauf eroberte er Babylon und wurde 729 v. Chr. König von Babylonien. Er unternahm auch einen Feldzug gegen das Königreich Urartu, doch konnte er die Macht seines großen Rivalen nicht brechen – das geschah erst unter der Regierungszeit Sargons II. (721–705 v. Chr.). Im Westen gewann Tiglatpilesar die syrischen Staaten zurück und unterstellte sie direkt der assyrischen Herrschaft. Einige Zeit darauf nahm er Damaskus ebenso wie einige Randgebiete Israels.

Unter Sanherib (704–681 v. Chr.) drangen die Assyrer in Palästina ein, besiegten die Küstenstädte, warfen die Ägypter zurück, überrannten Juda und belagerten Jerusalem. Jerusalem wurde zwar nicht genommen, aber tributpflichtig gemacht. Wieder einmal gab es Schwierigkeiten mit Babylonien, also marschierte Sanherib nach Babylon, zerstörte es und baute Ninive als Hauptstadt des Reiches aus. 675 v. Chr. griff Assarhaddon Ägypten unter seinem Pharao Taharka an, nahm Memphis ein und rief sich selbst zum König aus. Kaum hatte er jedoch das Land wieder verlassen, gewann Taharka die Macht zurück.

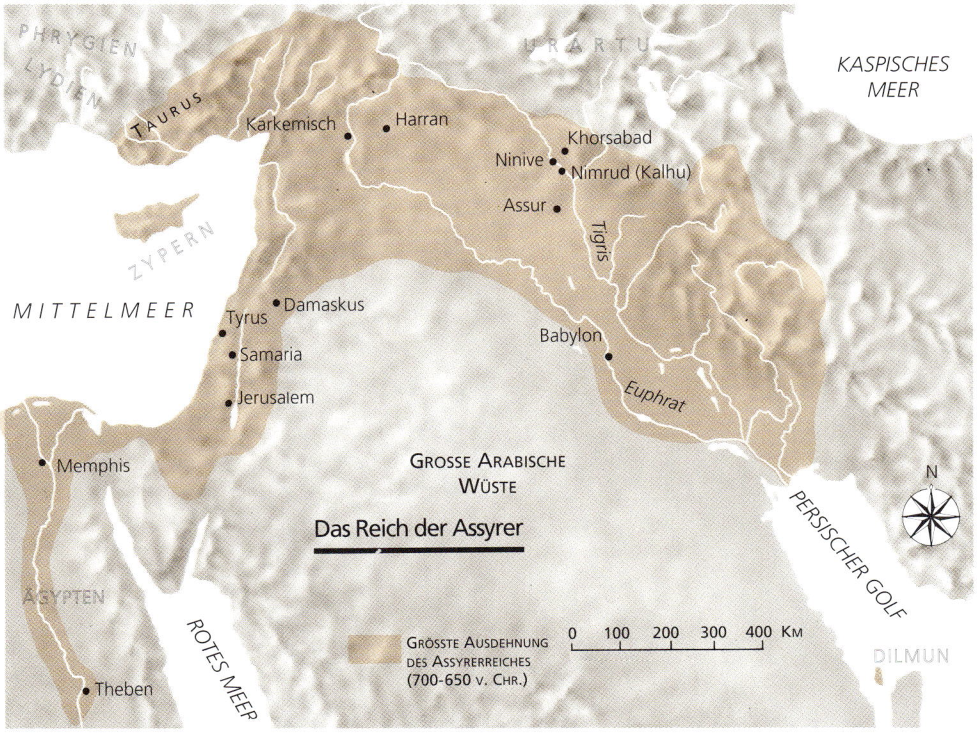

Das Assyrische Reich (II)

Schließlich erreichte die Ausdehnung des assyrischen Reiches ihren Höhepunkt, als das Heer Assurbanipals (668 bis 627 v. Chr.) die ägyptische Stadt Theben einnahm.

Ein Echo dieser turbulenten Ereignisse klingt uns aus der Bibel entgegen. Und lange bevor Sir Henry Layard im 19. Jahrhundert zahllose assyrische Reliefs mit Schlachtszenen ausgrub, waren die Assyrer von der Nachwelt schon als kriegsliebend und eroberungssüchtig gebrandmarkt worden.

In diesem Ruf standen sie nicht zu Unrecht. Ihre Vasallen mußten ihnen Gehorsam schwören und Tribut zahlen, Rebellen wurden drakonisch bestraft. Eroberte Städte wurden erbarmungslos geplündert, nicht selten total zerstört, und selbst wenn man sie schonte, so wurden ihre Einwohner doch immer wieder in entfernte Gegenden des Reiches deportiert.

Trotz ihres schlechten Rufes waren die Assyrer jedoch keineswegs kulturlos. Als Assurnasirpal II. seine Hauptstadt von Assur nach Nimrud verlegte, erbaute er einen großen Palast mit Hilfe von Arbeitern aus den eroberten Gebieten, und nach dessen Vollendung veranstaltete er ein atemberaubendes Bankett mit 69574 Gästen. Nimrud blieb Sitz des Königs, bis Sargon II. wieder eine neue Hauptstadt weiter im Norden erbaute, die diese Funktion jedoch nur kurze Zeit wahrnahm. Denn schon sein Sohn Sanherib errichtete einen Palast in Ninive, den er den »Palast Ohnegleichen« nannte. Um die Tempel und Paläste Ninives, das berühmt war für seinen Reichtum und Glanz, auszuschmücken, mußten Beutegut und Tribute herhalten.

Die assyrischen Paläste waren Verwaltungszentren, aber auch Residenzen des Königs, seiner Familie und des Hofes. Es wimmelte von Ratgebern und Wahrsagern, die die Vorzeichen deuten mußten, bevor Beschlüsse in Staatsangelegenheiten gefaßt wurden. Früher hatten assyrische Könige in eigener Person Feldzüge unternommen – Sargon war z. B. in einer Schlacht umgekommen –, doch später hielten sich die Könige lieber in ihren Residenzen auf. Assurbanipal, der Gelehrte anwies, alte Texte für seine Bibliothek zu kopieren und zu sammeln, war stolz auf seine Bildung und Gelehrsamkeit.

Ursprünglich hatte das assyrische Heer aus Bauern bestanden. Als sich jedoch das Reich ausdehnte, wurde ein stehendes Heer aus angeworbenen Soldaten aufgebaut. Die Befehlsgewalt lag allein beim König, die Provinzgouverneure hatten keinen Zugriff auf die Garnisonen der Festungen auf ihrem Gebiet. Aber sie waren verantwortlich für die Aushebung von Soldaten und den Nachschub im Kriegsfall, was auch die Beschaffung des Futters für die Pferde einschloß. Ein System von guten Straßen und Getreidedepots erlaubte schnelle Truppenbewegungen und ungehinderten Informationsfluß durch Königsboten. Den Gouverneuren oblag es auch, die Fronarbeit für den Straßenbau und den Straßenunterhalt zu organisieren, sowie die Steuern einzutreiben.

Die Eintreibung von Steuern in den Provinzen sowie von Tributen in den Vasallenländern führte hin und wieder zu Aufständen, die ohne Erbarmen niedergeschlagen wurden. Doch die gewaltige Ausdehnung überspannte schließlich die Kräfte Assyriens. Und zuletzt war das Land durch äußeren Druck und innere Zwistigkeiten so geschwächt, daß es dem Bündnis, das die babylonische Widerstandsbewegung unter Nabupolassar mit den Medern schloß, nicht mehr gewachsen war. Im Jahre 612 v. Chr. unterlag Ninive den vereinten Kräften der Meder und Babylonier. So endete die Macht Assyriens. Bei der Stadt Harran westlich Ninive besiegte Nabupolassar die letzten Reste des assyrischen Heeres.

Anläßlich der Vollendung seines Palastes in Nimrud im Jahre 865 v. Chr. veranstaltete Assurnasirpal ein großes Festbankett im Hof vor seinem Thronsaal. Die Einzelheiten dieses Festes, das hier rekonstruiert ist, kennen wir von einer Stele, die bei Ausgrabungen in diesem Palast, mehr als 2500 Jahre nach dem Ereignis, entdeckt wurde.

Assurnasirpal (1) betrat den Hof, dessen Fassaden mit Reliefs und großen »Lamassus« aus Stein geschmückt war (3) – geflügelten Fabelwesen. Zur Linken des Königs, über dessen Kopf Diener einen Sonnenschirm hielten, schritt der Kronprinz, zur Rechten der Obereunuch. Tributpflichtige phönizische Vasallen (2) brachten dem König wertvolle Geschenke in Form von Holz, Elfenbein und Stoffen.

Die Gäste ließen sich auf vergoldeten Elfenbeinlagern und Hockern (5 und 4) nieder. Musikanten (6) mit Leiern und Doppelpfeifen spielten ihnen auf. Dabei wurden große Mengen Wein getrunken und die herrlichsten Speisen gereicht: Wildbret, Enten, Lamm und Gans; Gemüse wie Rüben, Salat und Zwiebeln, dazu Früchte wie Quitten, Pflaumen, Birnen und Granatäpfel. Das Bankett dauerte alles in allem 10 Tage.

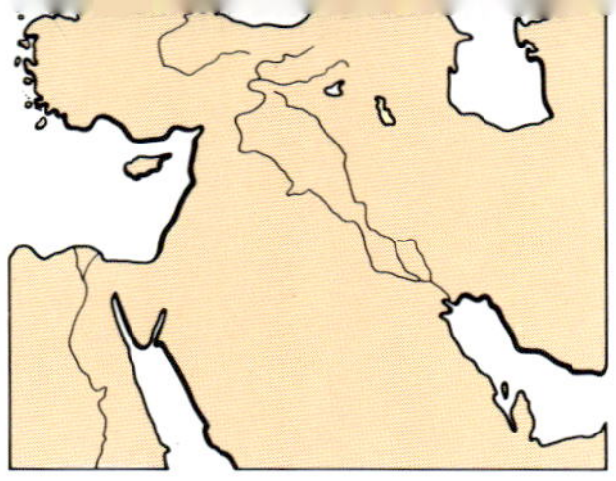

3
2
5
4
6

Babylon

Babylon aus der Vogelperspektive. *Hier die Grundmauern des großen Zikkurat, der in einem heiligen Bezirk südlich des Ischtartores lag. Wahrscheinlich wurde der Zikkurat Anfang des 2. Jahrtausends von Hammurabi erbaut, dem König, der Babylon und seinem Gott Marduk die Oberherrschaft sicherte. Babylon war fast geometrisch angelegt* (unten rechts). *Die Hauptstraßen verliefen parallel oder im rechten Winkel zum Fluß. Das Ischtartor war der Haupteingang zur Stadt.*

Nach der endgültigen Niederlage Assyriens im Jahre 609 v. Chr. wurde die alte Stadt Babylon wieder einmal zur größten Stadt Mesopotamiens. Der erste König der neuen Dynastie war Nabopolassar (625–605 v. Chr.), ein chaldäischer Scheich, der sich des babylonischen Thrones bemächtigt hatte. Dieser führte selbst den Feldzug gegen Assyrien. Unter dieser Dynastie wurde Babylon das Zentrum eines Reiches, das sich bis zu den Grenzen Ägyptens erstreckte.

Seit den Tagen des großen Hammurabi (1792–1750 v. Chr.) war Babylon verschiedene Male geplündert und zerstört worden. Dabei war auch eine große Säule, auf der der berühmte Gesetzeskodex des Hammurabi eingemeißelt war, von den Elamitern nach Susa geschafft worden, wo sie dann im 19. Jahrhundert gefunden wurde. Mehr als 1000 Jahre nach Hammurabi bauten Nabopolassar, und sein Nachfolger Nebukadnezar II. (604–562) die Stadt in größerem Glanz als je zuvor wieder auf. Babylon war von einer riesigen äußeren und inneren Mauer umgeben. Der griechische Historiker Herodot behauptet, diese Mauern seien so breit gewesen, daß ein mit vier Pferden bespannter Streitwagen darauf habe fahren können. Ausgrabungen haben diese Behauptung bestätigt. Es gab mehrere Stadttore, jedes trug den Namen eines Gottes. Der Euphrat teilte die Stadt in zwei Teile, eine Brücke verband sie miteinander. Im Ostteil der Stadt lagen die Tempel und Paläste mit Blick auf den Fluß, eine breite »Straße der Prozessionen« führte vom großen Ischtartor dorthin.

Sowohl das Tor als auch die heilige Straße waren mit glänzenden, blauglasierten Ziegeln verkleidet, auf denen Löwen, Stiere und Drachen in Hochreliefs abgebildet waren. Diese Tiere stellten die wichtigsten Götter der Stadt dar. Marduk, die Gottheit der Stadt, war der Drache. Adat, der Gott des Himmels und des Wetters, der Stier; und Ischtar, die Göttin der Liebe und des Krieges, wurde vom Löwen symbolisiert. Nicht weit vom großen Zikkurat stand der Tempel des Marduk, weitere Tempel befanden sich in nächster Nähe. Auch der Palast war mit glasierten Ziegeln geschmückt. Nicht weit davon konnte man auf von Menschenhand errichteten Terrassen die »Hängenden Gärten« bewundern, eines der sieben Weltwunder.

Innerhalb weniger Jahre besiegte Nebukadnezar II. Assyrien und bemächtigte sich der Länder von Mesopotamien bis zur Levante. Im Jahre 597 v. Chr. eroberte er Jerusalem und zwang König Jojakim und den größeren Teil der jüdischen Aristokratie ins Exil. Zedekia, den Onkel Jojakims, setzte er zum neuen Herrscher über die Stadt ein.

Diese Politik der Deportation war im alten Nahen Osten allgemein üblich, machte sie es doch möglich, die Führer der besiegten Völker immer im Auge zu behalten. Die eroberten Provinzen wurden von babylonischen Gouverneuren regiert, obwohl einige von ihnen in der Obhut lokaler Herrscher belassen wurden, auf deren Loyalität Babylon bauen konnte. Die Verwaltungskosten in den Provinzen wurden durch lokale Steuern aufgebracht, und die Tempel mußten ein Zehntel ihres Einkommens aus den Tempelgütern dem König abliefern. Es ist gut möglich, daß der Widerstand der Tempelpriester gegen diese Steuer später die Ursache dafür war, daß sie König Kyros von Persien unterstützten, der Babylon im Jahre 539 v. Chr. ohne Schwertstreich eroberte.

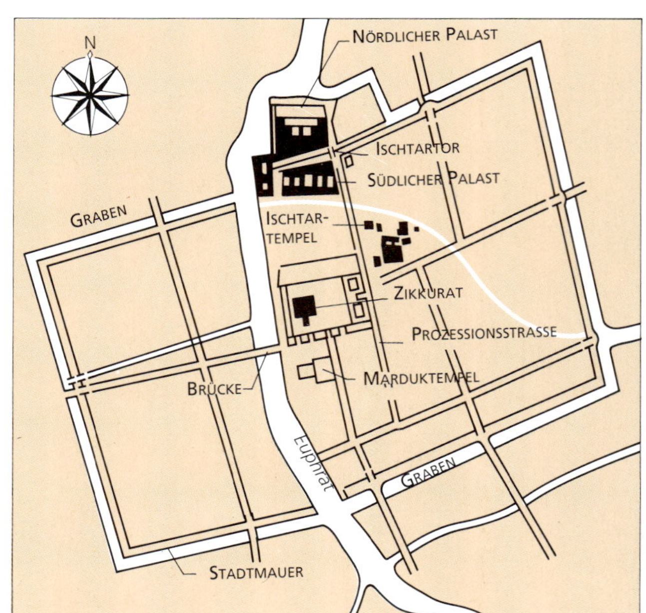

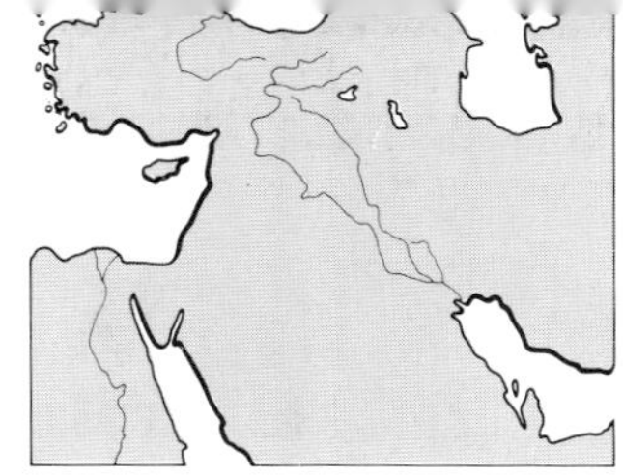

Babylon-Bilder

Das Phantasiebabylon, das in der Kunst des Abendlandes dargestellt wurde, war bis zum Beginn unseres Jahrhunderts weitgehend von den unzuverlässigen Berichten des Alten Testaments und der griechischen Autoren geprägt. Erst nach der Entdeckung der mesopotamischen Kultur, die Mitte des 19. Jahrhunderts einsetzte, konnten Künstler auch auf nichtliterarische Quellen zurückgreifen. Bis dahin hatte die Kunst jahrhundertelang das Vorurteil von einem »verworfenen Babylon« untermauert, das die babylonfeindliche biblische und griechische Literatur in die Welt gesetzt hatte. Aber nichts in den Texten oder Kunstwerken der Babylonier bestätigt dieses negative Bild, das sich gleichwohl hartnäckig gehalten hat. Ja oft sind sogar die neuen Kenntnissse über die mesopotamische Kunst und Kultur nur dazu verwendet worden, den traditionellen Szenen noch eine unechte Authentizität zu verschaffen. So stellte z. B. Edwin Long 1875 in seinem Gemälde »Der babylonische Heiratsmarkt« (rechts) eine Szene dar, die auf dem Bericht des griechischen Geschichtsschreibers Herodot beruht, daß es in Babylon Brauch gewesen sei, Mädchen auf Heiratsmärkten zu verkaufen. Der Maler hielt sich getreu an den Text Herodots. Long kannte aber offensichtlich auch die Reliefs der assyrischen Paläste. Er benützte sie als Vorbild für das Fresko, das auf seinem Bild den Saal schmückt.

Ein Standfoto »Der babylonische Heiratsmarkt« (unten) *aus dem Film »Intoleranz«, den D. W. Griffiths im Jahre 1916 drehte. Er verwendete darin das neueste archäologische Material, um seinen Darstellungen der Antike Lebensechtheit zu geben. In dieser Szene brachte er das Gemälde* (unten) *von Edwin Long auf den neuesten Stand, und fügte noch Dekorationen hinzu, deren Vorbilder aus den deutschen Ausgrabungen in Babylon von 1905–1914 stammen, unter anderem die Keramikwandverkleidung aus dem Thronraum* (unten links). *Griffiths Darstellung des babylonischen Lebens ist genial, aber ebenso irreführend. Denn obwohl er seinem Bild durch das babylonische Material Authentizität verleiht, verwendet er auch pharaonische Fächer und eine assyrische Gartenansicht.*

Edwin Longs Gemälde, *»Der babylonische Heiratsmarkt«* (rechts) *beruht auf einem ungenauen Bericht des Herodot im ersten Buch seines Geschichtswerks. Das Fresko ist aus assyrischen, nicht babylonischen Quellen nachempfunden.*

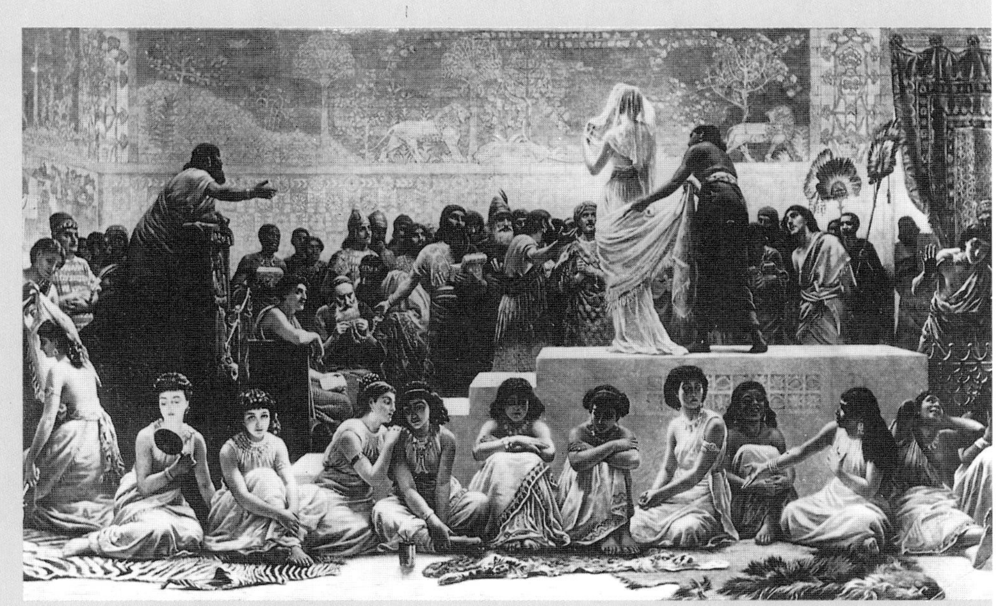

Ägypten

"Heil dir, o Nil,
du Erdentsprungener,
nähre Ägypten!" (alte ägyptische Hymne)

Ein Satellitenbild vom Nil *und seinem Delta läßt den scharfen Gegensatz zwischen der Wüste und dem Strom, der Lebensader Ägyptens, hervortreten.*

Von ungefähr 3100–332 v. Chr. blühte im Tal des Nil eine der ältesten und reichsten Kulturen der Alten Welt. Hier herrschten die ägyptischen Pharaonendynastien von den Ersten Stromschnellen des Nils bis zum Mittelmeer und regierten über ein Reich, das in den Zeiten seiner größten Ausdehnung von Syrien im Osten bis nach Nubien (Sudan) im Süden reichte. Noch nach tausenden von Jahren erzählen uns die Pyramiden, Tempel und Königsgräber vom Reichtum und der Macht dieser Herrscher, der Pharaonen, die Gottkönige waren, Herren der »beiden Länder«, des oberen und unteren Ägypten.

Die »beiden Länder«, die von einem legendären ersten Herrscher, Menes, dessen Konturen sich im Dunkel der Geschichte verlieren, vereinigt wurden, waren einander wirtschaftlich und kulturell ebenbürtig. Die Verbindung zwischen ihnen stellte der Nil dar. Von den Granitfelsen in Assuan bis zu den dichten Papyruswäldern und fruchtbaren Äckern des Deltas war der Nil die Lebensader Ägyptens.

Die Wüste zu beiden Seiten des Flußtals nannte man Dsrt, »rotes Land«. Hier wurden die Toten begraben. Ihre Gräber, die »Häuser der Ewigkeit«, wurden mit allem versehen, was nötig war, damit die Toten die Annehmlichkeiten des Lebens in der jenseitigen Welt nicht entbehren mußten. Vieles von dem, was wir über die alten Ägypter wissen, haben uns die Gemälde, Schriften und Gegenstände erzählt, die man in diesen Gräbern gefunden hat, wo sie durch das trockene Wüstenklima vor dem Verfall bewahrt wurden. Zeugen für diese längst verschwundene Welt sind auch die großen steinernen Monumente, die Pyramiden, Obelisken, Tempel und Statuen.

Die Kultur des alten Ägypten ist einzigartig in ihrer Kontinuität. Sie hat ihre Identität über Jahrtausende bewahrt, bis sie schließlich während des 3. und 4. Jahrhunderts n. Chr. dem Christentum erlag. Aber auch dann ist sie nicht vollständig erloschen. Denn das Koptische, die letzte Form der alten Sprache, wurde weiterhin in den Gottesdiensten der christlichen koptischen Kirche bis in die Gegenwart hinein verwendet. Die letzte in ägyptischen Hieroglyphen geschriebene Inschrift entstand 394 n. Chr.

Aber lange bevor die alte ägyptische Welt vergangen war, hatten klassische Autoren dieses faszinierende Land besucht und darüber geschrieben. Eines der für die Wissenschaft wichtigsten literarischen Werke dieser Periode wurde auf Griechisch verfaßt und zwar von einem ägyptischen Priester im 3. Jahrhundert v. Chr. Es handelt sich um Manethos »Königschronik«, die durch Abschriften auf uns kam. Sie enthält die Geschichte der ägyptischen Herrscher von der Zeit des Menes bis zur Eroberung Ägyptens durch Alexander den Großen im Jahre 332 v. Chr. Manetho versuchte die Dauer jeder Regierungszeit abzuschätzen und teilte die Chronik in 31 Dynastien ein. Diese Ordnung ist auch heute noch die Grundlage für die Geschichte des alten Ägypten. Dabei gliedert man der besseren Übersicht wegen die lange Geschichte Ägyptens in verschiedene Phasen. Die Hauptepochen sind das Alte, das Mittlere und das Neue Reich. Bis zur Entzifferung der Hieroglyphenschrift im Jahre 1822 waren klassische und biblische Berichte die wichtigsten Quellen für unser Wissen über das alte Ägypten. Denn mit Napoleon Bonapartes Invasion im Jahre 1798 begann eine Epoche gründlicher Erforschung. In dessen Begleitung befanden sich 200 Gelehrte, die die Aufgabe hatten, das Land zu erkunden und zu beschreiben. Soldaten fanden den berühmten Stein von Rosette, der eine Inschrift in Hieroglyphen mit Übertragung in bekannte neuägyptische Schriften trug. Anhand dieser Vorlage gelang es dem französischen Gelehrten Champollion endlich, die Hieroglyphenschrift zu entziffern.

Diese Statuette, *die etwa aus dem Jahre 3500 v. Chr. stammt, wurde in einem Grab der vordynastischen Nakadakultur gefunden. Sie stellt eine weibliche Vogelgottheit, vielleicht auch eine Tänzerin mit erhobenen Armen dar.*

Der Tempel der Isis, *hier gemalt von dem britischen Künstler David Roberts im Jahr 1843, wurde in ptolemäischen Zeiten erbaut und war eines der bedeutendsten Heiligtümer Ägyptens.*

Auf diesem Kalksteinrelief *schlendert ein Paar* (rechts), *möglicherweise Meritaton, die Tochter des Echnaton (1379–1362 v. Chr.) und ihr Gatte Semenchkarê, durch einen Garten.*

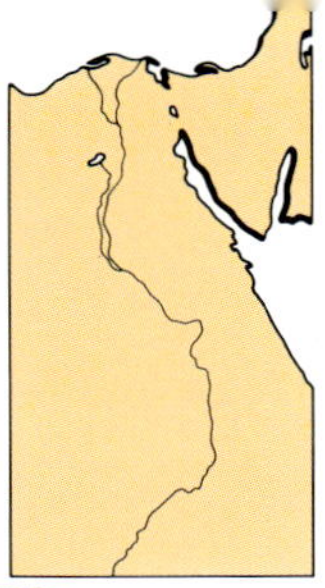

Das Land Ägypten

Die Bedeutung des Nils für die Bevölkerung des alten Ägypten und ihr Land kann gar nicht überschätzt werden. In einem Land, in dem es praktisch keinen Regen gibt, ernährte der Nil Ägypten im wahrsten Sinne des Wortes. Er bot Wasser und Nahrung und war die wichtigste Verkehrsader. Ohne den Nil wäre das ganze Ägypten eine ebensolche Wüste, wie sie sich zu beiden Seiten der durch den Fluß gebildeten Oasenlandschaft ausdehnt.

Der Nil ist von allen großen Strömen der Erde wohl der am besten berechenbare. Man kann Zeit und Umfang seines Hochwassers ziemlich genau voraussagen. Regenfälle im Hochland von Äthiopien und Zentralafrika speisen den Weißen und Blauen Nil und bewirken so, daß der Strom in Ägypten im Sommer und Herbst steigt. Bevor der Fluß durch Dämme, besonders den Assuan-Staudamm 1970, reguliert wurde, stieg das Wasser Ende Juli und überflutete von Mitte August bis Ende September das ganze Tal. Das Wasser wusch Salze aus dem Boden, und eine Schicht fruchtbaren Schlicks wurde abgelagert.

Der Ackerbau war die Hauptnahrungsquelle der Ägypter, und die Nilflut bestimmte seinen Rhythmus. Das Jahr begann Ende des Sommers mit der Überschwemmung – solange sie andauerte, konnte das Land nicht bearbeitet werden. Dann folgte mit dem Rückgang der Überschwemmung die Saison des

Über Jahrtausende wurde Ägypten von den Fluten des Nils bewässert. Zur Zeit des Neuen Reiches (ca. 1567 bis 1085 v. Chr.) wurde das Schaduf (unten) *eingeführt. Ein Eimer wird ins Wasser getaucht und dann durch ein Gegengewicht wieder in die Höhe gehoben. Diese einfache Vorrichtung ist immer noch in Gebrauch.*

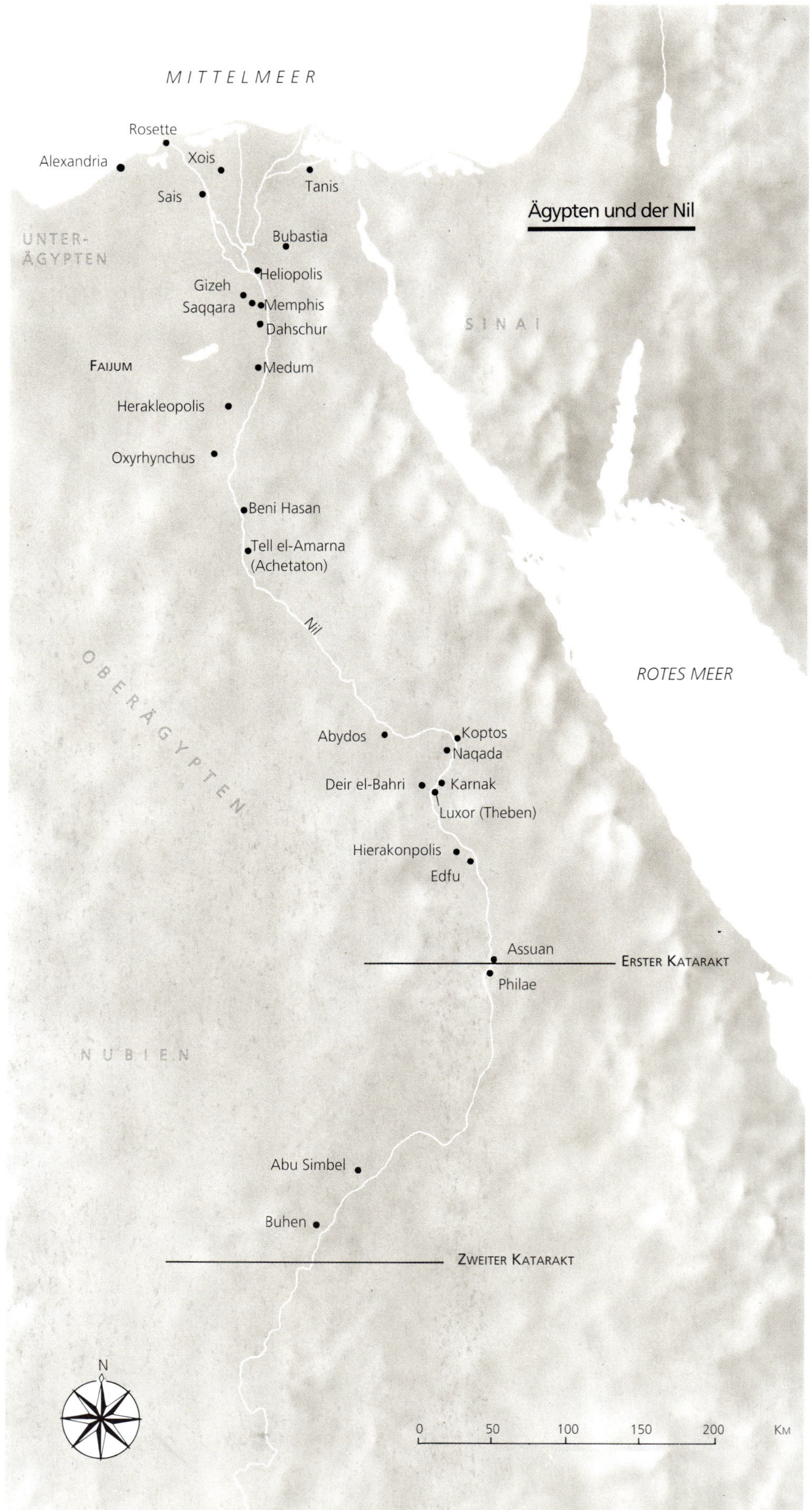

Anbaus. Und schließlich kamen die Trockenzeit und die Ernte. Zwar war normalerweise auf den Nil Verlaß, aber wenn der Wasserstand besonders niedrig oder hoch war, konnten Hungersnöte entstehen oder das Land verwüstet werden. So versuchte man den Strom zu kontrollieren. Schon in frühester Zeit wurden Bewässerungssysteme eingerichtet. Man legte Böschungen an, damit die Fluten nicht über die Ufer traten, und zog Kanäle durch das Land, um das Wasser auf sonst unfruchtbaren Boden zu leiten. Es gab Instrumente, sogenannte Nilometer, die die Höhe des Wasserstandes maßen und aufzeichneten. Aus diesen Aufzeichnungen konnten die Staatsbeamten den wahrscheinlichen Umfang der Ernten berechnen und danach die Abgaben bestimmen, die der Bevölkerung aufzuerlegen waren.

Das bebaute Land erbrachte reiche Ernten und war die Grundlage für Ägyptens Reichtum. Verschiedene Getreidesorten wuchsen dort, und Getreide wurde später ein Hauptausfuhrartikel. Auch gediehen viele Arten von Gemüsen und Kräutern sowie Ölfrüchte und Flachs. Man erfand auch verschiedene Wasserschöpfvorrichtungen, die man heute noch besichtigen kann. Bilder aus dem Neuen Reich zeigen das Schaduf – am einen Ende einer Stange hängt ein Eimer, am anderen ein Gegengewicht. Sicher schon in ptolemäischen Zeiten, vielleicht auch früher, war der Sakije in Gebrauch, ein großes Wasserrad, das mit außen angebrachten Gefäßen Wasser schöpfte. Später benutzte man den Tambour, die »Schraube des Archimedes«, um Wasser zu schöpfen und über eine kurze Entfernung zu transportieren. Die Nahrung der Ägypter bestand außerdem aus Fischen, die der Nil reichlich spendete, aus Wild und einer Anzahl von Haustier- und Geflügelarten.

In den trockenen Gebieten jenseits des bebauten Landes fand man hartes und weiches Gestein in Hülle und Fülle, geeignet für Bauten oder Statuen und Gefäße. Vom härtesten Granit und Diorit bis zum durchsichtigsten Alabaster war alles vorhanden. Auch gab es Halbedelsteine wie Karneol, Achat, Onyx und Jaspis. Türkis kam vom Sinai und Amethyst aus Nubien. Auch an Kupfer fehlte es nicht, und vor allem kam reichlich Gold aus der Wüste im Osten und später aus Nubien im Süden. Die Wüste im Westen spendete Natron, Schwefel, den man zur Mumifizierung brauchte, und an der Küste des Deltas befanden sich Salzpfannen.

***In einem Grab** des Mittleren Reiches um 2000 v. Chr. wurde dieses Modell gefunden, das zeigt, wie ein Bauer seinen Acker mit Holzpflug und Ochsen bearbeitet. 4000 Jahre später kann man im heutigen Ägypten noch genau der gleichen Szene begegnen* (unten rechts).

Die Kultur des alten Ägypten war nach den Worten des griechischen Geschichtsschreibers Herodot ein »Geschenk des Nils«. Dieser große Strom lieferte mit seinen jährlichen Überschwemmungen den fruchtbaren Schlamm, auf dem Landwirtschaft betrieben werden konnte. Die Karte (links) *enthält die wichtigsten Städte in der langen Geschichte Ägyptens vom Delta bis zum Zweiten Nilkatarakt.*

Vor den Pharaonen

Die Wurzeln der ägyptischen Kultur liegen in Afrika. Doch entwuchs das Land Ägypten, teils auf Grund klimatischer Veränderungen, allmählich den kulturellen Voraussetzungen, die das übrige Nordafrika prägten, und entwickelte sich eigenständig. In den letzten Jahrhunderten vor der dynastischen Periode der ägyptischen Geschichte, die etwa um 3100 v. Chr. begann, entstand in kürzester Zeit eine Hochkultur, die sich unter anderem durch monumentale Bauten und Schriftlichkeit auszeichnet.

Nach der letzten Eiszeit, etwa um 10000 v. Chr., hatte die Wüste allmählich die Steppen Nordafrikas verschlungen. Als die Ebenen verdorrten und die Flußläufe austrockneten, waren nomadisierende Jägerhorden ins Niltal gezogen. Verglichen mit dem Nahen Osten entwickelte sich der Ackerbau dort relativ spät. Doch schon um 5000 v. Chr. wurden Pflanzen angebaut, Tiere gezüchtet, bauten Menschen Häuser und fertigten Körbe und Töpferware an. Es ist sicher, daß die Ägypter zu dieser Zeit auch bereits an ein Leben nach dem Tod glaubten, denn die Toten wurden mit Nahrung, Trinkwasser, Gefäßen, Werkzeugen, Perlen, Schminkpaletten und anderen für das Leben im Jenseits notwendigen Gegenständen begraben.

Während dieser frühen Periode gab es eine Anzahl verschiedener Bevölkerungsgruppen. Ihre jeweilige Kultur ist nach dem Platz benannt worden, wo man sie zuerst entdeckt hat. Sie lassen sich durch ihre Keramik und immer feiner gearbeiteten Gerätschaften, zum Beispiel Elfenbeinschnitzereien und glasierte Steingefäße, voneinander unterscheiden. Sie begannen einfache Kupferwerkzeuge zu verwenden, und immer mehr Kupfer und Goldschmuck taucht in den Gräbern auf.

Die Zeit um 3500 v. Chr. stellt einen Wendepunkt dar. Er markiert das Ende einer Epoche allmählichen Wandels und lokaler dörflicher Kultur. Zum erstenmal gab es Kontakte mit anderen Ländern, eine einheitliche Kultur breitete sich über das ganze Niltal und das Delta aus, und es entstand eine Anzahl von größeren Siedlungszentren, besonders Negâda, Koptos, Abydos und Hierakonpolis. Auch die gesellschaftliche Struktur änderte sich um so mehr, je reicher und mächtiger bestimmte Gruppen der Bevölkerung wurden. Es entwickelte sich eine Schrift, und gewaltige Bauten wurden errichtet. Bestimmte Elemente der Architektur und Motive der Kunst dieser Epoche lassen auf Beziehungen zu Mesopotamien schließen, ebenso die Einführung der Schrift. Keulenköpfe, Schieferpaletten, Rollsiegel und die großen, abseits gelegenen Ziegelgräber der ersten Dynastien zeigen eine Verwandtschaft zur Kunst Mesopotamiens, doch weiß man nicht, wie sich diese gegenseitige Befruchtung der Kulturen vollzogen hat.

Spätere Quellen lassen darauf schließen, daß zuerst zwei getrennte Königreiche, Oberägypten im Süden und Unterägypten im Norden, bestanden, daß aber beide Reiche schon vor der ersten Dynastie (3100–2890 v. Chr.) beide Reiche vereinigt wurden. Man weiß wenig über diese Königreiche, deren Hauptstädte Buto im Norden und Necheb bei Hierakonpolis im Süden gewesen sein sollen. Auch über ihre Herrscher weiß man nichts. Auf dem Kopf einer Keule aus Hierakonpolis, die einem König namens »Skorpion« gehörte, finden sich Darstellungen seiner Bewässerungsanlagen und seiner Siege.

Möglicherweise war Skorpion der Vorgänger König Narmers, der den Norden eroberte und dadurch König der vereinigten Reiche wurde. Doch ist es auch denkbar, daß die Vorstellung zweier Königreiche vor der dynastischen Epoche aus der dualistischen Natur der ägyptischen Gedankenwelt stammt und gar keine historische Realität wiedergibt.

***Dieses Fresko** ist eine der ältesten Malereien des alten Ägypten. Es wurde im Ziegelgrab eines Fürsten in Hierakonpolis entdeckt, das südlich von Theben am Nil lag. Auf dem Gemälde sind verschiedene Motive zu sehen: mehrere Schiffe, Tiere, z. B. Antilopen, und Menschen mit Waffen. Unten links kämpft ein Held gegen zwei Löwen, was an die mesopotamischen Darstellungen des legendären Königs Gilgamesch, des »Herren der Tiere«, erinnert.*

Der reichgeschnitzte Elfenbeingriff (links) *gehört zu einem geschuppten Feuersteinmesser, das bei Dschebel el-Arak gefunden wurde und etwa aus dem Jahre 3400 v. Chr. stammt. Die dem Betrachter zugewendete Seite zeigt eine Wasserschlacht. Die Schiffe in der unteren Reihe gleichen den ägyptischen Schiffen aus dieser Periode, während die Boote in der mittleren Reihe mit ihren hoch aufragenden Bug- und Achtersteven an die Boote auf dem Tigris erinnern. Auf der anderen Seite des Griffs überwindet ein Held zwei Löwen – ein Thema, das sich auch in der mesopotamischen Kunst findet.*

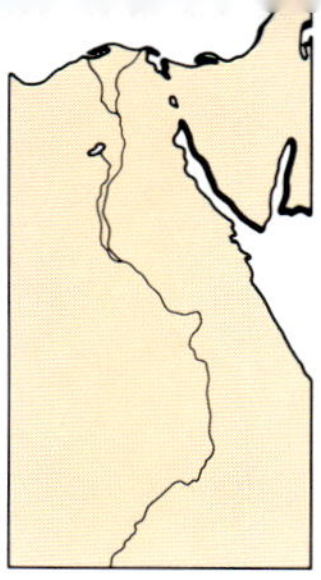

DIE NARMER-PALETTE

Diese große Schieferpalette wurde im Jahre 1889 in Kom el-Ahmar (Hierakonpolis) entdeckt. Sie schildert Siege im Delta und in Libyen, aber auch Ereignisse aus dem Leben der Ackerbauern und dem religiösen Kult. Auf der einen Seite (unten) trägt Narmer die weiße Krone Oberägyptens. Der Text unter dem Falken lautet: »Der Gott Horus legt dem König das Delta als Gefangenen zu Füßen.« Auf der anderen Seite (links) trägt Narmer die rote Krone Unterägyptens und inspiziert ein Schlachtfeld. Unten rechts sind einige Hieroglyphen und Zeichen abgebildet, die für Begriffe oder Laute stehen.

*1. **Seewolf und Meißel:** Der Seewolf, eine Hieroglyphe mit der Bedeutung »Nar«, liegt horizontal über einem vertikalen Meißel, der die Silbe »Mar« bezeichnet. Zusammen ergeben sie das Wort »Narmer«.*
*2. **Falke:** Dieses Zeichen vertritt den Gott Horus und steht für den Begriff »König«.*
*3. **Papyrusbündel:** Es symbolisiert die Deltaregion, wo der Papyrus weit verbreitet war.*
*4. **Harpune:** Dieses horizontale Zeichen ist eine Hieroglyphe, die auch bedeutet, was sie darstellt, nämlich eine Harpune.*
*5. **Rechteck:** Diese unter der Harpune liegende Hieroglyphe ist durch vertikale Striche noch betont und ist das Zeichen für »Provinz«.*

Auf der Oberseite der Narmer-Palette (rechts) *trägt der König die rote Krone Unterägyptens und inspiziert mit seinem Gefolge ein Schlachtfeld. Zwischen den Abbildungen der kuhköpfigen Gottheit sind die Symbole des Seewolfs und Meißels zu sehen, die zusammen das Wort Narmer bilden. Weiter unten bilden zwei langhälsige Löwinnen eine kreisförmige Fläche, wahrscheinlich zum Mischen von Schminke.*

Das Zeitalter der Pyramiden (1)

Der erste König des vereinten ägyptischen Staates war der legendäre Menes. Man kennt ihn aus späteren ägyptischen Königschroniken und klassischen Quellen. Dieser erste Herrscher der 1. Dynastie, der um 2850 v. Chr. lebte, ist in ein tiefes Geheimnis gehüllt. Von manchen Gelehrten wird er mit Narmer, dem Einiger der beiden Königreiche, identifiziert. Wenig weiß man über die 250 Jahre von der Regierungszeit des Menes bis zu den ersten großen Pyramidenerbauern der 4. Dynastie (ca. 2600–2480). Doch gerade diese Zeit markiert den Beginn der ägyptischen Kultur. Es entwickelte sich eine zentralisierte Verwaltung. Das Land wurde von Memphis aus regiert, das der Überlieferung nach von Menes gegründet worden sein soll. Die ägyptische Schrift gewann ihre klassische Form, und man fing an, auf Papyrus zu schreiben.

Diese Periode war auch eine Zeit der künstlerischen Experimente. Ein gutes Beispiel ist die Stufenpyramide in Sakkara, das Grab des Herrschers Djoser aus der 3. Dynastie. Die Pyramide wurde von dem Oberbaumeister und Großwesir Imhotep entworfen, erhob sich in mehreren Stufenterrassen und stellte damals eine architektonische Neuheit dar, erbaut mit ungewöhnlichen Materialien und Techniken. Sie ist das älteste steinerne Bauwerk dieser Größe auf der Welt.

In der 4. Dynastie wurden die Könige in Pyramiden mit glatten Seitenflächen begraben. Snefru, der erste Herrscher dieser Dynastie, erbaute Pyramiden zu Dahschur und Medum. Solche Riesenprojekte erforderten gewaltige Mittel und beste Organisation. Die Bauern, die den Großteil der Bevölkerung Ägyptens ausmachten und während der Nilüberschwemmungen ohne Beschäftigung waren, wurden für diese großen Bauten herangezogen. Sie konnten jederzeit zur Fronarbeit ab-

__Diese Diorit-Statue__ von etwa 2500 v. Chr. stellt Chephren dar, den vierten Herrscher der Vierten Dynastie. Auf der Lehne des Thrones sitzt der königliche Gott Horus in Gestalt eines Falken und vermittelt dem König Stärke und Schutz.

Todesgottheiten

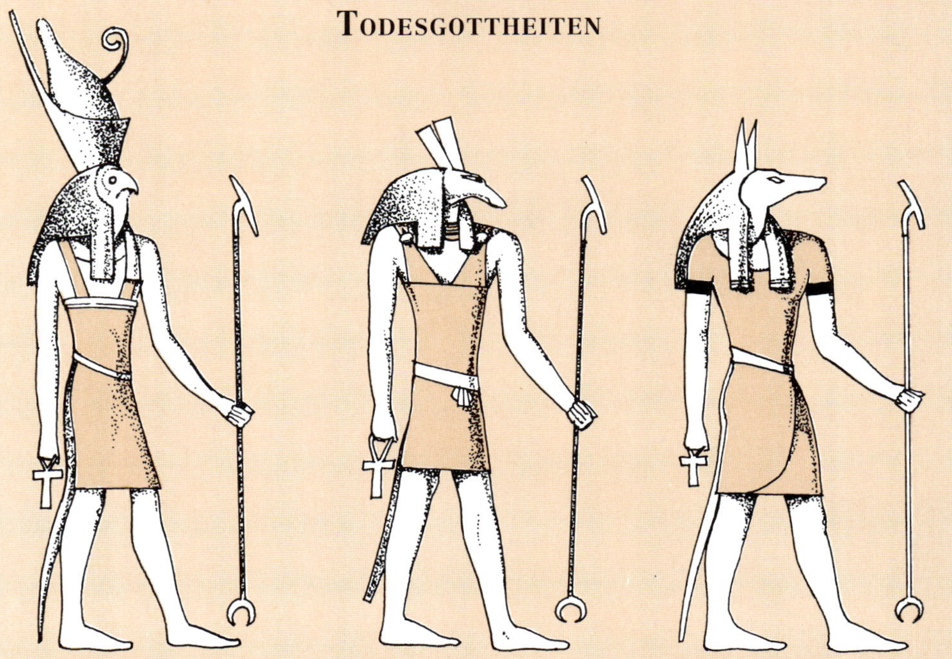

Es gab eine Unzahl Götter in Ägypten. Ihre Funktionen, ebenso mannigfaltig wie ihre Gestalten, waren oft untereinander austauschbar oder überlappten sich. Daher ist es schwierig, sie zu klassifizieren. Man unterscheidet zwischen universellen und lokalen Göttern. Einige der universellen sind ganz oder teilweise mit den Begriffen Tod und Grab verbunden. Osiris, der mumienförmige Gott und Herrscher der Unterwelt, wird immer mit einer weißen Krone, Krummstab und Szepter abgebildet. Er war auch der Gott der sterbenden Vegetation. Denn Osiris war von seinem Bruder Seth, dem Herrn der Wüste und dem grausamen Schlachtengott, getötet und zerstückelt worden. Doch wurde er wieder zum Leben erweckt von Anubis, dem schakalköpfigen Gott der Einbalsamierung, und seiner Gattin und Schwester Isis. Der König war der Vater des lebenden Horus, des neuen Pharao. Im Tode wurde er zu Osiris. Später glaubte man, daß alle Toten nach einem Prozeß der Verwandlung zu Osiris wurden, dem Symbol der Auferstehung.

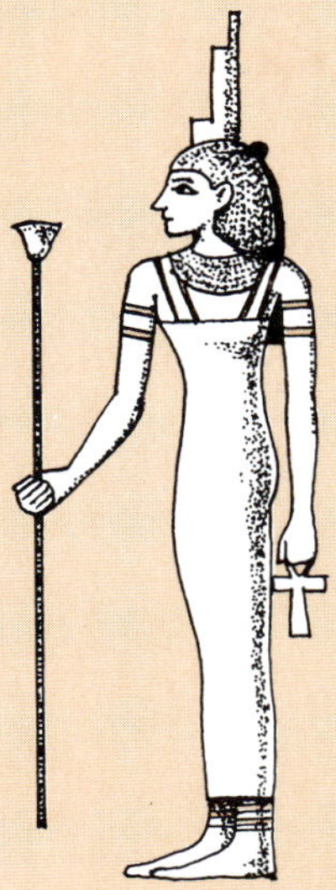

__Die Haupt-Todesgottheiten Ägyptens__ waren (im Uhrzeigersinn von oben links) der falkenköpfige Horus; Seth, Bruder des Osiris; der schakalköpfige Anubis; Osiris, der die weiße Krone trägt, dazu Krummstab und Szepter; Isis, die Schwester und Gattin des Osiris.

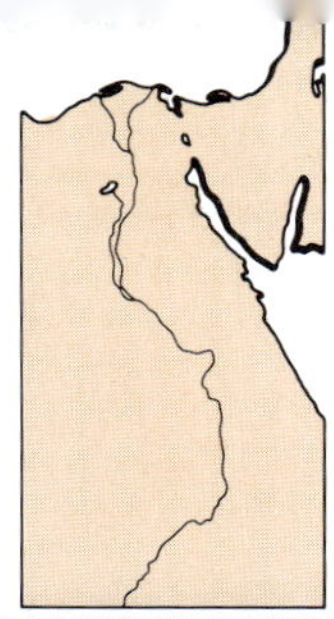

kommandiert werden, denn die Ländereien, die sie fast das ganze Jahr über bearbeiteten, gehörten dem König. Es gibt Berichte aus Snefrus Regierungszeit, daß damals Zedernholz aus Byblos importiert wurde, auch fand ein Feldzug nach Nubien statt, der zur Gründung einer Siedlung in Buhen führte – der Ort war wahrscheinlich Ausgangspunkt für die Suche nach Bodenschätzen und auch wieder ein Handelszentrum.

Die Pyramiden von Gizeh, die für die einander folgenden Herrscher der 4. Dynastie Cheops, Chephren und Mykerinos erbaut wurden, geben auch heute noch der Landschaft das Gepräge, obwohl sie ihre feine Steinverkleidung und die goldene Spitze verloren haben. Selbst heute noch wäre Cheops große Pyramide ein technisches Wunderwerk. Man schätzt, daß jedes Jahr während seiner 23jährigen Regierungszeit hunderttausend große Steinblöcke, jeder etwa zweieinhalb Tonnen schwer, gebrochen, behauen, an Ort und Stelle geschafft und in den Bau eingefügt werden mußten.

Die Pyramiden hatten den Zweck, die Körper der Könige, ihre Schätze, die Grabbeigaben und andere Gegenstände, die mit ihnen ins Jenseits gehen sollten, zu schützen. Für die Königinnen wurden in einiger Entfernung kleinere Pyramiden erbaut. Eine Pyramidenanlage enthielt auch einen Grabtempel, von dem eine breite Allee zu einem niedriger gelegenen Tempel führte. Dort wurden Teile des Begräbnisrituals zelebriert. Man glaubt, daß das Boot, das in der Nähe der Cheops-Pyramide gefunden wurde, dazu diente, den toten König zum Tempel im Tal zu tragen. Es besteht vielleicht eine symbolische Beziehung zwischen diesem Boot und der Sonnenbarke, in der nach dem ägyptischen Mythos der Sonnengott bei Tag über den Himmel fuhr.

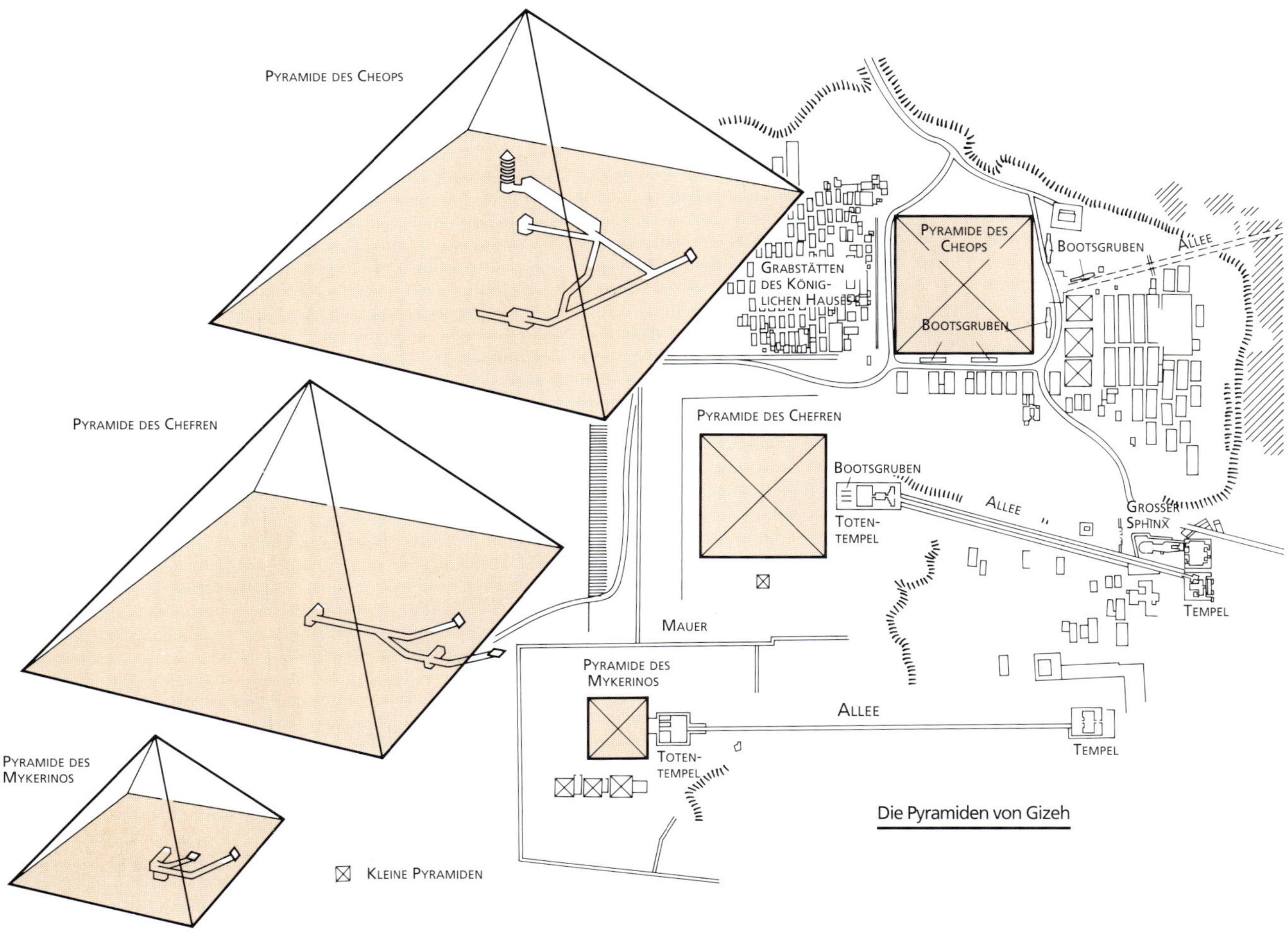

Dieses mehr als 46 m lange Holzboot (oben) *wurde in den fünfziger Jahren in zerfallenem Zustand in einer Grube an der Südseite der Cheops-Pyramide gefunden und restauriert. Jetzt befindet es sich in einem Museum gleich bei der Pyramide. Das Boot ist aus mehr als 1200 Holzstücken zusammengefügt, meist Zedernholz aus dem Libanon. Wahrscheinlich brachte es den verstorbenen Herrscher an den Ort der Einbalsamierung und dann zum Tempel im Tal.*

Die größte der Pyramiden von Gizeh (links) *ist die des Cheops, obgleich die des Chephren noch größer zu sein scheint, da sie etwas höher liegt. In der Umgebung dieser riesigen Bauten liegen kleinere Pyramiden für die Königinnen, unzählige Mastaba – (»bankförmige«) Gräber für die Adeligen, Begräbnis- und Taltempel, sowie breite Alleen.*

Das Zeitalter der Pyramiden (II)

Belzoni: Ein grosser Mann in Ägypten

Giovanni Battista Belzoni wurde 1778 in Padua geboren, mußte aber 1798 vor den französischen Revolutionstruppen fliehen. 1803 gelangte er nach England, wo er wegen seiner ungewöhnlichen Größe von 2,15 m in der Music Hall auftreten und sich seinen Lebensunterhalt verdienen konnte. Als »Simson aus Patagonien« wirkte er in einer Nummer mit, in der Menschenpyramiden dargestellt wurden – in Anbetracht seiner späteren Verbindung mit Ägypten eine kleine Ironie der Geschichte. 1815 verschlug das Schicksal Belzoni nach Ägypten. Er hatte Kenntnisse in Hydraulik, und da er außerdem groß und stark war, bekam er eine Anstellung als Sammler von Antiquitäten fürs Britische Museum. Diese Aufgabe führte er im Dienste Henry Salts, des britischen Konsuls, aus. Belzonis erster Auftrag war, gegen alle möglichen Widerstände die Granitbüste Memnons des Jüngeren vom Ramesseum in Theben herbeizuschaffen. Hierauf reiste er nilaufwärts und verschaffte sich Zugang zum Tempel Ramses' II. in Abu Simbel. Zurück in Theben, entdeckte er verschiedene Gräber im Tal der Könige, auch das Setis I. Nach der Entdeckung der Kolossalskulptur eines Pharaonenkopfes aus der 18. Dynastie, begab er sich nach Norden und drang in die Pyramide des Chephren ein, die man bis dahin für einen durch und durch massiven Bau gehalten hatte.

1819 verließ Belzoni Ägypten und organisierte zwei Jahre später eine Ausstellung seiner Funde in der Ägyptenhalle im Piccadilly zu London. Er starb 1823 auf einer Expedition zu den Quellen des Niger.

Die riesigen Maße der Pyramiden der 4. Dynastie und die gewaltigen Produktionsmittel, die zu ihrer Erbauung notwendig waren, geben einen Eindruck von der Macht und dem Reichtum der Pharaonen dieser Zeit. Im Laufe der Jahrhunderte hatte sich der Kult des Sonnengottes Re immer mehr etabliert, und seit der Regierungszeit Chephrens wurde der Pharao »Sohn des Re« genannt. Der Tempel zu Heliopolis und das dortige Kultzentrum gehörten zu den einflußreichsten in Ägypten und in der 5. Dynastie (ca. 2480–2350 v. Chr.) hatten ihre Priester große Macht gewonnen. Im Zusammenhang damit nahm die Bedeutung des Pharao ab, die Königsgräber wurden kleiner, und einige Herrscher bauten Sonnentempel.
Die Könige delegierten immer wieder Aufgaben an hohe Beamte, in der Regel Verwandte des Königs. Wenn diese hochgestellten Persönlichkeiten starben, wurden auch sie in Gräbern in der Nähe der Königspyramide bestattet. Diejenigen, die in der Gunst des Königs am höchsten standen, erhielten den besten Platz im Schatten der Pyramide. In Gizeh finden sich reihenweise flache Schachtgräber, Symbole dafür, daß die Adeligen ihren Herrschern im Tod wie im Leben nahe standen. Aber je mehr die Macht des Königs abnahm, desto größer wurden der Einfluß und die Unabhängigkeit der Höflinge.
Die Adeligen wurden immer reicher, je mehr Ländereien sie vom König erhielten. Und da es sich dabei um Stiftungen zum Bau von Familiengräbern und für Begräbnisfeierlichkeiten handelte, mußten oft nicht einmal Steuern dafür bezahlt werden. Auch waren diese Ländereien erblich, so daß immer mehr Kronland in den Besitz der Adelsfamilien geriet, bis zuletzt auch die Hofämter an sich erblich wurden. Im Falle der Gaufürsten, der Provinzgouverneure, war diese Unabhängigkeit fast vollständig. Einige unterhielten sogar eigene Heere, besonders in den entfernteren Gebieten des Landes, und lie-

Die großen Pyramiden von Gizeh (rechts) *bilden auch mehr als 4000 Jahre nach ihrer Errichtung während der Vierten Dynastie, einen ehrfurchtgebietenden Anblick. Die Stufenpyramide zu Sakkara (oben), für König Djoser aus der Dritten Dynastie erbaut, war ein Vorläufer der eigentlichen Pyramiden mit glatter Oberfläche.*

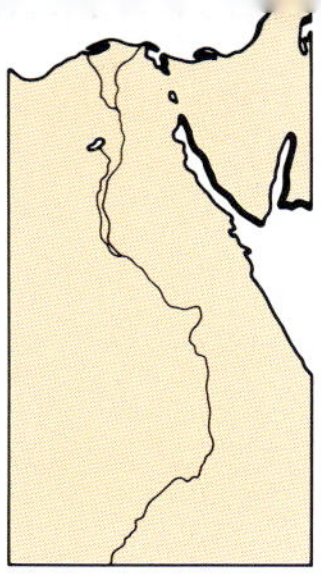

ßen sich in imposanten Felsgräbern bestatten.So berichten die Inschriften im Grabmal Unis, eines Gaufürsten von Oberägypten zur Zeit der 6. Dynastie, von einem Feldzug nach Palästina in der Regierungszeit Pepis I. Auch sandte jener regelmäßig Expeditionen nach Nubien, die Produkte wie Weihrauch, Elfenbein und Häute beschaffen sollten. Sie brachten auch Vieh und Sklaven mit in die Heimat zurück. Ein späterer Gouverneur, Herchuf, der in Elephantine begraben ist, ließ seine vier Expeditionen nach Nubien in Inschriften verewigen.

Der letzte König der 6. Dynastie, Pepi II., regierte über 90 Jahre lang. Nach seinem Tod um das Jahr 2190 v. Chr. begann eine Periode der Krisen und sozialen Unruhen, die man als die »Erste Zwischenzeit« bezeichnet. Mehrere Niedrigwasserperioden und daraus folgende Hungersnöte während der 6. Dynastie hatten die Stabilität des Staates untergraben und vielleicht Unruhen provoziert.

Die Ägypter blickten auf das Alte Reich stets als auf das Goldene Zeitalter zurück. Es war ihnen der Maßstab für alle späteren kulturellen Leistungen. Außer Änderungen im Stil und der Technik der Bauten, die tausende von Jahren überdauert haben, gab es auch Fortschritte in der Malerei und Bildhauerkunst sowie in Medizin, Literatur und Theologie.

Es folgte eine Periode raschen Verfalls. Ohne starke Zentralmacht entwickelten sich die Provinzen zu unabhängigen Staaten, die oft untereinander Krieg führten. Die Lage verschlimmerte sich noch, als fremde Nomadenstämme in die Deltaregion eindrangen. Die schriftlichen Zeugnisse dieser Periode spiegeln die Unsicherheit und Schwermut eines Volkes wider, dem »das Lachen vergangen war. Trauer durchzieht das Land«.

Der Vater der modernen Ägyptologie

Anders als der schillernde Belzoni, machte der bescheidene Professor Flinders Petrie (1853–1942) selten Schlagzeilen. Er begann als Amateurarchäologe, und war am Ende seines Lebens ein berühmter Mann, der als Vater der modernen Ägyptologie gilt. Seine archäologische Methode wurde bahnbrechend. Bis dato waren die meisten Archäologen nur darauf erpicht gewesen, möglichst große Schätze auszugraben. Petrie dagegen sah den Zweck von Ausgrabungen eher darin, Informationen statt besonders schöne Objekte zu liefern. Diese Auffassung ist heute Allgemeingut geworden. Petrie hatte eigentlich nach den »Britischen Israeliten« gesucht, einenm, wie man annahm, verlorenen Stamm Israels. Aus diesen ziemlich unkonventionellen Anfängen entwikkelte er sich zum bedeutendsten Archäologen in Ägypten und arbeitete dort an zahlreichen Ausgrabungsstätten. Freilich machte auch er spektakuläre Entdeckungen, doch besteht die Bedeutung seines Werkes vor allem darin, daß er ein Beziehungsnetz von Daten für die verschiedenen Gebiete und Perioden der ägyptischen Geschichte erstellte. Als erster erkannte er die Notwendigkeit, jeden Fund genau zu registrieren. Einer seiner bedeutendsten Beiträge zur Archäologie war seine Erfindung der Staffeldatierung. In der Annahme, daß sich Keramikstile allmählich veränderten, ordnete er Tongefäße aus 900 Gräbern in chronologischer Reihenfolge an, teilte dann diese Sequenz in gleiche Abschnitte und bezifferte sie, so daß sie als Maßstab für auch künftige Entdeckungen dienen konnten. Petries brachte in seinem langen Leben Ordnung in Ägyptens Vergangenheit. Später lebte und arbeitete er noch in Palästina, wo er im Jahre 1942 starb.

***Sir Flinders Petrie** setzte trotz einer gewissen Exzentrizität neue Maßstäbe für Ausgrabungen und die Analyse und Publikation von Funden. Wo immer er arbeitete, sei es in Ägypten oder später im Nahen Osten, stellte er die höchsten Ansprüche an sich selbst und seine Mitarbeiter.*

D'ISRAEL-I IN TRIUMPH; OR, THE MODERN SPHYNX.

***Ein Karikaturist** benützte in der im Jahre 1867 erschienenen Ausgabe des britischen Magazins Punch (links) Sir Edward Poynters Bild »Israel in Ägypten«* (unten), *um den britischen Staatsmann Benjamin Disraeli (1814–1881) aufs Korn zu nehmen. Dabei zeichnete er Disraeli als Sphinx, der von Sklaven mit den Gesichtern berühmter Zeitgenossen gezogen wird.*

Israel in Ägypten

Mit 31 Jahren malte Sir Edward Poynter das Bild »Israel in Ägypten« (unten links), das seinen Ruhm als Künstler begründete. Zwar stellte er nur allgemein die Sklavenarbeit der Israeliten in Ägypten dar, aber das Publikum verstand sehr gut, was er meinte, denn solche Themen waren im viktorianischen Zeitalter populär. Man war damals mit dem Alten Testament gut vertraut. Poynter selbst hatte, wie andere Maler seines Genres, z. B. Edwin Long und Sir Lawrence Alma-Tadema, Ägypten niemals bereist, studierte aber Bücher und Museumsstücke, um seine aufwendigen »Rekonstruktionen« zu entwerfen. Zwar handelt es sich bei diesem Bild um ein Phantasiegemälde, aber die Details sind sorgfältig aufeinander abgestimmt und genauestens kopiert. Das Gemälde ist eine Zusammenstellung von Gebäuden und Elementen aus ganz verschiedenen Orten und Perioden. Der Löwe im Vordergrund hat ein Paar Löwen aus der 18. Dynastie im Britischen Museum zum Vorbild. Der Tempel rechts ist eine Mischung aus den Tempeln von Luxor und Edfu, und die große Pyramide von Gizeh ragt hier vor dem Horizont der Hügel Thebens empor. Man hat kritisiert, das Gemälde sei ein »bloßes Konglomerat« nicht ineinander integrierter Einzelheiten«. Das mag zwar stimmen, trifft aber in diesem Fall nicht den Kern der Dinge, denn dem Künstler kam es gar nicht darauf an, die wirkliche Realität darzustellen, sondern er wollte die Atmosphäre und das Wesen der Örtlichkeit einfangen. Pedantische Genauigkeit ohne künstlerische Freiheit hätte den starken Kontrast zwischen dem Elend der israelitischen Sklaverei und der Pracht der Pharaonen abgeschwächt.

Der König und sein Hof

Lebensgottheiten

Einige der beliebtesten ägyptischen Götter waren die Söhne und Töchter von Gottheiten, die in den jeweiligen Schöpfungsmythen die Elementarkräfte der Natur darstellten. Osiris war zwar der Gott der Unterwelt, aber auch der Gott des Wachstums, der, wie man glaubte, den Acker- und Weinbau in Ägypten eingeführt hatte. Sein Bruder war Seth, und seine Gattin Isis auch seine Schwester. Horus, der Sohn der Isis und des Osiris, war der himmlische Falkengott und der lebende König. Ein anderer eng mit dem König verbundener Gott war Amun von Theben. Er wurde schließlich zum höchsten Reichsgott. Als Amun-Re identifizierte man ihn mit dem Sonnengott Re.

Manche Götter standen für Liebe und Reichtum. Hathor, die Göttin der Liebe, der Musik und des Tanzes, trug immer ein Sistrum genanntes Musikinstrument bei sich. Sie wurde in menschlicher Gestalt mit einer Sonnenscheibe und Kuhhörnern auf ihrer Stirn abgebildet, da sie einst auf ihren Hörnern die jugendliche Sonne an den Himmel getragen hatte. Hapi, Gott des Nil-Hochwassers, brachte dem Land Fruchtbarkeit. Er wurde als langhaariger Mann mit Papyrus auf seinem Haupt dargestellt, der mit Früchten beladene Opfertische vor sich herträgt. Die Göttin Maat personifizierte die Grundgesetze des Lebens und brachte Ordnung und Harmonie in die Welt. Sie war die Göttin der Wahrheit und des Rechtes. Auch gab es Götter, die die Schutzpatrone des gewöhnlichen Volkes waren. Ptah, der Stadtgott von Memphis, galt als Erfinder der Künste und Schirmherr des Handwerks.

Die religiösen Vorstellungen der Ägypter waren vielschichtig und entwickelten sich über eine lange Zeit hinweg. Zu ihren wichtigsten Gottheiten zählten (im Uhrzeigersinn von oben links): Hathor mit Kuhhörnern und einer Sonnenscheibe auf dem Haupt; Maat, die Personifizierung von Ordnung und Harmonie; Ptah, Schutzgott der Handwerker; Amun-Re, Hauptgott des Neuen Reiches; Bes, der Zwergengott, und Taweret, die Nilpferdgöttin.

Die Thronbesteigung von Mentuhotep II. von Theben im Jahre 2060 v. Chr., dem ersten Pharao des Mittleren Reiches, setzte mit dem Aufstieg einer Dynastie, die sich in Herakleopolis, im Süden von Memphis, etabliert hatte, einen Schlußpunkt hinter 90 Jahre Kampf. Mentuhotep II. war ein starker Herrscher der 11. Dynastie, der die Ordnung in Ägypten wieder herstellte und die Grenzen beruhigte. Er vertrieb die Asiaten aus dem Delta und unternahm Feldzüge gegen die Libyer und die Nomadenstämme auf dem Sinai und der Wüste im Osten. Er sandte Handelsexpeditionen nach Syrien und Palästina. Den Nubiern, die seit der 6. Dynastie Ägypten die Gefolgschaft verweigert hatten, wurde Tribut auferlegt, und die Handelsroute dorthin gesichert. Mentuhotep II. regierte 50 Jahre und wurde in Deir el Bahri in einem Grab bestattet, das aus einem Tempel und einer Pyramide bestand.

Unter der Regierung Mentuhoteps III. segelten ägyptische Schiffe wieder das Rote Meer abwärts zum sagenhaften Lande Punt, dessen Lage uns unbekannt ist, das aber möglicherweise Äthiopien war. Dort wuchs der kostbare Weihrauch. Während der kurzen und turbulenten Regierungszeit Mentuhoteps IV. brach eine Expedition auf der Suche nach neuen Steinbrüchen zum Wadi Hammamat auf. Sie wurde von dem Großwesir Amenemhet geführt, der fünf Jahre später den Thron usurpierte. Von 1991 v. Chr. ab durchlebte Ägypten zwei Jahrhunderte lang eine Epoche der Prosperität unter den fähigen und energischen Herrschern der 12. Dynastie. Amenemhet I. verlegte den Hof nach It-tawi, einer Stadt, die irgendwo zwischen Memphis und Maidum lag. Er und seine Nachfolger erbauten ihre Pyramiden in der Nachbarschaft von Fayum, wo unter Sesostris II. (1897–1878 v. Chr.) ein großes Landgewinnungsprojekt begonnen wurde. Später wurde der See tatsächlich trockengelegt und tausende Hektar kamen unter den Pflug.

Unter diesen mächtigen Herrschern verfügte Ägypten über eine wirksame Verwaltung. Die Besteuerung, die dem König den größten Teil seines Reichtums einbrachte, war sorgfältig organisiert. Alle zwei Jahre gab es eine Registrierung der Felder und des Viehs, man las vom Nilometer die wahrscheinliche Höhe der Überschwemmung ab und berechnete so die von

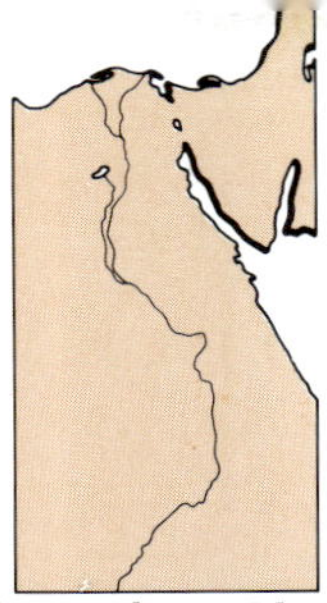

jedem Acker zu erwartende Ernte zur Steuerveranlagung. Außer der Berechnung und Eintreibung von Steuern bestand eine wichtige Funktion der Beamten darin, daß sie für den Fall von Hungersnöten nach schlechten Ernten große Getreidespeicher einrichteten. Der Staat kontrollierte den Fernhandel und war Eigentümer der Minen und Steinbrüche.

Oberster Beamter war der Wesir, dem die Abteilungen Landwirtschaft, Justiz, Arbeit und Finanzen unterstanden. Er leitete auch die Büros der Zentralregierung, die die Provinzen Ober-, Mittel- und Unterägypten, die unter Sesostris III. (1878–1843 v. Chr.) gebildet worden waren, verwalteten. Dieser König hatte den Gaufürsten ihre Privilegien entzogen und sie zur Ohnmacht verdammt. Gleichzeitig entstand eine Mittelschicht von Handwerkern, Kaufleuten und Kleinbauern.

Sesostris III. führte persönlich drei Feldzüge gegen Nubien und konsolidierte dort Ägyptens Herrschaft. Um den Handel zu schützen und den Zugang zu Nubiens Gold zu sichern, waren schon früher weit im Süden, bei Buhen oberhalb des Zweiten Nilkatarakts, Festungen errichtet worden. Jetzt wurden direkt an der Grenze verschiedene Forts erbaut. Expeditionen wurden zum Sinai geschickt, um dort Türkise abzubauen, und man trieb Handel mit Syrien und der Levante, wo man heute in Byblos verschiedene aus der 12. Dynastie stammende Objekte gefunden hat.

Sesostris III. *war der 5. Pharao der 12. Dynastie, die Ägypten von 1991–1766 v. Chr. regierte. Er war ein starker Herrscher, dem es gelang, die Macht der reichen Gaufürsten zu brechen. Er führte sein Heer in eigener Person zu erfolgreichen Feldzügen nach Nubien. Diese schwarze Granitstatue, die ihn darstellt, stammt aus Deir el-Bahri und ist ein gutes Beispiel für den neuen, realistischen Porträtstil, der während seiner Regierungszeit eingeführt wurde.*

Holzfiguren (unten) *aus dem Grab des Fürsten Mesechti, wahrscheinlich aus der Zeit der 12. Dynastie, stellen nubische Krieger dar, gegen die das Heer Sesostris' III. ins Feld zog. Die Nubier sind mit Schilden, Speeren, Bogen und Pfeilen bewaffnet. Solche Figuren sollten als Grabbeigaben dem Eigentümer, hier einem Provinzadeligen, im Jenseits zur Macht verhelfen.*

Aufstieg und Fall der Hyksos

Nach dem Ende der 13. Dynastie im Jahre 1633 v. Chr. kam ein Großteil Ägyptens unter die Herrschaft der Hyksos, deren Name bedeutet: »Herrscher der fremden Länder«. Dieses Volk herrschte von der Stadt Auaris aus, die man jedoch noch nicht gefunden hat. Wahrscheinlich lag sie im Osten des Deltas bei Katana. Über die Herkunft der Hyksos ist uns nichts bekannt, und es gibt keine Hinweise darauf, daß sie wirklich von außen nach Ägypten eindrangen. Wahrscheinlicher ist, daß ihre Machtübernahme friedlich erfolgte – Ergebnis des Anstiegs der asiatischen Bevölkerung im Delta, der mit dem Niedergang der 13. Dynastie zusammenfiel. Im Mittleren Reich wurden Asiaten vom Staat beschäftigt, zuerst in den Minen des Sinai, dann aber auch in Ägypten selbst.

Nach dem Wegfall einer starken Zentralregierung wurde Ägypten wieder einmal ein geteiltes Land. Die ganze Epoche der 13. Dynastie hindurch und auch später noch regierte eine Reihe lokaler Könige in Xois, im Westen des Deltas. Diese Könige der 14. Dynastie konnten anscheinend ihre Unabhängigkeit auch noch bewahren, nachdem ein Großteil des Landes von den Hyksos unterworfen war, die die 15. und 16. Dynastie bildeten. Im Süden entstand eine neue Fürstendynastie in Theben, und auch diese 17. Dynastie herrschte über einen quasi selbständigen Staat. Die Fürsten mußten zwar den Hyksos Tribut entrichten, behielten aber ihre Autonomie. Und nach ungefähr einem Jahrhundert überwältigten sie die Hyksos und vertrieben sie aus Ägypten.

Eine spätere Überlieferung, die wahrscheinlich der Propaganda der Sieger in Theben entstammte, behauptete, unter den Hyksos habe Anarchie geherrscht. Man klagte sie an, Tempel und Städte in Schutt und Asche gelegt zu haben. Aber es gibt keine Hinweise auf ein solches Verhalten, im Gegenteil spricht alles dafür, daß sie die ägyptische Kultur respektierten,

***Der Grabtempel** der Königin Hatschepsut in Deir el-Bahri ist teilweise in den Felsen gehauen, teilweise freistehend. Seine Säulenhöfe befinden sich auf drei Ebenen und führen über zwei Rampen zu dem in den Berghang gehauenen Heiligtum. Hatschepsut war nach dem Pharao Ahmose, der die Hyksos aus Ägypten vertrieb, die dritte Herrscherin der 18. Dynastie.*

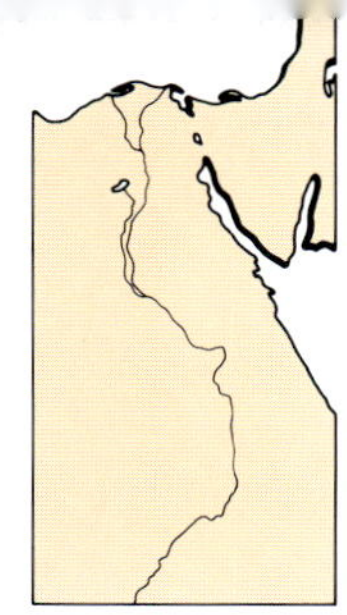

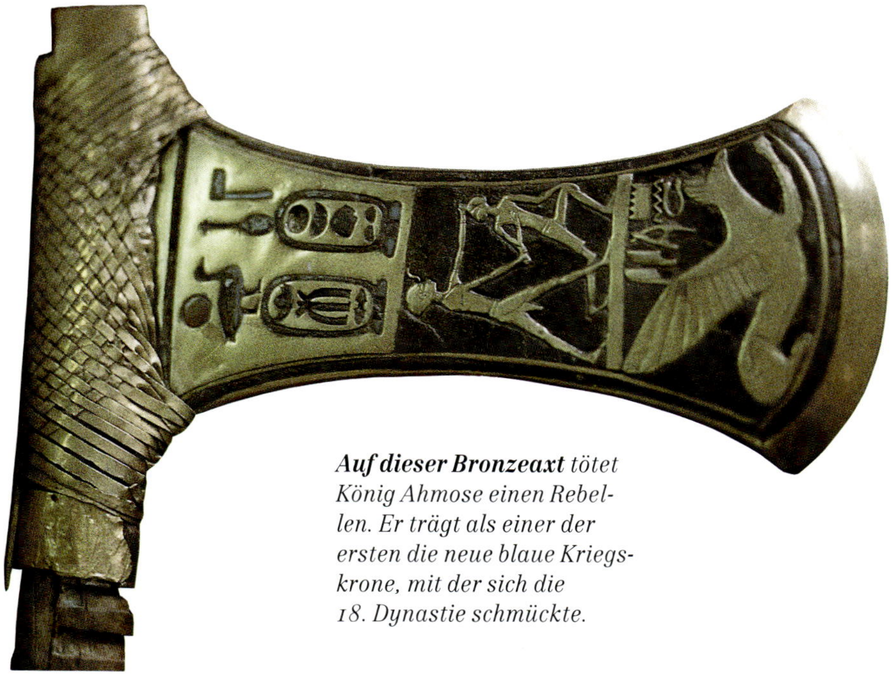

Auf dieser Bronzeaxt *tötet König Ahmose einen Rebellen. Er trägt als einer der ersten die neue blaue Kriegskrone, mit der sich die 18. Dynastie schmückte.*

Der Aufstieg der 18. Dynastie

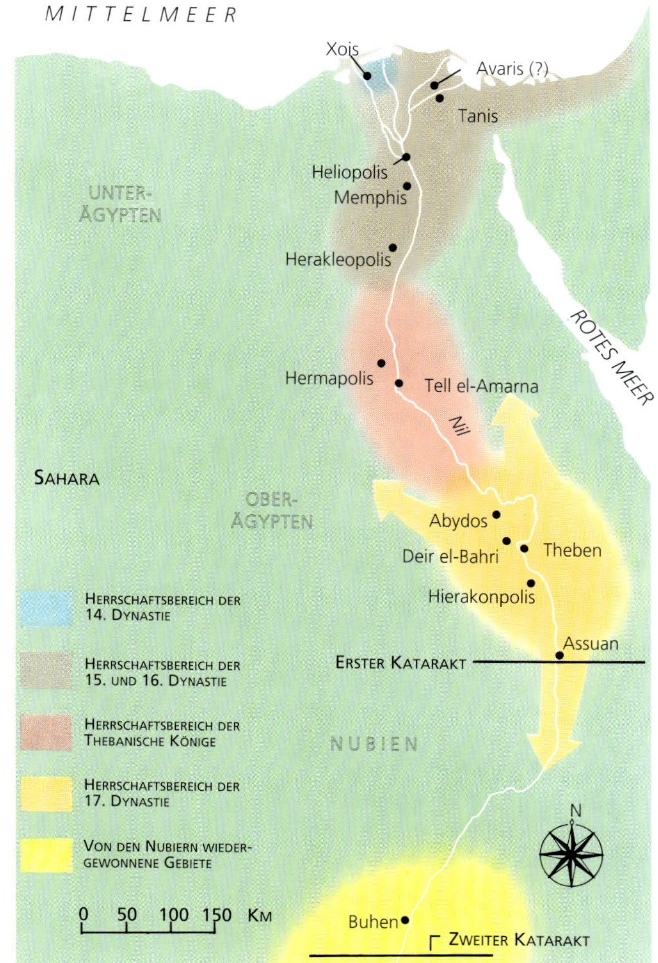

Nach dem Ende der 13. Dynastie im Jahre 1636 v. Chr. beherrschten die asiatischen Hyksos, die die 15. und 16. Dynastie bildeten, von ihrer Hauptstadt Auaris im Nildelta aus einen großen Teil Ägyptens. Im gleichen Gebiet regierte zeitweise eine andere, unabhängige Dynastie, die 14., und zwar bis zum Jahre 1603 v. Chr. in der Stadt Xois. Im Süden gewann Nubien seine Selbständigkeit zurück, und auch in Theben konnte eine Reihe von Fürsten, die 17. Dynastie, die Unabhängigkeit behaupten. Der letzte dieser Fürsten begann einen Rückeroberungskrieg gegen die Hyksos, die schließlich von Ahmose, dem ersten Herrscher der 18. Dynastie, endgültig aus Ägypten vertrieben wurden.

Auf einer Wandmalerei *aus Beni Hasan bringen Kaufleute aus Kleinasien Augenschminke zu einem ägyptischen Gaufürsten unter Sesostris' II.*

ja sich sogar zu eigen machten. Sie trugen ägyptische Titel, schrieben ihre Namen in Hieroglyphen, ernannten ägyptische Beamte und behielten den alten Verwaltungsapparat bei. In dieser Epoche wurden viele neue Entwicklungen und Gewerbetechniken in Ägypten eingeführt, darunter fortschrittlichere Methoden zur Bronzeherstellung, ein senkrechter Webrahmen, eine verbesserte Töpferscheibe, die Leier und die Laute, Rinder mit Höckern, neue Gemüsesorten und Früchte und, am wichtigsten: neue Waffen und der mit Pferden bespannte Streitwagen.

Doch wie auch immer die Herrschaft der Hyksos ausgesehen haben mag, sie waren jedenfalls nicht beliebt. Überhaupt waren Fremde in der ganzen Geschichte Ägyptens niemals gern gesehen. Indessen bestand eine der Folgen der Hyksos-Herrschaft darin, daß sich die Einstellung der Ägypter zu Krieg und Eroberung radikal wandelte. Von da an betrieb Ägypten eine aggressive Militär- und Außenpolitik auf der Grundlage einer vorzüglich ausgebildeten Berufsarmee.

Den Kampf gegen die Hyksos begann der thebanische Fürst Sekenenrê. Er fiel in einer Schlacht. Sein Sohn Kamose vertrieb die Hyksos aus Mittelägypten und eroberte Auaris. Im Jahre 1551 v. Chr. folgte ihm sein jüngerer Bruder Ahmose, der Ägypten ganz von den Hyksos säuberte, sie bis nach Palästina trieb und in einer Reihe von Feldzügen vernichtete. Dann wandte er sich nach Süden und bekämpfte die Nubier, die die Hyksos unterstützt hatten.

Nach einem Jahrzehnt blutiger Kämpfe wurde Ahmose der erste Herrscher der 18. Dynastie im Neuen Reich. Sein erstes Ziel war es, der Wirtschaft Ägyptens nach den Kriegsjahren wieder aufzuhelfen. Kostbarkeiten aus anderen Ländern tauchten wieder auf. Sie wurden als Weihegaben auch dem Gott Amun-Re dargebracht, dessen Kult Ahmose favorisierte.

Die 18. Dynastie

Unter einer Reihe fähiger Herrscher der 18. Dynastie errichteten die Ägypter ihre Herrschaft über Syrien und Palästina und wurden die führende Macht im Nahen Osten. Provinzgouverneure, oft lokale Fürsten, wurden zur Verwaltung der neu eroberten asiatischen Gebiete eingesetzt, und in manchen Staaten wurden auch ägyptische Garnisonen eingerichtet. Um die Treue dieser lokalen Fürsten sicherzustellen, wurden deren Söhne nach Ägypten verbracht, wo man sie zu loyalen Ägyptern erzog. Ein Königsbote stellte die Verbindung zwischen dem Hof des Pharao und den asiatischen Provinzen her, von denen ein jährlicher Tribut erhoben wurde.

Aufs neue wurde Nubien unterworfen, und am Ende der Regierungszeit Amenophis' II. (1438–1412 v. Chr.) reichte die ägyptische Macht bis über die Vierte Stromschnelle hinaus. Die Provinz wurde von einem Beamten regiert, der »Königssohn von Kusch« genannt wurde, neu erbaute, ummauerte Städte ersetzten die Festungen des Mittleren Reiches. Aus den Bergwerken von Kusch kam jetzt das Gold Ägyptens.

Der Reichtum, der nun aus Beutegut, Tributzahlungen und dem Handel ins Land strömte, und die zunehmenden Kontakte mit anderen Ländern stimulierten das kulturelle Leben. Neue Kleider- und Schmuckmoden, neue Sitten und Götter wurden eingeführt. Theben war jetzt die Hauptstadt – und obwohl sich kaum Spuren von den Ziegelbauten ihrer Paläste erhalten haben, zeigen doch die Reste des Lustschlosses Amenophis' III. (1402–1364 v. Chr.) mit seinem bemalten und vergoldeten Stuck, wie elegant dieser Bau gewesen sein muß. Seit Thutmosis I. (1505–1493 v. Chr.) wurde der Tempel des Staatsgottes Amun ausgebaut und erweitert. Dort deponierten die Pharaonen die Beute aus den siegreichen Feldzügen und weihten sie dem Gott. Der Tempel war auch das eigentliche Schatzhaus des Staates. Die Könige wurden in Felsgräbern bei Theben bestattet. Das einzige unversehrt aufgefundene Grab, das des jungen Königs Tutanchamun (1347–1338 v. Chr.), gibt eine kleine Vorstellung von den überreichen Schätzen, mit denen bedeutendere Herrscher als er begraben worden sein müssen, und von dem üppigen Reichtum und Glanz dieser Periode. Königinnen und Fürsten wurden in benachbarten Tälern bestattet.

Die Macht und der Wohlstand Ägyptens stammten weitgehend aus den Eroberungen einiger weniger Könige. Thutmosis I. unternahm einen Feldzug bis zum Euphrat und brachte zuerst Syrien und Palästina unter ägyptische Herrschaft. Der Königin Hatschepsut (1490–1468 v. Chr.), der Witwe Thutmosis' II., folgte ihr Neffe und Stiefsohn Thutmosis III. (1490–1463). Er unterwarf einige Königreiche in Asien wieder der ägyptischen Macht und führte einen Krieg mit Mitanni. Unter Thutmosis IV. (1412–1402 v. Chr.) wurde ein Friedensvertrag zwischen diesen Mächten abgeschlossen und durch dynastische Heiraten besiegelt. Gegen Ende der Regierungszeit Amenophis' III. verwüsteten die Hethiter die Hauptstadt Mitannis und begannen ihre Macht nach Syrien auszudehnen, das sie während der Regierungszeit Amenophis' IV. (1364–1347 v. Chr.) eroberten.

Amenophis IV. kündigte dem Gott Amun die Treue und widmete sein Leben dem Gotte Aton, der Sonnenscheibe. Er nahm den Namen Echnaton an, was bedeutet »Segen der Sonnenscheibe«. Es gelang ihm jedoch nicht, die neue Religion in Theben einzuführen, wo ihm die Opposition der mächtigen Priester des Amun entgegenschlug. So verlegte er seine Residenz in die neu erbaute Stadt Achetaton – »Horizont der Sonnenscheibe« –, etwa 350 km im Norden Thebens. Echnaton, seine schöne Frau Nofretete und ihre Kinder lebten in der königlichen Residenz und in Maru-Aton, einem Lustschloß mit See im Süden der Stadt. Der Schmuck in den Palästen und Villen der Adeligen, auch die Reliefs und Skulpturen dieser Epoche, zeichnen sich durch einen neuen, entschieden naturalistischen Stil aus.

Andere

Andere

Im heutigen Tell el-Amarna, *nach dem die »Amarna-Zeit« benannt wird, lag die alte Hauptstadt Achetaton (der »Horizont der Sonnenscheibe«), erbaut von Pharao Echnaton am Ostufer des Nils. Sie war auf drei Seiten von steilen Felsen umgeben, in denen man Felsgräber für die Würdenträger des Hofes gefunden hat. Kurz nach der Thronbesteigung Tutanchamuns, der den Aton-Kult Echnatons ablehnte und zur alten Religion Amuns zurückkehrte, wurde die Stadt wieder verlassen.*

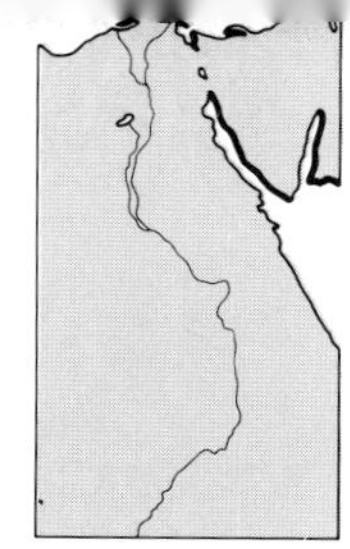

Die Familie Echnatons

Die Amarna-Zeit birgt noch viele ungelöste Rätsel, was teilweise damit zusammenhängt, daß spätere Herrscher jede Spur von Echnaton auszutilgen versuchten. Auch ist es schwierig, die richtige Chronologie herzustellen, da einige Herrscher ihre Erben zu Mitregenten machten. Die gezeigte Genealogie des Echnaton wird noch dadurch kompliziert, daß die Pharaonen, hier die der 18. Dynastie, oft die »Große Königliche Tochter«, also in der Regel ihre eigene Schwester oder Halbschwester heirateten. Amenophis III. aber heiratete ein Mädchen aus dem Volk, Teje, und zeugte mehrere Kinder mit ihr, unter anderem Echnaton und Sitamun, die älteste Tochter. Diese scheint ihren Vater geheiratet und von ihm mehrere Kinder bekommen zu haben, z. B. Semenchkarê, der Echnaton bald nachfolgte.

Echnaton heiratete Nofretete. Das Paar hatte sechs Töchter, von denen die Älteste im jugendlichen Alter starb. Nach einigen Jahren starb auch Nofretete, oder sie wurde verbannt, und Echnaton heiratete seine zweite Tochter Meritaton. Als königliche Erbin wurde Meritaton in der Folge die Gattin Semenchkarês, und Echnaton nahm seine dritte Tochter Anchesenpaaton zur Frau. Als Echnaton und Meritaton starben, heiratete Semenchkarê Anchesenpaaton, die verwitwete Prinzessin. Auch Tutanchamun, sein junger Nachfolger, heiratete Anchesenpaaton. Entweder war ihre Beziehung die des Onkels zur Nichte oder sie waren Halbgeschwister. Das hängt davon ab, ob Tutanchamun der Bruder Semenchkarês war, wie es Untersuchungen ihrer Mumien nahe legen, oder der Sohn Echnatons aus dessen zweiter Ehe.

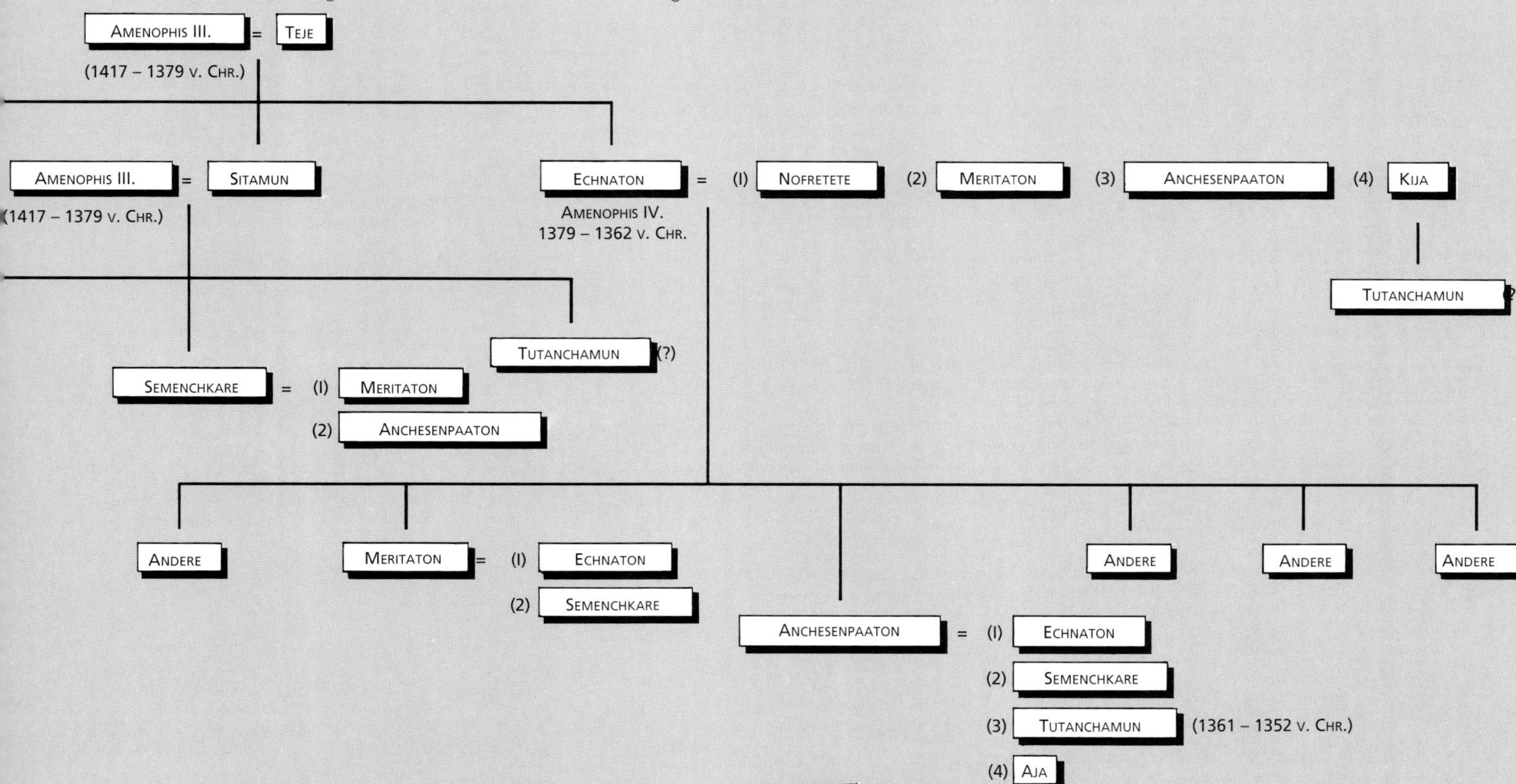

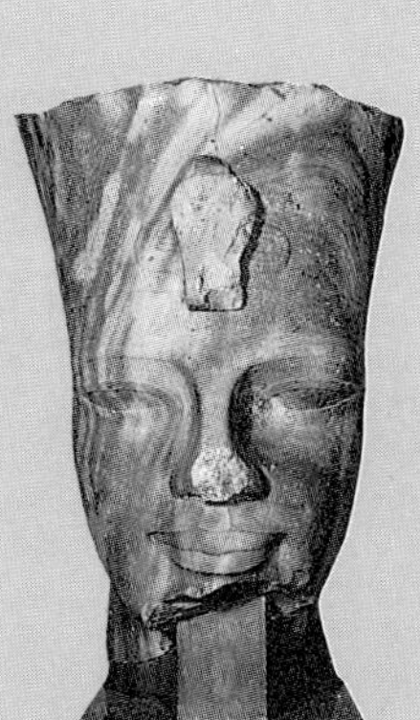
Amemophis III.

Teje

Nofretete

Echnaton

Tutanchamun

Der Zusammenstoss mit den Hethitern

Nach dem Tod Echnatons wurde die 18. Dynastie von Semenchkarê fortgesetzt, der aber nur kurze Zeit regierte. Nach seinem Tod wurde der neun Jahre alte Tutanchaton (1347–1338 v. Chr.) Pharao. Wie es die Sitte vorschrieb, wurde er mit der königlichen Erbin verheiratet, und kurze Zeit später zog der Hof nach Memphis um. Man kehrte zur traditionellen Politik zurück und führte die Religion des Amun wieder ein. Zu Ehren des thebanischen Gottes änderte das königliche Paar seinen Namen in Tutanchamun und Anchesenamun.

Nach seinem Tod wurde der junge König in einem kleinen Grab bestattet. Seine Witwe Anchesenamun schrieb an den König der Hethiter und bat ihn, einen seiner Söhne zu senden, der sie heiraten und der neue Pharao werden sollte. Der König war zunächst mißtrauisch und zögerte, schickte aber schließlich einen Prinzen. Auf seinem Weg nach Ägypten wurde er umgebracht. An seiner Stelle sicherte sich der frühere Wesir Aja den Thron, indem er Anchesenamun heiratete.

Nach Ablauf von Ajas kurzer Regierungszeit gelangte der frühere Oberbefehlshaber der Armee, Haremheb (1333–1306 v. Chr.) auf den Thron. Er gilt als der letzte Herrscher der 18. Dynastie, doch gibt es Hinweise darauf, daß ihn die Ägypter später als den Begründer der 19. Dynastie ansahen. Aus seiner Regierungszeit sind wenig Einzelheiten bekannt, doch widmete er sich anscheinend der Wiederherstellung der alten Ordnung und tilgte alle Spuren Echnatons.

Der erste Herrscher der neuen Dynastie, Ramses I., war der Sohn eines Heeresoffiziers niederen Ranges. Er wurde von Haremheb zum Wesir ernannt und schließlich auch zum Nachfolger bestimmt. Er regierte zwei Jahre. Nachfolger war sein Sohn Sethos I. (1364–1290 v. Chr.), der viel für die Wiederherstellung des ägyptischen Prestiges tat. Er zog gegen die Libyer zu Felde, führte Krieg im Osten und unterwarf Palästina wieder Ägypten. Es gab Auseinandersetzungen mit den Hethitern in Syrien, doch gegen Ende der Regierungszeit Sethos' I. scheinen sich die beiden Mächte verständigt zu haben.

Aber Sethos' Sohn Ramses II. (1290–1224 v. Chr.) erneuerte die Feindseligkeiten und griff im fünften Jahr seiner Regierung die Hethiter unter ihrem König Muwatallis in Kadesch an. Die Einzelheiten dieses Kampfes um die Macht in Syrien sind bekannt, weil Ramses sich auf verschiedenen Tempelreliefs als großen Sieger feiern ließ. In Wirklichkeit ging die Schlacht unentschieden aus, und beide Heere erlitten schwere Verluste.

Im Frühjahr des Jahres 1285 v. Chr. hatte ein ägyptisches Expeditionscorps unter Ramses II. bei der Stadt Kadesch sein Lager aufgeschlagen und wurde von den Hethitern überrascht. Nach eigenem Bericht des Ramses rettete dieser die Situation durch einen kühnen Gegenangriff. Ramses (6) *mit seinem blauen Kriegshelm und seinen Streitwagen* (4 und 8) *zersprengte die Reihen der hethitischen Streitwagen* (5 und 7). *Am jenseitigen Ufer des Orontes,* (1) *unweit Kadesch* (3) *stand der hethitische König Muwatallis* (2) *mit seiner 8000 Mann starken Reserve.*

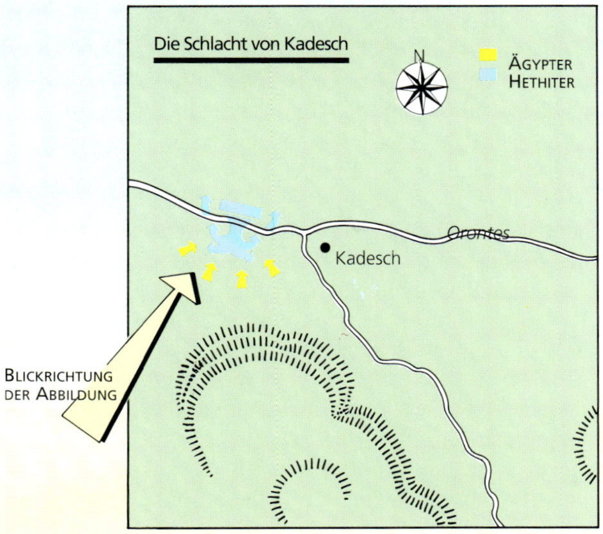

Die Stadt Kadesch am Orontesstrom war eine Bastion in der südlichen Verteidigungslinie der Hethiter. Auf dem Marsch nach Norden gab Ramses einer Spezialabteilung seines Heeres Befehl, einen der Seehäfen zu besetzen und sich von dort aus in Kadesch wieder mit dem Gros zu vereinigen. Auf Grund falscher Informationen marschierte jedoch das Hauptheer mit vier Divisionen weiter nördlich den Orontes entlang, ohne zu wissen, daß die Hethiter gerade bei Kadesch auf sie warteten.

Die Division des Amun unter Führung von Ramses selbst erreichte als erste ihren Bestimmungsort und schlug ein Lager auf. Als sich die zweite Division näherte, wurde sie von der hethitischen Streitwagentruppe angegriffen und zersprengt. Das Lager wurde überrannt, und schwere Verluste waren zu beklagen. Trotzdem ging Ramses zum Gegenangriff über. Die Sonderabteilung, die zur Besetzung des Hafens abkommandiert worden war, kam ihm nun zu Hilfe, und zusammen mit der letzten Division brachte er den hethitischen Streitwagen eine Niederlage bei. Beide Seiten zogen sich zurück, und 16 Jahre später unterzeichneten sie einen Friedensvertrag, der durch die Heirat zwischen Ramses II. und einer hethitischen Prinzessin besiegelt wurde.

Niedergang und Bürgerkrieg

Die restlichen Jahre von Ramses II. langer Regierungszeit waren relativ friedlich, und das Land blühte. Nubien stand weiterhin unter ägyptischer Herrschaft, doch war es offenbar schwierig, die Goldproduktion auf dem früheren Stand zu halten. Unter den vielen Bauten, die Ramses errichtete, waren die bedeutendsten der Tempel zu Abu Simbel, sein Grabtempel in Theben und Monumente in Tanis. Er verlegte auch die Hauptstadt nach Pi-Ramses im Norden. Unter seinen Nachfolgern begann eine lange Epoche des Niedergangs. Merenptah (1224–1204 v. Chr.) bekämpfte und besiegte die eindringenden Libyer, die mit den Seevölkern verbündet waren. Unter der Regierung des Pharao Ramses III. (1198–1166 v. Chr.) von der 20. Dynastie wurde Ägypten von neuem von den Libyern und den Seevölkern angegriffen. Man mußte drei Feldzüge im Delta führen, um sie zurückzuwerfen.

Zwar verlief der größte Teil der Regierungszeit Ramses' III. günstig für Ägypten, und der König machte den Tempeln viele Geschenke, doch deren Ende wurde von einer Verschwörung des Hofes gegen das Leben des Pharao überschattet.

Die nächsten acht Herrscher trugen alle den Namen Ramses. Unter ihrer Regierung verlor Ägypten alle Reichsgebiete außerhalb der eigenen Grenzen und wurde zunehmend instabil. So wurden in diesen Jahren auch die Königsgräber zu Theben von Räubern geplündert. Es klingt unglaublich, aber der Bericht über den Prozeß, der ihnen gemacht wurde, ist erhalten geblieben. Als man die Diebstähle entdeckte, wurden 36 königliche Mumien von Beamten aus ihren Gräbern entfernt und in einem entfernteren Felsenschacht versteckt. 3000 Jahre später fand man sie dort. Solche Diebstähle konnten zum Teil deshalb geschehen, weil die königlichen Finanzen nicht mehr ausreichten, um die königliche Gräberstadt wirksam bewachen zu lassen.

Der letzte Herrscher der 20. Dynastie war Ramses XI. (1102–1075 v. Chr.). Unter seiner Regierung war die Macht in Ägypten praktisch geteilt zwischen dem mächtigen Hohenpriester des Amun in Theben und dem Wesir von Unterägypten, Smendes, der in Tanis residierte. Der letzte Ramses wurde zwar noch als Pharao anerkannt, besaß aber keinen Einfluß mehr und zog sich in seine Residenz im Delta zurück. Nach seinem Tod wurde Ägypten wieder einmal von rivalisierenden

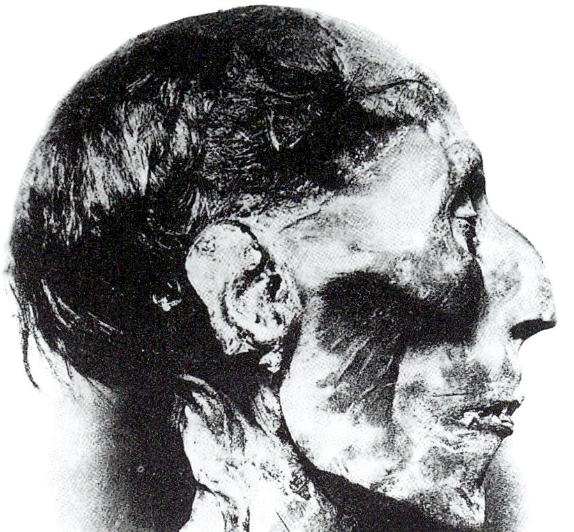

Die Statue Ramses' II. (1290–1224 v. Chr.) (rechts) *mit einem Opfertisch. Man sieht, es handelt sich um einen sehr selbstbewußten Herrscher in der Blüte seiner Jahre. Links daneben der Kopf seiner Mumie. Untersuchungen dieser Mumie, die in Deir el-Bahri gefunden wurde, haben ergeben, daß Ramses II., den manche für den größten Pharao Ägyptens halten, an Karies, Herzschwäche und Arthritis litt. Die charakteristische Hakennase ist typisch für alle Pharaonen der 19. Dynastie aus Ramses' Geschlecht.*

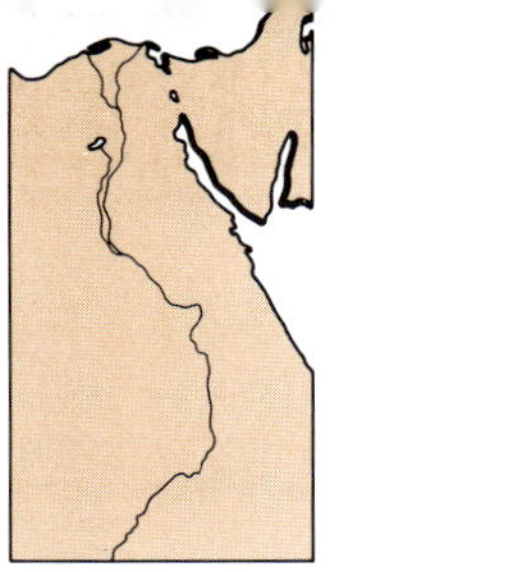

Königen mit verschiedenen Hauptstädten regiert. Die großen Tage des Landes waren vorüber. Zunächst herrschten die Nachkommen des Smendes etwa 100 Jahre als Könige in Tanis (bis 945 v. Chr.), und in Theben regierte eine Reihe von Herrschern, die von dem Hohepriester abstammte. Es ergaben sich bald Beziehungen zwischen diesen beiden Dynastien, die durch Heiraten gefestigt wurden.

Doch wie immer zu Zeiten schwacher Zentralregierungen drangen auch jetzt neue Bevölkerungsgruppen in Ägypten ein. Die Libyer, die zuvor so oft zurückgeschlagen worden waren, ließen sich im westlichen Delta und in der Oase Fayum nieder. Im Lauf der Zeit wurden sie ägyptisiert, viele ihrer führenden Familien kamen zur Macht. Ein Teil der Libyer waren auch Nachkommen von Kriegsgefangenen, die von Ramses III. in Ägypten angesiedelt worden waren.

Eine dieser Familien, ein Geschlecht libyscher Adeliger, konnte ihre Stellung um 945 v. Chr. in Bubastis, auf halbem Weg zwischen Memphis und Tanis, festigen. Scheschonk, das Haupt dieser Familie, wurde der erste Herrscher der 22. Dynastie. Er erneuerte den ägyptischen Einfluß in Nubien, trieb Handel mit Byblos und drang etwa 926 v. Chr. auch in Israel ein. Aber in Theben und an anderen Orten wollte man seine Nachfolger nicht anerkennen. Im Laufe eines Jahrhunderts gerieten die verschiedenen libyschen Dynastien aneinander, und ein Bürgerkrieg brach aus. In dieser Zeit der Wirren löste sich Ägypten auf.

Die Konservierung des Körpers

Der Brauch der Mumifizierung, um Körper nach dem Tod zu konservieren, beruhte auf dem Glauben der Ägypter an ein Leben nach dem Tod. Sie waren davon überzeugt, daß der Ka, die Lebenskraft, die gleichzeitig mit dem Körper erschaffen worden war, nicht weiterleben könnte, wenn der Körper zerstört war. Bei der sorgfältigsten und aufwendigsten Art der Mumifizierung begann man damit, den Körper zu reinigen. Dann entfernte man die inneren Organe. Hierauf wurde er zur Austrocknung für 40 Tage mit Natron, einem Natriumcarbonat, eingerieben. Der Leichnam wurde nun von neuem gewaschen und in mit Harz getränkte Binden und Bündel wohlriechender Gewürze eingepackt, anschließend bandagiert und mit Juwelen und Schutzamuletten geschmückt. Das Gesicht, von dem die Bandagen wieder gelöst wurden, bedeckte man mit einer bemalten Maske. Schließlich legte man die Mumie in einen der Körperform angepaßten inneren Sarg, der von zwei weiteren äußeren Särgen umhüllt war. Beigaben sollten dem Verstorbenen im Jenseits einen angemessenen Komfort sichern.

***Die Särge** wurden aus Holz und Gips hergestellt und innen und außen mit magischen Texten bemalt, so auch **der Doppelsarg** (unten) des Nespamai, eines Priesters aus Achmin in Oberägypten.*

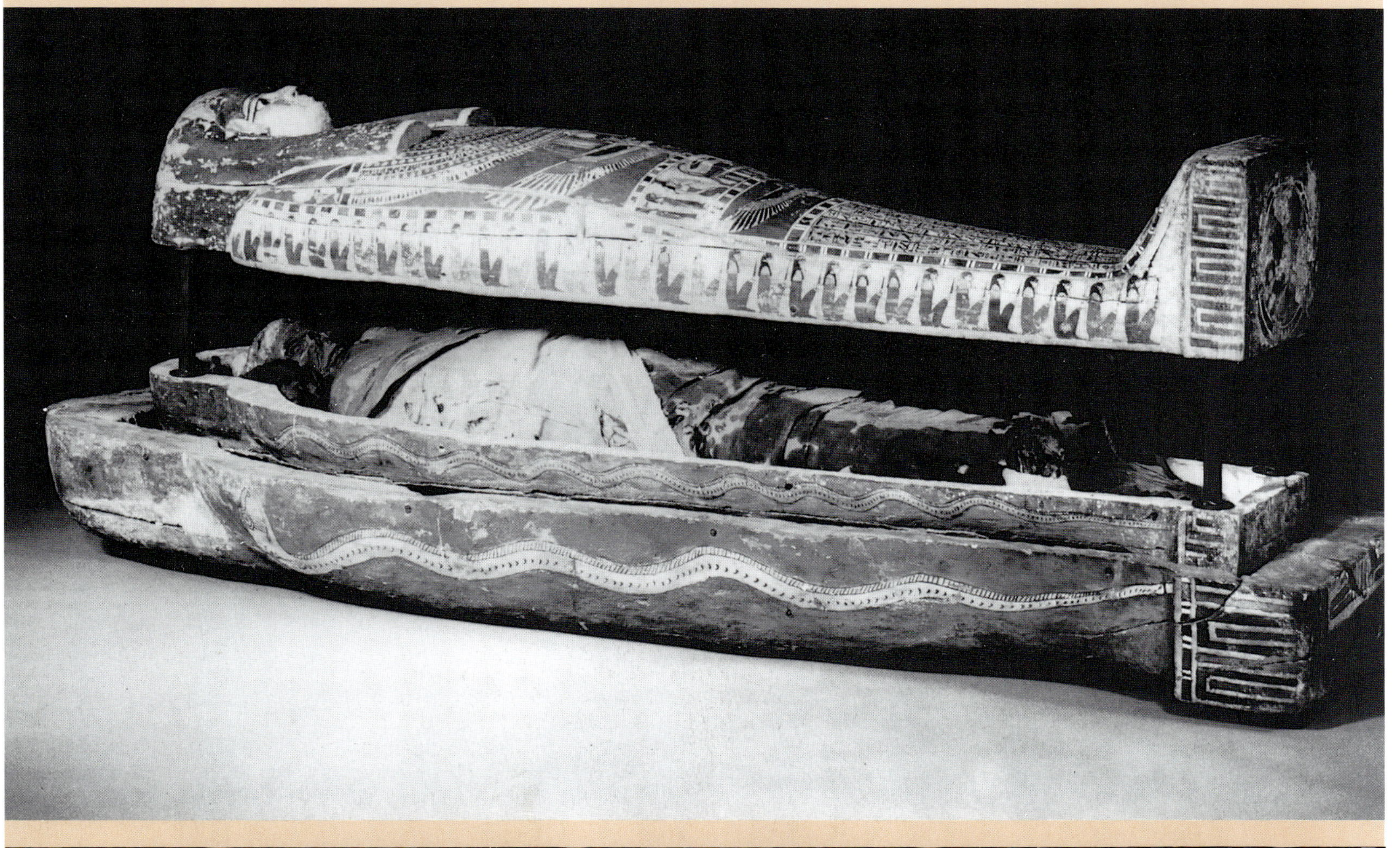

Die letzten ägyptischen Könige

Nachdem Ägypten in eine Anzahl kleiner Staaten im Norden und eine Theokratie der Hohenpriester des Amun in Theben im Süden zerfallen war, konnte Nubien seine Unabhängigkeit behaupten. Im 8. Jahrhundert v. Chr. waren die Fürsten der Dynastie, die in der nubischen Stadt Napata entstand, Anhänger Amuns und unterhielten gute Beziehungen zu den Priestern in Theben. Aber die Nubier mischten sich nun zunehmend in die ägyptischen Angelegenheiten ein, marschierten in der Mitte des 8. Jahrhunderts unter ihrem Herrscher Pianchi nach Theben und unterwarfen kurz darauf ganz Ägypten. Geschickt zwang Pianchi das »Weib des Gottes Amun« – es war wie üblich des Königs Tochter, die über großen Einfluß verfügte –, seine eigene Schwester als ihre Nachfolgerin anzuerkennen. Auf diese Weise untermauerte er den nubischen Anspruch auf Ägypten. Im Jahre 712 v. Chr. bestieg Pianchis Bruder Schabako als erster Pharao der 25. Dynastie den Thron.

Unter diesen neuen Herrschern erlebte Ägypten eine kurze Zeit relativen Friedens. Doch bald begannen sie mit den Herrschern Palästinas gegen das mächtige Assyrien zu konspirieren. 701 v. Chr. entgingen die Ägypter einer vernichtenden Niederlage durch die Assyrer nur dadurch, daß deren Heer von der Pest aufgerieben wurde. Aber unter dem nächsten assyrischen König wurde Ägypten von neuem angegriffen, und der Pharao Taharka sah sich gezwungen, nach Memphis zu fliehen. Da die Assyrer jedoch keine Besatzungsarmee im Lande ließen, konnte Taharka zurückkehren. Doch unter Assurbanipal marschierten die Assyrer nicht nur gegen Memphis, sondern auch gegen Theben. Die Stadt wurde geplündert. Das war das Ende ihrer Herrlichkeit und der nubischen Dynastie. Zeugnisse für die Zeit von der 21. bis zur 25. Dynastie sind relativ spärlich, nicht zuletzt weil ihre wichtigsten Städte im Delta lagen und durch Überschwemmung und Verschlammung untergingen. Trotzdem hat man beachtliche

Diese Pektorale, *Brustschmuck aus den Königsgräbern in Tanis, bilden einen Teil der Grabbeigaben des Königs Amenophis aus der 21. Dynastie. Das obere Stück, an dem die Kette fehlt, besteht aus in Gold gefaßtem Lapislazuli. Der schlechte Zustand erklärt sich auch aus dem Umstand, daß Grabschmuck meist sehr nachlässig gefertigt war. Das Pektorale hat die Form eines einfachen Altars: Nephthys und Isis halten einen Skarabäus und knien auf einem Sockel, an dem der königliche Titel und die Kartusche angebracht sind.*

Das untere Pektorale besteht aus zwei Stücken Goldblech, die aneinandergeheftet sind und ein kleines Kästchen bilden. Das Goldblech ist gehämmert und ziseliert. Der König trägt die Nemes, also das Kopftuch, ein Pektorale, einen Rock, und einen Stierschwanz. Er steht links vor Osiris, dem er Weihrauch opfert.

Bei den Königsgräbern von Tanis handelt es sich um die Gräber zweier Herrscher aus der 21. und von vier Herrschern der 22. Dynastie. Sie wurden von Pierre Montet im Jahre 1939 ausgegraben, und obwohl sie bereits in der Antike geplündert worden waren, fand man noch ziemlich viel Grabschmuck.

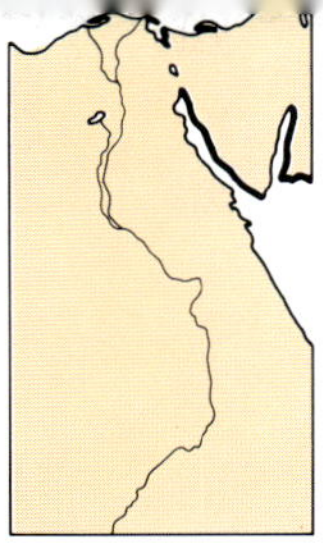

Kunstwerke gefunden, vor allem schönen Schmuck. Die Totenmaske Psusennes' I. von Tanis und einige herrliche Statuen zeigen, daß das Niveau des handwerklichen Könnens immer noch hoch war. Der assyrische König ernannte ihm treu ergebene Fürsten zu Vasallen in Ägypten. Aber mit dem Niedergang der assyrischen Macht gewann Ägypten seine Unabhängigkeit unter einer Dynastie von Königen aus Sais im Delta zurück. Die Herrschaft dieser Könige der 26. Dynastie war die letzte große glanzvolle Epoche Ägyptens. Es erlebte eine Renaissance der Künste, und die Könige förderten das Wiederaufleben früherer Kunststile.

Ägypten wurde nun immer weltaufgeschlossener, und griechische Kaufleute ließen sich im Lande nieder. Man begann an einem Kanal zu bauen, der das Rote Meer mit dem Mittelmeer verbinden sollte. Psammetich I. und seine Nachfolger bauten mit phönizischer Hilfe eine Kriegs- und Handelsflotte auf. Und der Pharao Necho (610–595 v. Chr.) stattete eine Expedition aus, die mit phönizischen Seeleuten Afrika umsegeln sollte.

Die saitischen Könige hatten ihre Herrschaft wieder über die beiden Länder Ägyptens ausgedehnt. Aber ihr Großmachtstreben endete 605 v. Chr. mit einer Niederlage gegen Babylon. 525 v. Chr. griffen die Perser unter Kambyses Ägypten an und besiegten es. Das Land wurde nun von einem persischen Statthalter als Satrapie, d. h. Provinz, verwaltet.

Aber diese persische Verwaltung in Ägypten war sehr effektiv. Die Perser beließen dem Land seine eigenen Gesetze und erhoben nur regelmäßig Steuern. Trotzdem gab es mehrere Rebellionen, die jedoch im Sande verliefen. Einmal wurden die Perser aus dem Land vertrieben, doch kehrten sie schon nach kurzer Zeit wieder zurück. In der Zwischenzeit bekriegten sich einheimische ägyptische Dynastien mit Hilfe griechischer Söldner, wodurch ihr Land immer unsicherer wurde und zunehmend verarmte. Neun Jahre nach der Rückkehr der Perser wurde Alexander der Große von Makedonien durch die Ägypter als Befreier willkommen geheißen.

***Diese Büste** eines unbekannten Königs aus grünlichem Schiefer stammt aus der Spätzeit Ägyptens, wahrscheinlich aus der 30. Dynastie (ca. 380–343 v. Chr.). Sie steht in der Tradition der klassischen Kunst Ägyptens und stellt den Herrscher, der die Nemes, das königliche Kopftuch, trägt, auf idealisierte Weise dar.*

Die nubischen Könige

***Nubische Pyramiden,** wie diese aus Meroë, der späteren Hauptstadt der nubischen Könige, hatten eine kleinere Grundfläche und waren bescheidener als die ägyptischen.*

Der Zusammenbruch des ägyptischen Reiches Anfang des 1. Jahrtausends v. Chr. hinterließ ein Machtvakuum in Nubien und Oberägypten, was den schnellen Aufstieg einer nubischen Dynastie in Napata begünstigte. Sie hielten ihre schützende Hand über die Priester des Amun in Dschebel Barkal, die nach dem Niedergang der Pharaonenherrschaft dieses Gebiet verwalteten. Diese Schutzherrschaft über die Priesterschaft des Amun und der Umstand, daß sie über die nubischen Truppen verfügten, von denen seit langem die Sicherheit Ägyptens abhing, führte wohl dazu, daß sie von den Priestern sowohl in Dschebel Barkal als auch in Karnak schließlich als Herrscher anerkannt wurden. Umgekehrt waren die Könige auf die Priester angewiesen, da diese ihre Herrschaft sanktionierten und legitimierten.

Der erste dieser nubischen Könige, der uns namentlich bekannt ist, war Kaschta, der sechste Herrscher der Dynastie. Er war auch der erste, der als Schutzherr der Priester des Amun und Verteidiger ihres Glaubens Theben aufsuchte. Um 751 v. Chr. folgte ihm sein Sohn Pianchi, der die ersten 20 Jahre seiner Regierungszeit in Napata verbrachte. Als Theben von einem der Fürsten aus dem Delta bedroht wurde, bat man Pianchi um Hilfe. Dieser besiegte die Feinde und kehrte dann nach Napata zurück.

Thronfolger waren in Ägypten in der Regel die Brüder des Königs und nach deren Tod dessen ältester Sohn. Dieses System stellte sicher, daß immer Erwachsene Könige wurden. Nach Pianchis Tod folgte ihm sein Bruder Schabaka, der wiederum von Pianchis Sohn Schabataka abgelöst wurde. Obwohl beide in Theben residierten, wurden sie nahe Napata bestattet. Taharka, der um 689 v. Chr. Pharao wurde, mußte sich mit Problemen auseinandersetzen, die durch die Einmischung seiner Vorgänger in Palästina entstanden waren. Trotz dieser Schwierigkeiten baute er mehrere Tempel in Ägypten und Nubien. Nach der Plünderung Thebens durch die Assyrer um 667 v. Chr. kehrte der letzte König der 25. Dynastie in seine Heimat zurück.

Die griechische und römische Herrschaft

Der Stein von Rosette

Im Jahre 1799 waren französische Soldaten aus der ägyptischen Armee Napoleons mit Erdarbeiten für Befestigungsanlagen in der Deltastadt Rosette (Raschid) beschäftigt und entdeckten dabei eine Steinstele aus schwarzem Basalt *(unten)*. Darauf befand sich eine Inschrift. Es war ein Dekret, das von einem Konzil ägyptischer Priester im Jahre 196 v. Chr. erlassen worden war, in zwei Sprachen – Griechisch und Ägyptisch – und in drei Schriften geschrieben: in griechischen Buchstaben (untere Reihe), ägyptischen Hieroglyphen *(obere Reihe)* und in demotischer Schrift, einer Spätform des Ägyptischen *(mittlere Reihe)*. So konnte die Hieroglyphenschrift, die bisher nicht lesbar war, von Jean François Champollion, einem glänzenden jungen französischen Gelehrten, entziffert werden. Er publizierte seine Entdeckungen im Jahre 1822.

Es gelang ihm, die Hieroglyphenzeichen des Namens »Ptolmys« (Ptolemaios) zu identifizieren, der in einer Kartusche geschrieben war. Hierauf verglich er diese Zeichen mit einer Kartusche einer anderen Inschrift, die einige der selben Symbole enthielt, nämlich P, L und O. Er entzifferte sie als »Kliopadra« – Kleopatra – und verfügte nun schon über zwölf entschlüsselte Zeichen. Von ihnen ausgehend erstellte er allmählich, indem er weitere königliche Namen und Titel, die er an den sie umgebenden Kartuschen erkannte, benutzte, eine Liste von Hieroglyphenzeichen. Damit war der Durchbruch zur Entschlüsselung der Hieroglyphenschrift geschafft.

Im Jahre 332 v. Chr. gab der persische Satrap in Ägypten das Land Alexander dem Großen kampflos preis. Alexander wurde als Pharao akzeptiert, ja als er das Orakel des Amun in der Oase Siwa aufsuchte, zum Gott erklärt. Das war für einen Pharao ein ganz normaler Vorgang, doch scheint dieser Akt Alexander selbst von seiner Göttlichkeit überzeugt zu haben. Der junge makedonische Eroberer legte den Grundstein für Alexandria im westlichen Delta und entwarf Pläne zur Verwaltung Ägyptens. Einheimische Gouverneure wurden ernannt und Vorbereitungen zur Erhebung von Steuern getroffen.

Nach Alexanders Tod im Jahre 323 v. Chr. überführte sein General Ptolemaios die Leiche des jungen Königs zur Bestattung nach Alexandria, wo ein großes Grabmal erbaut wurde. Auf diese Weise verband Ptolemaios sich und seine Nachfolger symbolisch mit dem göttlichen Pharao und Gründer der Stadt. 305 v. Chr. ließ er sich selbst zum König Ägyptens ausrufen und wurde so der erste Herrscher einer Dynastie, die Ägypten bis zum Ende der Regierungszeit Kleopatras VII. regierte – bis zum Jahre 30 v. Chr., als das Land durch die Römer erobert wurde. Auch die Ptolemäer trugen den Titel eines Pharao und zollten den ägyptischen Göttern ihren Tribut, was ihnen die Gunst der Priester einbrachte.

Die Periode der Ptolemäer war eine Zeit großer Gegensätze. Alexandria entwickelte sich zu einem bedeutenden Zentrum hellenistischer Kultur, es besaß das erste Gelehrtenzentrum der Welt (Museion) mit der größten Bibliothek der damaligen Zeit. Medizin, Mathematik und Geographie nahmen einen gewaltigen Aufschwung. Indessen litten die Ägypter schwer unter drückenden Steuern, wodurch das Land – auch andere

Der Charme der Kleopatra

Die vielleicht berühmteste Frau der Antike, Kleopatra VII., die letzte Herrscherin der Ptolemäer, war nach allen Schilderungen von Zeitgenossen ein interessantes, charmantes Geschöpf, wenngleich offenbar keine große Schönheit. 69 v. Chr. als Tochter Ptolemäus' XII. geboren, wurde sie im Jahre 51 v. Chr. Königin und regierte zunächst gemeinsam mit ihrem Halbbruder. Sie beherrschte meisterhaft das höfische Intrigenspiel, erkannte im geeigneten Augenblick ihren Vorteil und schwang sich zur Alleinherrscherin auf. Sie gewann die Herzen der Römer Julius Cäsar und Marcus Antonius.

Als erster schrieb der griechische Biograph Plutarch Anfang des 2. Jahrhunderts n. Chr. über ihr Leben. Von da an wurde sie zur Hauptfigur in zahllosen Literatur-, Bühnen- und Filmwerken. Sie wurde von mehreren Schauspielerinnen als große Schönheit dargestellt, etwa von Elizabeth Taylor und Claudette Colbert *(rechts)*. Berühmt ist der Selbstmord Kleopatras nach ihrer Niederlage gegen die Flotte des Oktavian in der Seeschlacht bei Actium: Sie ließ sich im Jahre 30 v. Chr. von einer Giftnatter beißen. Diese Szene ist in der Radierung eines deutschen Malers aus dem 17. Jahrhundert *(oben rechts)* dargestellt.

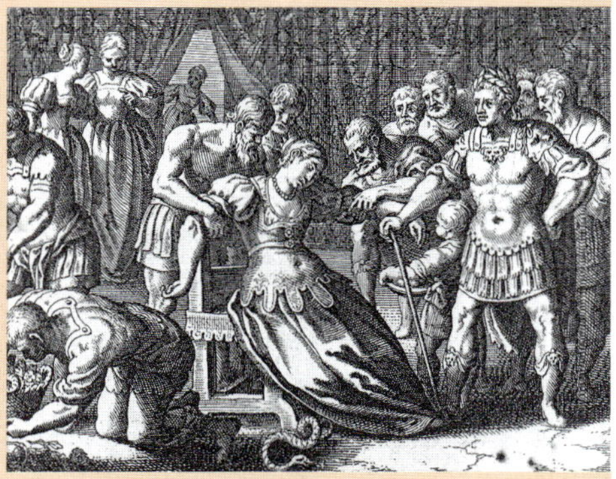

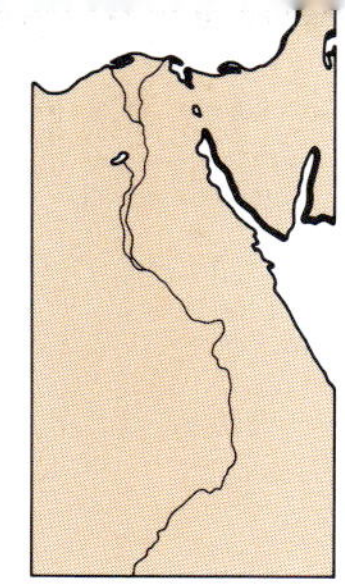

Faktoren spielten eine Rolle – zunehmend verarmte. Die Bauern erhielten ihr Land als Lehen des Staates, der ihnen auch vorschrieb, welche und wieviele Früchte sie jedes Jahr anbauen mußten. Sie hatten das Kanalsystem zu unterhalten, eine Getreidesteuer zu zahlen und dem Staat jeweils einen Teil der Ernte zu Festpreisen zu verkaufen. Auch das Handwerk mußte hohe Steuern zahlen, manche Gewerbe waren Monopol des Staates. Mit der Zeit nahmen Unruhen und Landflucht überhand.

Unter der römischen Herrschaft wurde die Verwaltung reorganisiert. Bald wurde Ägypten zur Kornkammer Roms. Die Bedeutung dieser Funktion wird noch dadurch unterstrichen, daß es, anders als andere römische Provinzen, der direkten Kontrolle des Kaisers unterstand. Nachdem einmal Frieden, sichere Verhältnisse und eine wirksame Verwaltung geschaffen waren, erholte sich die Wirtschaft schnell, die landwirtschaftliche Produktion stieg an, und der Handel blühte. Doch profitierte von diesem Wohlstand nur Rom, nicht Ägypten selbst.

Das Leben der Ägypter während der ersten beiden Jahrhunderte der römischen Herrschaft ist uns aus zahlreichen Papyri bekannt. Die alte Religion blieb erhalten, und es wurden weiter Tempel erbaut. Aber die Tempelgüter gehörten nun dem Staat, und die Priesterschaft war einem römischen Zivilbeamten Rechenschaft schuldig. Die Hieroglyphenschrift wurde aufgegeben, abgesehen von Texten, die in die Tempelwände in Oberägypten eingemeißelt wurden. Am Ende des 2. Jahrhunderts n. Chr. begann im Zuge der Reichskrise auch der politische, soziale und kulturelle Verfall Ägyptens.

Der typische Stil der gräco-romanischen Kunst *dieser Epoche läßt sich an dieser Statue des Anubis, des schakalköpfigen Gottes der Einbalsamierung, erkennen. Hier ist der Gott nicht mehr in der traditionellen ägyptischen Stilisierung und Kleidung dargestellt, sondern mit einem naturalistischen Körper und in die entsprechende weiße Toga gehüllt.*

Von 1895 an machten die britischen Gelehrten Bernard Grenfell und Arthur Hunt etwa 10 Jahren lang Ausgrabungen in der alten Stadt Oxyrhynchus in der Oase Fayum. Dabei fanden sie große Mengen von Papyri nach Art des hier abgebildeten (unten links). *Die meisten dieser Papyri lagen als Fetzen in Mülldeponien aus der griechisch-römischen Epoche.*

Diese Oxyrhynchus-Papyri haben wertvolle Informationen über das Leben zur Zeit der Ptolemäer und Römer geliefert, denn bei vielen von ihnen handelt es sich um Edikte, Petitionen, Empfangsbestätigungen, Verträge und Briefe. Auch Kopien verlorener Werke klassischer Autoren und Gelehrter fanden sich darunter, so von Sophokles ein Fragment des Satyrspiels »Ichneutai«, die »Späher«. Rechts eine Szene aus einer Aufführung in Delphi in Griechenland.

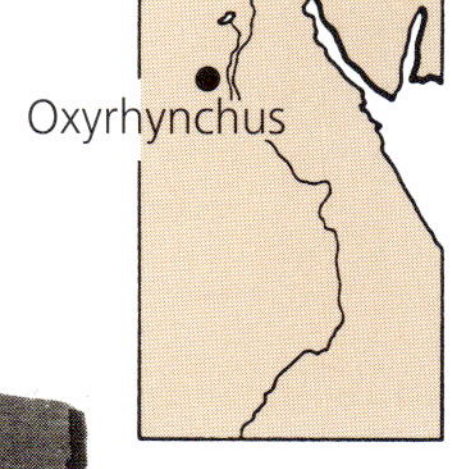

Persien

„Länder mit mildem Klima erzeugen gutmütige Menschen. Es gibt kein Land, das süße Früchte und zugleich gute Soldaten hervorbringt." Ein von dem griechischen Historiker Herodot Kyros dem Großen (559–530 v. Chr.) zugeschriebener Ausspruch.

***Diese Trinkschale** stammt aus der Zeit der Sassanidenkönige, der letzten persischen Dynastie vor dem Sturm der islamisch-arabischen Heere Mitte des 7. Jahrhunderts n. Chr. Sie besteht aus vergoldetem, gehämmertem Silber. Möglicherweise zeigt sie König Schapur II., wie er gerade einen Hirsch erlegt.*

Das persische Reich der Achämeniden, das Ländereien von Zentralasien bis zum Indus und von Ägypten bis zum Mittelmeer umfaßte, war für etwa 200 Jahre seit Mitte des 6. Jahrhunderts v. Chr. das größte und bestorganisierte Reich, das es bis dahin in der Alten Welt gegeben hatte. Das ist um so bemerkenswerter, wenn man bedenkt, daß noch eine Generation zuvor die Achämeniden nichts weiter als ein obskurer iranischer Stamm gewesen waren. Kyros der Große, der Begründer dieses Reiches, einigte zum ersten Mal alle Völkerschaften auf dem iranischen Hochland, das nun das neue Machtzentrum im Nahen Osten wurde.

Die Eroberung Babylons durch Kyros im Jahre 539 v. Chr. markierte das Ende der alten Ordnung. Denn während der vorhergehenden zweieinhalb Jahrtausende war die Region kulturell und politisch fast immer von Mesopotamien und Ägypten dominiert worden. In der neuen Epoche entstand auch ein enger Kontakt zwischen dem Nahen Osten und Europa, als nämlich die ionischen Griechen in Kleinasien unter persische Herrschaft gerieten.

Farbige Schilderungen griechischer Autoren haben uns die Eroberungen der persischen Herrscher von Kyros bis Xerxes überliefert, sie beschreiben auch den Reichtum und Glanz der achämenidischen Könige und ihrer Adeligen. Nach dem griechischen Historiker Herodot führten persische Generäle auf ihren Feldzügen Gold- und Silbergerät und goldene Becher und Kelche mit sich. Herrliche Exemplare dieser Art sind erhalten geblieben, und die Reste der persischen Paläste in Persepolis, Susa und an anderen Orten bestätigen die Aussagen der griechischen Chronisten über das üppige Leben der Perser.

Griechische und biblische Texte stellen eine enge Verbindung zwischen den Persern und einem verwandten Volk, den Medern, her. Diese Verbindung spiegelt die aktuelle politische Situation und die gemeinsame Herkunft der beiden Völker aus dem Iran sowie deren sprachliche Verwandtschaft. Es waren die Griechen, die als erste den ganzen Iran als Persien bezeichneten, ein Begriff, der von »Parsa« abgeleitet ist, dem Stammland der Achämeniden, heute die Provinz Fars im Südwesten des Landes. Iran, wörtlich »Land der Arier«, umfaßte damals ein weit größeres Gebiet als der heutige Staat, einschließlich Teilen Zentralasiens, Afghanistans und des Kaukasus. Die Völkerschaften dieser Regionen, die durch ihre iranische Sprache und Kultur miteinander verbunden waren, stammten alle von den nomadischen, indoeuropäischen Ariern ab, die im 2. Jahrtausend v. Chr. auf das Hochplateau eingewandert waren. Man weiß relativ wenig über die verschiedenen Stämme, die

das Land vor der iranischen Wanderung bewohnten. Hinsichtlich ihrer Geschichte sind wir fast ausschließlich auf die schriftliche Überlieferung aus dem Königreich Elam im Südwesten angewiesen. Denn hier fand eine dauernde Berührung mit dem benachbarten Mesopotamien statt, und die Kontakte zwischen diesen Ländern durchziehen die gesamte Geschichte Elams. Die elamitische Stadt Susa, die archäologisch am besten erschlossen ist, wurde später von Darius mit herrlichen Bauten ausgestattet und zum Verwaltungszentrum des persischen Reiches ausgebaut.

Die Achämeniden schufen durch die Zusammenfassung der verschiedenen Völker ihres Reiches eine einheitliche Kultur, die gleichwohl die unterschiedlichen Traditionen der verschiedenen Volksgruppen bewahrte.

Mit dem Sieg Alexanders des Großen über Darius III. im Jahre 331 v. Chr. kam das Perserreich für fast 270 Jahre unter die Herrschaft des Makedonenkönigs und seiner Nachfolger. Aber das Griechentum konnte außerhalb der Städte kaum Fuß fassen. So überdauerten persische Kultur und zoroastrische Religion die Epoche der hellenistischen Seleukidendynastie.

Diese persischen Bogenschützen *sind auf einem mehrfarbigen Fries aus glasierten Ziegeln im Palast des Achämeniden-Königs Darius (522–436 v. Chr.) in Susa abgebildet. Sie wurden die »Unsterblichen« genannt und bildeten die königliche Leibwache.*

Elam und der Iran der Frühzeit

Das große Plateau des Zentraliran liegt östlich von Mesopotamien, von dem es durch das Sagrosgebirge getrennt ist. In den Gebieten der westlichen Sagrosregion waren seinerzeit einige der ersten dörflichen Siedlungsgemeinschaften der Welt entstanden. Weiter im Süden lag Elam, Heimat der frühesten städtischen Zivilisation in Persien. Es erstreckte sich von den südwestlichen Ausläufern des Gebirges bis zum Golf. In der Mitte und im Osten des Hochlandes befanden sich ungastliche Salzwüsten, an deren nördlichen und südlichen Rändern die Ostwesthandelsrouten verliefen. Im Norden trennten Gebirgsketten das Hochland von Zentralasien.

Landbau und dörfliches Leben entwickelten sich dort, wo günstige Bedingungen dafür vorlagen. Ausgrabungen beweisen, daß sich in diesem riesigen Gebiet von ungefähr 6000 v. Chr. an eine ganze Anzahl von Kulturen in rascher Folge ablöste. Ein besonderes Kennzeichen der Periode bis etwa 3000 v. Chr. sind die künstlerisch wertvollen Tongefäße, die man an vielen Stellen gefunden hat. Schon im 4. Jahrtausend verwendete man die Töpferscheibe, und viele Malereien auf diesen Tonwaren stellen Tiere dar. Gegen Ende desselben Jahrtausends wurde in einigen städtischen Zentren eine Bilderschrift verwendet. An verschiedenen Stellen, so im elamitischen Susa und in Schar-i Sochteh nahe der heutigen Grenze zu Afghanistan, hat man Tontafeln in einer Schrift gefunden, die man als protoelamitisch bezeichnet. Im 3. Jahrtausend war Schar-i Sochteh ein Zentrum des Handels mit Lapislazuli. Die großen Mengen dieses Halbedelsteins, die man an Siedlungsstätten dieser Periode gefunden hat, wie zum Beispiel in Ur in Mesopotamien, kamen wahrscheinlich aus Bergwerken in Afghanistan, und zwar auf einer Route, die Städte wie Schar-i Sochtheh berührte. Große Mengen Lapislazuli sind auch in Tepe Hissar entdeckt worden.

Allem Anschein nach war das Kermangebiet im Südosten des Iran der Mittelpunkt einer Kultur mit Beziehungen zu Elam im Westen und Afghanistan im Osten. Die Qualität der Metallarbeiten dieses Volkes ist hervorragend, aber nach etwa 1900 v. Chr. gibt es kaum noch archäologische Funde aus dieser Gegend. Das alte Königreich Elam im Südwesten, das heutige Kuzistan, war schon in frühesten Zeiten ein Zentrum der Kupfer- und Bronzemetallurgie, und elamitische Metallarbeiter verfügten über ein besonders hohes Können. Elam bestand teilweise aus gebirgigem Hochland, es war reich an Mineralien, Steinen und Holz, mit denen es die Sumerer belieferte. Dieser Teil stand äußeren Einflüssen weniger offen als das Tiefland Elams, das eine Fortsetzung der mesopotamischen Ebene darstellte. Dort lag die Stadt Susa. Dieses Tiefland wurde zu Zeiten von anderen Staaten beherrscht, und die daraus entstandenen Einflüsse prägten die Kultur Elams.

Felsreliefs, eine elamische Tradition, finden sich schon im 2. Jahrtausend v. Chr. Sie wurden in späteren Jahrhunderten immer zahlreicher. Solche riesigen Reliefs waren auch ein Kennzeichen der altpersischen, parthischen und sasanidischen Perioden. Ja sogar noch die Kajar-Herrscher des 19. Jahrhunderts n. Chr. ließen derartige Monumentalarbeiten ausführen. Doch die besten und schönsten Beispiele der Kunst dieses Volkes datieren aus der mittleren Periode Elams (1450–1100 v. Chr.). In dieser Zeit wurden herrliche Bronze-, Gold- und Silberarbeiten geschaffen. Auch wurden Terrakotta-Figürchen hergestellt.

Susa, die am besten erforschte elamitische Stadt, war nur eines von mehreren bedeutenden Zentren. Es gab des weiteren Anschan, westlich Persepolis in Fars sowie Haft Tepe südlich Susas, das man als Kabnak identifiziert hat. Die Inschriften dieser Periode sind auf Elamisch verfaßt, einer Sprache, die mit keiner anderen uns bekannten Sprache verwandt zu sein scheint und bisher nur teilweise entschlüsselt ist. Im Jahre 1168 griffen die Elamiter Babylon an und brachten den Gesetzeskodex Hammurabis und andere Monumente nach Susa, wo sie im 19. Jahrhundert entdeckt wurden. Um 1100 v. Chr. wurden die Elamiter von den Babyloniern besiegt, was das Ende dieser Phase ihrer Geschichte besiegelte. Im 8. und 7. Jahrhundert v. Chr. lebte das Reich für kurze Zeit wieder auf, fand aber schon in der Mitte der vierziger Jahre des 7. Jahrhunderts ein abruptes Ende, als Elam von den Syrern vernichtend geschlagen und verwüstet wurde. In das dadurch entstandene Vakuum drangen persische Stämme ein.

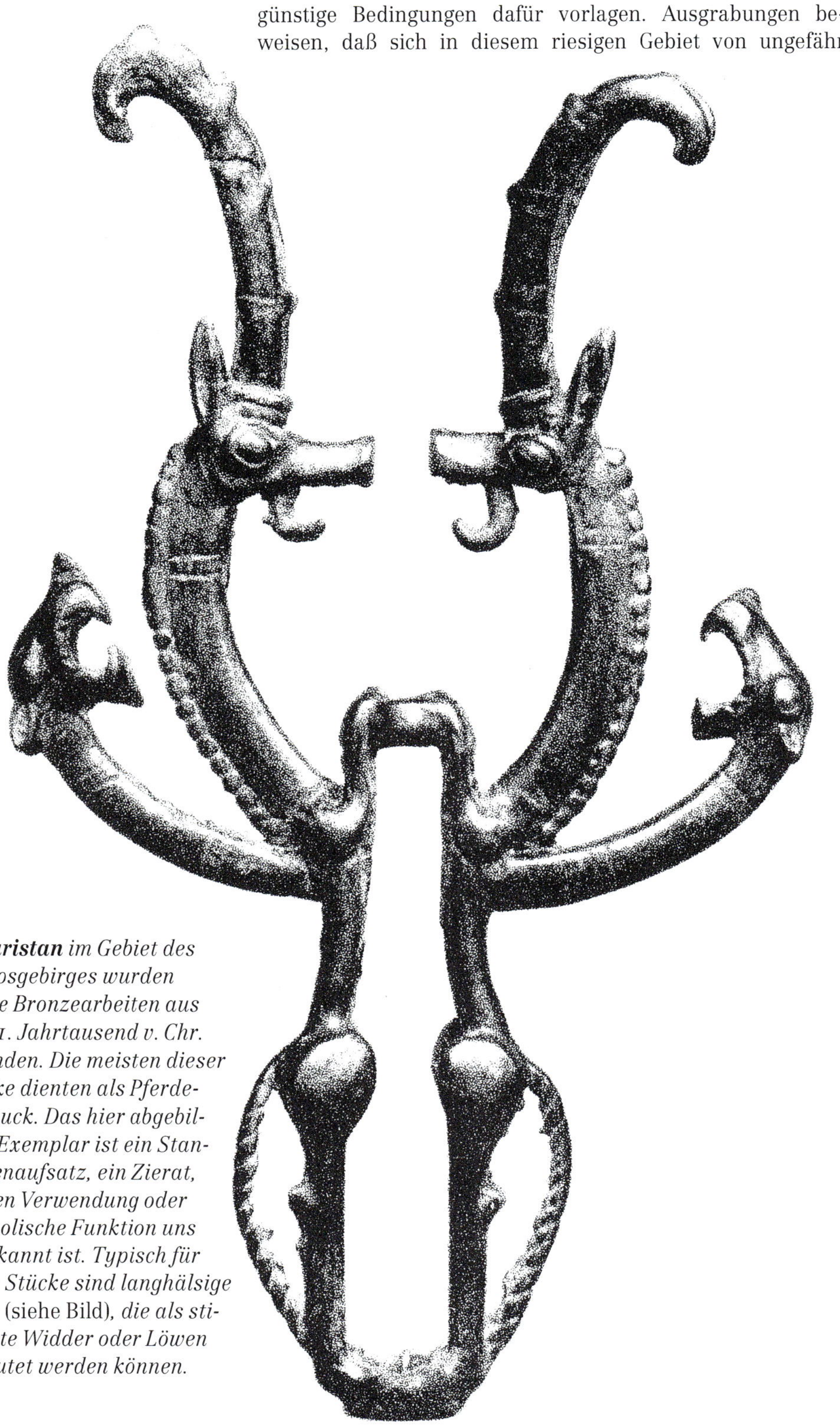

***In Luristan** im Gebiet des Sagrosgebirges wurden einige Bronzearbeiten aus dem 1. Jahrtausend v. Chr. gefunden. Die meisten dieser Stücke dienten als Pferdeschmuck. Das hier abgebildete Exemplar ist ein Standartenaufsatz, ein Zierat, dessen Verwendung oder symbolische Funktion uns unbekannt ist. Typisch für diese Stücke sind langhälsige Tiere* (siehe Bild), *die als stilisierte Widder oder Löwen gedeutet werden können.*

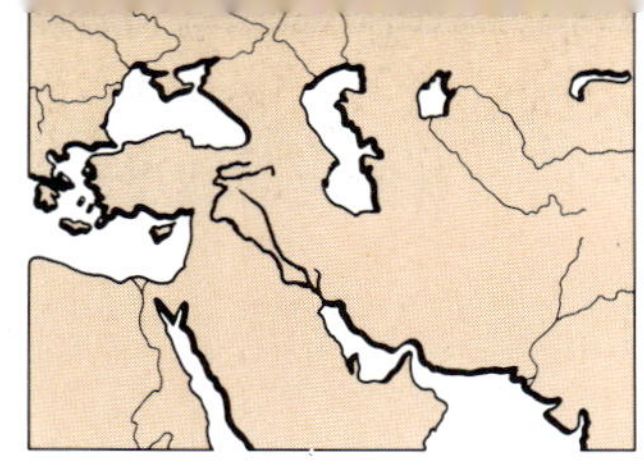

Auch heute noch ziehen die Nomaden vom Stamm der Bachtiari im Sagrosgebiet im Lande umher und treiben ihre Herden je nach Jahreszeit auf immer neue Weidegründe. Dieser Lebensstil entspricht dem ihrer iranischen Vorfahren im 1. Jahrhundert v. Chr.

***Die Karte** enthält die wichtigsten Städte des alten Persien, von vorgeschichtlichen Zeiten an bis zur achämenidischen Periode und sassanidischen Dynastie.*

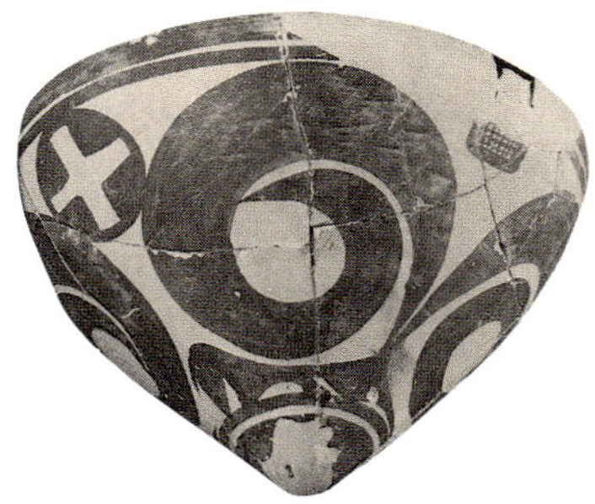

***Die hier abgebildete Schale** (unten) und der Becher (rechts) aus Susa stammen vom Ende des 4. Jahrtausends v. Chr. Schön verzierte Keramik war im Iran schon zu dieser Zeit weit verbreitet.*

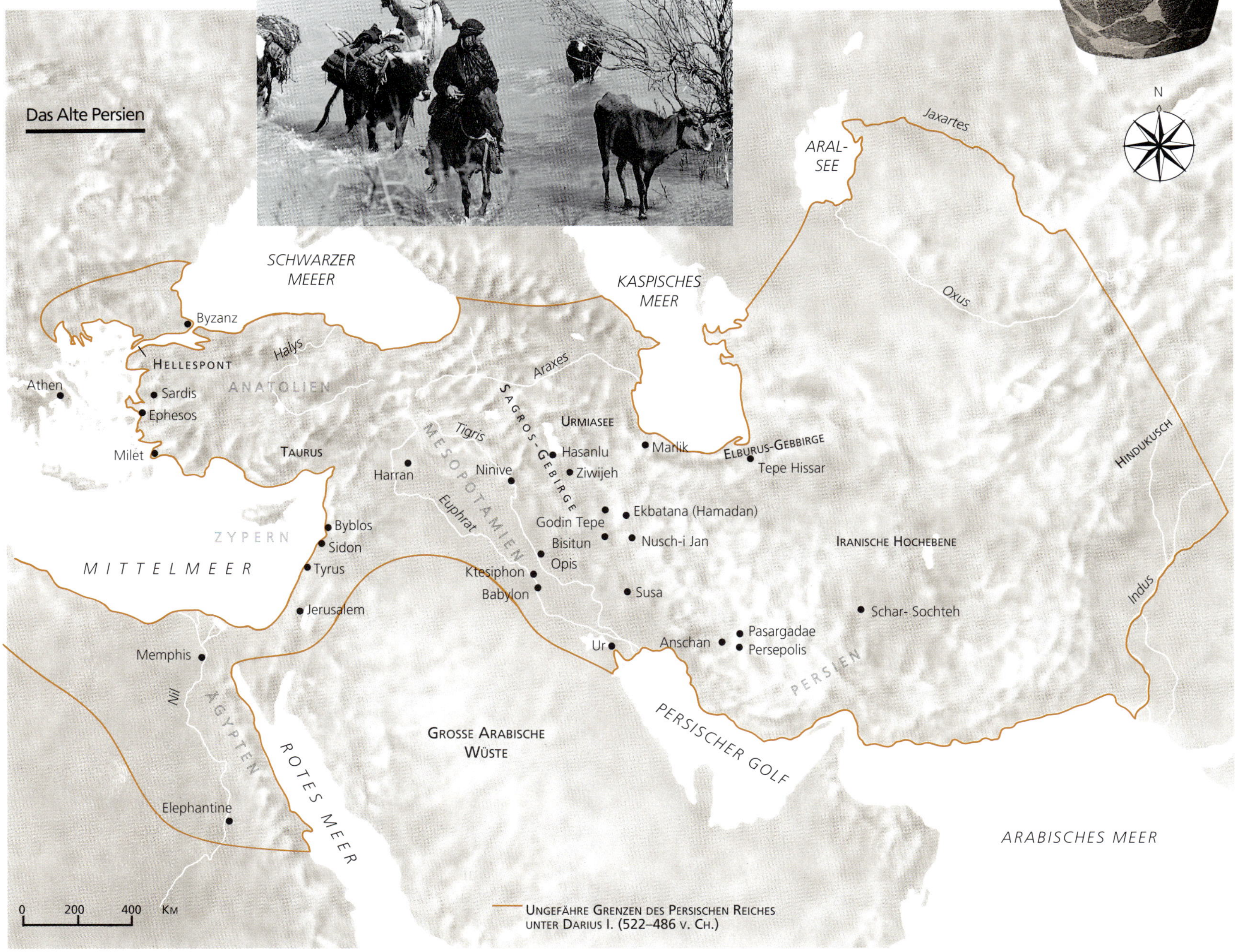

Die Zeit der Wanderungen

Die Meder und die Perser tauchen für die Geschichte zum ersten Mal in assyrischen Texten aus der Mitte des 9. Jahrhunderts auf. Zu diesem Zeitpunkt siedelten sie im westlichen Iran. Wann die beiden Völker diese Gebiete betraten und woher sie kamen, darüber streiten sich die Gelehrten. Man vermutet, daß es sich um indoeuropäische Arier handelt, die die Ebenen Südrußlands bewohnten und von denen bestimmte Gruppen etwa um 1300 v. Chr. im Iran eindrangen, zu einem Zeitpunkt also, für den die Archäologen einen größeren kulturellen Bruch festgestellt haben. Einige Zeit nach 1400 v. Chr. tauchte an bestimmten Stellen im Nordwestiran ein neuer Keramikstil auf, den man als »Graukeramik« bezeichnet hat. Allem Anschein nach besteht ein Zusammenhang mit der Graukeramik der späten Bronzezeit, die man im Südosten des Kaspischen Meeres gefunden hat. Dieser Stil ist verwandt mit Tongefäßen, die bis zum Ende des 3. Jahrtausends v. Chr. zurückreichen und in Turkmenien entdeckt wurden.

Beispiele für Graukeramik hat man auch in Gräbern bei Marlik gefunden – zwischen dem Elbursgebirge und dem Kaspischen Meer –, die aus der Zeit zwischen 1400 und 1000 v. Chr. datieren. Und Grauurnen eines Spätstils (ca. 1100–800 v. Chr.) sind auch in der Festung Hasanlu im Südwesten des Urmiasees gefunden worden. Die hier ausgegrabenen Gebäude sind einer Feuersbrunst zum Opfer gefallen, die man mit dem Angriff eines Heeres aus Urartu um das Jahr 800 v. Chr. in Verbindung bringt. Unter den reichen Funden in Hasanlu sind Eisenwaffen, Bronzehelme, glasierte Ziegel und Gold-, Silber- und Bronzegefäße, zum Teil mit assyrischem Einfluß.

Diesen verraten auch einige Stelen (flache Felssäulen mit Inschriften) und Felsinschriften im Westen des Iran zwischen dem Zagrosgebirge und dem Gebiet um Hamadan, der Hauptstadt der Meder. Gegenstände im assyrischen Stil sind ferner in Ziwije in Kurdistan gefunden worden, an einem Ort, der, wie man glaubt, von einem alteingesessenen Volk, den Mannäern, bewohnt wurde. Man kennt sie aus assyrischen Texten. Assyrische Quellen lassen vermuten, daß auf diesem Gebiet, in dem bemerkenswert viele Bronzearbeiten gefunden wurden, auch Ellipi lag, ein unabhängiges Königreich vom Anfang des 1. Jahrtausends. Die meisten Bronzearbeiten datieren aus dieser Zeit. Die Bronzeindustrie stand vom 9. bis zum 7. Jahrhundert, als auch die ersten Gegenstände aus Eisen angefertigt wurden, in voller Blüte. Viele Bronzestücke sind Waffen- oder Pferdedarstellungen, geschaffen wohl für eine Aristokratie nomadischer Hirten.

Ende des 7. Jahrhunderts ließ die Bronzeproduktion dieser Gegend nach, vielleicht infolge einer engeren Verbindung zwischen Medern und Persern, wodurch der Zugang zu den Bergwerken im Norden und Osten blockiert wurde. Möglicherweise wurden diese Hirtenvölker durch die Ankunft der iranischen Stämme auch ihrer Nahrungsgrundlagen beraubt. Denn es gibt zahlreiche Belege dafür, daß nach 650 v. Chr. Iraner im ganzen Sagrosgebiet lebten, was zweifellos mit dem schnellen Aufstieg der Meder um die gleiche Zeit zusammenhängt.

Die Herkunft der Meder ist nicht genau bekannt, doch höchstwahrscheinlich waren sie zunächst eine lose Konföderation von Stämmen. Aber schon im 7. Jahrhundert müssen sich sich zusammengeschlossen haben – möglicherweise als Reaktion auf die dauernden Raubzüge der Urartäer und Assyrer –, und sie beherrschten ein weites Gebiet im Umkreis ihrer befestigten Hauptstadt Ekbatana, heute Hamadan. Man weiß kaum etwas über die Kultur der Meder, kennt aber immerhin ihre eindrucksvolle Festung Godin, die über einem steilen Abgrund von 30 Metern erbaut wurde, und einige Ausgrabungsstücke aus Nusch-i Jan. Um 650 v. Chr. dehnten sie ihre Herrschaft über die Perser aus, die sich in Fars angesiedelt hatten, und gegen Ende des Jahrhunderts führten sie Angriffe gegen assyrische Städte. 615 schloß der medische Herrscher Kyaxares (625–585) – in Keilschrifttexten trägt er den Namen Uwachschatra - ein Bündnis mit dem babylonischen König Nabupolassar gegen Assyrien, und drei Jahre später unterlag die assyrische Stadt Ninive dieser Allianz.

Die Sieger teilten die Beute unter sich auf. Die Meder erhielten Teile des Hochlands von Zentralanatolien, wo sie mit den Lydern aneinandergerieten. Über die Regierungszeit des letzten medischen Königs Astyages (585–550 v. Chr.) weiß man wenig. Er wurde von seinem Enkel, Kyros II., dem König von Anschan, gestürzt.

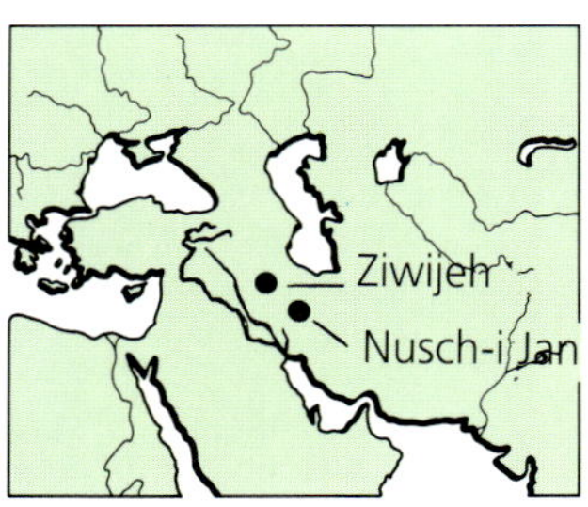

Am Fuße der Berge Kurdistans *im Nordwestiran liegt heute das Dorf Ziwije. Die alte Siedlung, von der dieses Foto einen Eindruck vermittelt, war auf einem Hügel erbaut und von massiven Mauern umgeben. Hier sollen zahlreiche Gegenstände aus Gold und anderen Materialien gefunden worden sein. Doch da seit Ende der vierziger Jahre dieses Jahrhunderts viele Stücke entwendet wurden, ist es schwierig, die Gegenstände ihrem ursprünglichen Fundort zuzuschreiben.*

DIE SCHÄTZE VON ZIWIJE UND NUSH-I JAN

***Diese Platte** aus getriebenem und ziseliertem Gold, deren Stil den skythischen Arbeiten ähnelt, enthält Löwenmasken, die mit gewundenen Ranken verbunden sind, von denen Hirsche und Ziegen umschlossen werden. Die Funde aus Ziwije gehören verschiedenen Stilen an.*

***Der Silberschatz von Nush-i Jan,** von dem hier ein Teil abgebildet ist, besteht aus Silberbarren und -schmuckstücken, spiralförmigen Perlen oder Anhängern, einem Ohrring, einem Armband und Ringen. Alles war in einem Bronzetopf versteckt und vergraben worden. Aber die Stücke dienten wahrscheinlich eher als Geld.*

Diese Goldplatte und die Silberstücke *(unten)* stammen den Berichten nach aus Ziwije im Nordwestiran und gehören zu einem Schatz, der in Nush-i Jan in Luristan entdeckt wurde. Sie entstanden zur Zeit des Aufstiegs der Meder. Aber bis heute sind außer Keramik keine Objekte gefunden worden, die auf einen eigenständigen medischen Stil schließen ließen. Der Silberschatz ist wahrscheinlich im 6. Jahrhundert v. Chr. versteckt worden, doch sind viele Stücke wesentlich älter. So ähneln die spiraligen Anhänger einem Typus, den man vom Ende des 3. oder Anfang des 2. Jahrtausends v. Chr. kennt. Vor der Erfindung der Münze hatte Schmuck auch wichtige ökonomische Funktionen, und so ist es sehr wahrscheinlich, daß diese Silberstücke als Zahlungsmittel verwendet wurden.

Ziwije war wahrscheinlich von den sog. Mannäern bewohnt, einem iranischen Volksstamm, dessen Gebiet südwestlich des Kaspischen Meeres und südöstlich des Urmiasees lag. Ihre Kunst weist Einflüsse der ihnen benachbarten Urartäer, Assyrer und Skythen auf.

Die unten abgebildete Goldplatte z. B. zeigt Elemente der Kunst der Skythen. Sie könnte Teil eines Gürtels gewesen sein, und war möglicherweise auf eine Stoff- oder Lederunterlage aufgenäht.

Trotz der Plünderungen in Ziwije nimmt man an, daß eine Anzahl Elfenbeinschnitzereien, mit Löwen und Raubvögeln geschmückte Goldstreifen, eine silberne Pferdezier und eine Brustplatte aus Gold mit mythologischen Motiven tatsächlich zu dem ursprünglichen Schatz gehörten.

Der Aufstieg der Achämeniden

Diese griechische Vasenmalerei *zeigt die Verbrennung des Krösus von Lydien durch Kyros von Persien. Zum letzten Mal spendet Krösus sein Weinopfer, und ein Diener legt Feuer. Es gibt verschiedene Berichte über die Gefangennahme des Krösus durch Kyros und sein grausames Schicksal.*

Kyros II. oder Kyros der Große, wie man ihn später nannte, gehörte zu der herrschenden Dynastie der Achämeniden in Persien (Fars), die ihren Stammbaum auf einen gewissen Achaimenes als Begründer ihres Geschlechts, zurückführten. Kyros bestieg den achämenidischen Thron im Jahre 559 v. Chr. als Nachfolger seines Vaters Kambyses I. und vereinigte verschiedene persische und iranische Bevölkerungsgruppen. Er nahm diplomatische Beziehungen zu Babylon auf und warf das Joch der Meder ab, die bis dahin die Perser beherrscht hatten. 550 besiegte er den Mederkönig Astyages, zog in Ekbatana ein und machte sich zum unumstrittenen Großkönig der Meder und Perser. Als solcher war er nun Herr über ausgedehnte Territorien, deren Grenzen er aber durch seine Eroberungen noch weit hinausschob, bis er ein Reich geschaffen hatte, das von Ostafghanistan bis zu den Grenzen Ägyptens reichte. Man behauptete, Kyros sei durch seine Mutter Mandane ein halber Meder gewesen. Diese galt als Tochter des Astyages. Wenn das richtig ist, so trug diese dynastische Beziehung gewiß dazu bei, daß seine Autorität von den Medern akzeptiert wurde. Doch ist keineswegs sicher, daß medisches Blut in Kyros' Adern floß. In der griechischen Literatur gibt es einige voneinander stark abweichende Berichte über seine Herkunft und seinen Aufstieg zum König. Das interessanteste an diesen Geschichten sind übrigens nicht so sehr ihre historischen Informationen, sondern daß sie anderen Traditionen des Nahen Ostens ähneln, die über den Aufstieg großer Männer dunkler Herkunft zum Königsthron erzählen.

Der neue Großkönig der Meder und Perser wandte seine Aufmerksamkeit zunächst Anatolien zu, wo sein lydischer Nachbar, der ungeheuer reiche König Kroisos, seine Herrschaft auf die Ländereien jenseits des Flusses Halys auszudehnen suchte. Die Quelle des sagenhaften Reichtums von König Kroisos war das Gold aus dem Fluß Paktolos, der durch Sardes, die Hauptstadt Lydiens floß. Nach allen uns vorliegenden Berichten, die durch archäologische Befunde bestätigt wurden, bedachte Kroisos verschiedene griechische Orakelstätten freigebig mit seinem Reichtum. Und er erwartete nun von den Orakelpriestern, daß sie ihm günstige Antworten erteilten. So geschah es auch in anderen Fällen. Zweifellos war das der Grund, weshalb die Priester rätselhafte Orakelsprüche bevorzugten, die jeder nach seinem Geschmack auslegen konnte.

Eine Prophezeiung des Apolloorakels in Delphi trug dazu bei, daß das Königreich Lydien zu Fall kam. Vor dem Kampf mit Kyros fragte Kroisos dort an – Delphi war die berühmteste griechische Orakelstätte – und erhielt die zweideutige Antwort, daß er, wenn er den Halys überquerte, ein großes Reich zerstören würde. Er nahm an, daß damit das Reich des Kyros gemeint war, und überquerte im Jahre 547 v. Chr. den Halys. Nach einer unentschiedenen Schlacht zog er sich mit seinen Lydern wieder nach Sardes zurück, und da das Ende der Jahreszeit, in der man Krieg führte, gekommen war, entließ er seine Soldaten. Kyros indessen marschierte nun auf Sardes und nahm es im Jahre 546 v. Chr. ein.

Nach diesem Erfolg kehrte er in den Iran zurück, ließ aber seinen General Harpagos zurück, der die Eroberung Anatoliens vollenden sollte. In den nächsten zwei oder drei Jahren wurden Lykien, Karien und die griechischen Stadtstaaten Ioniens dem neuen Reich einverleibt. Was Kyros in den sieben Jahren zwischen dem Krieg mit Lydien und der Eroberung Babylons unternahm, ist nicht mit Sicherheit festzustellen, doch trug er vermutlich in dieser Zeit den Krieg weiter nach Osten bis nach Baktrien und in die Sogdiane.

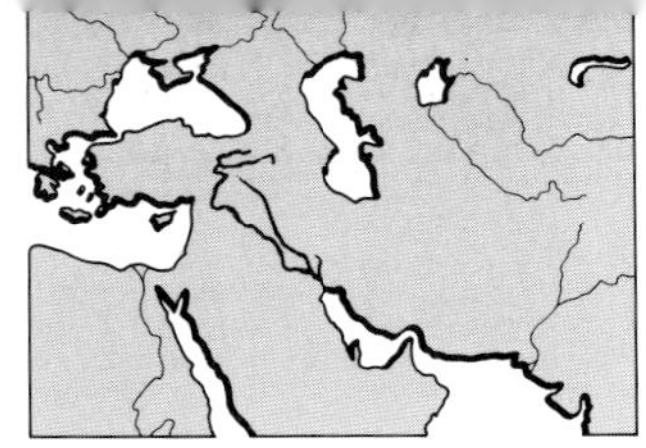

Phryger und Lyder

Das Königreich Phrygien lag im Westen Zentralanatoliens auf einem Gebiet, das früher Teil des Hethiterreiches war. Man hat die Phryger mit dem Volk der Kaskäer in Verbindung gebracht, das in hethitischen Texten erwähnt wird. Sie traten um 1200 v. Chr. nach dem Untergang des Hethiterreiches in Erscheinung. In der zweiten Hälfte des 8. Jahrhunderts v. Chr. wurden die Phryger sehr mächtig, und ihre Hauptstadt Gordion, am Ufer des Sakarja-Flusses gelegen, war stark befestigt. Die Familien der Könige und Adeligen wurden mit üppigen Grabbeigaben in Holzkammern bestattet, über die Steine und Erde gehäuft wurden, so daß ein Erdhügel oder Tumulus entstand. Nach dem Eindringen der Kimmerier im 7. Jahrhundert v. Chr. schwand die Macht der Phryger, und schließlich kamen sie unter die Herrschaft der Lyder.

Lydien, im Westen Kleinasiens, wurde nach dem Untergang Phrygiens in Kämpfe mit den Medern verwickelt. Nach fünf Jahren wiederholter Kriege wurde im Jahre 585 v. Chr. der Halys-Fluß als Grenze zwischen ihnen festgelegt. Der Reichtum Lydiens stammte aus dem Gold des Paktolos-Flusses, aber auch aus dem Handel, denn durch das Land liefen zwei der wichtigsten Handelsstraßen von der Küste ins Innere Kleinasiens, so daß es sich schnell zu einem Mittelpunkt des Handels entwickelte. Die Sprache der Lyder gibt Hinweise darauf, daß es sich bei ihnen um ein alteingesessenes anatolisches Volk handelte. Doch zeigen Kunst und Kultur auch Einflüsse ihrer griechischen Nachbarn. Sie erfanden das Münzgeld und nach Berichten der Griechen eine neue Musik. Zwar hatte Krösus, der letzte König Lydiens, die griechischen Küstenstädte unterjocht, aber diese scheinen seine Herrschaft nicht als Unterdrückung empfunden zu haben. Denn er förderte den Wiederaufbau des Tempels der Artemis in Ephesus und stiftete Delphi und anderen griechischen Heiligtümern so manche Opfergabe. Krösus deutete das ihm gegebene Delphische Orakel falsch und ließ sich zum Krieg gegen Kyros verleiten, der Meder und Perser vereinigt hatte. Im Jahre 546 v. Chr. erlitt er nahe seiner Hauptstadt Sardes eine entscheidende Niederlage, und Lydien wurde persische Provinz.

__Dieses phrygische Bronzegefäß__ in Gestalt eines Widderkopfes wurde im großen Tumulus zu Gordion entdeckt.

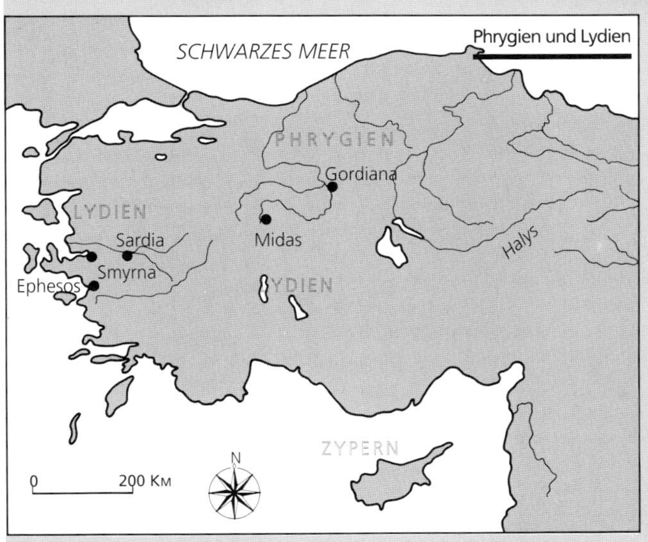

Nach dem Zusammenbruch des Hethiterreiches ließen sich die Phryger in West- und Zentralanatolien nieder. Gordion war ihre Hauptstadt, und der Ort, den man als die »Stadt des Midas« kennt, galt ihnen als großes Heiligtum. Lydien lag in Westanatolien.

__Das Grab Kyros'__ des Großen, das die Überlieferung als »Grab der Mutter Salomos« bezeichnete, liegt in Pasargadai, genau im Norden von Persepolis. Es ist das einzige Grab eines persischen Herrschers, das aus einem freistehenden Bau besteht. Alle anderen Könige wurden in Felsgräbern bestattet. Das Grabmonument des Kyros ist aus Stein gebaut, hat ein Giebeldach und steht in beherrschender Lage auf einem terrassenförmig angelegten Steinpodest.

4
3
2
1

Im Oktober des Jahres 539 v. Chr. wurde die Stadt Babylon von Kyros ohne Schwertstreich eingenommen. Am 12. des Monats hatte dessen Heerführer Gubaru, Statthalter von Gutium, einem Gebiet im Osten Babylons, als erster seinen Fuß auf den Boden der Stadt gesetzt. Kyros selbst und seine Truppen erreichten nach dem Keilschrifttext auf dem »Kyroszylinder« Babylon erst am 29. Oktober. »Ihre Zahl war wie das Wasser des Flusses und konnte nicht festgestellt werden«.

An diesem Tag fuhr Kyros (2) auf seinem Streitwagen an der Spitze seines aus Persern und Medern bestehenden Heeres (1) und auf dem Haupt Krone und Reif, auf der großen »Straße der Prozessionen« zum Ischtartor der Stadt (4). Dieses prachtvolle, 13 Meter hohe Bauwerk war flankiert von Türmen, die fast 35 Meter hoch in den Himmel ragten, und mit glasierten Ziegeln verkleidet, die Löwen- und Stiermosaike bildeten.

Mit einer Mischung von banger Erregung und freudiger Erwartung betrachteten zur Begrüßung aufmarschierte babylonische Bürger und eine Delegation hoher babylonischer Beamter (3), flankiert von gutäischen Soldaten, den Einzug des Kyros. Laut der Inschrift auf dem »Kyroszylinder« wurde Kyros nach seinem unblutigen Sieg nicht nur von den Babyloniern selbst, sondern auch vom »ganzen Land Sumer und Akkad und seinen Fürsten und Statthaltern gefeiert«.

Nachdem Kyros Anatolien erobert und die Ostgrenzen des Reiches noch weiter hinausgeschoben hatte, wandte er seine Aufmerksamkeit Babylon zu und zog Vorteil aus der Unbeliebtheit des babylonischen Königs Nabonid. Wie immer in solchen Fällen unternahm er einen geschickten Propagandafeldzug, bei dem er seine Milde und seine Toleranz in Religionsfragen kräftig herausstrich. Nach der Eroberung Mediens und Lydiens hatte Kyros offenbar tatsächlich das Leben der Könige Astyages und Kroisos geschont, was ein Beweis nicht nur für seine Milde, sondern auch für seine Klugheit war. Denn eine solche Politik stellte sicher, daß die neuen Untertanen ihn nicht von vornherein als Unterdrücker ablehnten.

Als Nabonid im Jahre 555 v. Chr. den Thron bestieg, war die Macht Babylons wohl nicht mehr so unbestritten wie seinerzeit zu Nebukadnezars besten Zeiten. Denn schon vor dessen Tod im Jahre 562 v. Chr. hatte man im Norden Babylons eine Verteidigungsmauer errichtet, anscheinend aus Furcht vor potentiellen Angreifern, wahrscheinlich gegen die Meder, zudem gibt es Hinweise auf interne Probleme. Nabonid war ein Anhänger des Mondgottes Sin, dessen Tempel in Harran er zu Beginn seiner Regierungszeit wiederherstellte. In Ur restaurierte er den Zikkurat des Nanna, des alten sumerischen Mondgottes, während er in Babylon seine religiösen Pflichten vernachlässigte. Diese bezogen sich unter anderem auf den Kult des Stadtgottes Marduk und auf das Neujahrsfest, das jeweils die Fruchtbarkeit des Landes erneuerte. Nur der König konnte dieses Ritual vollziehen, doch der war jetzt für mehrere Jahre abwesend und hielt sich in der Oase Tema in Arabien auf, so daß diese wichtige Zeremonie ausfallen mußte. Er hatte überdies eine Verwaltungsreform durchgeführt, die der Krone den Zugriff auf die Tempelfinanzen gestattete.

Dies alles war Grund genug für die Babylonier, unzufrieden zu sein. Besonders unzufrieden waren die Tempelschreiber. Sie unterstützten offen den Perserkönig, der auf den Fall Babylons hinarbeitete. In ihren Berichten hoben sie Kyros bis in den Himmel und behaupteten, Babylon sei ohne Schwertstreich gefallen, weil alle Kyros als Retter willkommen hießen. Aber es scheint doch nicht ohne heftige Kämpfe abgegangen zu sein, als die Perser Anfang Oktober des Jahres 539 v. Chr. die Babylonier bei Opis angriffen. Möglicherweise fiel damals Belsazar, der aus der Bibel bekannte persische Kronprinz.

Nach diesem Sieg eroberte Kyros Sippar. Dann zogen seine gutäischen Truppen unter Gubaru, vielleicht einem babylonischen Überläufer, am 12. Oktober – tatsächlich kampflos! – in Babylon ein. Nabonid, der aus Opis nach Babylon geflohen war, wurde gefangengenommen, und die Truppen Ugbarus hielten den Frieden in der Stadt aufrecht, bis Kyros selbst Ende des Monats eintraf. Während dieser Zeit wurden alle religiösen Zeremonien gebührend beachtet, und als Kyros die Stadt betrat, wurde er aufs herzlichste begrüßt.

Damit fiel nicht nur Mesopotamien, sondern das ganze babylonische Reich, das bis zu den Grenzen Ägyptens reichte, an Kyros. Wieder einmal ließ er Milde walten und die Verbannten in ihre Heimat zurückkehren, darunter auch, wie das Buch Ezra der Bibel erzählt, jene Juden, die von Nebukadnezar deportiert worden waren. Schließlich kehrte Kyros nach Persien zurück und wurde auf einem Feldzug an der Nordostgrenze im Jahre 530 v. Chr. getötet. Seine Leiche wurde in die Hauptstadt Pasargadai zurückgebracht.

Das Königreich des Darius

Nach dem Tod Kyros' des Großen im Jahre 530 v. Chr. bestieg dessen Sohn Kambyses den Thron. Er hatte das volle Vertrauen seines Vaters genossen und war für kurze Zeit praktisch der Herr Babylons gewesen. Herodot schildert ihn als größenwahnsinnigen, lasterhaften Tyrannen. Aber es gibt nicht den geringsten Hinweis darauf, daß er das wirklich war. Vier Jahre nach seiner Thronbesteigung zog Kambyses nach Ägypten und drang bis über den Ersten Nilkatarakt hinaus nach Süden vor. Auch eroberte er die Gebiete im Westen einschließlich der Kyrenaika. So wirksam war die Konsolidierung der Position Persiens in Ägypten durch Kambyses, daß es dort bis zum Ende der Regierungszeit seines Nachfolgers niemals einen Aufstand gab.

Im Jahre 522 v. Chr. erreichten ihn Nachrichten, in Persien seien Unruhen ausgebrochen, vielleicht unter Führung seines Bruders Bardija, möglicherweise auch eines Usurpators namens Gaumata. Auf dem Weg von Syrien nach Persien kam Kambyses durch einen Unfall um. Darius, ein Offizier, der Speerträger des Kambyses gewesen war und einer Nebenlinie der Achämeniden angehörte, setzte den Marsch nach Persien fort, und es gelang ihm, den Aufstand niederzuschlagen.

Wie im Falle des Kyros beruht das, was wir von der Regierungszeit des Darius wissen, auf dessen eigener Version der Ereignisse. Zum Beispiel ist die Schilderung seines Sieges über die Rebellen in einer großen Inschrift enthalten, die er in Behistun in Stein meißeln ließ. Dort wird nicht nur berichtet, wie Darius die Revolte niederschlug, sondern auch sein Geblütsrecht auf die Herrschaft proklamiert.

In den ersten Jahren seiner Regierungszeit rüstete Darius eine Expedition nach Indien aus, wo er den Sindh und möglicherweise auch den Punjab annektierte. Weniger Erfolg beschieden war seinem Feldzug gegen die Skythen im Norden des Schwarzen Meeres. Trotz dieses Mißerfolgs erreichte das Achämenidenreich unter Darius seine größte Ausdehnung. Es erstreckte sich vom Indus im Osten bis nach Libyen im Westen.

Darius war ein glänzender Administrator und teilte das Reich in Provinzen oder Satrapien ein. Laut Herodot gab es 20 davon. Jede besaß ihren eigenen Gouverneur oder Satrapen – in der Regel einen persischen Adeligen oder ein Mitglied der königlichen Familie. Ein besonderer Beamter, gleichzeitig militärischer Befehlshaber, war verantwortlich für die Erhebung des jährlichen Tributs, der nicht nur in Gold oder Silber, sondern auch in Naturalien bezahlt wurde. Auf den Reliefs in Persepolis, die solche Tributzahlungen darstellen, findet sich eine große Vielfalt, unter anderem Elfenbein aus Äthiopien, Weihrauch aus Arabien und sogar Kamele aus Baktrien.

Darius verlegte seine Hauptstadt von Pasargadai nach Susa und errichtete hier sein eigentliches Verwaltungszentrum. Doch behielt auch die alte Hauptstadt einige vor allem kultische Funktionen. Der sommerlichen Hitze in Susa pflegte sich der Hof in den kühleren Höhen von Ekbatana, der alten medischen Hauptstadt, zu entziehen. Darius entfaltete in Susa rege Bautätigkeit und errichtete unter anderem eine »Apadana«, eine Säulenhalle für Audienzen, und einen neuen Palast. Hier und in Persepolis arbeiteten Handwerker aus allen Teilen des Reiches an seinen Palästen. In dem Schloß, das an die Apadana in Susa angrenzte, schmückten babylonische Handwerker die Wände mit mehrfarbigen glasierten Ziegeln, die in genormten Formen hergestellt wurden. Einer dieser Friese aus Ziegeln zeigt die königlichen Leibwächter, die zehntausend »Unsterblichen«, wie sie vom König zum Dank für ihre Leistungen genannt wurden.

Die von Darius und seinen Nachfolgern in Persepolis erbaute Palastanlage (rechts) *vermittelt einen Eindruck vom Reichtum und der Pracht des alten Persien. Auf den Steingeländern der Treppe waren Tributgesandtschaften aus 23 Ländern abgebildet, alle in ihren heimischen Trachten.*

***Karte der Satrapien** des persischen Reiches* (gegenüberliegende Seite). *Die Vertreter einiger Völker, die Persien Tribut schuldeten, sind hier mit ihren Gaben dargestellt, und zwar nach den Originalreliefs in Persepolis. Es handelt sich um einen Kuschiten* (1)*, der ein Okapi am Zügel führt, einen Lyder* (2) *mit kostbaren Gefäßen, einen Inder* (3)*, der Schalen, wahrscheinlich mit Goldstaub, herbeiträgt, einen Skythen* (4) *mit Pferd und einen Baktrer* (5)*, mit einem Kamel.*

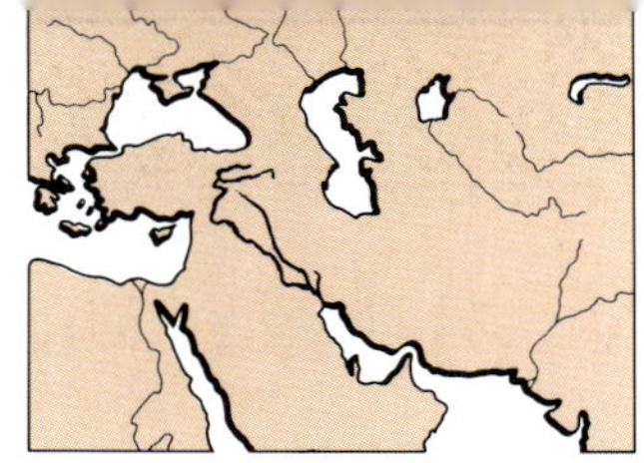

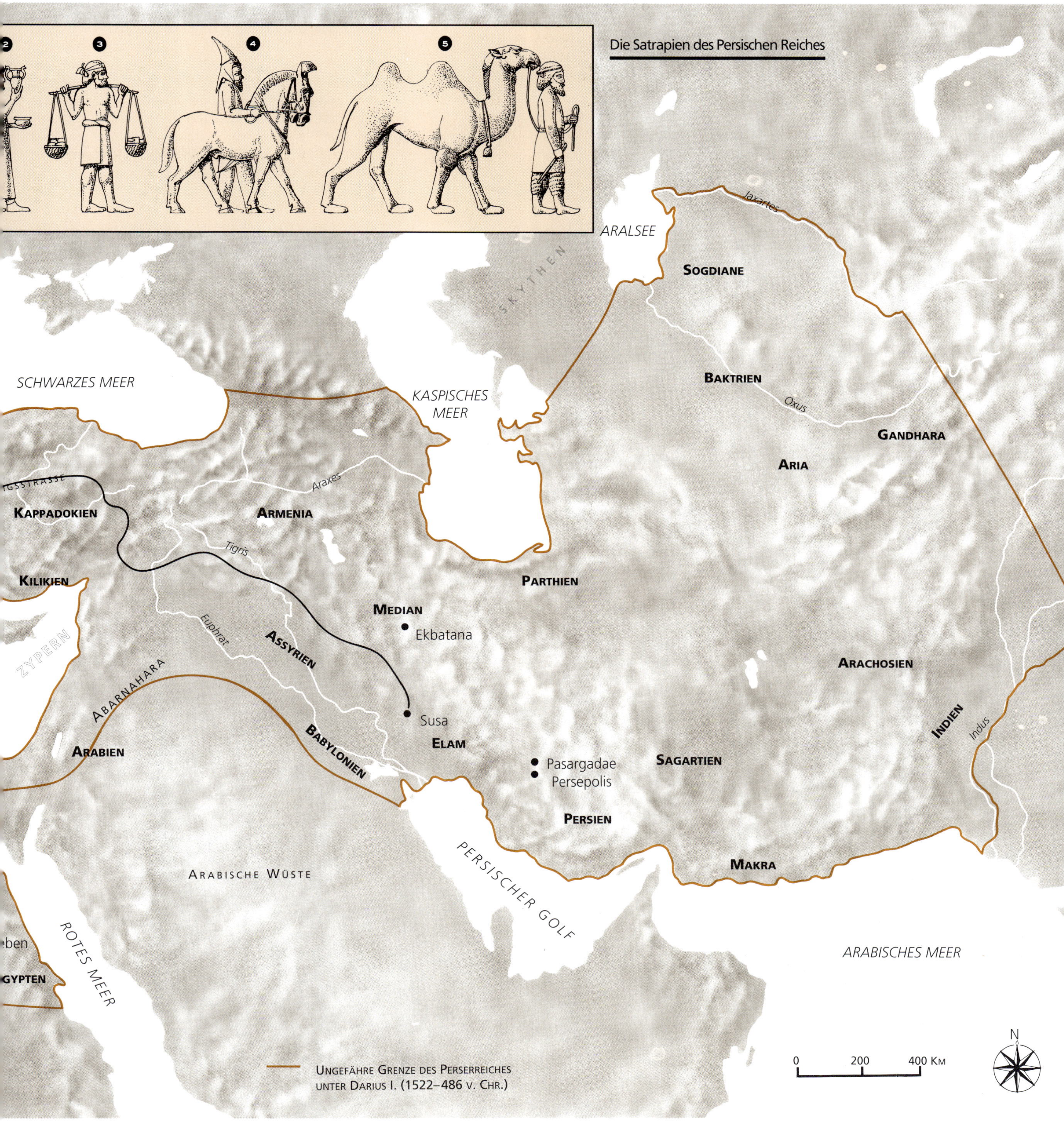
2
3
4
5
Die Satrapien des Persischen Reiches
Jaxartes
Aralsee
Skythen
Sogdiane
Schwarzes Meer
Kaspisches Meer
Baktrien
Oxus
Gandhara
Aria
Araxes
Kappadokien
Armenia
Tigris
Kilikien
Parthien
Median
Ekbatana
Euphrat
Assyrien
Zypern
Abarnahara
Arachosien
Susa
Babylonien
Elam
Arabien
Indien
Indus
Pasargadae
Persepolis
Sagartien
Persien
Persischer Golf
Makra
Arabische Wüste
Rotes Meer
Arabisches Meer
Ungefähre Grenze des Perserreiches unter Darius I. (1522–486 v. Chr.)
0
200
400 km
N

Niedergang und Fall

Rawlinson in Behistun

Henry Creswicke Rawlinson *(rechts)* gelang es, die große alte persische Inschrift des Darius zu entziffern, die in Behistun *(unten)* bei Kermanschah in dreisprachiger Keilschrift in den Felsen gemeißelt war. Damit besaß er den Schlüssel auch zum Verständnis des Akkadischen und Elamischen, der beiden anderen Sprachen der Inschrift. Rawlinson war Offizier im Dienste der Britischen Ostindienkompanie, der 1833 nach Persien geschickt wurde, um bei der Neuorganisation der persischen Armee behilflich zu sein. Von 1835-1839 war er in Kermanschah stationiert, wo er als Militärberater wirkte. In dieser Zeit kopierte er die ersten 200 Zeilen der Inschrift von Behistun. Das war schon an sich keine Kleinigkeit, da die Inschrift an die 170 m über dem Erdboden angebracht ist. Dann aber übersetzte er diesen Abschnitt auch noch.

Der Krieg in Afghanistan, bei dem sich Rawlinson auszeichnete, und andere Einsätze verzögerten die Weiterarbeit. Und erst 1844 konnte er den Rest des Textes kopieren und seine Entschlüsselung vollenden. Die lange Inschrift in Behistun jedoch stellte genügend Material zur vollen Entschlüsselung der Sprache zur Verfügung, und Rawlinson war wegen seiner Kenntnisse des Persischen der richtige Mann dafür. Er begann mit den Zeichen, die er auch auf anderen Inschriften gesehen hatte und von denen er vermutete, daß es sich um Namen von Königen handelte, die ihm aus griechischen Quellen bekannt waren. Auf diese Weise erstellte er eine Liste von Zeichen. Nach diesem Erfolg war es nicht mehr allzu schwer, auch die anderen Sprachen, in denen der Text geschrieben war, zu lesen.

Das Relief, über dem das Symbol des Gottes Ahura Mazda angebracht ist, stellt Darius dar, wie er seinen Fuß auf den Körper des Usurpators Gaumata setzt und in Begleitung zweier Diener neun gefangene aufständische Könige mustert. Die zugehörigen Inschriften schildern seinen erfolgreichen Kampf um den Thron und rechtfertigen seinen Anspruch auf das Amt des Königs.

Das Relief mißt etwa 6 auf 3½ Meter und wurde wahrscheinlich mit Hilfe eines Gerüsts im Jahre 520/519 v. Chr. in den glatten Fels des Kuh-i Parau Berges eingemeißelt. Dieser erhebt sich aus der Ebene bei Behistun, durch die sich die alte Straße von Persepolis nach Hamadan zieht. Vermutlich handelt es sich hier um die erste Inschrift in altpersischer Sprache, wie sie von den Achämeniden gesprochen wurde.

***Das Behistunrelief,** dessen Inschrift von Rawlinson entziffert wurde.*

Am Ende der Regierungszeit des Darius begann die große Auseinandersetzung mit den Griechen. Persische Quellen schweigen fast vollständig über diese dramatische Begegnung, die durch Herodot so berühmt geworden ist. Zehn Jahre nach dem Aufstand der griechischen Stadtstaaten in Ionien in Kleinasien und seiner Niederschlagung schickte Darius im Jahre 490 v. Chr. eine Strafexpedition nach Griechenland. Doch die Perser wurden bei Marathon geschlagen und zum Rückzug gezwungen. Darius starb 486, sein Nachfolger war sein Sohn Xerxes (486–465 v. Chr.). Der neue Herrscher erstickte 485 eine Rebellion in Ägypten im Blut und schlug drei Jahre später eine Revolte in Babylon nieder. In beiden Fällen ging er mit einer Brutalität vor, die im Gegensatz zur traditionellen persischen Toleranz stand. Schließlich führte Xerxes in eigener Person im Jahre 480 eine große Invasionsarmee von siebzigtausend Mann nach Griechenland. Doch trotz anfänglicher Erfolge wurden die Perser besiegt.

Der Rest der Regierungszeit des Xerxes war ausgefüllt mit Bauplänen in Persepolis und Haremsintrigen, die im Jahre 465 v. Chr. zu seiner Ermordung führten. Während der Regierungszeit der folgenden drei persischen Könige wurde der Peloponnesische Krieg zwischen Athen und Sparta ausgefochten, wobei Persien jeweils die Seite unterstützte, von der es sich eine Förderung seiner Interessen versprach.

Vom Ende des 5. Jahrhunderts an wurde das persische Reich unaufhörlich von Kämpfen und Unruhen heimgesucht. Im Jahre 405 v. Chr. erhob sich Ägypten und warf das persische Joch ab. Drei Jahre später warb Kyros, der jüngere Bruder von König Artaxerxes II. (405–359 v. Chr.) zehntausend griechische Söldner an und marschierte von Anatolien nach Osten, um sich des Thrones zu bemächtigen. Aber er fiel in der Schlacht bei Kunaxa (401 v. Chr.). Die griechischen Söldner zogen sich in guter Ordnung zurück und gelangten unangefochten in die Heimat. So schildert es ihr Führer Xenophon in seiner »Anabasis«. Dieses Ereignis zeigte, wie verwundbar das Reich geworden war. Und als ob es noch weiterer Beweise für seine Schwäche bedurft hätte, übertrug Artaxerxes aufs neue Provinzen auch solchen Satrapen, die 373 gegen ihn rebelliert hatten. Die Regierungszeiten der letzten Könige begannen alle mit Mord oder endeten damit. Und im Jahre 336 konnte Darius III. nur durch die Manipulationen des Eunuchen Bagoas auf den Thron gelangen. Fünf Jahre darauf ging das Reich an Alexander von Makedonien verloren und wurde für eine Zeit Teil der neuen hellenistischen Welt.

Zur Zeit seiner größten Blüte war das persische Reich mit relativer Toleranz regiert worden. Unterworfene Völker durften eigene Sitte und Religion beibehalten, ja bis zu einem gewissen Grad sogar die eigene Regierungsform. Die Verwaltung war sehr effektiv organisiert, jede Provinz verfügte über zwei Gerichtshöfe: einen für lokale Angelegenheiten, den anderen für Streitsachen, für die Reichsrecht, also persisches Recht, galt.

Handel und Wandel nahmen einen großen Aufschwung durch das Straßennetz, das jetzt größere Märkte erschloß, sowie durch die Standardisierung von Gewichten und Maßen, das Münzwesen und die Entwicklung von Banken. Der wirtschaftliche Niedergang der letzten Jahre war nicht zuletzt Folge der unsicheren politischen Verhältnisse. Riesige Summen des Staatsschatzes flossen in Form von Bestechungsgeldern oder Zahlungen an fremde Söldner. Galoppierende Inflation und steigende Zinsraten erzeugten ökonomische Engpässe, was umgekehrt wieder zu politischen Unruhen führte.

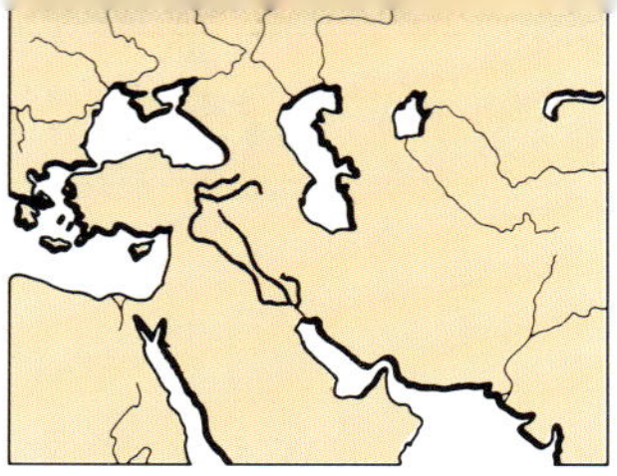

DER OXUS-SCHATZ

Im Jahr 1877 wurde am Nordufer des Oxusflusses ein Gold- und Silberschatz entdeckt. Drei Jahre später wurde dieser Schatz geraubt, während er von einer Schar afghanischer Kaufleute auf dem Weg von Kabul nach Peschawar über Land transportiert wurde. Doch gelang es einem britischen Regierungsbeamten, Captain F. C. Burton, die Räuber zu stellen und ihnen den größten Teil der gestohlenen Kostbarkeiten wieder abzujagen.

Die Kaufleute zeigten sich erkenntlich und schenkten Burton ein prächtiges Goldarmband, ähnlich dem hier abgebildeten (*links*). Den Rest des Schatzes verkauften sie in Rawalpindi im heutigen Pakistan. Hier wurde er Stück für Stück von General Sir Alexander Cunningham, dem Generaldirektor der archäologischen Forschungsinstitute in Indien, aufgekauft und gelangte so schließlich ins Britische Museum.

Der Oxus-Schatz besteht, wie man heute weiß, aus ungefähr 170 Stücken, die weitgehend aus dem 5. und 4. Jahrhundert v. Chr., der Zeit der Achämeniden, stammen. Der angebliche Fundort lag an der Grenze Baktriens und Sogdiens, aber noch auf dem Boden des Achämenidenreiches. Doch ist keineswegs sicher, ob alle Stücke gemeinsam aufgefunden wurden.

__Glanz und Reichtum__ der Achämenidenkönige und ihres Adels zeigt sich an deren herrlichem Schmuck und anderen Gegenständen, z. B. den Stücken aus dem Oxus-Schatz. Die eindrucksvollsten Stücke sind vielleicht ein Paar massiv goldener Armreifen, von denen einer hier abgebildet ist (oben). Auf den Schließen befinden sich geflügelte Greife, die ursprünglich mit Halbedelsteinen und farbigem Glas verziert waren. Die Perserkönige pflegten solche breiten Armreifen als ehrenvolle Auszeichnungen zu vergeben.

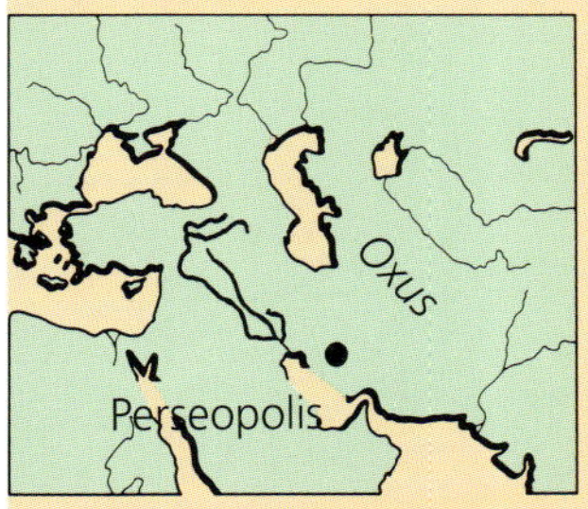

__Auch dieses Goldmodell__ eines von vier kleinen Pferden oder Ponys gezogenen Streitwagens stammt aus dem Oxus-Schatz. Doch der Wagenlenker und sein Gefährte sind in medischem Stil gekleidet. Allerdings läßt sich allein daraus nicht folgern, daß das Objekt vor der Zeit der Achämeniden entstanden sein muß, da medische Kleider auch in der achämenidischen Periode getragen wurden.

Parther und Sassaniden

Nach dem Tod Alexanders des Großen im Jahre 323 v. Chr. gerieten dessen Generäle über die Aufteilung seiner Eroberungen in die Haare. Im Osten ging Seleukos aus diesen Streitigkeiten als Sieger hervor und hatte 300 v. Chr. die Macht im Iran, in Mesopotamien und Nordsyrien inne. Die seleukidische Herrschaft im Iran dauerte 250 Jahre. Aber schon ab der Mitte des 3. Jahrhunderts v. Chr. nahm die Macht der Seleukiden wieder ab, und die nordöstlichen Provinzen Baktrien, Sogdiana und Parthien machten sich selbständig.

247 v. Chr. begründete Arsakes, ein Iraner, die Dynastie der Arsakiden oder Parther, die fast fünfhundert Jahre fortbestand. Unter dem Seleukidenkönig Antiochos IV. begann Phraates I. das parthische Territorium auszudehnen, und sein jüngerer Bruder Mithridates I. (171–138 v. Chr.) gründete das parthische Reich. Mithridates stieß nach Westen vor und eroberte 148 oder 147 v. Chr. Medien. Es gelang ihm ferner, Mesopotamien zu unterwerfen, und 141 zog er in der alten Hauptstadt der Seleukiden, Seleukia am Tigris, ein.

Nach dem Tod des Mithridates erstreckte sich Parthien von Babylonien im Westen bis ins östliche Baktrien. Ein weiterer Versuch der Seleukiden, ihre Gebiete zurückzugewinnen, scheiterte, und so blieb diese Region für drei Jahrhunderte in den Händen der Parther. Unter Mithridates II. (124–87 v. Chr.) erreichte Parthien seine größte Ausdehnung. Die Westgrenze war der Euphrat in Syrien. Hier stießen die Parther mit der Macht Roms zusammen, und 53 v. Chr. brachte die parthische Kavallerie den römischen Legionen bei Carrhae (Harran) in Nordsyrien eine schmähliche Niederlage bei.

Etwa ein Jahrhundert lang gab es keine ernsthafte Bedrohung der parthischen Herrschaft mehr. Dann aber eroberte der römische Kaiser Trajan im Jahre 116 n. Chr. Ktesiphon, die parthische Hauptstadt, und drang bis zum Persischen Golf vor. Zwar zog er sich bald wieder zurück, aber die parthische Macht war nun angeschlagen. Innere Zwistigkeiten brachen aus, und der Weg zum parthischen Thron führte jetzt nur noch über Intrigen und Mord innerhalb der königlichen Familie. Auch hatten die Parther schon des längeren Probleme im Osten, wo ein aufstrebendes Volk, die Kuschana, die Grenzen bedrohten. Obwohl sich Parthien das Glück in der zweiten Hälfte des 2. Jahrhunderts n. Chr. noch einmal zuneigte, war sein Niedergang nicht mehr aufzuhalten.

Die parthischen Könige haben sich immer mehr als die wahren Nachfolger der Achämeniden betrachtet. Schon unter der Regierung von Mithridates II. tauchte der achämenidische Titel »König der Könige« auf Münzen auf. Dieser Herrscher behauptete außerdem, er stamme von Artaxerxes II. (405 bis 359 v. Chr.) ab und führte seine Herrschaft damit auf die altpersische Dynastie zurück.

Um 226 n. Chr. wurde der letzte parthische König von Ardaschir, einem führenden Mitglied der Sassaniden-Dynastie aus

Diese zeitgenössische Silbermünze *zeigt den Kopf des Arsakes, des Gründers der parthischen Dynastie im Jahre 247 v. Chr. Es gibt praktisch keine eigenen Berichte der Parther über die Geschichte dieser Dynastie. Die meisten Informationen, die wir besitzen, stammen aus subjektiven Schilderungen der Autoren des klassischen Altertums.*

Die Parther waren offenbar ursprünglich ein nomadischer Volksstamm aus Zentralasien, der auf bislang ungeklärten Wegen in den Iran eindrang. Ihr Einfluß in diesem Gebiet erreichte um das Ende des 2. Jahrhunderts v. Chr. seinen Höhepunkt. In der Mitte zwischen Rom im Westen und dem China der Han-Dynastie im Osten, kontrollierten die Parther einen Teil der Seidenstraße und wirkten als Vermittler zwischen diesen beiden Großmächten.

Der Feueraltar, *wie er auf dieser Sassanidenmünze dargestellt ist, war Mittelpunkt der zoroastrischen Religion. Hier brannte ein ewiges Feuer, und solche Feuer waren über den ganzen Iran verteilt. Einige brannten unter freiem Himmel, andere wurden in Feuertempeln gehütet.*

Die Religion des Zoroaster

Unter Ardaschir, dem ersten Sassaniden-Herrscher, der im Jahre 247 n. Chr. zur Macht kam, wurde die Religion des Zoroaster zur beherrschenden Religion im Iran. Es ist ein Glaube, der auch heute noch Anhänger besitzt. Die Religion wurde von Zarathustra (griechisch: Zoroaster), einem iranischen Propheten, gestiftet, der nach der Überlieferung von 628–551 v. Chr. lebte, obgleich manche Wissenschaftler ihn schon an den Anfang des 2. Jahrtausends v. Chr. versetzen wollen. Die Lehre des Zoroaster besteht aus einem dualistischen System, in dem die Mächte des Guten, der Wahrheit und des Lichtes, geschaffen von der höchsten Gottheit Ahura Mazda, im Kampf mit den Kräften des Bösen, der Falschheit und Dunkelheit unter Führung des Ahriman stehen. Es gibt gute Geister, die Ahuras, und böse, die Devas, und am Ende des Kampfes wird Ahura Mazda triumphieren.

Das Feuer, die reinste Offenbarung des Ahura Mazda, ist von höchster Bedeutung. Und Feuerbestattung ist nicht erlaubt, weil dadurch das Feuer befleckt werden könnte. Statt dessen werden die Leichen ins Freie gelegt, bis ihr Fleisch verwest oder von Aasvögeln verzehrt ist. Man kann sich darüber streiten, ob schon die ersten Achämeniden Anhänger des Zoroaster waren. Die Religion kam jedenfalls erst in der Sassanidenzeit zu ihrer Hochblüte. Mit der Ankunft des Islam begann ihr Niedergang.

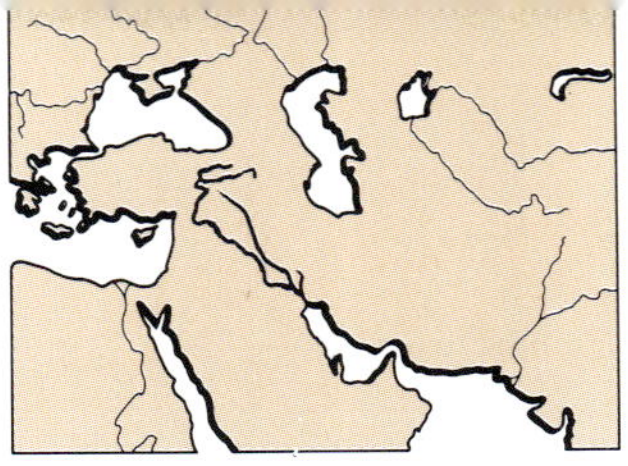

Fars, gestürzt. Die Vorfahren Ardaschirs, die ihren Namen von einem gewissen Sasan herleiteten, standen in Verbindung mit dem zoroastrischen Kult in Istackr, einer Stadt, die sich in der Umgebung des alten Persepolis entwickelt hatte. Diese Dynastie, deren Ursprünge im alten Stammland der Achämeniden liegen, dachte betont national und religiös und regierte den Iran über vierhundert Jahre.

Ardaschirs Sohn Schapur I. (240–272 n. Chr.) dehnte die Grenzen des Reiches so weit aus, daß sie schließlich das ganze Gebiet des heutigen Iran, Teile von Afghanistan, Pakistan, Zentralasien, Irak und die Ostküste der Arabischen Halbinsel umfaßten. Schapur I. brachte drei römischen Kaisern Niederlagen bei, eroberte Armenien und überrannte das Kuschana-Reich in Zentralasien. Er war ein toleranter Herrscher, der religiösen Minderheiten Religionsfreiheit gewährte, ganz im Gegensatz zu den drei ihm nachfolgenden Sassaniden-Königen, die alle Untertanen verfolgten, die nicht dem zoroastrischen Glauben anhingen. Ihre bedauernswertesten Opfer waren die Manichäer, Jünger des Propheten Mani – ihre Religion kombinierte Elemente des Zoroastrianismus, Buddhismus und Christentums. Doch wurde diese rigorose Politik 293 n. Chr. von Bahram III. wieder aufgegeben, und aufs neue bewiesen persische Könige ihre traditionelle Toleranz.

Nach der Regierungszeit des starken Herrschers Schapur II. (309–379 n. Chr.) mußte fast unaufhörlich Krieg gegen nomadische Stämme an der Nord- und Ostgrenze geführt werden. Der Erbfeind im Westen war Rom, inzwischen das neue Rom von Byzanz, mit dem die Sassaniden erbitterte Kämpfe ausfochten. Der letzte Sassanidenkönig Yazdgard III. (632–651 n. Chr.), der vom Adel auf den Thron gehoben worden war, wurde von einer arabisch-islamischen Armee besiegt. Im Jahre 637 fiel Ktesiphon, und innerhalb weniger Jahre war die islamische Eroberung des Iran vollendet.

Diese parthische Marmorskulptur *stellt einen Herrscher der Stadt Hatra dar, die zwischen Euphrat und Tigris lag. Hatra wurde irgendwann im 1. Jahrhundert v. Chr. als militärischer Außenposten des Parthischen Reiches gegründet, aber von lokalen Fürsten regiert. Im Lauf der Zeit gelangte es zur Autonomie und wurde die Hauptstadt eines kleinen Staates namens Araba. Die Stadt lag in strategisch günstiger Position am Fluß, profitierte vom Handel und wurde ein bedeutendes religiöses Zentrum. Im 3. Jahrhundert n. Chr. wurde sie von dem Sassaniden-König Schapur I. erobert.*

Die Parsen Indiens *praktizieren immer noch die zoroastrische Religion.*

Das prähistorische Europa

„Das ganze Volk ist kriegerisch, tapfer und kampflustig, doch sonst von einfachen, aber nicht rohen Sitten."

Der griechische Historiker Strabo über die Kelten.

Im Norden der antiken Kulturen des Mittelmeeres lag die Welt des prähistorischen Europa, ein Gebiet, das sich von den Küsten des Atlantik ostwärts bis zu den russischen Steppen erstreckte. Lange Zeit wurde es von der Forschung vernachlässigt. Denn der Begriff »barbarisch«, der von den Griechen ursprünglich auf Völker angewendet wurde, die außerhalb ihres eigenen Kulturkreises lebten, wurde allmählich auch auf diese schriftlosen Völker des Nordens bezogen und erhielt eine negative Bedeutung. Doch vom 19. Jahrhundert an entdeckten die Archäologen zahlreiche interessante, ja manchmal glänzende alte Kulturen in diesem Raum. Bei späteren Völkern wie den Kelten und Germanenstämmen vom Ende des 1. Jahrtausends v. Chr. werden die archäologischen Funde noch durch Berichte klassischer Autoren ergänzt.

Die Radiokarbon-Methode hat die Chronologie der Vorgeschichte vollständig revolutioniert. Sie hat auch die ursprünglichen archäologischen Theorien über das Europa dieser Zeit über den Haufen geworfen. Man war bis dahin immer der Meinung gewesen, die Fähigkeiten, in Stein zu bauen oder Kupfer zu verarbeiten, seien vom Nahen Osten übernommen worden. Heute jedoch weiß man, daß diese »primitiven Barbaren« schon 1000 Jahre vor dem Bau der Pyramiden des Alten Reiches Ägyptens gewaltige megalithische Bauten errichteten. Von damals bis zur Frühzeit der christlichen Ära löste eine ganze Anzahl originärer europäischer Kulturen einander ab.

In den Ländern an der Atlantikküste fuhren die Völker der Jungsteinzeit zur See und erbauten allein mit Hilfe polierter Steinwerkzeuge die ersten megalithischen Gräber. Sie entwikkelten aber auch ganz bestimmte Kunststile, z. B. stellten die Jäger und Sammler von Lepenski Vir an der Donau im 6. Jahrtausend v. Chr. originelle Statuen her, die keinen Vergleich mit der klassischen Antike zu scheuen brauchen.

Mit der Erfindung der Kupfermetallurgie, die unabhängig gleichzeitig auf dem Balkan und in Iberien gemacht wurde, breitete sich die Technik der Metallverarbeitung in ganz Europa aus. Und am Ende der Bronzezeit, also zu Beginn des 1. Jahrtausends v. Chr., befand sich die technische Entwicklung auf einem Höchststand. Ebenso hatte die Eisenverarbeitung der vorgeschichtlichen Europäer ein hohes Niveau, wie man erstmals im Jahre 1824 erkannte, als die reich ausgestatteten Gräber bei Hallstatt in Oberösterreich entdeckt wurden, nach denen die frühe europäische Eisenzeit benannt ist.

Weiter im Osten bewiesen die Schätze, die man 1830 in einem Grabhügel, (Kurgan) bei Kul Olba in Südrußland fand, wie reich die Skythen im 1. Jahrtausend v. Chr. gewesen waren. Die Skythen, ein Nomadenvolk der eurasischen Steppe, waren berühmt für ihre Reitkünste. Das Pferd wurde zum ersten Mal im 4. Jahrtausend v. Chr in den Steppen Südrußlands gezähmt. Die früheste Abbildung eines Pferdes, die wir besitzen, befindet sich auf einer Silbervase aus dem Grab zu Maikop in Kuban und stammt etwa aus dem Jahre 2500 v. Chr.

Seit Beginn des 18. Jahrhunderts n. Chr. sammelte man Kunstwerke und Gegenstände der Skythen in der Kunstkammer, der Kuriositätensammlung der russischen Kaiser in St. Petersburg. Aber auch im Westen erwachte im 19. Jahrhundert das Interesse an den einheimischen Kulturen der Vergangenheit und wurden die ersten archäologischen Museen eingerichtet. Als Ausgrabungen immer mehr Material zu Tage förderten, ging das Interesse der Europäer an ihrem historischen Erbe mit dem aufkommenden Nationalismus eine Verbindung ein. Vom 19. Jahrhundert an ist unser Wissen über die Leistungen der frühen Europäer stetig gewachsen.

Der Sonnenwagen von Trundholm (rechts oben) *wurde in einem Sumpf bei Trundholm auf der Insel Seeland in Dänemark entdeckt. Der Wagen stammt etwa aus der Mitte des 2. Jahrtausends v. Chr. Das ganze Modell ist mit Rädern versehen. Ein Pferd zieht eine Scheibe von 25 cm Durchmesser, die auf einer Seite mit Gold überzogen ist. Das Kunstwerk ist etwa 70 cm lang und aus Bronze gegossen. Man vermutet, daß die Scheibe Sonne und Mond darstellen könnte, die das Pferd über den Himmel zieht.*

Mehrfache Reihen aufrecht stehender Steine ziehen sich bei Carnac in der Bretagne, Nordwestfrankreich, über große Entfernungen. Auf dieser Fläche wurden, wahrscheinlich im 2. Jahrtausend v. Chr., mehr als 3000 Steine aufgestellt, und so entstand die ungewöhnlichste Megalithanlage des Kontinents. Den Zweck dieser Steine kennt man nicht. Nach Meinung mancher Wissenschaftler haben die Steine astronomische Bedeutung. Sie könnten als eine Art megalithisches Observatorium gedient haben.

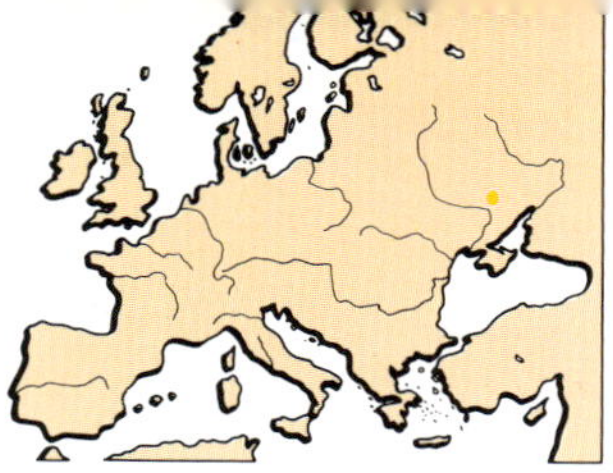

Die ersten Bauern und das megalithische Zeitalter

Das prähistorische Europa erstreckte sich von der Atlantikküste im Westen bis zum Schwarzen Meer im Osten. Keines der vielen Völker, die in diesem Gebiet siedelten, von den ersten Bauern des 7. Jahrtausends v. Chr. bis zu den bei den Römern bekannten Stämmen kannte die Schrift. Die Überreste ihrer Kultur sind in den Megalithanlagen (siehe Karte oben), *und vielen anderen Gegenständen auf uns gekommen.*

Im 7. Jahrtausend v. Chr. gelangte die Kunst des Ackerbaus, wahrscheinlich aus Anatolien, nach Südosteuropa. In diesen Ländern gab es ähnliche Voraussetzungen wie im Nahen Osten. Doch als sich die Landbautechnik weiter nach Westen und Norden ausbreitete, paßten sich Feldfrüchte und Vieh dem kühleren, gemäßigten Klima an. Die üppigen Böden Mitteleuropas eigneten sich gut zur Bebauung, und in diesen Gegenden mit ausgedehnten Waldbeständen wurden auch die ersten strohgedeckten Langhäuser aus Holz, manche sogar 45 Meter lang, errichtet. Als man dazu überging, mehrere Häuser nebeneinander zu bauen, jedes mit eigenem Tiergehege und Abfallgrube, entstanden Dörfer. In wenigen hundert Jahren setzten sich die Langhäuser von Mitteleuropa aus bis zu den heutigen Niederlanden durch. Diese Bauernkultur der Frühzeit wird nach ihrer Töpferware, die man zuerst in Mitteleuropa fand, Bandkeramik-Kultur genannt.

Weiter im Norden, wo es Nahrung im Überfluß gab, die gesammelt, gejagt oder gefischt werden konnte, dauerte es etwas länger, bis man zum Ackerbau überging. Aber als die natürlichen Nahrungsreserven nicht mehr ausreichten, war es auch dort so weit. In Westeuropa geschah der Übergang zum Ackerbau von etwa 4500 v. Chr. an. Nach 1000 Jahren waren schon große Waldflächen gerodet. Der Ackerbau war nun zur Selbstverständlichkeit geworden, die Siedlungen wurden größer, Handelsbeziehungen wurden geknüpft, und das Handwerk spezialisierte sich.

Es sind nur wenige Siedlungsspuren der neolithischen Bauern Europas erhalten. Doch die Großsteingräber in den Landstrichen am Atlantik und der Nordsee zeugen von ihrem Können als Baumeister. Die Karbondatierung hat gezeigt, daß diese riesigen Steindenkmäler schon Jahrhunderte vor dem Bau der großen Pyramiden Ägyptens entstanden und somit die

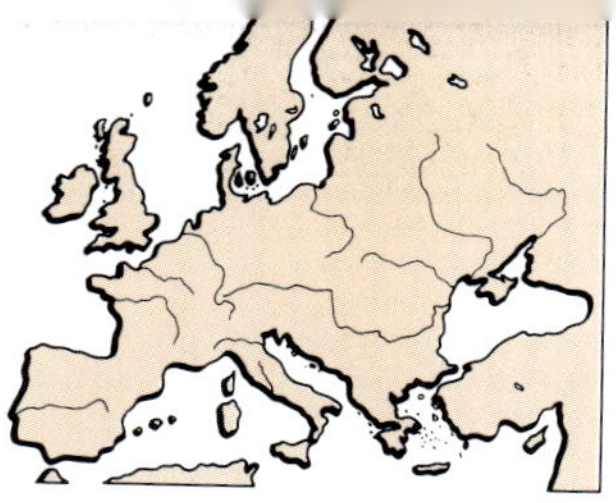

Herrliche eingemeißelte Spiralen (links) *schmücken den riesigen fast 4 Meter langen und 1 ½ Meter hohen Stein, der vor dem Ganggrab in New Grange in Irland liegt. Die Anlage besteht aus einem runden Erdhügel mit fast 80 m Durchmesser, in dem ein Gang zu drei kleinen Steinkammern führt. Dieses innere Heiligtum wird von der Sonne nur zur Zeit der Wintersonnenwende erleuchtet, wenn ein Sonnenstrahl durch den Dachschacht über dem Eingang ins Innere des Heiligtums dringt.*

Stonehenge (unten) *ist die größte Megalithanlage in Britannien. Sie bestand zunächst nur aus einem runden Wall mit Graben. Doch Ende des 2. Jahrtausends v. Chr. wurde ein neuer Komplex hinzugefügt. Im Zentrum der Anlage wurde eine Anzahl riesiger Trilithen aus Granit, das heißt zwei von einem dritten Querstein gekrönte Steine, errichtet. Stonehenge könnte ein Tempel oder ein Versammlungsplatz für religiöse Kulte oder Feste gewesen sein. Die Tatsache, daß die Sonne zur Sommersonnenwende in der Achse der Anlage aufgeht, legt den Schluß nahe, daß sie astronomische Funktionen hatte.*

Der Steinkreis in Castlerigg (oben) *in Nordwestengland ist nicht so bekannt wie Stonehenge, doch sucht seine Lage auf einem Hügelkamm vor dem Panorama herrlicher Berggipfel ihresgleichen. Die 60 rohbehauenen Steine stammen wahrscheinlich aus dem 2. Jahrhundert v. Chr. und sind bis zu 2 Meter hoch. Man vermutet, daß die Steine ganz gezielt auf die Hügel der Umgebung ausgerichtet wurden.*

ersten Steinbauten der Erde sind, die wir kennen. Die Kammergräber der Bretagne in Nordwestfrankreich wurden vor 4000 v. Chr. erbaut, und auch in Britannien und Dänemark entstanden schon vor 3000 v. Chr. Megalithenbauten. Ähnliche Gräber, sowohl Dolmen (einfache, mit großen Steinen überdeckte Räume) als riesige Ganggräber (Grabanlagen mit Korridoren) fand man weiterhin in Portugal, Spanien, Irland, Holland, Schweden und Deutschland. Sie wurden jeweils mehrere Male zu Bestattungen benutzt und enthielten einfache Grabbeigaben.

Ganggräber wie Newgrange in Irland bestehen aus einer steinernen Grabkammer im Zentrum eines runden Erdhügels. Den Eingang bildet eine lange Flucht aufrechtstehender Steinplatten, die von horizontal liegenden Platten überdacht waren. Bei manchen Gräbern wurden die Gänge aus kleineren, flach aufeinander gelegten, überkragenden Steinen hergestellt, und diese Technik wendete man manchmal auch zur Konstruktion des Daches an. Ein Beispiel dafür ist das Grab zu Barnenez in der Bretagne, das im 4. Jahrtausend v. Chr. erbaut wurde.

Ab etwa 3200 v. Chr. errichteten die Menschen Britanniens und Nordwest-Frankreichs Heiligtümer aus aufrechtstehenden Steinen. Darunter befinden sich kreisförmige Gebilde, z. B. in Stonehenge, dem größten megalithischen Bau Großbritanniens, linienförmige Gebilde (einzelne oder mehrfache Reihen stehender Steine, wie die in Carnac in Frankreich und Menhire (einzelne Steine). Es gab auch ganz einfache Anlagen kreisförmig angeordneter Steine. In Britannien und Irland gibt es über 1000 solcher Steinkreise und 80 Anlagen nach dem Muster von Stonehenge, während sich in Nordwest-Frankreich über 1200 Menhire befinden. Wir wissen wenig über den Zweck dieser Anlagen, man vermutet aber, daß sie mit astronomischen Berechnungen zusammenhängen.

Die Bronzezeit

Bessere Techniken der Bronzeverarbeitung ermöglichten gegen Ende der Bronzezeit die Herstellung ausgezeichneter Waffen, insbesondere Schwerter. Der ehemals kurze Dolch wurde zu einem richtigen Schwert mit blattförmiger Klinge, wodurch es nicht nur als Stich-, sondern auch als Hiebwaffe zu verwenden war. Auch ein langer Speer mit Metallspitze und dickem Schaft sowie Streitkolben waren in Gebrauch.

Eine große Neuerung war die Panzerung. Die Krieger trugen Helme mit Kamm oder Rand und Brustpanzer aus zwei Metallplatten. Die Schienbeine schützte man mit bronzenen Beinschienen, und ein runder Schild vervollständigte die Ausrüstung.

In Europa wurden die ersten Gegenstände aus Kupfer und Gold auf dem Balkan hergestellt. Sie stammen etwa aus dem Jahr 5000 v. Chr. Es waren relativ einfache Stücke, erzeugt durch Hämmern von Metallklumpen, die man in der Umgebung erzführender Berge fand. Später dann, ungefähr ab 4500 v. Chr., wurden auch größere Gegenstände wie Werkzeuge und Waffen produziert, und zwar in Schmelz- und Gußtechniken. Vom Balkan aus verbreitete sich die Technik der Metallverarbeitung west- und nordwärts und hatte im 3. Jahrtausend den größten Teil des Kontinents und das südliche Britannien erreicht.

Bevor um 2300 v. Chr. die Bronzezeit begann, blühten also kupfersteinzeitliche Kulturen, was mit dem Entstehen hierarchisch aufgebauter Gesellschaften unter der Herrschaft reicher Eliten einherging. Im 5. und 4. Jahrtausend v. Chr. enthielten ärmer ausgestattete Gräber in Südost- und Ostzentraleuropa nur Keramik- und Steinobjekte oder überhaupt nichts, während reicheren Gräbern Metallschmuck und Metallwaffen beigegeben wurden. So enthielt z. B. ein reiches Grab in Varna in Bulgarien Armreifen und Perlen.

In dem Maße, wie die Verwendung von Metallen zunahm, entwickelten sich auch die Techniken der Metallverarbeitung, wurden Rohstoffe und Fertigprodukte gehandelt. Man kann anhand von Metallarbeiten, die zusammen mit typischen mitteleuropäischen Keramikprodukten wie den Becher- und Schnurkeramiken gefunden wurden, die nord- und westeuropäischen Handelswege nachverfolgen. Weiter im Osten dage-

***Dieser Kragen, eine sog. Lumula,** etwa aus dem Jahre 2250 v. Chr. stammt aus Orbliston in Schottland und besteht aus gehämmertem Goldblech mit eingeritzten Verzierungen. Solche Stücke wurden zu Beginn der Bronzezeit in großen Mengen gehandelt.*

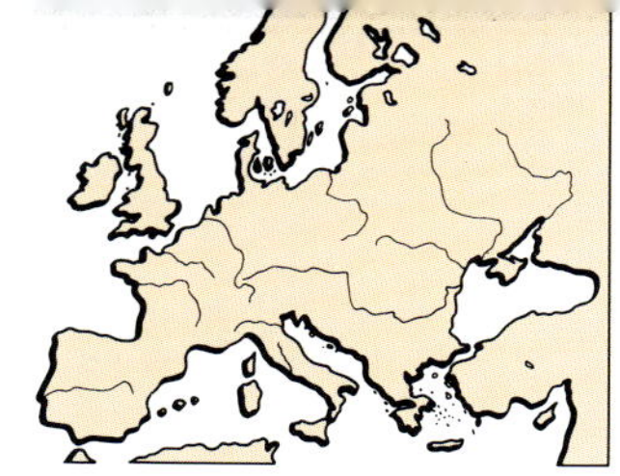

gen, in der Kubanregion des südlichen Rußland, enthielten sehr reich ausgestattete Gräber, z. B. in Maikop aus der Zeit um 2500 v. Chr., Gold- und Silbergegenstände sowie Kupferwerkzeuge.

Von etwa 2300 v. Chr. an tauchten die ersten Bronzegegenstände in Gräbern und Siedlungen Europas auf. Bronze, eine Legierung aus Kupfer und Zinn, ist härter als Kupfer und eignet sich besser für Waffen und Werkzeuge.

Damals wurde in Nordeuropa, in Jütland und an der Ostsee auch der begehrte Bernstein gefunden und zusammen mit Pelzen und Häuten gegen die mitteleuropäischen Metalle gehandelt. Und sobald dadurch die Bewohner Skandinaviens ihrerseits an Bronze kamen, entwickelten sich ihre Handwerker zu vorzüglichen Metallschmieden. Eins der besten Beispiele ihrer Arbeit ist ein von einem Pferd gezogener gegossener Bronzewagen, auf dem eine mit Gold überzogene Sonnenscheibe montiert ist. Man fand ihn im Trundholm-Moor in Dänemark. Er stammt etwa aus dem Jahre 1650 v. Chr. Dem Mangel an Sauerstoff im Sumpfboden ist es zu verdanken, daß viele Gold- und Bronzesachen aus diesen Ländern erhalten sind, unter anderem auch Luren, elegante Blasinstrumente aus Bronze.

Im Lauf der Zeit differenzierte sich die europäische Gesellschaft der Bronzezeit immer mehr, wie die Gräber der reichen Oberschicht beweisen. Anfang des 2. Jahrtausends v. Chr. wurden einzelne Persönlichkeiten unter großen Erdhügeln, sog. Hünengräbern begraben, häufig abseits von den eigentlichen Siedlungen und reich mit Grabbeigaben versehen. Im mitteldeutschen Leubingen fand man im Zentrum eines solchen Erdhügels einen gewaltigen Grabbau aus Holz mit den Überresten eines Mannes und eines jungen Mädchens, dazu viel Bronze und Gold. Hügelgräber, deren Herstellung viel Zeit und Mühe erforderte, sind überall in Westengland und der Bretagne zu finden.

Ab dem Jahr 2000 v. Chr. erhielten die Siedlungen in Ost- und Mitteleuropa auch zunehmend Befestigungsanlagen. Etwa 800 Jahre später entstanden auch in Westeuropa Burgen auf Hügeln und befestigte Wasserdörfer wie im bayerischen Wasserburg. Zur gleichen Zeit dehnte sich die neue sog. Urnenfelderkultur, ausgehend vom Gebiet der mittleren Donau, über ganz Europa aus. Sie ist dadurch charakterisiert, daß man die Toten verbrannte und die Asche in Urnen füllte, die dann in großen »Urnenfeldern«, bestattet wurden.

Die Technik der Bronzeverarbeitung war inzwischen weit fortgeschritten, und in ganz Europa erschienen neue Typen von Bronzewaffen und -rüstungen: Schwerter, Helme, Beinschienen, Brustplatten und Schilde. Die Völker der späten Bronzezeit waren kriegerisch geworden. Überall wurde gekämpft, allerdings noch auf begrenzten Schauplätzen. Bronze war nicht mehr ein Luxusartikel nur für die Reichen, und Unmengen an Werkzeugen und Schmuckstücken wurden hergestellt. Bei dieser reichen Produktion an Bronzeartikeln blühte natürlich auch der Handel. Da erschien ein neues Metall: das Eisen.

Metallherstellung

Die ersten Metalle, die bearbeitet wurden, waren von Flüssen angeschwemmte Kupfer- und Goldkörner, weich genug, um gehämmert und mit Steinwerkzeugen geschnitten zu werden. Aber solche Vorkommen waren selten und schnell erschöpft. Eine eigentliche Metallurgie begann erst, als man entdeckte, daß sich metallführendes Gestein, also Erz, bei Erhitzung chemisch veränderte, wodurch man reines Metall gewann. Nach diesem Schmelzprozeß konnte man das Metall aufs neue erhitzen, bis es wieder flüssig war und in Modeln zur gewünschten Form gegossen werden konnte. Die Erfindung des Schmelzens und Gießens scheint an verschiedenen Stellen gleichzeitig gemacht worden zu sein: Auf dem Balkan war die Technik um 6000 v. Chr. bekannt und breitete sich von hier über große Teile Europas aus.

Im 3. Jahrtausend v. Chr. wurde Bronze, eine Kupfer-Zinnlegierung erfunden. Sie war weitaus härter als Zinn oder Kupfer allein und bestand aus 10 Prozent Zinn und 90 Prozent Kupfer. Zur Kupfergewinnung benützten die Bergleute der Bronzezeit bronzene Pickel. Damit gruben sie Schächte, um dann mit Feuer und Wasser das Erz herauszubrechen und an die Oberfläche zu bringen. Das Schmelzen erforderte Temperaturen von über 1000 Grad Celsius. Gegen Ende der Bronzezeit wurden neue Techniken z. B. zur Herstellung von Metallblechen hoher Qualität eingeführt und vervollkommnet.

Während man aber in Europa noch mit neuen Verfahren der Bronzeproduktion experimentierte, kam schon ein noch härteres Metall, das Eisen, auf den Markt. Man schmolz und schmiedete es erstmals im 2. Jahrtausend v. Chr. im Nahen Osten, und Anfang des 1. Jahrtausends v. Chr. war es dort weitverbreitet. Als es im 7. Jahrhundert v. Chr. nach Europa kam, löste es auch dort die Bronze für die meisten Produkte ab. Um Eisen mit Holzkohle zum Schmelzen zu bringen, braucht man etwa 1500 Grad Celsius. Als man die Eisenverhüttung beherrschte, blieb diese bis ins Mittelalter unverändert.

Diese Bronzefigur *eines Mannes oder eines Gottes* (rechts), *die einen Hörnerhelm trägt, stammt etwa aus dem Jahre 1250 v. Chr. und wurde auf Seeland in Dänemark entdeckt. Sie ist nur etwa 15 cm hoch und hielt wahrscheinlich noch eine Axt in der Rechten.*

Der Goldstier (links) *aus dem Maikop-Grabhügel (»Kurgan«) in Kuban in Südrußland datiert etwa aus dem Jahre 2500 v. Chr. Der große Grabhügel, der 1843 ausgegraben wurde, enthielt reiche Grabbeigaben, so mit Darstellungen von Tieren geschmückte Metallarbeiten.*

Die Kelten

Händler in Europa

Dieser prächtig geschmückte, archaische griechische Weinkessel aus Bronze, ein sog. »Krater« *(gegenüberliegende Seite)*, wurde als Grabbeigabe in einem Frauengrab vom Ende des 6. Jahrhunderts v. Chr. gefunden. Es lag in dem Oppidum Vix nahe Chatillon-sur-Seine. Der Kessel kam entweder aus Griechenland selbst oder der griechischen Kolonie Tarent in Süditalien. Man hat in Vix eine so ungewöhnliche Menge an griechischer Keramik gefunden, daß Verbindungen zu den Griechen Massilias im Süden Frankreichs bestanden haben müssen. Die Funde in Vix sind ein Beweis dafür, daß Handelsgüter wie Wein und sonstige Luxusartikel vom Mittelmeer zu den Hallstatt-Kelten transportiert wurden, und zwar im Austausch gegen Sklaven, Häute, Vieh und Salz. Möglich ist auch, daß die Kelten als Zwischenhändler für Bernstein und Pelze zwischen dem Baltikum und Skandinavien einerseits, dem Süden andererseits fungierten.

Im 1. Jahrtausend v. Chr. gab es in Europa mehrere Bernsteinrouten (rechts): Die eine verlief aus dem Baltikum direkt südlich zur Adria, während von Jütland zwei Handelswege ausgingen: der eine über den Brennerpaß zur Adria, der andere rhôneabwärts zum Mittelmeer bei Massilia. Doch existierte auch eine Seeroute nach Britannien. So kam Zinn aus Cornwall über Frankreich und von Böhmen aus auf der Bernsteinroute zum westlichen Mittelmeer.

Bei den Griechen und Römern hießen die Völker des vorgeschichtlichen Europa am Ende der Eisenzeit Kelten bzw. Gallier. Bei den Kelten handelte es sich also nicht um ein einziges Volk mit gemeinsamer Geschichte, auch waren es keine Einwanderer, vielmehr entwickelten sich die Völker der keltischen Eisenzeit aus den Völkern vom Ende der Bronzezeit. Die ältesten keltischen Relikte, die archäologisch ausgewertet werden, fanden sich in Österreich und Süddeutschland und stammten etwa aus dem Jahr 800 v. Chr.

Die Kunst der Eisenverarbeitung kam auf uns unbekannten Wegen Anfang des 1. Jahrtausends v. Chr. aus dem Nahen Osten nach Europa. Als sich der Gebrauch des Eisen durchgesetzt hatte, änderten sich Kriegführung, Landbau und Gewerbe. Einige der ältesten Eisengegenstände, die man nördlich der Alpen fand, stammen aus Hallstatt in Oberösterreich. Dieser Ort mit seinen reich mit Eisenwaffen ausgestatteten Gräbern hat der ersten Periode der europäischen Eisenzeit vom 8.–5. Jahrhundert v. Chr., ihren Namen gegeben.

Die ersten Hallstatt-Gräber gehören noch der Urnenfelderkultur an, was beweist, daß sich der Übergang von der Bronze zum Eisen ganz allmählich vollzog. In Hallstatt wurde Salz abgebaut, das nach Mitteleuropa und Italien exportiert wurde. Und aus den reichen Grabbeigaben, unter den sich auch italienische Bronzen befinden, kann man folgern, daß ausgedehnte Handelsbeziehungen bestanden haben müssen und daß sich offenbar auch eine Aristokratie ausbildete, die ihren Reichtum aus dem Handel bezog.

Während des 7. und 6. Jahrhunderts dehnte sich die Hallstatt-Kultur in Süddeutschland und Ostfrankreich aus und entwickelte sich weiter. Man baute Burgen auf Hügeln, die, wie die Heuneburg an der Donau, wahrscheinlich Residenzen von Stammesfürsten waren. Hier läßt sich auch an Teilen der Befestigungsanlagen, an importierter Keramik und bronzenen Weinkrügen der mediterrane Einfluß ablesen. Einen derartigen Fund stellt etwa das Fürstengrab von Hochdorf bei Stuttgart dar. Wie üblich war der Tote in einem überdachten Holzraum bestattet, über dem eine dicke Erdschicht aufgeschüttet war. Der Leichnam lag auf einem vierrädrigen Wagen, umgeben von Waffen, Wertgegenständen und Zaumzeug.

Mitte des 5. Jahrhunderts v. Chr. entwickelte sich eine neue deutlicher umrissene keltische Kultur, die nach einem Fundort am Neuenburger See in der Schweiz »La Tène-Kultur« genannt wird. Die Hinterlassenschaften der La Tène-Kelten, besonders ihre vorzüglichen Metallarbeiten, finden sich über ganz Europa verstreut. Ihre mit Rädern versehenen Fahr-

***Bei Hallstatt** in Oberösterreich, hier auf einer Radierung aus dem 19. Jahrhundert, fand man eine Siedlung, nach der die Frühzeit der europäischen Eisenzeit benannt ist. Der Platz wurde erstmals Ende der Bronzezeit besiedelt, als man mit der Ausbeutung der dortigen Salzminen begann. Der Wohlstand dieser Gegend stammte denn auch aus dem Salzexport. Die Hallstattgräber zeigen, daß sich beim allmählichen Übergang von der Bronze- zur Eisenzeit eine aristokratische Elite bildete.*

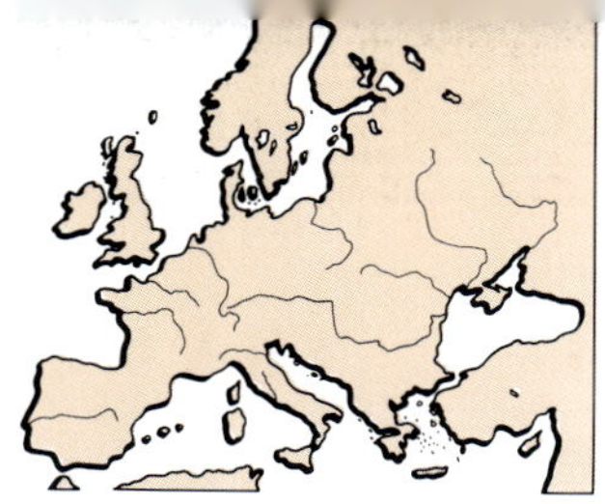

zeuge, darunter ein leichter zweirädriger Wagen, waren die technisch höchstentwickelten der alten Welt, ebenso ihre Waffen. Ihre Eisenprodukte waren von so hoher Qualität, daß auch heute noch Schwertklingen aus der damaligen Zeit in ihre ursprüngliche Form zurückschnellen, wenn man sie verbiegt. Gold und Silber wurden zu Gewandnadeln und Broschen verarbeitet und mit Tiergestalten und religiösen Motiven verziert. Die Kelten kannten keine Schriftkultur doch pflegten die Druiden, ihre Priester und Gesetzgeber, eine mündliche Tradition.

Die Kelten waren wilde Krieger, wie die Völker des klassischen Altertums am eigenen Leib erfahren mußten: Um 390 v. Chr. plünderten die Gallier Rom und 272 v. Chr. Delphi. Anschließend drangen sie in Kleinasien ein, wo sie unter dem Namen Galater bekannt wurden, sowie in den Balkan und nach Norditalien und trugen dort zum Untergang der Etrusker bei.

In den letzten Jahrhunderten v. Chr. entstanden von Rumänien bis Frankreich keltische Staaten und große befestigte Siedlungen, bekannt als Oppida. Einige von ihren waren tatsächlich urbane Zentren mit strohgedeckten Holzhäusern, Schuppen, Magazinen und Werkstätten, in denen Waffen, Lederwaren und mit Waid und anderen Pflanzenfarben gefärbte Stoffe hergestellt wurden. Diese Oppida verteidigte man von festen, mit Palisaden eingerahmten Erdwällen aus, wobei die Balken mit Eisennägeln zusammengehalten wurden. Die Staaten besaßen eigene Münzstätten und unterhielten intensive Handelsbeziehungen mit Rom, das inzwischen zur Großmacht im Mittelmeer aufgestiegen war. Die keltischen Stämme lebten in ständiger Uneinigkeit, so daß die Römer sie trotz ihrer Tapferkeit im Kampf allmählich ihrer Macht unterwerfen konnten. Nur in Irland und Schottland blieb eine eigenständige keltische Kultur erhalten.

Dieser Weinkrug *oder »Krater« aus Vix in Frankreich wurde im Grab einer Fürstin entdeckt, die schätzungsweise 30 bis 35 Jahre alt war. Der Krater, der aus griechischer Produktion stammte, dürfte wegen seines großen Umfangs zu zeremoniellen Zwecken verwendet worden sein. Die beiden Henkel des Kraters haben die Gestalt von Gorgonen, weiblichen Ungeheuern aus der Mythologie, um den Hals läuft ein Schmuckfries.*

Das selbe Grab barg auch eine bronzene Weinkanne in etruskischem Stil, was auf die im 5. Jahrhundert steigenden etruskischen Exporte nach Mitteleuropa hinweist.

Die Wiederentdeckung des alten Europa

Vom Ende des 18. Jahrhunderts n. Chr. an wuchs das Interesse der Europäer an der Vergangenheit ihrer Heimat. Das war z. T. eine Folge der Romantik, zum Teil auch des zunehmenden Nationalismus in Nordeuropa von den britischen Inseln bis nach Skandinavien und Deutschland. Die Völker legten jetzt weniger Wert auf ihre gemeinsame Herkunft aus der klassischen Antike und dem Christentum, sondern besannen sich auf ihre Wurzeln in Europa und betonten gerade die Unterschiede zu ihren Nachbarn.

In Gebieten, wo Geschichte und Sage eng miteinander verwoben waren, hatte die vaterländische Phantasie freies Spiel, und im 19. Jahrhundert wurden die Wikinger zum beliebten Thema. In vielen Dichtungen wurden jetzt die Helden der Vergangenheit und die Ritterkämpfe des Mittelalters verherrlicht. Die alten Götter erlebten ihre Auferstehung, und künstlerische Darstellungen mythologischer Szenen nahmen zu, wobei sich die Kunstgattungen gegenseitig inspirierten. So bediente sich z. B. der große deutsche Komponist Richard Wagner bei der Suche nach Stoffen für seine Opern – z. B. »Die Walküre« (unten) – großzügig aus dem Repertoire der europäischen Mythologie.

Während die Künstler ihren Visionen vom Leben im alten Norden Ausdruck geben, begannen die Wissenschaftler ihrerseits Stück für Stück das Puzzle der Vergangenheit zusammenzusetzen. Sie untersuchten alte Texte in Altnorwegisch, Althochdeutsch und Angelsächsisch und gaben die alten Sagen, z. B. das angelsächsische Epos »Beowulf« heraus. Man machte Ausgrabungen und richtete für die zahlreicher werdenden Funde Museen ein. Besonders reich an solchen Funden ist Dänemark, da dort viele in Sümpfen lagernde Gegenstände gut konserviert wurden. So war es auch der dänische Wissenschaftler Christian Thomsen (1788–1865), der im Jahre 1836 in Dänemark auf der Grundlage der Sammlungen des Kopenhagener Museums erstmals die noch heute gültige Einteilung der Vorgeschichte in drei Epochen (Stein-, Bronze- und Eisenzeit) formulierte.

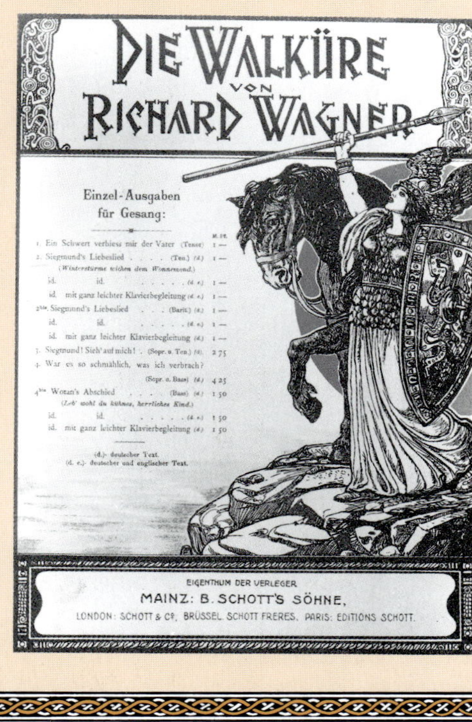

Die Skythen

Die Pferde der Skythen *wurden je nach Reichtum und Stand des Reiters mit bemalten Sätteln, besticktem und benähtem Lederzeug und anderem Zierat geschmückt. Auch Hirschmasken* (rechts) *wurden verwendet.*

Die Häuptlinge der Skythen *wurden mit reichen Beigaben in Erdhügeln bestattet. Sogar Pferde wurden geschlachtet, um ihren Herrn in den Tod zu begleiten. Diese Rekonstruktion zeigt das Hügelgrab Nr. 5 in Pazyryk im Altaigebirge im Osten der GUS. Einige Einzelheiten waren nicht aus diesem Fund zu rekonstruieren, sondern aus anderen Gräbern erschlossen.*

Hügelgrab 5 war ein aus Holzbalken gefügter Raum, in dem in einem ausgehöhlten Lärchenstamm ein Mann (4) *und eine Frau* (7) *zur letzten Ruhe gebettet waren. Mit ihnen begrub man eine Räucherpfanne* (3) *in der Hanfsamen verbrannt wurde, Filztücher* (6), *die die Wände bedeckten, und Gefäße und Tische* (5) *mit Lebensmitteln. Im Nordteil des Grabes befanden sich neun Pferde* (1), *wobei jeweils drei aufeinandergelegt waren, und eine zerfallene Kutsche* (2).

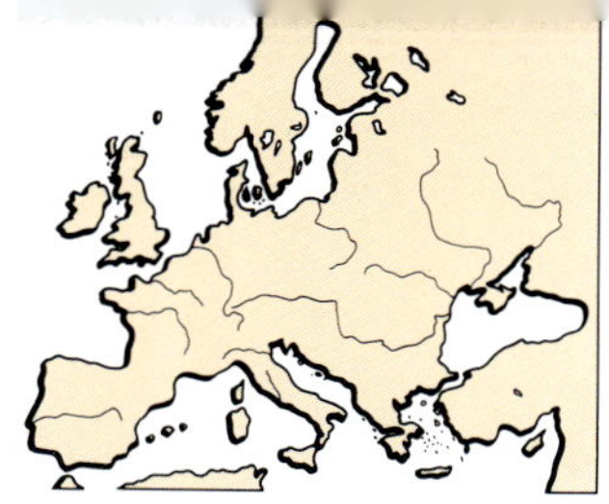

Unter den in Hügelgrab 5 gefundenen Gegenständen befanden sich auch diese Schwäne (rechts), ein Wandbehang in Filz (rechts unten) und eine Kutsche (unten). Alles ist hier in restauriertem Zustand abgebildet. Die Schwäne sind aus geschnittenem Filz hergestellt und im chinesischen Stil gehalten. Ursprünglich schmückten sie die Kutsche, deren Reste ebenfalls in dem Grab gefunden wurde. Der Wandbehang zeigt einen Reiter, der sich einer sitzenden Figur nähert, vielleicht einer Göttin.

***Die skythischen Kunsthandwerker** stellten vorzüglichen Goldschmuck her wie dieses 25 cm breite Pektorale. Der Fries stellt im oberen Teil Alltagsszenen dar, z. B. Skythen beim Zuschneiden eines Stoffes oder Melken eines Schafes.*

Die Skythen, ein Nomadenvolk der asiatischen Steppen, siedelten teils in Armenien, teils zwischen dem Kaspischen Meer und dem Aralsee, und sahen sich im 8. Jahrhundert v. Chr. nach Westen abgedrängt. Viele wandten sich nach Südrußland und besetzten die Gebiete im Norden des Schwarzen Meeres. Im 4. Jahrhundert v. Chr. wanderten skythische Stämme in Ost- und Südosteuropa ein, und ihre Gräber hat man von Norddeutschland bis zum Balkan gefunden.

Die Skythen waren ein indoeuropäisches Volk, sprachen eine iranische Sprache und sind eigentlich nur aus ihren Gräbern bekannt, von denen einige gut erhalten sind, sowie aus den Berichten der seßhaften Völker, mit denen sie in Berührung kamen. Funde aus dem Nahen Osten weisen darauf hin, daß es sich um ein sehr kriegerisches Volk handelte, und chinesische, griechische und persische Quellen beschreiben sie als ein aus mehreren Stämmen bestehendes, hierarchisch gegliedertes Volk berittener Krieger, die unter dem Befehl von Häuptlingen standen.

In Pazyryk im Altaigebirge Sibiriens wurden skythische Gräber, kurz nachdem sie dort im 5. Jahrhundert v. Chr. angelegt worden waren, von einer Eisschicht bedeckt. Infolgedessen froren all die organischen Stoffe, die sonst verwest wären, und wurden konserviert. Die Gräber enthielten unter anderem einen vollständigen, wenn auch zerfallenen Holzwagen, verschiedene Gegenstände aus Leder und Holz, darunter Ausrüstung für Pferde und ein Musikinstrument, Pelze, Stoffe, besonders Teppiche, gestickte Seide und gesteppten Filz und schließlich die tätowierten Körper der Toten. Die Seide kam aus China. Da zu diesem Zeitpunkt erstmals Seide auch im Mittelmeergebiet und Mitteleuropa auftauchte, könnten es die Skythen gewesen sein, die als Zwischenhändler fungierten. Auf jeden Fall waren, wie viele Gräber beweisen, manche Skythen außerordentlich reich.

Die Skythen entwickelten auch eine charakteristische Kunst mit vielen Tiergestalten wie dem goldenen Hirsch, der das Kernstück eines in Kostromskaja in Südrußland gefundenen Schildes darstellt. Hier, wie auch in anderen Gräbern der Region, fanden sich außerdem Gold- und Bronzeschmuck, der entweder in den griechischen Städten an der Schwarzmeerküste oder von griechischen Handwerkern, die direkt für skythische Häuptlinge arbeiteten, hergestellt worden war. Eines der herrlichsten Stücke im griechischen Stil, eine vierfache goldene Anstecknadel, entdeckte man im Fürstengrab des Kurgans in Tolstaja Mogila in Ordžonikidze, im Norden des unteren Dnjepr-Tals.

Aber nur in Südrußland, wo die seßhaften Westskythen lebten, finden sich Relikte von Dauersiedlungen, etwa der großen befestigten Stadt Kamenskoje im Norden des Schwarzen Meeres. Solche Siedlungen sind deshalb so selten, weil die Skythen hauptsächlich ein Nomadenvolk waren, das in Zelten lebte, Vieh, Schafe und Pferde züchtete und mit den Jahreszeiten von Weideland zu Weideland zog.

Berühmt waren die Skythen als Reiter, die sich auf ihren kleinen flinken, ungesattelten Pferden, mit Pfeil und Bogen bewaffnet, auf ihre Gegner stürzten. Der griechische Geschichtsschreiber Herodot, der einen genauen Bericht über die Skythen verfaßte, schildert deren wilde Kampfeslust und ihren Brauch, erschlagene Feinde zu skalpieren. Sie wandten eine Art Guerilla-Taktik an, überfielen den Feind wie aus heiterem Himmel und zogen sich sofort wieder zurück, nicht ohne bei seßhaften Gegnern die Felder zu verbrennen. Sowohl Perser als auch Griechen warben skythische Reiter als Söldner.

Die Welt der Germanen

Die Barbaren

In den ersten Jahrhunderten n. Chr. verschmolzen kleinere Germanenstämme zu größeren politischen Gebilden, die nun eine potentielle Bedrohung für Rom und seine Provinzen darstellten. Im 4. Jahrhundert drangen die Hunnen nach Westen vor und bedrängten die Germanenstämme, die ihrerseits auf die Grenzen des Römischen Reiches drückten, bis dieses schließlich zusammenbrach. Nachfolgend die wichtigsten »Barbarenvölker«, die an den Umwälzungen jener Zeit beteiligt waren.

Ostgoten und Westgoten: Sie kamen aus Ostdeutschland und gründeten schließlich Königreiche in Italien, Südfrankreich und Spanien.

Vandalen: Sie stammten aus Osteuropa, ließen sich aber schließlich in Spanien und Nordafrika nieder.

Jüten, Angeln und Sachsen: Von der Halbinsel Jütland und Nordholland kommend, drangen sie in Süd- und Ostbritannien ein, wo sie im 5. Jahrhundert seßhaft wurden.

Burgunder: Sie wanderten um 400 n. Chr. ins Rhein-Main-Gebiet ein und gründeten dort ein Königreich. In der Folge ließen sie sich an der Saône und Rhône nieder.

Alemannen: Der zweitgrößte Germanenstamm. Sie machten sich am Rhein seßhaft.

Franken: Im 5. Jahrhundert hatten sie den Rhein von Osten her überquert, wo sie das merowingische Königreich gründeten.

In Nordeuropa, jenseits des Gebietes der Kelten, lagen die Länder der germanischen Stämme. Der Philosoph Poseidonius (ca. 135–51 v. Chr.) war der erste, der sie in seiner verlorengegangenen »Geschichte« von ihren keltischen und skythischen Nachbarn unterschied. Erst die Römer legten den Barbaren-Völkern jenseits des Rheins den Namen Germani bei, den diese aber, soweit bekannt, nicht für sich selbst übernahmen. Ebenso ist unwahrscheinlich, daß die verschiedenen Germanenstämme sich irgend einer ethnischen oder kulturellen Gemeinsamkeit bewußt waren. Die Welt der Germanen bestand, grob gerechnet, mehr als 1000 Jahre. Ab 500 v. Chr. kann ihre Kultur durch Ausgrabungen identifiziert werden. Die germanischen Stämme lebten in einem Gebiet, auf dem heute der größte Teil Deutschlands, Polen, Südnorwegen und Schweden, Dänemark, Nordholland und ein Teil der Tschechoslowakei liegen. Allmählich aber überschritten sie die Grenzen dieses Gebietes. Den Anstoß dazu gaben Landmangel und Bevölkerungswachstum. Ein anderer Grund war der verlockende Reichtum der römischen Provinzen.

Die erste uns bekannte Wanderung eines Germanenstammes war die der ostgermanischen Bastarnen, die um 200 v. Chr. die griechischen Städte an der Schwarzmeerküste bedrohten. Im darauffolgenden Jahrhundert wanderten Germanen in Scharen nach Belgien und ins Rheinland ein, und 120 v. Chr. geschah der Aufbruch der Kimbern und Teutonen aus Jütland. Die Kelten südlich des Mains zogen sich daraufhin in den Alpenraum zurück. Im Jahre 61 v. Chr. verbündeten sich die

Dieses Detail stammt von einem Silberkessel, *der 1891 in einem Sumpf bei Gundestrup in Jütland gefunden wurde. Er stammt aus dem 1. oder 2. Jahrhundert v. Chr. und war wohl als Opfergabe niedergelegt worden. Gefertigt wurde er möglicherweise in Rumänien.*

Die Götter der Germanen

In der germanischen Religion wurde eine Vielzahl von Göttern verehrt, von denen die wichtigsten mit Krieg und Fruchtbarkeit in Verbindung standen. Sicher ist, daß man diesen Göttern auch Menschen opferte, und man weiß, daß Kriegsgefangene nach bestimmten Riten hingerichtet wurden. Wotan, identisch mit dem norwegischen Gott Odin, war einer der Kriegsgötter, aber auch eine Gottheit des Sturmes und Windes. Ebenso war er für den Handel und den Schutz der Kaufleute zuständig und führte die Geister der Toten in die Unterwelt.

Ein anderer Gott war Tiwaz (später Tiw oder Tyr), der Gott der Schlachten und zuständig für Recht und Gesetz. Auch ihm wurden Menschenopfer dargebracht, und anscheinend fand jährlich in einem heiligen Hain eine Versammlung statt, die mit diesem Ritual in Verbindung stand. Donar, der Vorgänger des Thor, war ein Donnergott, der mit dem Wald, besonders mit Eichen, in Beziehung stand.

Auch verehrte man ein Paar jugendlicher Zwillinge, die Alcis, von denen man freilich kaum etwas weiß. Zu bestimmten Zeiten besuchte die Fruchtbarkeitsgöttin Nerthus ihre Gläubigen in einem heiligen Wagen, den nur ihr Priester berühren und in den nur er hineinschauen durfte. Die Sklaven, die ihr Kultstandbild waschen mußten, wurden danach ertränkt.

Die Germanen machten ihren Göttern Weihegeschenke in Form von Gaben wie dem Gundestrup-Kessel *(links)*, die sie in Sümpfen und Mooren niederlegten. Auch Menschen und Tiere wurden anscheinend so geopfert. Die Germanen kannten keine Tempel, doch viele in den Mooren gefundene Votivgaben weisen darauf hin, daß Sippen oder Familien jeweils bestimmte heilige Plätze verehrten.

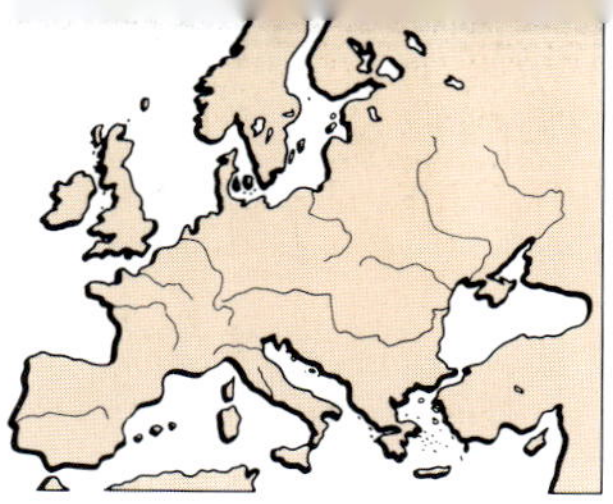

Sueben unter Ariovist mit den keltischen Sequanern und griffen die Kelten in Mittelgallien an, was zur Intervention Julius Caesars und zur Eroberung Galliens führte. In der Regierungszeit des Augustus schließlich besiedelten die Germanen den größten Teil des Landes zwischen Weser und Rhein. Entsprechend expandierten die Germanenstämme im Osten, wo sie bis zur Unterelbe und Weichsel vorrückten.

In Nordeuropa entwickelte sich die Technik der Eisengewinnung nur langsam, da geeignete Erzvorkommen fehlten. Doch im 3. und 4. Jahrhundert n. Chr. war bereits eine ganze Reihe von Schmelzöfen an verschiedenen Orten entstanden, die große Mengen Eisen produzierten. Jetzt wurden aus den Germanen tüchtige Schmiede, und die Qualität der Waffen, die sie herstellten, erklärt zum Teil, warum im 4. Jahrhundert die militärische Initiative von Rom auf die Barbaren überging.

Der Brauch der Germanen, Weihgaben in ihren Mooren und Marschen niederzulegen, hat viele kostbare Metallgefäße und Kriegsrüstungen erhalten, die vielleicht nach Siegen ihren Göttern zum Opfer gebracht worden waren. Die meisten Funde stammen aus Dänemark. So fand man z. B. in einem einzigen Lager ein Kriegsschiff, 150 Holzschilde, 138 eiserne Speerspitzen und 20 Panzerhemden. Spätere in den ersten Jahrhunderten n. Chr. angelegte Lager enthielten oft auch römische Waffen.

Bis zum Ende des 2. Jahrhunderts n. Chr. hatten die an Rhein und Donau stationierten römischen Legionen ausgereicht, um die Germanenstämme teils durch Gewalt, teils durch Diplomatie mehr oder weniger in Schach zu halten. Aber nach etwa 20 Jahren Krieg gegen die Markomannen erkaufte der römische Kaiser Commodus im Jahre 180 den Frieden gegen Subsidienzahlungen. Damit hatten die Römer ihre eindeutige Überlegenheit über die Nachbarn im Norden preisgegeben, und der Druck an den Grenzen nahm zu. Bald nach der Mitte des 3. Jahrhunderts drangen die Germanen scharenweise in den Balkan und nach Gallien ein. Am Ende des Jahrhunderts brach der Damm, und die gotische Flut ergoß sich nach Dakien. Die Römer praktizierten jetzt eine Politik der Beschwichtigung. Die Stämme durften an den Grenzen siedeln und erhielten Tributleistungen. Als Gegenleistung übernahmen sie den Grenzschutz. Zum erstenmal wird von solchen Maßnahmen im Jahre 294 berichtet. Im darauf folgenden Jahrhundert wurden immer mehr Germanen auf diese Weise angesiedelt.

Aber das massive Vordringen der Hunnen in den Westen gab schließlich den Anstoß für die große Völkerwanderung des 4. Jahrhunderts. Von diesem Zeitpunkt an wandelte sich die Welt der Germanen, und aus den früheren kleinen Stämmen entstanden größere politische Gebilde wie die Reiche der Franken und Goten. Innerhalb eines weiteren Jahrhunderts fiel Rom. Aus den germanischen Königreichen entwickelte sich die Welt des Mittelalters.

Klassische Autoren und Barbaren

Ohne die Werke der antiken Autoren wüßten wir nichts über die Kelten und Germanen, es sei denn aus archäologischen Funden. Besonders wertvoll ist dabei das Werk des Tacitus, eines römischen Geschichtsschreibers aus dem 1. Jahrhundert n. Chr. Aber auch der »Gallische Krieg« des G. Julius Cäsar enthält unschätzbare Informationen über die keltischen Gallier und die Germanen.

Autoren, die sich mit den Germanen befaßten, waren außerdem der Grieche Strabo und die römischen Schriftsteller Livius und Plinius der Ältere, dessen Werk freilich verlorengegangen ist. Aber von Tacitus wissen wir das meiste über die Germanen. Zum Beispiel erzählt er von der Rebellion der Icener in Britannien unter ihrer Königin Boudicca (Boadicea), die von einer Skulptur (rechts) bei der Westminster Bridge in London dargestellt wird. Im Jahre 60 n. Chr. war Prasutagus, der König der Icener, gestorben und hatte den römischen Kaiser neben seinen Töchtern zum Erben seines Königreiches eingesetzt. Doch die Römer behandelten seine Familie nicht gerade höflich, woraufhin sich die Icener, von den Trinovanten unterstützt, erhoben und Camulodunum (Colchester), Londinium (London) und Verulamium (St. Albans) plünderten. Die Römer vernichteten beide Stämme, Boudicca nahm Gift. Abgesehen von den »Annalen«, seiner großen Geschichte des Römischen Reiches, enthalten auch des Tacitus frühere Bücher »Agricola« und »Germania« wichtige Nachrichten über das Leben der Barbaren.

Griechenland und die Ägäis

»Künftige Generationen werden uns bewundern, wie uns das gegenwärtige Zeitalter schon bewundert.«

Der athenische Staatsmann Perikles (ca. 495–429 v. Chr.)

Im 5. Jahrhundert v. Chr. wurde in Athen die Regierungsform der Demokratie, der Herrschaft durch den »Demos«, die Bürgerschaft, eingeführt – wohl das wertvollste Vermächtnis des antiken Griechenland an die zivilisierte Welt. Dadurch wurden das Gefühl der Bürger für soziale Gerechtigkeit und ihr Verantwortungsbewußtsein in einem nie dagewesenen Ausmaß geweckt. In der Volksversammlung gaben die Stimmen der Bürger bei Entscheidungen über das Wohl und Wehe des Staates den Ausschlag. Athen wurde ein weit ausstrahlender geistiger und kultureller Mittelpunkt der Alten Welt und legte den Grund für die Kultur des Abendlandes. So gelten zum Beispiel Herodot und Thukydides immer noch als die unübertroffenen Meister der Geschichtsschreibung, und die Philosophie der westlichen Welt der vergangenen zweitausend Jahre ist einmal als bloße Fußnote zu den Werken Platons bezeichnet worden. Was die Kunst betrifft, so werden die großen Tragödien des Aischylos, Sophokles und Euripides heute noch aufgeführt. Paläste, Museen, Banken und öffentliche Gebäude tragen überall auf der Welt Spuren architektonischer Elemente, die sich von den griechischen Tempeln herleiten. Sogar im Sport sind die Olympischen Spiele, das größte Sportereignis der gegenwärtigen Welt, eine Reminiszenz an die Wettkämpfe, die ab 776 v. Chr. regelmäßig in Olympia auf der Peloponnes ausgetragen wurden.

***Der Kopf der berühmten Bronzefigur** des »Wagenlenkers von Delphi« dient auf diesem modernen griechischen Plakat zu Werbezwecken. Die lebensgroße Statue, die jetzt im Museum zu Delphi steht, wurde im Jahre 1896 ausgegraben und stand ursprünglich auf einem mit Pferden bespannten Streitwagen.*

Doch war das alte Griechenland niemals ein geeinter Staat mit einer Zentralregierung und einer einzigen Hauptstadt, sondern vielmehr ein loses Konglomerat von unabhängigen Stadtstaaten, von denen jeder seine eigene Regierung, seine eigenen Gesetze und Einflußsphäre besaß. Das änderte sich erst mit dem Aufstieg Philipps von Makedonien in der Mitte des 4. Jahrhunderts v. Chr. Erst damals entwickelte sich ein politisches Zusammengehörigkeitsbewußtsein der Hellenen.

Die erste ägäische Kultur war die der Minoer auf der Insel Kreta. Sie entstand ungefähr 2200 v. Chr. und blühte einige Jahrhunderte lang. Um 1450 v. Chr. wurden jedoch die meisten minoischen Paläste auf Kreta zerstört. Man weiß heute, daß damals Mykener vom griechischen Festland die Insel heimsuchten. Doch auch die Herrschaft der Mykener über Griechenland zerfiel im Ansturm der dorischen Eroberer, die nach 1200 v. Chr. aus dem Norden eindrangen. Auf den Zusammenbruch folgte das sog. Dunkle Zeitalter. Erst im 9. und 8. Jahrhundert rückten die Griechen allmählich ins Licht der Geschichte. Das war auch die Zeit, in der die ersten griechischen Kolonisten ihre Heimatstädte verließen, um neue Siedlungen zu gründen. Und nach den Eroberungen Alexanders des Großen von Makedonien im 4. Jahrhundert v. Chr. war es möglich, von Südfrankreich bis nach Indien zu reisen und immer nur Griechisch zu sprechen. Alexander starb im Jahre 323 v. Chr. Fast unmittelbar danach zerbrach sein griechisches Reich wieder. Und bald brachte Rom die Stadtstaaten, die schon unter den makedonischen Königen ihre Unabhängigkeit verloren hatten, in seine Gewalt. Doch die griechische Kultur, die später in die christliche Theologie und Denkweise einging, hat auch ohne politische Basis überlebt. Sie bildet heute noch die geistige und künstlerische Essenz der westlichen Welt.

***Auf diesem restaurierten Fresko** hält eine elegante mykenische Dame (rechts) ein geschnitztes Elfenbeinkästchen in der Hand. Um 1450 v. Chr. lösten die Mykener vom griechischen Festland die kretischen Minoer als Vormacht in der Ägäis ab.*

***Kopf einer Bronzestatue** (rechts außen), den man 1928 im Meer vor Kap Artemision gefunden hat und die vermutlich Zeus darstellt. Früher identifizierte man die Statue mit Poseidon dem griechischen Gott der Erdbeben und des Meeres.*

Es heißt, daß der Anblick des Poseidontempels (rechts) auf Kap Sunion bei den athenischen Seefahrern der Antike, wenn sie ihn bei ihrer Rückkehr von hoher See erblickten, die selben freudigen Gefühle auslöste wie heute die Freiheitsstatue oder die weißen Felsen von Dover bei amerikanischen und britischen Matrosen.

Die Minoer (I)

Die erste größere Kultur im ägäischen Meer wurde von den Minoern auf Kreta gegründet und bestand zwischen etwa 2200 und 1400 v. Chr. Diese Kultur der Bronzezeit hat ihren Namen nach dem legendären König Minos – ihre Existenz war bis zu den Ausgrabungen des britischen Archäologen Sir Arthur Evans vor weniger als einem Jahrhundert unbekannt. Zwischen 1899 und 1935 arbeitete Evens in Knossos, dem größten minoischen Palast auf Kreta, und restaurierte ihn zu großen Teilen. Möglicherweise steckt der komplexe Grundriß des Gebäudes mit seinen unzähligen Gängen hinter dem mythischen Labyrinth des Minos, das den Minotaurus beherbergt haben soll, eine Kreatur mit dem Körper eines Menschen und dem Kopf eines Stieres.

Die archäologischen Funde legen den Schluß nahe, daß diese vergangene Welt der Minoer uns immerhin zum Teil in den Mythen erhalten geblieben ist sowie in den legendären Erwähnungen Kretas in den Werken des großen Dichters Homer, der die Insel in seinen Epen als bevölkerungsreich und wohlhabend beschreibt. Später betrachteten die Griechen der klassischen und hellenistischen Epoche Kreta als das Herkunftsland uralter religiöser Traditionen und längst vergangener Gesellschaftsformen. Der Philosoph Aristoteles (384–322 v. Chr.) bemerkte z. B. in seinen Ausführungen über das Kastensystem, daß es keineswegs erst in jüngster Zeit entstanden, sondern schon von König Minos in Kreta eingeführt worden sei. Im 5. Jahrhundert v. Chr. stimmten die Geschichtsschreiber Herodot und Thukydides darin überein, daß Kreta einst von König Minos regiert worden sei und die kretische Flotte die Meere beherrscht habe.

In der Odyssee Homers heißt es: »Weit draußen im tiefblauen Meer liegt das Land Kreta, ein reiches und schönes Land, auf allen Seiten von Wellen umspült, dichtbevölkert.«

Die erste große Kultur der ägäischen Welt war die der Minoer auf der Insel Kreta. Nach ihrem Untergang um die Mitte des 15. Jahrhunderts v. Chr. ging die Vormachtstellung auf die Festlandsgriechen über. Dort entstanden in dem reich gegliederten Gebirgsland mehrere unabhängige Stadtstaaten. Von 1000 v. Chr. an begannen griechische Kolonisten neue Städte an fremden Küsten zu gründen.

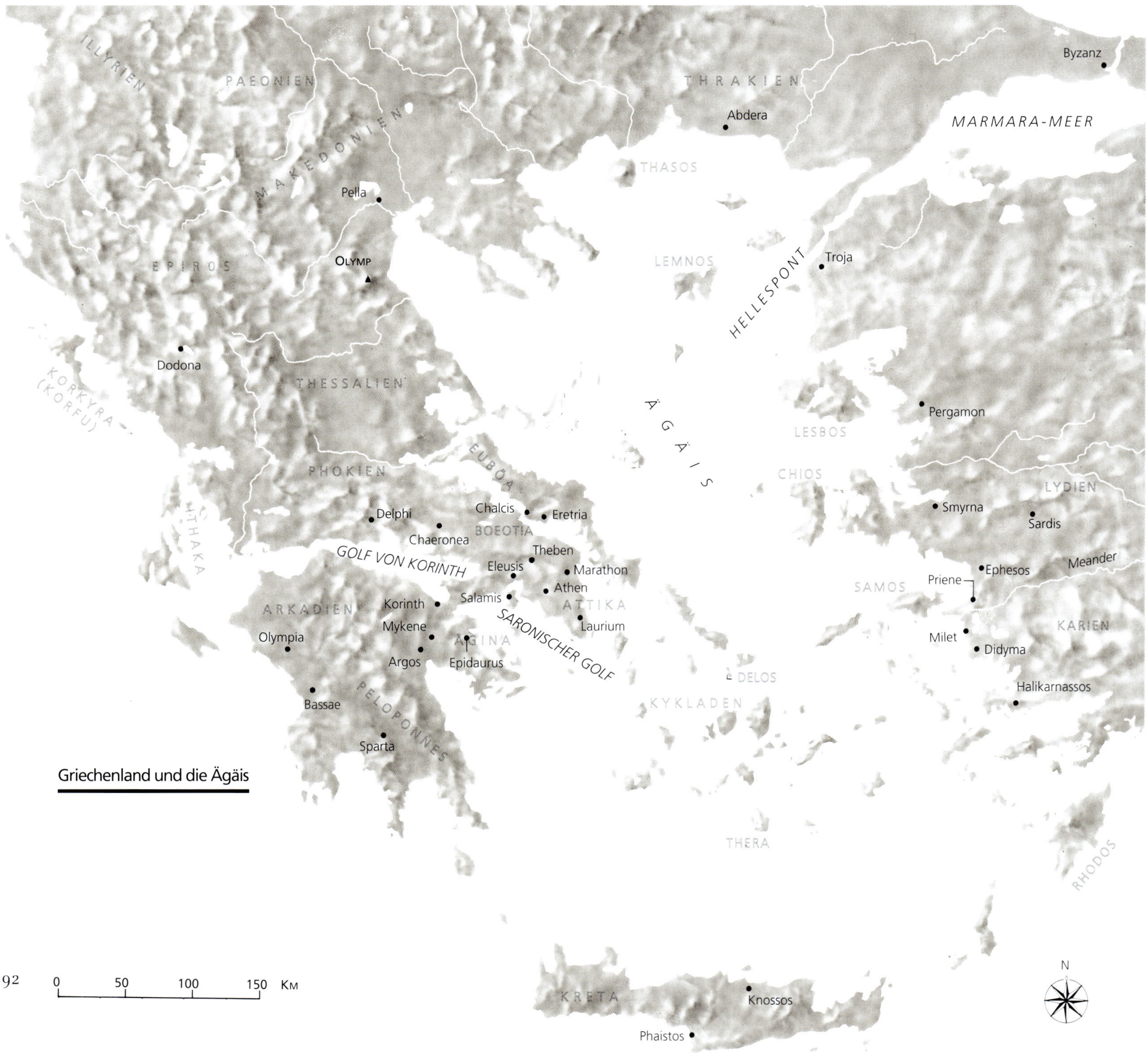

Griechenland und die Ägäis

Die Insel mißt von Ost nach West ungefähr 270 Kilometer, während der größte Nordsüddurchmesser 60 Kilometer beträgt. Doch auf dieser relativ schmalen Fläche breiteten sich fruchtbare Äcker in den Ebenen und Tälern aus. Kreta ist etwa gleich weit von Griechenland und Libyen entfernt, und von den frühesten Zeiten an boten seine zahlreichen sandigen Buchten günstige Ankerplätze für Reisende aus Nordafrika, Asien und Europa. Es zeigte sich empfänglich für Eindrücke von außen, doch ließ es sich von ihnen nicht prägen, so daß sich die kretische Bronzezeitkultur eigenständig entwickelte.

Die ersten Paläste wurden um 2200 v. Chr. erbaut, vor allem in Knossos im Norden, in Phaistos im Süden und wahrscheinlich in Mallia an der Nordostküste. Ob der Palast von Zakro an der Ostküste der Insel schon zu dieser Zeit existierte, ist nicht sicher. Ebensowenig ist klar, ob jeder dieser Paläste einem unabhängigen Königreich als Mittelpunkt diente, wobei Knossos das größte gewesen wäre. Die Stilverwandtschaft von Gegenständen, die man an den unterschiedlichsten Plätzen gefunden hat, macht es wahrscheinlicher, daß Knossos der Hauptpalast und Regierungssitz einer Zentralmacht war. Auch steht zu vermuten, daß diese Paläste nicht nur königliche Residenzen waren, sondern auch als wirtschaftliche und religiöse Zentren dienten. Kurz nach Errichtung der ersten Paläste kam die Schrift in Gebrauch, höchstwahrscheinlich für administrative Zwecke. Die früheste kretische Schrift, die man von etwa 2000 bis 1600 v. Chr. verwendete, war eine Bilderschrift, die man hauptsächlich auf Steinsiegeln, aber auch auf Tontafeln gefunden hat. Aus dieser Bilderschrift entwickelte sich die als Linear A bekannte Schrift, die zwischen 1900 und 1450 v. Chr. verwendet und auf Tontafeln in Knossos und an anderen Stellen gefunden wurde. Keine dieser Schriften konnte bisher entziffert werden.

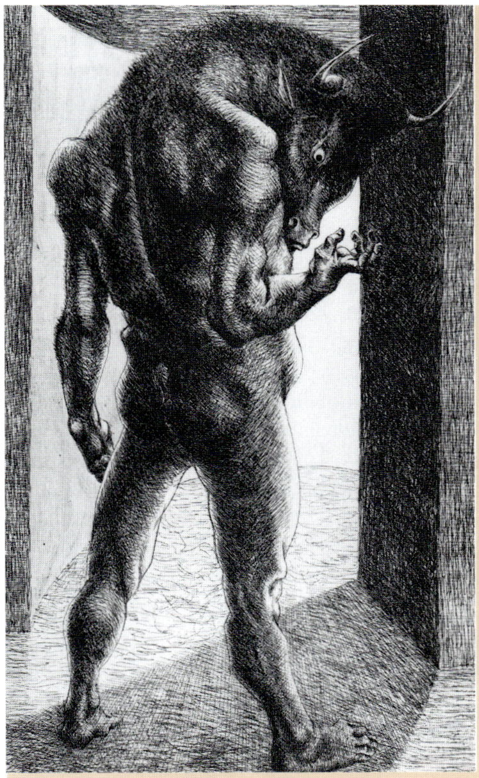

Mutproben portugiesischer Männer im Kampf gegen einen Stier – vielleicht die moderne Variante des minoischen Stierspringens, wie es in dem Fresko (unten) *dargestellt ist. Daß der Stier im Leben der Minoer eine besondere Rolle spielte, ergibt sich aus dem Mythos vom Minotaurus, der hier in einer Zeichnung* (links) *des modernen Künstlers Michael Ayrton abgebildet ist. Dieses Ungeheuer, halb Mensch halb Tier, wurde von König Minos in einem Labyrinth gehalten, wo ihm junge Menschen geopfert wurden.*

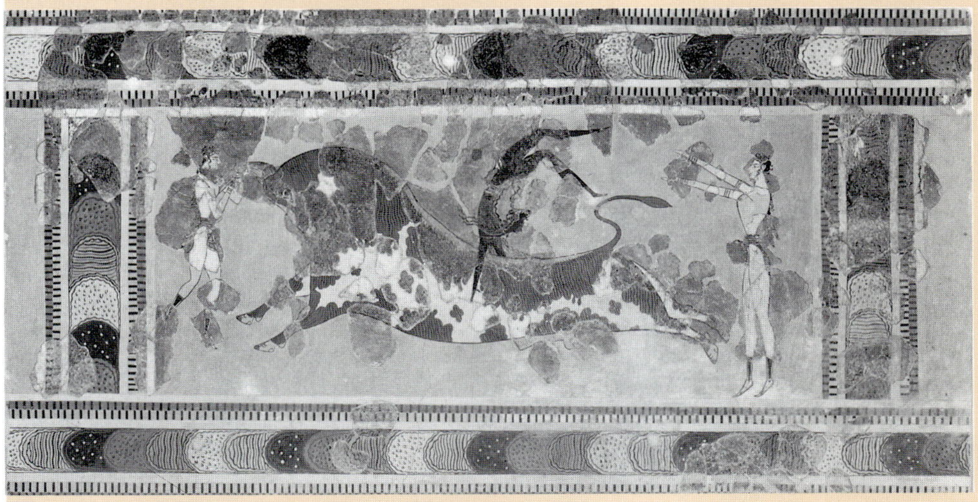

Der Stier im alten Kreta

In einem hinreißenden Fresko *(unten links)* aus Knossos springt ein Junge im Salto über den Rücken eines Stieres, während ein Mädchen ihn schon erwartet und auffängt. Ein anderes Mädchen packt den Stier bei den Hörnern und setzt ihrerseits zum Sprung an. Ähnliche Szenen mit Stieren und Stierspringern finden sich auf minoischen Steinsiegeln, Bronze- und Elfenbeinstücken. Man kennt die Bedeutung dieses Sportes für die minoische Kultur noch nicht, doch könnte er Bestandteil einer religiösen Zeremonie gewesen sein, als deren Höhepunkt der Stier geopfert wurde. Es gibt freilich keine direkten Hinweise darauf, daß der Stier von den Minoern als heiliges Tier verehrt worden wäre.

Woher die Verehrung des Stiers nach Kreta kam, wissen wir nicht. Der spätere griechische Zeus war ein Himmelsgott, den sich die Festlandsgriechen auf dem Olymp vorstellten, doch gibt es auch die Überlieferung eines kretischen Zeus, der dem Dionysos, einem mit dem Stier in Verbindung stehenden Gott, nicht unähnlich ist. Überdies kennen wir die Sage von der Jungfrau Europa, die von Zeus in Gestalt eines Stieres entführt wurde. Er brachte sie von Tyros nach Kreta, wo sie ihm Minos gebar.

Schließlich erinnern die Stierspringer an den Mythos vom Minotaurus, dem Ungeheuer, dem junge Männer und Jungfrauen geopfert wurden. Nach dieser Sage war König Minos mit Pasiphaë verheiratet, die von einer unnatürlichen Leidenschaft zu einem Stier ergriffen wurde. Dieser Verbindung entsproß der Minotaurus, den man in einem Labyrinth hielt, und jedes Jahr mußten die Athener, die unter der Herrschaft des Minos standen, je sieben Jünglinge und Jungfrauen schicken, die dem Minotaurus geopfert wurden. Schließlich fuhr Theseus, der Fürst von Athen, mit den zum Opfer Auserkorenen nach Kreta. Er tötete das Ungeheuer im Labyrinth und fand mit Hilfe eines Wollknäuels, den ihm des Minos Tochter Ariadne zugesteckt hatte, wieder ans Tageslicht zurück. Er floh mit Ariadne, verließ sie aber auf Naxos, wo sich Dionysos ihrer erbarmte.

Man hat die These aufgestellt, daß diese Geschichte in mythischer Form schildert, wie die Athener in der Bronzezeit der kretischen Oberherrschaft unterworfen waren und wie sie sich von ihr befreit hatten. Aber alle Stierdarstellungen auf Kreta zeigen echte Stiere, nicht Phantasiegeschöpfe wie den Minotaurus, und so bezieht sich die Sage vielleicht doch auf einen Kult der Frühzeit, der später in Vergessenheit geriet.

Die Minoer (II)

Die minoische Religion

Diese Statuette einer Schlangengöttin (links), vielleicht auch einer ihrer menschlichen Dienerinnen, wurde in Knossos gefunden und stammt aus der Zeit zwischen 1600 und 1500 v. Chr. Sie gleicht anderen Darstellungen dieser Gottheit, die man in kretischen Heiligtümern entdeckt hat. Was die mit der Figur verbundenen Symbole bedeuten, ist unklar.

Über die Religion der Kreter wissen wir wenig. Es gibt keine Ruinen, die eindeutig als Überreste von Tempeln zu identifizieren wären, und es sieht ganz so aus, als ob die Kreter ihren Kult in Heiligtümern ihrer Paläste oder Wohnungen, Sanktuarien unter offenem Himmel und in heiligen Grotten ausgeübt hätten, wo man viele Weihegaben in Form von Statuetten, Doppeläxten und Dolchblättern gefunden hat. Im Zentrum der kultischen Verehrung standen eine Göttin oder Göttinnen, deren Attribut die Doppelaxt war, und ein ihr unterstellter junger Gott, vielleicht ihr Sohn. Es ist möglich, daß ihnen Stiere geopfert wurden, und daß es auch rituelle Tänze gab, bei denen sich die Gottheit den Tänzern in Ekstase offenbarte, vielleicht an einem heiligen Baum oder einer Säule.

Neuere Ausgrabungen weisen darauf hin, daß in Zeiten äußerster Gefahr auch Menschen geopfert wurden. 1979 wurden Ruinen, möglicherweise eines Tempels, in Arkhanes bei Knossos freigelegt und die Skelette dreier Menschen gefunden, von denen einer durch einen Stich in den Nacken, vielleicht als Opfer, getötet worden war. Und 1980 fand man in Knossos Kinderknochen, die Messerspuren aufwiesen, was auf rituelle Opfer und Kannibalismus deuten könnte.

***Dieses in der minoischen Stadt Akrotiri** auf der Insel Thera (Santorin) gefundene Fresko mit Schiffen und Delphinen zeigt die verschwenderische Fülle der minoischen Kunst.*

Um 1700 v. Chr. wurden die ersten minoischen Paläste schwer beschädigt, vielleicht durch Erdbeben, und neue, noch größere, wurden gebaut. Offensichtlich wuchs die Bevölkerung Kretas zu dieser Zeit, und überall auf der Insel, auch im Westen, entstanden Siedlungen. Kleinere Städte wie Gournia und Mochlos wurden jetzt wesentlich größer, doch blieben die Paläste die eigentlichen wirtschaftlichen und gesellschaftlichen Mittelpunkte.

Die Ruinen von Knossos, die man heute sieht, sind Überreste aus der Spätphase dieser Epoche. Sein gewaltiger Palast, der keine Verteidigungsanlagen hatte, bedeckt etwa drei Morgen und enthält zahlreiche Räume, die um einen zentralen Innenhof gruppiert sind. An der Westseite lagen ein Raum für kultische Zwecke und der Thronsaal. Westlich des dem Kult gewidmeten Teils befand sich eine große Anzahl von Vorratsräumen, von denen einige riesige Tonkrüge – sog. Pithoi – enthielten. In ihnen wurden Öl und Wein aufbewahrt. In anderen Räumen legte man wahrscheinlich Vorräte von Getreide oder Honig, Stoffen und Metallen an.

Eine monumentale Treppe verband die verschiedenen Ebenen. Die Wände vieler Zimmer waren geschmückt mit lebensvollen, naturgetreuen Fresken von Pflanzen und Tieren und Darstellungen schmalhüftiger Männer in Röcken und elegant gekleideter Frauen mit offenen Brüsten und kunstvoll gelocktem Haar. Die künstlerisch begabten Minoer erzeugten auch exquisiten Schmuck, geschnittene Steinsiegel, und Gemmen sowie Elfenbeinschnitzereien, ferner Keramik, Fayence und Metallarbeiten. Einige Gemälde in Knossos und an anderen Stellen bilden junge Männer und Frauen ab, die über angreifende Stiere hinwegspringen. Es könnte sich hier um ein religiöses Ritual gehandelt haben. Auf jeden Fall ist der Stier allgegenwärtig in der minoischen Kunst: Man findet ihn in Form von Bronze- und Elfenbeinfiguren, mit Stierspringern sowie Gefäßen in Gestalt eines Stierkopfes.

Über die minoische Religion weiß man wenig. Tempel sind uns nicht erhalten geblieben, obwohl rituelle Opfergaben in verschiedenen Heiligtümern gefunden wurden; unter anderem in einem Kultraum, der wahrscheinlich einer Erdgottheit geweiht war. Nach einem späteren kretischen Mythos von der Geburt und Kindheit des Zeus wurde der Gott vor seinem Vater Kronos in einer Grotte verborgen und von Tieren ernährt. Der kretische Zeus, ein Fruchtbarkeitsgott, der jedes Jahr von neuem starb und wieder geboren wurde, unterscheidet sich von dem traditionellen Zeus des späteren griechischen Pantheons. Er gleicht eher dem Gott Dionysos, der ebenfalls mit dem Stier in Verbindung steht.

Die Minoer waren große Seefahrer, wie die Motive auf ihren Keramiken zeigen. Sie trieben mit den Ländern des östlichen Mittelmeers Handel. Bei den Ägyptern hießen sie Kheftiu. Es gibt auch Beweise für eine Präsenz der Minoer auf ägäischen Inseln, zum Beispiel auf Thera (Santorin). Hier wurde um 1500 v. Chr. die Stadt Akrotiri durch ein Erdbeben zerstört, die Insel von den Einwohnern verlassen. Diesem Erdbeben folgte später ein ungeheurer Vulkanausbruch, mit dem vielleicht auch die Zerstörung der kretischen Paläste und Siedlungen um 1450 v. Chr. zusammenhängt. Die Paläste verödeten nun für immer, außer Knossos, für dessen Wiederherstellung die Kräfte offenbar noch ausreichten. Nach dieser Katastrophe wurde Knossos von Mykenern vom griechischen Festland besetzt, aber nur bis zum Jahre 1400 v. Chr., als der Palast bis auf die Grundmauern abbrannte. Er wurde niemals wieder aufgebaut.

Der Palast von Knossos *war mindestens doppelt so groß wie alle anderen kretischen Paläste. Daß er wie diese unbefestigt ist, wird gern mit Kretas Überlegenheit zur See erklärt. Die Rekonstruktion zeigt den Palast nach seiner Wiederherstellung um 1700 v. Chr.*

Er erhob sich auf dem Abhang eines Hügels über mehrere Ebenen. Mittelpunkt war der zentrale Hof (3), wo vielleicht Stierrituale stattfanden. Gegen Westen lag der Thronsaal (6) mit seinem aus Kalkstein modellierten »Thron«, einem Altar (4) und der Halle mit Säulentreppe (5), die ins erste Stockwerk führte.

Im Osten des Hofes lagen die königlichen Gemächer und das große Treppenhaus (8) mit seinem Lichtschacht. Hinter dem Treppenhaus befand sich der Empfangssaal des Palastes, die »Halle der Doppeläxte« (9). Hier schloß sich die mit einem Delphinfresko geschmückte »Halle der Königin« (10) an. Weitere bemerkenswerte Teile des Palastes waren die »Straße der Prozessionen« (1), der Westhof (2) und eine Fläche (7), auf der vielleicht kultische Feste veranstaltet wurden.

Der britische Archäologe Sir Arthur Evans *entdeckte die prachtvolle Bronzezeitkultur auf Kreta und nannte sie nach dem legendären Inselkönig Minos die minoische Kultur. Fast die Hälfte seines Lebens von immerhin 91 Jahren widmete Evans den Ausgrabungen.*

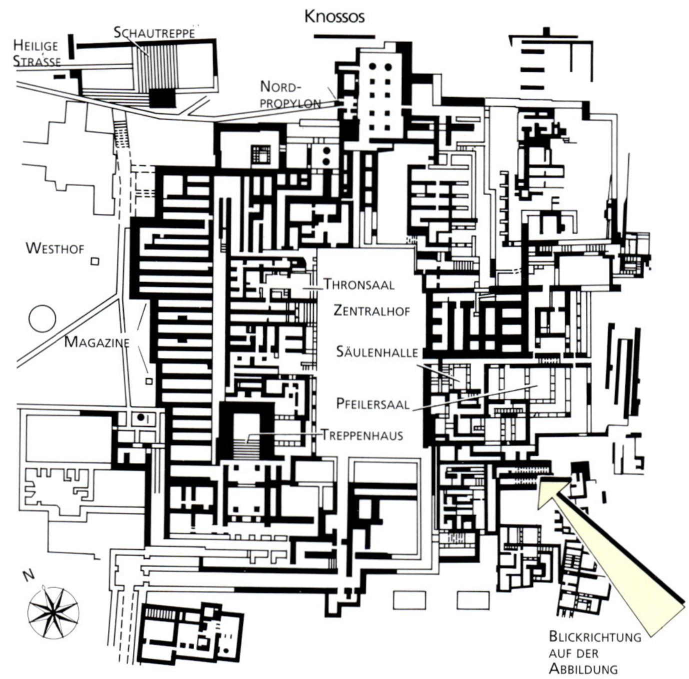

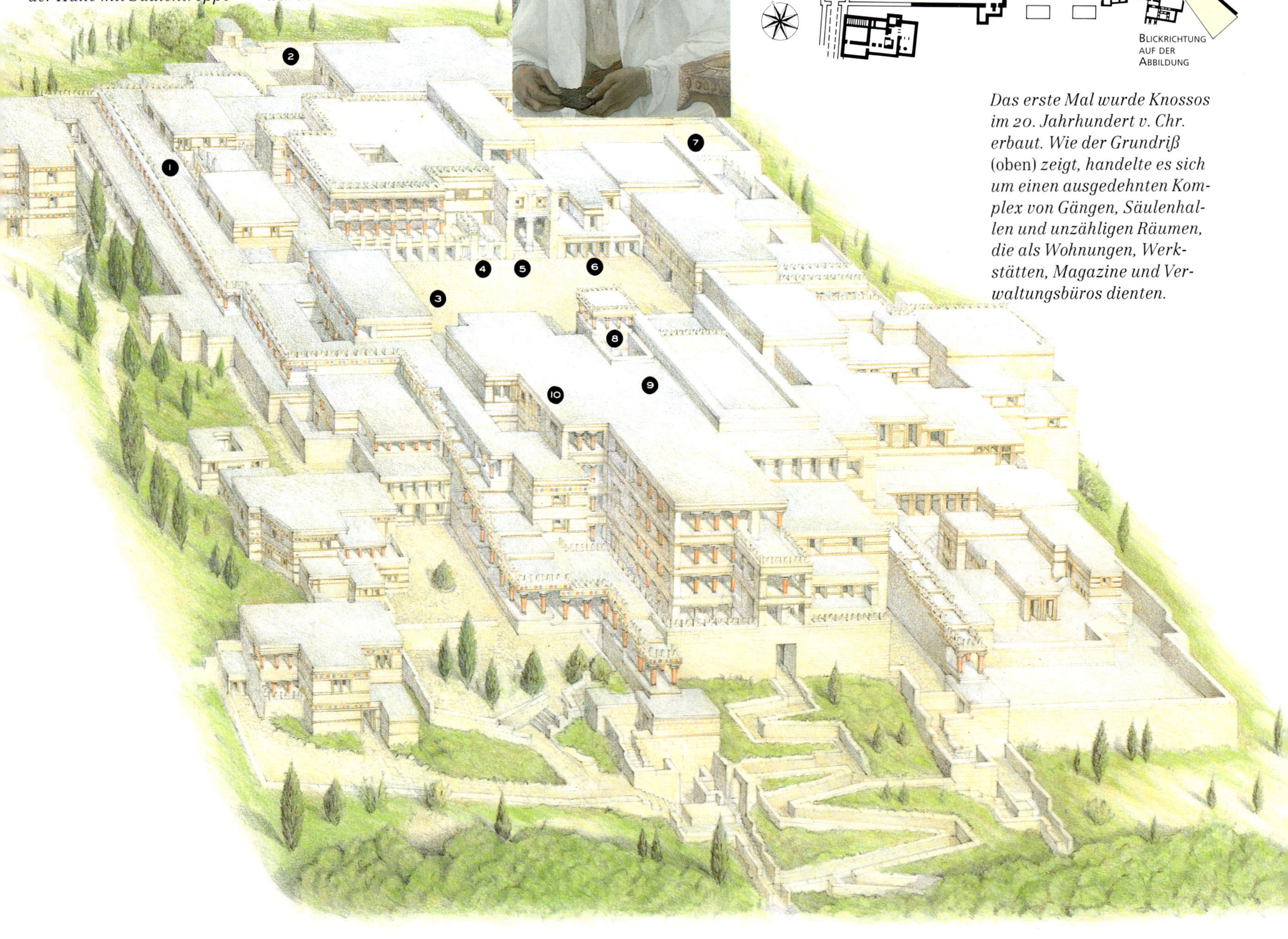

Das erste Mal wurde Knossos im 20. Jahrhundert v. Chr. erbaut. Wie der Grundriß (oben) zeigt, handelte es sich um einen ausgedehnten Komplex von Gängen, Säulenhallen und unzähligen Räumen, die als Wohnungen, Werkstätten, Magazine und Verwaltungsbüros dienten.

Die Mykener (I)

Schliemann und Mykene

Heinrich Schliemann *(unten)* wurde 1822 als Sohn eines Pfarrers in Deutschland geboren. Schon als Kind bezauberten ihn die homerischen Sagen. Wegen Geldmangels mußte er auf ein Studium verzichten, machte aber eine glänzende Unternehmerkarriere. Als glänzender Linguist beherrschte er mehrere klassische und lebende Sprachen.

Entschlossen, sein Vermögen der Suche nach dem homerischen Troja zu opfern, zog sich Schliemann bald aus dem Geschäftsleben zurück, studierte Griechisch und identifizierte schließlich den Erdhügel Hissarlik in der Türkei als Troja. 1871 begann er dort mit Ausgrabungen und entdeckte, was er den Schatz des Königs Priamos nannte. In Wirklichkeit aber stammt der Fund etwa aus dem Jahre 2300 v. Chr., tausend Jahre vor dem homerischen Troja. Der Goldschatz ist seit dem Ende des Zweiten Weltkriegs verschollen.

1874 wandte sich Schliemann nach Mykene, überzeugt, hier die Gräber Agamemnons und seiner Familie zu finden. Aufs neue entdeckte er Beweise für eine zuvor unbekannte Kultur, die allerdings immer noch 400 Jahre vor der Zeit der homerischen Helden lag. Behutsam grub er die Siedlung aus und veröffentlichte seine Ergebnisse. Er starb 1890.

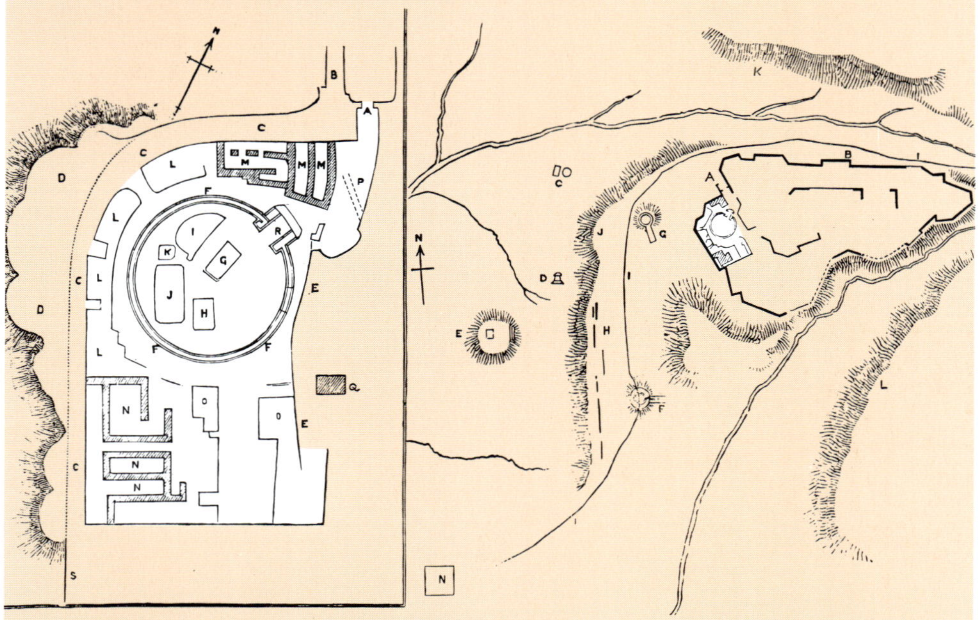

***Bei seinen Ausgrabungen in Mykene,** hier in einer zeitgenössischen Darstellung* (rechts) *und auf seinem eigenen Plan der Ausgrabungsstätte* (oben), *entdeckte Schliemann Goldschmuck, Juwelen, Gefäße und Waffen, vermutlich aus dem Besitz mykenischer Könige vom Anfang des 16. Jahrhunderts v. Chr.*

Um 1450 v. Chr. lösten die Mykener die Minoer als Vormacht in der Ägäis ab. Dieses Volk war schon von etwa 1600 an die stärkste Macht auf dem griechischen Festland gewesen – und es spielte von seinen befestigten Städten aus diese Rolle weiter bis etwa ins 12. Jahrhundert. Ihre bedeutendsten Zentren waren Mykene, Tiryns und Pylos auf der Peloponnnes, Gla in Böotien, Athen und Iolkos an der thessalischen Küste. Einige Städte, besonders Mykene, waren sicher wesentlich reicher als andere, doch ist es unwahrscheinlich, daß in dieser Epoche nur ein einziger Herrscher ganz Griechenland regierte.

Mykene wurde zwischen 1876 und 1878 von Heinrich Schliemann, dem Entdecker Trojas, ausgegraben. Schliemann fand eine ganze Reihe reich ausgestatteter Gräber, sogenannte Schachtgräber, wodurch sich Homers Aussage bestätigte, daß Mykene »reich an Gold« gewesen sei. Schliemann glaubte, er habe die Gräber des Agamemmnon, des legendären Königs, der die griechische Expedition nach Troja leitete, und seiner Zeitgenossen entdeckt, doch stellte sich später heraus, daß diese Funde aus einer früheren Zeit stammten, nämlich um 1600 v. Chr. Trotzdem lieferten sie den ersten Beweis für eine griechische Kultur der Bronzezeit, der der Name »mykenisch« beigelegt wurde. Es ist schwer abzuschätzen, bis zu welchem Grad die homerischen Dichtungen, im besonderen die Ilias, Erinnerungen an diese mykenische Welt wiedergeben. Doch sicher werfen einige Elemente dieser Dichtungen, die in ihren Endfassungen im 8. Jahrhundert v. Chr. niedergeschrieben wurden, ein Licht auf die Bronzezeit.

Wie sich die mykenische Kultur entwickelte, wissen wir nicht genau. Es handelte sich jedenfalls nicht um die direkte Fortsetzung der früheren »helladischen« Kultur (1900 bis 1600 v. Chr.), die zuvor in diesem Gebiet bestand, sondern sie dürfte aus einer Verbindung von helladischen und minoischen Kulturelementen entstanden sein. Neben der Archäologie und den mit der gebotenen Vorsicht zu benutzenden homerischen Texten gibt es aber auch zeitgenössische Dokumente, die unser Bild der Epoche der mykenischen Paläste des 14. und 13. Jahrhunderts v. Chr. abrunden können. Sie bestehen aus Tontafeln, beschrieben mit der Linear-B-Schrift, die man in der letzten archäologischen Schicht in Knossos und auf dem griechischen Festland in Pylos gefunden hat, außerdem in Theben und Mykene sowie Fragmente in Tiryns. Diese Schrift, die 1952 entziffert wurde, gibt eine Sprache wieder, die als frühe Form des Griechischen zu identifizieren ist.

Die mykenischen Städte entstanden aus Bergdörfern. Sie waren mit dicken Mauern aus riesigen, unregelmäßigen Steinblöcken befestigt. Die Mauern zu Tiryns sind besonders wuchtig und unterstreichen Homers Schilderung des »hochummauerten« Tiryns. Nur in Pylos und anderen kleineren Siedlungen hat man keine Spuren solcher Mauern entdeckt.

Die mykenischen Baumeister wählten gerne niedere Hügel für ihre ummauerten Städte und unbefestigten Siedlungen und paßten die Gestalt der Häuser den lokalen Gegebenheiten an. Die großen befestigten Zitadellen wurden vom Palast des Herrschers gekrönt, der jedoch dem Grundriß nach wesentlich einfacher gebaut war als die Paläste Kretas. Sein wichtigster Bestandteil war eine große Halle, das sogenannte Megaron, das Bauten der früheren helladischen Zeit ähnelte. Das Megaron bildete das Herzstück des Baus, besaß einen von zwei Säulen flankierten, runden Herd in der Mitte sowie ein Vestibül und einen Vorraum. Andere Räume gruppierten sich um Innenhöfe, wobei Fußböden und Wände gekalkt waren.

Michael Ventris und die Linear B

Im 2. Jahrtausend v. Chr. entwickelten die Kreter eine eigene Schrift. Die erste, die man vor allem auf Siegeln fand, war eine Bilderschrift und entwickelte sich erst allmählich zu der Form, die man als Linear A bezeichnet. Sie ist noch unentziffert. Eine andere Schrift, die sog. Linear B, schrieb man in Knossos und vom 13. Jahrhundert v. Chr. an auch auf dem Festland. 1952 wurde sie von einem jungen englischen Architekten namens Michael Ventris *(oben)* entziffert.

Ventris wurde 1922 geboren. Schon in seiner Jugend beschäftigte er sich ausgiebig mit der Antike. 1936 hörte er im Alter von 14 Jahren eine Vorlesung von Sir Arthur Evans, dem berühmten Ausgräber von Knossos, in der dieser von der Linear B Schrift berichtete, deren Geheimnis noch nicht entschlüsselt sei. Der junge Ventris war begeistert und von diesem Augenblick an fest entschlossen, diese Schrift zu entziffern. Doch erst 1949, nach dem Zweiten Weltkrieg, in dem er in der Royal Airforce gedient hatte, und nach Beendigung seines Architekturstudiums konnte er sich dieser Aufgabe widmen. Mit Dechiffriermethoden, die im Krieg zum Knacken der feindlichen Codes entwickelt worden waren, untersuchte Ventris zahlreiche Tontafeln mit der Linear B und registrierte jede Wiederholung bestimmter Zeichen. Im Lauf der Zeit gelang es ihm, eine Liste von Konsonanten und Vokalen aufzustellen. Ausgehend von der Hypothese, daß die Schrift eine archaische Form des Griechischen sein könnte, entdeckte Ventris zu seiner Freude, daß nun die Tafeln einen Sinn ergaben.

***Mit Linear B** waren Tontafeln aus Knossos* (oben) *beschrieben. Man schrieb die Schrift von links nach rechts. Sie besteht aus drei Elementen: einer Gruppe von etwa 90 Zeichen, die Silben darstellen, Ideogrammen, also Zeichen, die Begriffe symbolisieren, und einem numerischen System auf der Grundlage des Dezimalsystems. Die Tontafeln enthalten im wesentlichen Daten aus Wirtschaft und Verwaltung. Kurz nachdem Ventris seine Ergebnisse veröffentlicht hatte, wurden sie von Carl Blegen, einem amerikanischen Archäologen, bestätigt. Blegen testete Ventris' Silbensystem an einer von rund 400 in Pylos gefundenen Tafeln* (unten) *– und es stimmte. Die Inschrift stellte ein Inventurverzeichnis von Tonkrügen dar.*

Die Mykener (II)

Die großen Mengen von Gold und anderen Kostbarkeiten, die in den Schachtgräbern Mykenes gefunden wurden, zeigen den ungeheuren Reichtum des mykenischen Adels. Der persönliche Reichtum, die vielen Waffen und die langen, starken Skelette – all das weist darauf hin, daß es sich um eine Kriegerelite handelte. Der Kampf war augenscheinlich ihre wichtigste Beschäftigung: Konkave Steinsiegel, Elfenbein- und Metallarbeiten stellen Kampfszenen dar, auf Dolchgriffe sind Jagdszenen eingraviert, Wandmalereien und Tongefäße zeigen Krieger mit Speer und Schwert. Mag auch der Stil auf vielen dieser Gegenstände minoisch sein oder minoischen Einfluß zeigen, so ist doch der Inhalt rein mykenisch.

Die Mykener benutzten Wagen zur Jagd, doch gibt es keinerlei Beweise, daß sie im Krieg Streitwagen benützten. Die Krieger trugen anscheinend Helme – man hat einen solchen gefunden, der aus den Hauern eines Ebers gefertigt war, wie ihn Homer beschrieben hat –, Schilde, Speere und Schwerter.

Um 1450 v. Chr. eroberten die Mykener im Gefolge der großen Katastrophe, die Kreta heimgesucht hatte, die Stadt Knossos. Das Ende der minoischen Seeherrschaft erlaubte es den Mykenern nun, ihre Macht auszudehnen, und von diesem Zeitpunkt an findet sich ihre typische Keramik überall in Kleinasien, Syrien, Palästina, Ägypten und an anderen Stellen. Von den Kretern lernten sie die Schrift und die Kunst, ein Verwaltungssystem auf der Grundlage schriftlicher Berichte aufzubauen.

Diese Berichte bestätigen die archäologischen Befunde, wonach die mykenischen Paläste Zentren politischer und wirtschaftlicher Macht waren. Aus dem Archiv von Pylos läßt sich entnehmen, daß es sich um ein komplexes ökonomisches System handelte, mit weitgehender Arbeitsteilung, zentraler Aufsicht und regelmäßigen Inspektionen. Auf einer der Tafeln ist aufgelistet, welche Bronzemengen die Beamten im Palast zur Herstellung von Waffen abliefern mußten. Wieder eine andere enthält Aufzeichnungen über Bronze, die den Schmieden für ihre Arbeit zur Verfügung gestellt wurde. Die mykeni-

Die bedeutendste Stadt der mykenischen Welt ist Mykene selbst, im Nordosten der Peloponnes gelegen. Ebenso eindrucksvoll ist das nicht weit davon entfernte Tiryns mit seinem mächtigen Palast. Die Keramik Mykenes und seine Tholos-Gräber (Bienenstock-Gräber) sind der beste Beweis für die große Ausdehnung des mykenischen Handels und der weiten Ausstrahlung der mykenischen Kultur, die bis nach Kleinasien, Kreta und die Levante, ja bis Sizilien und Süditalien reichte. Unter anderem wurden damals Elfenbein aus Syrien und Kupfer von der Insel Zypern nach Griechenland importiert.

Klytaimnestra, *hier in einer Inszenierung der »Orestie« von Aischylos im British National Theatre, war die Frau Agamemnons. Während dieser vor Troja kämpfte, nahm sie sich einen Liebhaber, Aigisthos, und ermordete ihren Gatten, als er zurückkehrte. Sie büßte dieses Verbrechen mit dem Tod von der Hand ihres Sohnes.*

schen Herrscher besaßen nicht nur weite Gebiete mit fruchtbaren Äckern und großen Viehherden, sondern kontrollierten offenbar auch Produktion und Handel in bestimmten Wirtschaftszweigen wie der Metallverarbeitung. Die Texte lassen überdies erkennen, daß die Mykener in großem Umfang Sklaven hielten und viele der Götter und Göttinnen verehrten, die man auch aus der späteren griechischen Religion kennt. Auf den Tafeln zu Pylos sind Opfer vermerkt, die man diesen Gottheiten in ihren Heiligtümern brachte.

Das Ende der mykenischen Welt kam überraschend und plötzlich. Ende des 12. Jahrhunderts waren alle Paläste und Städte zerstört oder verlassen. Es ist immer noch ein Rätsel, warum eine so reiche und mächtige Kultur ein so rasches Ende fand. Möglicherweise gab es innere Zwistigkeiten, vielleicht eine Revolution, oder die Mykener wurden von jenen Eindringlingen aus dem Norden überwältigt, die man als Dorer kennt. Aber noch wahrscheinlicher handelt es sich um eine Kombination von mehreren Faktoren. Jedenfalls beweist auch die Tatsache, daß sich Mykener auf Zypern ansiedelten, daß um diese Zeit die mykenische Welt von einer Katastrophe überrascht worden sein muß. Überdies hat man in den Gegenden, die von den wandernden Seevölkern besiedelt wurden, mykenische Keramik gefunden. Wir wissen nicht, ob das Ende der mykenischen Kultur mit den Umwälzungen zusammenhängt, die sich am Ende der Bronzezeit weiter im Osten vollzogen. Aber was auch der Grund gewesen sein mag, über der Geschichte Griechenlands liegt nun bis etwa 800 v. Chr. ein fast undurchdringlicher Schleier.

Das Gesicht Agamemnons?

Am 6. Dez. 1876 notierte Heinrich Schliemann in sein Tagebuch: »Entdeckung des ersten Schachtgrabes im Kreis A in Mykene«. Im Lauf der Zeit fand er fünf Gräber mit insgesamt 15 Skeletten, in Schachtgrab 5 außerdem eine goldene Totenmaske, die er die »Maske des Agamemnon« nannte. Nach dieser sensationellen Entdeckung schickte Schliemann ein Telegramm an den König von Griechenland: »Es ist mir eine außerordentliche Ehre, Eurer Majestät meine Entdeckung der Gräber anzeigen zu können, die nach der Überlieferung die Gräber Agamemnons, Kassandras, Eurymedons und ihrer Gefährten sein müssen.« Später wurden die goldene Gesichtsmaske und die anderen Funde auf das Ende des 16. Jahrhunderts v. Chr. datiert. Das ist ein zu früher Zeitpunkt, als daß es sich um das Bild des homerischen Agamemnon oder eines anderen homerischen Helden handeln könnte.

***Heinrich Schliemann** hielt diese goldene Totenmaske für das Gesicht des Agamemnon, des Königs von Mykene, der die Griechen bei der legendären Belagerung Trojas anführte. In Wirklichkeit ist die Maske lange Zeit vor dem Trojanischen Krieg entstanden, der – wenn überhaupt – um 1200 v. Chr. stattfand.*

***Die Stadt Mykene** war von mächtigen Mauern umgeben, manchmal bis zu 8 Metern dick, und überragte in beherrschenden Lage das Land. Auf diesem Luftbild liegt im Vordergrund der Gräberkreis A, wo Schliemann die wichtigen Schachtgräber entdeckte. Links befindet sich das berühmte Löwentor, gekrönt von zwei steinernen Löwen, die im typischen Stil Mykenes gearbeitet sind.*

Aufstieg aus dem Dunkel der Geschichte

Nach dem Untergang der mykenischen Welt um 1200 bis 1100 v. Chr. begann für Griechenland eine Epoche, die drei oder vier Jahrhunderte dauerte und die »dunkel« genannt wird, weil es darüber kaum Informationen gibt. Volksstämme, die als Dorer bekannt sind und einen griechischen Dialekt sprachen, wanderten nach Mittel- und Südgriechenland ein. Die Kunst des Schreibens ging mit den Palästen und ihrer Verwaltung verloren, und die Bevölkerung nahm um rund neunzig Prozent ab. In dieser Zeit fanden Wanderungen vom griechischen Festland an die Küste Kleinasiens und auf die Inseln der östlichen Ägäis statt. Die Menschen suchten nach neuem Ackerland. Diese Bevölkerungsbewegung begann um 1000 v. Chr. und hielt etwa 200 Jahre lang an. Man kann sie aus späteren lokalen Traditionen erschließen, auch geben die verschiedenen griechischen Dialekte, die in den neuen Gebieten gesprochen wurden, Hinweise auf die Herkunftsländer der Menschen.

Die Griechen, die nach Kleinasien, besonders Ionien auswanderten, stellten später einige der größten Schriftsteller und Künstler der griechischen Welt. Nach der Überlieferung war Homer, der Gigant der griechischen Literatur, dem die »Ilias« und die »Odyssee« zugeschrieben wurden, ein Ionier aus Smyrna. Diese epischen Dichtungen wurden wahrscheinlich im 8. Jahrhundert niedergeschrieben, aber ihre Ursprünge gehen zurück bis in die dunken Zeiten, in denen die Griechen nicht schreiben konnten. Die »Ilias« erzählt von der Belagerung Trojas durch die Griechen unter Führung des Agamemmnon von Mykene. Die »Odyssee« ist die Geschichte des griechischen Helden Odysseus und seiner Irrfahrten, die ihn erst zehn Jahre nach dem Ende des trojanischen Krieges auf seine Heimatinsel Ithaka zurückkehren ließen.

»Ilias« und »Odyssee« dürften durch viele Jahrhunderte hindurch mündlich von fahrenden Sängern weitergegeben worden sein, die die Verse, von Musik begleitet, rezitierten.

Während des 8. Jahrhunderts v. Chr. nahmen der Handel und die Kolonisierung der Griechen (siehe Karte unten) *einen großen Aufschwung. Diese Periode spiegelt sich in der Odyssee wider. Das römische Mosaik stellt Odysseus dar, wie er an den Mast seines Schiffes gebunden ist, um nicht den Verlockungen der Sirenen zu erliegen.*

Kolonisierung und Handel

Die Küste Kleinasiens und die ihr vorgelagerten Inseln wurden bereits zu Anfang des 1. Jahrtausends v. Chr. von griechischen Kolonisten besiedelt. Doch fällt die eigentliche Periode der Kolonisierung in die Zeit zwischen Mitte des 8. Jahrhunderts und 500 v. Chr. In dieser archaischen Epoche entstanden griechische Städte überall an den Küsten des Schwarzen Meeres und des Mittelmeeres. Die Auswahl der zu besiedelnden Landstriche erfolgte nach politischen und geographischen Gesichtspunkten. So gab es z. B. in Ägypten oder der Levante keine Siedlungen, sondern nur Handelsniederlassungen wie Naukratis in Ägypten und Posideum (Al Minah) an der Mündung des Orontes.

Im allgemeinen suchten sich die Kolonisten Gegenden aus, deren Klima dem des heimatlichen Griechenland ähnlich war. So wurden Süditalien (Magna Graecia, Großgriechenland) und Sizi-

Griechische Kolonien und Handelsrouten

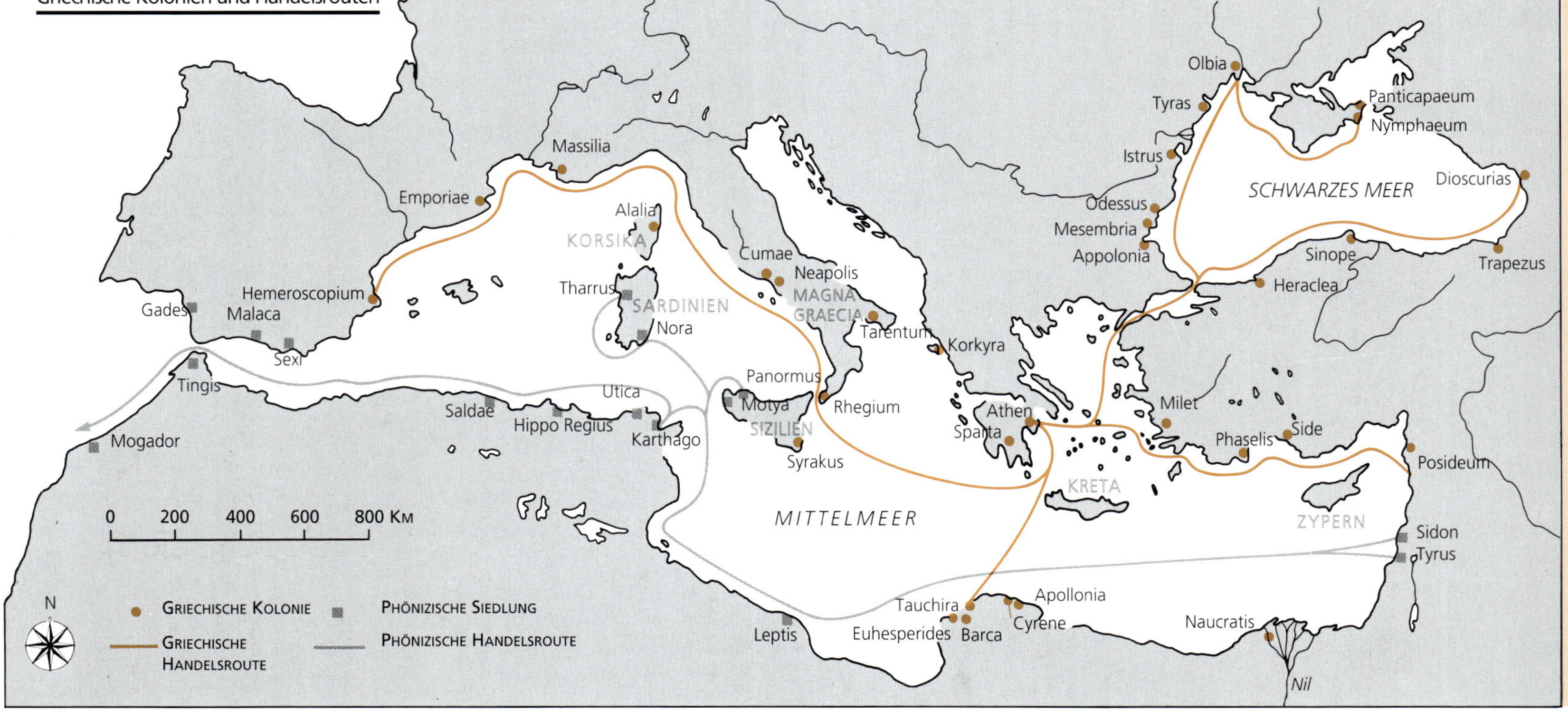

Jeder dieser Barden mag den ihm überkommenen Versen seine eigenen Zeilen hinzugefügt haben. Und irgendwann während des 8. Jahrhunderts wurden die Dichtungen niedergeschrieben, wobei Homer als Autor gilt. Die Epen enthalten Einzelheiten über eine in ferner Erinnerung leuchtende Welt des »Goldenen Mykene«, der goldenen Trinkgefäße und »turmschlanken« Schilde, wie sie auch von den Archäologen gefunden wurden. Die »Odyssee« enthält zudem allerdings Bilder, die sich auf die Endphase des »dunklen Zeitalters« beziehen dürften.

Die andere herausragende Figur der griechischen Literatur der Frühzeit ist der böotische Dichter Hesiod, der am Ende des 8. Jahrhunderts schrieb und das harte Los der Bauern schilderte. Griechenland war offensichtlich immer noch arm, und Hesiod empfahl, den besten Weg einzuschlagen, der zum Reichtum führte, nämlich zur See zu fahren und Handel zu treiben. Das taten seine Landsleute denn auch in steigendem Umfang. Die Griechen nahmen allmählich Handelsbeziehungen zu den Mittelmeerländern des Nahen Ostens auf, lernten von der phönizischen Kaufmannschaft die alphabetische Schrift kennen und paßten sie ihrer eigenen Sprache an.

Eine zweite Welle griechischer Emigranten ergoß sich von etwa 700 v. Chr. an über die Mittelmeerländer, und Kolonien wurden von der Schwarzmeerküste bis nach Spanien gegründet. Korinth gründete Syrakus und Korkyra (Korfu). Auch wurde damals der Grundstein für Massilia (Marseille) gelegt. Milet, eine ionische Stadt, die in der ersten Wanderung an der Küste Kleinasiens gegründet worden war, legte seinerseits mehrere blühende Kolonien am Schwarzen Meer an.

lien die ersten großen Siedlungsgebiete. Im Jahre 733 v. Chr. gründete Korinth Syrakus, während Tarent um 700 v. Chr. von den Spartanern angelegt wurde. Auch die Städte der Insel Euböa gründeten mehrere Tochterstädte in Süditalien, unter anderem Kyme und Rhegion. Zur gleichen Zeit wurde die thrakische Küste besiedelt, und kurz darauf entstanden die Städte am Schwarzen Meer, mit Apollonia und Odessa als den bedeutendsten. Kyrene an der nordafrikanischen Küste wurde 630 v. Chr. gegründet, Massilia (Marseille) um 600 v. Chr. Diese Kolonien waren in der Hauptsache Siedlungen von Ackerbauern. Einige wurden jedoch nur gegründet, um als Handelsstützpunkte zu dienen, besonders am Schwarzen Meer. Man nannte sie »Emporia«.

Eine Kolonie bildete normalerweise einen neuen Stadtstaat, hielt allerdings auch wirkliche oder symbolische Verbindungen mit der Mutterstadt aufrecht. So wurden diese Kolonien zu Inseln der griechischen oder hellenistischen Kultur in den Randgebieten der Länder der Barbaren, doch scheinen die Beziehungen zwischen Griechen und Einheimischen weit häufiger freundschaftlich als feindselig gewesen zu sein. Im Lauf der Zeit gingen manche Kolonien dazu über, ihre Produkte zu exportieren. So gewannen die Getreideexporte aus der Schwarzmeergegend an Bedeutung, ebenso die Ausfuhr von Schiffbauholz. Um festzustellen, wie weit die Exportbeziehungen des Mutterlands reichten, hat man nach Tongefäßen, besonders der schwarzen und roten Vasenmalerei Korinths und Athens, Ausschau gehalten und sie in großen Entfernungen zur Produktionsstätte gefunden, vor allem in Etrurien.

Auch mit Wein und Olivenöl, Honig und Trockenfisch wurde gehandelt. Im Austausch dafür erhielten die Griechen Papyrus aus Ägypten, Glas, Elfenbein, Purpurfarbe und Stoffe aus Tyrus. Aber die Griechen betätigten sich auch als Zwischenhändler und wetteiferten so mit den Phöniziern, die einige Jahrhunderte zuvor den Handel im Mittelmeerraum beherrscht hatten.

Zwar zogen die griechischen Kolonisten das gemäßigte Klima Süditaliens der Hitze Ägyptens vor, aber sie wurden von den Ägyptern eingeladen, eine Kolonie in Naukratis im Westen des Deltas zu gründen. Solche Kontakte mit dem Ausland hatten Auswirkungen auf die griechische Kunst dieser Periode. So ist z. B. der Sphinx (links) *unter ägyptischem Einfluß entstanden.*

Wie ausgedehnt die Handelskontakte der Griechen waren, zeigt sich an dieser griechischen Statue aus der archaischen Periode, die in der französischen Stadt Auxerre südöstlich Paris' gefunden wurde. Wahrscheinlich gelangte sie über die griechische Kolonie Massilia dorthin. Von Massilia aus wurde sie das Rhônetal aufwärts verschifft und kam so nach Auxerre.

Der Aufstieg der Stadtstaaten

Im 8. Jahrhundert v. Chr. trat der griechische Stadtstaat, die Polis, als typische soziale und politische Einheit der griechischen Völker in Erscheinung. Das gebirgige Griechenland mit seinen schmalen Ebenen und Tälern begünstigte die Herausbildung zahlreicher kleiner Staaten eher als die Entstehung weniger großer. Jeder dieser Stadtstaaten bestand in der Regel aus einer ummauerten Siedlung oder Stadt, die von Ackerland umgeben war. Ein Gemeinschaftsgefühl bildete sich dadurch heraus, daß sich die Bürger mit den rechtlichen und politischen Angelegenheiten ihrer Stadt befaßten. Verschiedene Städte entwickelten verschiedene Regierungsformen.

Anfangs wurden die meisten Stadtstaaten von ein paar wenigen aristokratischen Familien beherrscht, aber schon im 8. Jahrhundert schwand deren Macht allmählich dahin. Mit den Hopliten entstand eine neue Infanterie mit spezieller Bewaffnung und Taktik, so daß der Krieg nicht mehr Privileg einer aristokratischen Reiterei war. Die Schicht der nichtadeligen, aber wohlhabenden Bürger wurde sich dadurch ihrer Macht bewußt.

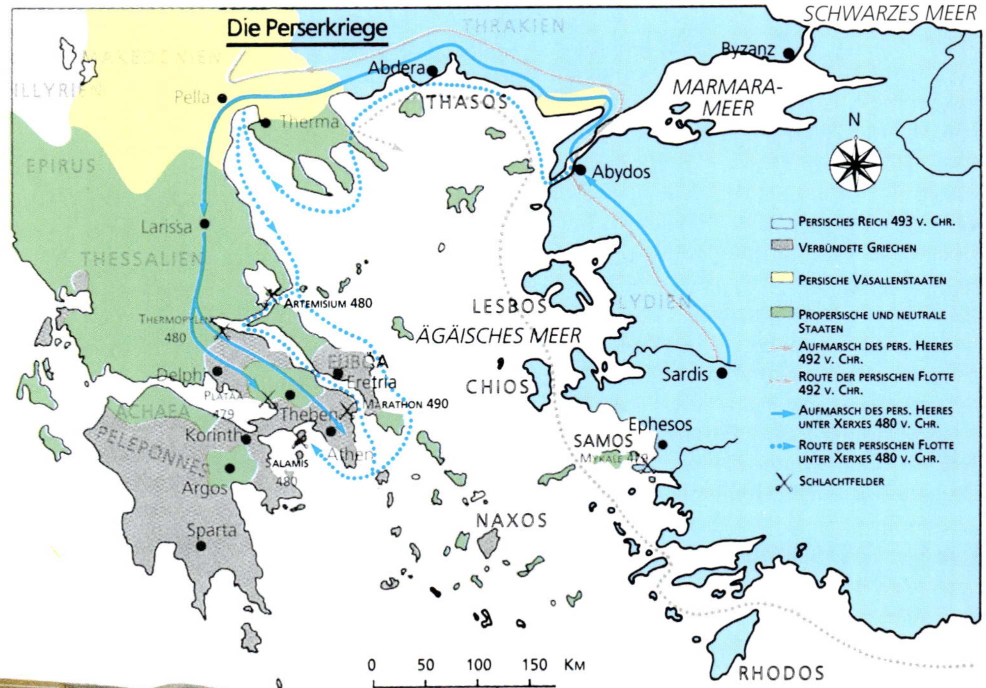

***Den griechischen Hopliten** (schwer bewaffnetem Fußvolk) war es zu verdanken, daß die zahlenmäßig überlegenen, aber leichter bewaffneten Perser besiegt werden konnten. Wie die Athener bei Marathon bewiesen, war ein entschlossen in gestaffelter Phalanx vorgetragener Hopliten-Angriff sehr wirkungsvoll. Die Rüstung des Hopliten bestand aus einem Bronzehelm, der den größten Teil des Gesichts bedeckte, einem dicken Panzer aus mehreren Stoffschichten, bronzenen Beinschienen und einem großen, runden Holzschild mit Bronzerand. Hauptwaffe war ein langer Spieß, der eher zum Stoß als zum Wurf verwendet wurde.*

***Delphi** lag auf einer schmalen Terrasse an einem Berghang. Es war die Heimat des berühmten Orakels. Der Blick von der heutigen Stadt Delphi* (oben) *schweift bis zum Golf von Korinth und dem alten Hafen Delphis. Die Tholos* (rechts) *ist ein Rundtempel im Osten des Heiligtums aus dem frühen 4. Jahrhundert.*

Die Perserkriege wurden in zwei Etappen geführt. Die erste endete 490 v. Chr., als der Perserkönig Darius bei Marathon besiegt wurde. Die zweite begann 10 Jahre später mit einer Invasion Griechenlands. Im Jahre 480 v. Chr. errangen die Perser bei den Thermopylen einen Sieg. Nun verließen die Athener ihre Stadt, stellten sich dem Feind und zwangen ihn zur Seeschlacht bei Salamis, in der sie den Sieg errangen. Xerxes schiffte sich wieder nach Persien ein, ließ aber starke Kräfte zurück. Doch nach erneuten Niederlagen des persischen Heeres 479 bei Plataä und der Flotte bei Mykale war die Gefahr für das griechische Festland gebannt.

So wurden in einigen Städten neue Gesetze eingeführt, die die Macht des Adels beschnitten, und in anderen wurde die Herrschaft der Aristokraten von Tyrannen abgelöst, die gelegentlich mit Hilfe der Hopliten zur Macht kamen. In manchen Städten bildeten sich Oligarchien (die Herrschaft der Wenigen).

Während der archaischen Epoche von etwa 750 bis 500 v. Chr. wurden Athen und Sparta, die sich in ganz unterschiedlicher, ja gegensätzlicher Richtung entwickelten, besonders mächtig. Sparta hatte eine Zweikönigsherrschaft und kontrollierte einen großen Teil der Peloponnes. Die meisten Einwohner Spartas waren an das Land gebundene Leibeigene, die sogenannten Heloten, während die Spartiaten, die Kaste der Elitebürger, von Kindheit an fürs Kriegshandwerk erzogen, fast dauernd unter Waffen lebten.

Athen dagegen tat die ersten Schritte in Richtung Demokratie, als Solon im Jahre 594 v. Chr. die Gesetze reformierte. Doch herrschte weiterhin Unzufriedenheit unter den Bürgern, so daß sich Peisistratos (560 bzw. 546–527 v. Chr.) zum Tyrannen aufschwingen konnte. Seine zwei Söhne setzten die Tyrannenherrschaft fort, bis der eine umgebracht wurde (514) und der andere aus der Stadt fliehen mußte. Nach dem Sturz der Peisistratiden (um 510) führte Kleisthenes weitgehende demokratische Reformen durch. Athen wurde reich durch seinen Handel und seine Silberbergwerke in Laurion. Eine neue, 483 entdeckte Silberader erwies sich als außerordentlich ergiebig. Der Stratege Themistokles überredete die Athener, das zusätzliche Silber zum Bau einer Flotte zu verwenden, mit der er 480 v. Chr. die Perser bei Salamis entscheidend schlug.

Bereits in den neunziger Jahren des 5. Jahrhunderts war Persien zu einer Bedrohung für das griechische Festland geworden. Damals hatten griechische Städte in Kleinasien, unterstützt von Athen, gegen das persische Joch revoltiert. Der ionische Aufstand wurde niedergeschlagen, und im Jahre 492 unterwarf eine persische Expedition Makedonien, obwohl die persische Begleitflotte in einem Sturm an der Nordküste Griechenlands unterging. Daraufhin schickte der persische König Darius 490 eine Streitmacht nach Griechenland, um an den Athenern Rache zu nehmen für ihre Haltung im ionischen Aufstand. Aber auf der Ebene von Marathon schlug die athenische Infanterie in einem entschlossenen Angriff die Perser in die Flucht. Aber zehn Jahre später kamen die Perser unter Xerxes mit einem noch größeren Heer zurück und fochten mit den Griechen bei den Thermopylen, Salamis und nach einem Jahr bei Plataä. Diese Schlachten der Jahre 480–479 entschieden das Schicksal Griechenlands und damit auch das der westlichen Welt.

Delphi und die Orakel

Orakelstätten spielten im Leben der Alten Welt eine wichtige Rolle. Es handelte sich um Heiligtümer, in denen der dort verehrte Gott über ein Medium wahrsagte oder Ratschläge gab. Die Bedeutung der Orakelstätten wechselte im Lauf der Zeit. Doch das Apollon-Orakel in Delphi behauptete seine Vorrangstellung bis in die hellenistische Zeit. In Delphi wurden die Antworten von der Priesterin Pythia gegeben, die sich wahrscheinlich durch das Kauen von Lorbeerblättern in Trance versetzte. Ihre Worte wurden dann von Priestern gedeutet und für die Fragesteller in Versform gebracht. Die Orakel konnten zu vielerlei Problemen befragt werden, z. B. zu Fragen des Kultes oder der Moral. Auch politische Prophezeiungen wurden erbeten, und in dieser Hinsicht hatte sich Delphi in der Zeit der Kolonisierung eine unbestrittene Autorität erworben. Denn die Kolonisten hatten den Rat der Priester gesucht, wenn es darum ging, Ort und Schutzgottheit zu wählen. Später wurden die Fragen komplizierter, so daß die Antworten großes Verständnis für die aktuelle politische Lage voraussetzten. Aber die Priester waren den Anforderungen anscheinend gewachsen und griffen mit ihren Antworten gelegentlich selbst in die Politik ein. Häufig waren die Orakelsprüche zweideutig wie im Fall des lydischen Königs Krösus, der die Auskunft erhielt, wenn er die Perser angriffe, würde er ein großes Reich zerstören. Es war sein eigenes.

Die Möglichkeit, den Willen der Götter durch das Orakel zu erfahren, war für die Griechen von ganz besonderer Bedeutung, besaßen sie doch im allgemeinen keine heiligen Bücher. Der Gott Apollo wurde dabei am meisten geschätzt. Er besaß außer Delphi noch weitere Heiligtümer, vor allem in Theben und in Delos. Auch Didyma in Kleinasien spielte bis in die römische Kaiserzeit eine große Rolle. Eine weitere beliebte Orakelstätte war die des Zeus in Dodona.

Der Aufstieg Athens

Die Perserkriege, in denen die Griechen einen zahlenmäßig überlegenen Feind besiegt hatten, wurden in der späteren griechischen Tradition als die entscheidende Auseinandersetzung zwischen Griechen und Barbaren, dem Westen und dem Osten, angesehen. Von da an beschworen Politiker, die eine Zusammenarbeit zwischen Athen und Sparta für wünschenswert hielten, immer wieder die persische Bedrohung. Doch kennzeichnet der griechische Geschichtsschreiber Herodot in seinem Geschichtswerk die Perser keineswegs als Barbaren. Er erklärt vielmehr, die Geschichte des Krieges geschrieben zu haben, »damit das Gedächtnis der Vergangenheit unter den Menschen durch die Zeit nicht ausgelöscht werde und die großen und herrlichen Taten, die von Griechen und Fremden verrichtet wurden, und vor allem auch der Grund, weshalb sie gegeneinander Krieg führten, nicht aus ihrer Erinnerung getilgt würden.«

Zwar war nun die Bedrohung für das griechische Festland beseitigt, aber die ionischen Griechen in Kleinasien, die noch unter persischer Herrschaft standen, wünschten den Kampf fortzusetzen. Jetzt profitierte Athen von dem Prestige, das es in dem Krieg gewonnen hatte, löste Sparta als Führerin der Griechen des Ostens ab und bildete eine Allianz unter sei-

Politische Wissenschaften

Der griechische Stadtstaat, die Polis (wovon sich das Wort Politik herleitet), war ein souveräner Staat. In einer demokratischen Polis lag die Regierung in der Hand der Bürger, die an ihre Gesetze gebunden und durch ihr politisches Selbstverständnis an selbständigen Entscheidungen interessiert waren. Es gab eine ganze Anzahl von Regierungsformen in den Stadtstaaten und viele lokale Varianten, so daß ein Schüler des Aristoteles auf dessen Geheiß 158 verschiedene griechische Verfassungen sammeln und dokumentieren konnte. Aus diesem Material entwickelte Aristoteles die These vom typischen Verfassungskreislauf des griechischen Stadtstaates. Zuerst gab es eine Monarchie, dann eine Entartung in Form einer Tyrannis (Diktatur), darauf folgen eine Aristokratie (die Herrschaft der Besten d. h. des Adels) und deren negative Variante, die Oligarchie (Herrschaft einer Elite, etwa der Reichen) und schließlich die Demokratie (Herrschaft durch den Demos, die

Die Tyrannis, *die autokratische Herrschaft, stand im ersten Jahrhundert des alten Griechenland noch nicht in so schlechtem Ruf wie später zu Zeiten Platos. Er schildert den Tyrannen folgendermaßen:*

»Er ist mehr einem Wolf als einem Menschen ähnlich, verfährt rücksichtslos mit politischen Gegnern und bricht Kriege vom Zaun.« Platos Kommentare passen gut auch auf moderne Tyrannen wie Adolf Hitler (links).

Tonscherben *wie diese, in der die Namen Aristides und Lysimachos eingeritzt sind, wurden als Stimmzettel beim sog. Ostrakismos verwendet. Das war ein politisches Verfahren, durch das politisch unliebsame Bürger zeitweise ins Exil geschickt werden konnten.*

Präsident John F. Kennedy, *der 1963 auf tragische Weise umkam, verkörperte die Ideale der modernen westlichen Demokratien. Aber die große Flächenausdehnung und die Komplexität des modernen Staates ist der vollen Beteiligung der Bürger an der Regierung hinderlich.*

ner Führung. Dieser sogenannte Delisch-Attische Seebund, 478 v. Chr. gegründet, trat auf der Insel Delos zusammen. Ziel des Bundes war, die Perser aus allen Gebieten zu vertreiben, in denen Griechen wohnten. Bald hatten sich ihm die meisten ägäischen Inseln und viele Küstenstädte des Nordens und Ostens angeschlossen. Aber im Jahre 448 v. Chr. wurden die Kämpfe zwischen Griechen und Persern mit dem Kalliasfrieden beendet. Dennoch bestand der Bund weiter, und Athen bevormundete zunehmend die anderen Mitglieder.

In dieser Zeit kam auch die athenische Demokratie zur Reife. Die Regierungsgewalt der Stadt lag bei der Volksversammlung (Ekklesia), in der alle Bürger ein Stimmrecht hatten. Das bedeutete freilich in Wirklichkeit Stimmrecht nur für die erwachsenen Männer, da weder Frauen noch Sklaven als volle Bürger galten. Die Volksversammlung trat mehrere Male im Monat zusammen, und jeder Bürger konnte Anträge für Volksbeschlüsse einbringen, die, wenn sie die Mehrheit der Stimmen erhielt, in der Regel auch Gesetz wurden. Jede neue Volksversammlung sowie die athenischen Gerichtshöfe konnten ein bestehendes Gesetz wieder abschaffen. So hatten die Bürger beträchtliche Macht, die noch durch den sogenannten Ostrakismos untermauert wurde, ein Verfahren, durch das mißliebige Bürger verbannt werden konnten. Jedes Jahr gab es eine Abstimmung in der Volksversammlung, ob ein Ostrakismos vollzogen werden sollte. Fiel sie positiv aus, so mußten die Bürger den Namen dessen, den sie ins Exil zu schicken wünschten, auf ein »Ostrakon«, eine Tonscherbe, schreiben. Entfielen auf eine Person 6000 oder mehr Stimmen, mußte diese für zehn Jahre außer Landes gehen.

Da jedoch die Volksversammlung zu groß und zu schwerfällig war, hatte man einen Rat, eine »Boule«, von 500 durch das Los bestimmten Männern gebildet, der die Beschlüsse der Versammlung vollziehen, deren Tagesordnung vorbereiten und kleinere Entscheidungen treffen sollte. Die Zusammensetzung dieses Rates änderte sich von Jahr zu Jahr, und niemand durfte ihm länger als zwei Jahre angehören. Vom Jahre 487 v. Chr. an wurden auch die Archonten, die bis dahin sehr mächtigen höchsten Beamten, durchs Los bestimmt, so daß ihr politischer Einfluß beschnitten wurde.

Die Macht der Bürger erstreckte sich auch auf die Gerichtshöfe, wo gewöhnliche Leute, keine Berufsanwälte, ihre eigenen Fälle vortrugen. Sie wurden von einer Jury angehört, die ebenfalls durchs Los bestimmt war. Einige Positionen der Regierung wurden durch jährliche Wahl besetzt, vor allem die militärischen Befehlshaber. Der Areopag, der Rat der Alten, der sich aus früheren Archonten zusammensetzte, wurde 462/61 v. Chr. ebenfalls in seiner Macht beschnitten.

Bürgerschaft) sowie deren Transformation zur Ochlokratie, der Herrschaft des Pöbels. Geschwindigkeit und Reihenfolge, mit der die eine Staatsform in die andere überging, konnten variieren, so daß manche Staaten noch im 4. Jahrhundert Monarchien waren. Auch konnte der Wechsel von einer Form zur anderen sehr dramatisch vor sich gehen, z. B. wenn eine Demokratie von einer Oligarchie abgelöst wurde. Es kam auch vor, daß eine Tyrannis gemäßigt war.

Die Begründer der Staatsphilosophie, Plato (429–347 v. Chr.) und Aristoteles (384–322 v. Chr.), hielten nicht viel von der demokratischen Regierungsform, die als eines der bedeutendsten Vermächtnisse des alten Griechenland an die moderne zivilisierte Welt gilt. Plato analysierte politische Systeme und formulierte politische Theorien in seinem »Staat«, Aristoteles in seiner »Politik«. Aus diesem Erbe entwickelten sich die politischen Wissenschaften im Abendland. Bestehen auch gravierende Unterschiede zwischen den modernen Demokratien und denen der alten Griechen – z. B. weil damals die Sklaverei noch eine Selbstverständlichkeit war –, so sind doch beiden bestimmte Grundprinzipien gemeinsam: u. a. das Wahlrecht und das Recht auf freie Meinungsäußerung.

***Wahlplakate** aus dem Jahre 1989 in einem kretischen Dorf werben für die PASOK, die sozialistische Partei des heutigen Griechenland, und ihren Führer Andreas Papandreou. Nach dem Zusammenbruch einer siebenjährigen Diktatur durch eine Gruppe von Heeresoffizieren wurde 1947 in Griechenland die Demokratie wieder eingeführt.*

Geschichtsschreibung

Die beiden ersten Historiker des alten Griechenland, Herodot (ca. 490/480–425 v. Chr.) und Thukydides (ca. 460–400 v. Chr.), waren auch die größten. Beide machten die großen Konflikte ihrer Zeit (die Perserkriege bzw. den Peloponnesischen Krieg) zum Hauptthema ihrer Werke, wobei sie vor allem versuchten, die Motive menschlichen Verhaltens aufzudecken und die Ursachen der Kriege zu ergründen. Herodot, der in der ionischen Stadt Halikarnaß in Kleinasien geboren wurde, ist mit Recht der »Vater der Geschichtsschreibung« genannt worden. Ihn zeichnete jener Forscherdrang aus, für den die Ionier berühmt waren, und die Früchte dieser Begabung sind seine geographischen und anthropologischen Kommentare, die seinem Werk seinen besonderen Reiz verleihen. Seine Schriften sind bis heute eine Geschichtsquelle ersten Ranges.

Thukydides stammte aus Athen und nahm in den ersten Jahren am Peloponnesischen Krieg teil, in dem sich Athener und Spartaner und ihre Verbündeten bekämpften. Sein Bericht konzentriert sich auf die Ursachen, den Verlauf und den politischen Hintergrund des Krieges.

Der Glanz Athens

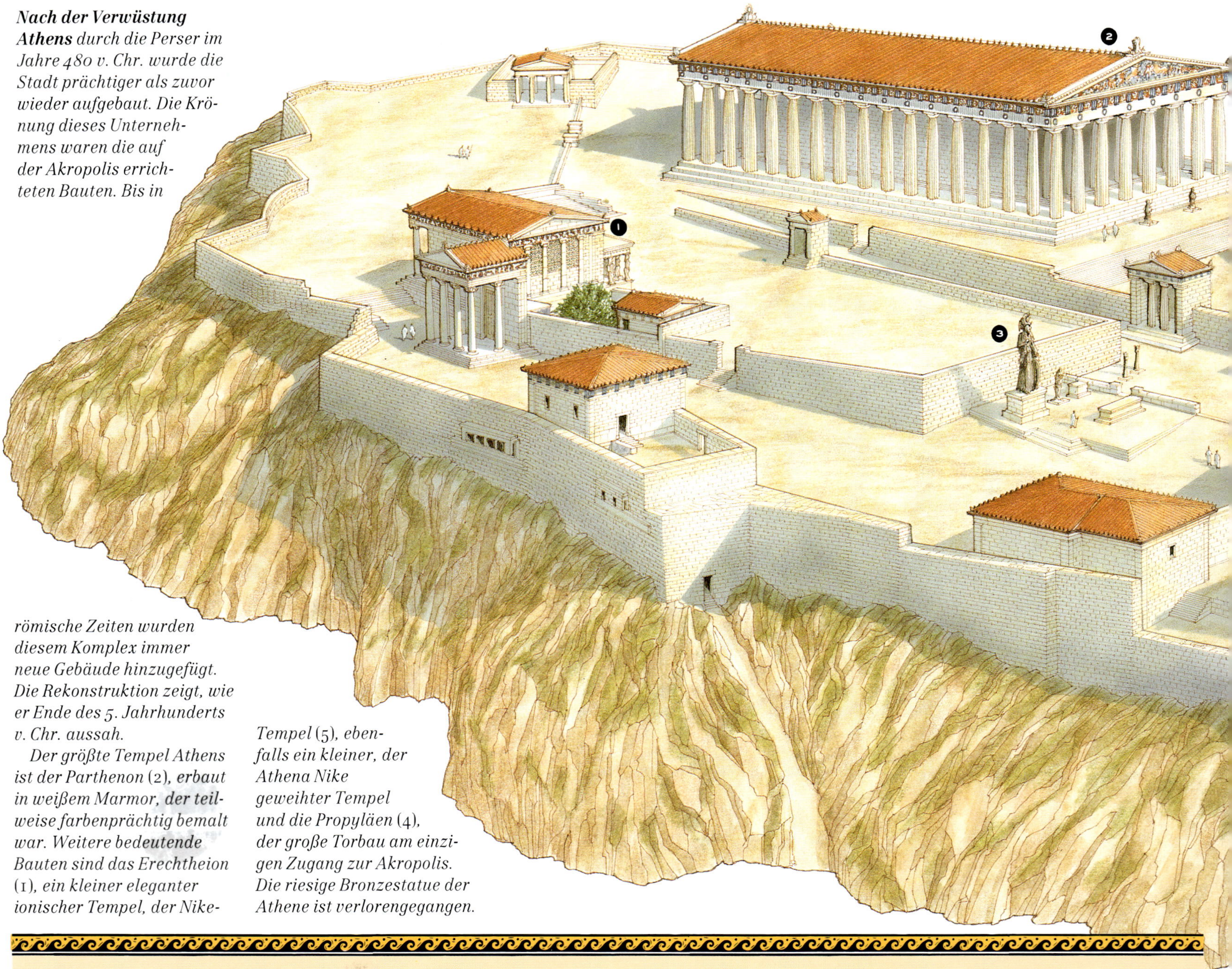

***Nach der Verwüstung Athens** durch die Perser im Jahre 480 v. Chr. wurde die Stadt prächtiger als zuvor wieder aufgebaut. Die Krönung dieses Unternehmens waren die auf der Akropolis errichteten Bauten. Bis in römische Zeiten wurden diesem Komplex immer neue Gebäude hinzugefügt. Die Rekonstruktion zeigt, wie er Ende des 5. Jahrhunderts v. Chr. aussah.*

Der größte Tempel Athens ist der Parthenon (2), erbaut in weißem Marmor, der teilweise farbenprächtig bemalt war. Weitere bedeutende Bauten sind das Erechtheion (1), ein kleiner eleganter ionischer Tempel, der Nike-Tempel (5), ebenfalls ein kleiner, der Athena Nike geweihter Tempel und die Propyläen (4), der große Torbau am einzigen Zugang zur Akropolis. Die riesige Bronzestatue der Athene ist verlorengegangen.

Die Elgin Marbles

Im Jahre 1806 brachte der britische Aristokrat Thomas Bruce, der 7. Earl of Elgin, den Fries und die Skulpturen vom Giebelfeld des Parthenon, des der Athene geweihten Tempels, von der Akropolis nach England. Man kennt diese von dem Meisterbildhauer Phidias geschaffenen Werke als die »Elgin Marbles«, die sich heute im Britischen Museum befinden. Lord Elgin mußte seinerzeit wegen dieser Unternehmung massive Kritik einstecken, ja er wurde sogar, z. B. von Lord Byron, des Vandalismus bezichtigt. 1983 verlangte die griechische Regierung die Rückführung der Skulpturen, was das Britische Museum jedoch verweigerte.

Doch sollte man die Entfernung der Skulpturen im Zusammenhang mit der damaligen Zeitsituation sehen. 1795 beauftragte Elgin Thomas Harrison, einen jungen, vielversprechenden Architekten, ihm für seine Braut eine neue Residenz, Broom Hall, zu bauen. Elgin war mit dem klassizistischen Entwurf Harrisons einverstanden. 1799 wurde er zum Botschafter in Konstantinopel, der Hauptstadt der Türkei, ernannt, und Harrison bat ihn um Kopien und Abgüsse griechischer Kunst und Architektur, die damals in England Mode waren.

Elgin beauftragte seinen Sekretär mit der Aufgabe, das Gewünschte zu beschaffen, und dieser engagierte einen Maler und mehrere Handwerker, die alte griechische Skulpturen einschließlich Teilen des Parthenons registrieren, abmessen und Abgüsse von ihnen machen sollten. Die Aufgabe wurde sehr erschwert durch den Umstand, daß die Türken, die damals Griechenland beherrschten, die Akropolis als Festung benutzten und viele Bauten schon schwer beschädigt waren. Deshalb schrieb, während Elgins Leute sich an die Arbeit machten, der Kanzler der britischen Botschaft in Konstantinopel, der gerade Athen besuchte, an Elgin und legte ihm dringend nahe, sich um die Erlaubnis der Türken zu bemühen, die Skulpturen aus der Gefahrenzone entfernen zu lassen. Die Erlaubnis wurde gegeben, und die Kunstwerke wurden verschifft, um künftig zur Verschönerung von Broom Hall zu dienen.

Der Parthenon in Nashville, Tennessee, ist eine getreue Nachbildung des Originals in Athen – die einzige auf der Welt. Im Jahre 1931 in Granit erbaut, beherbergt er auch Kopien der Elgin-Skulpturen.

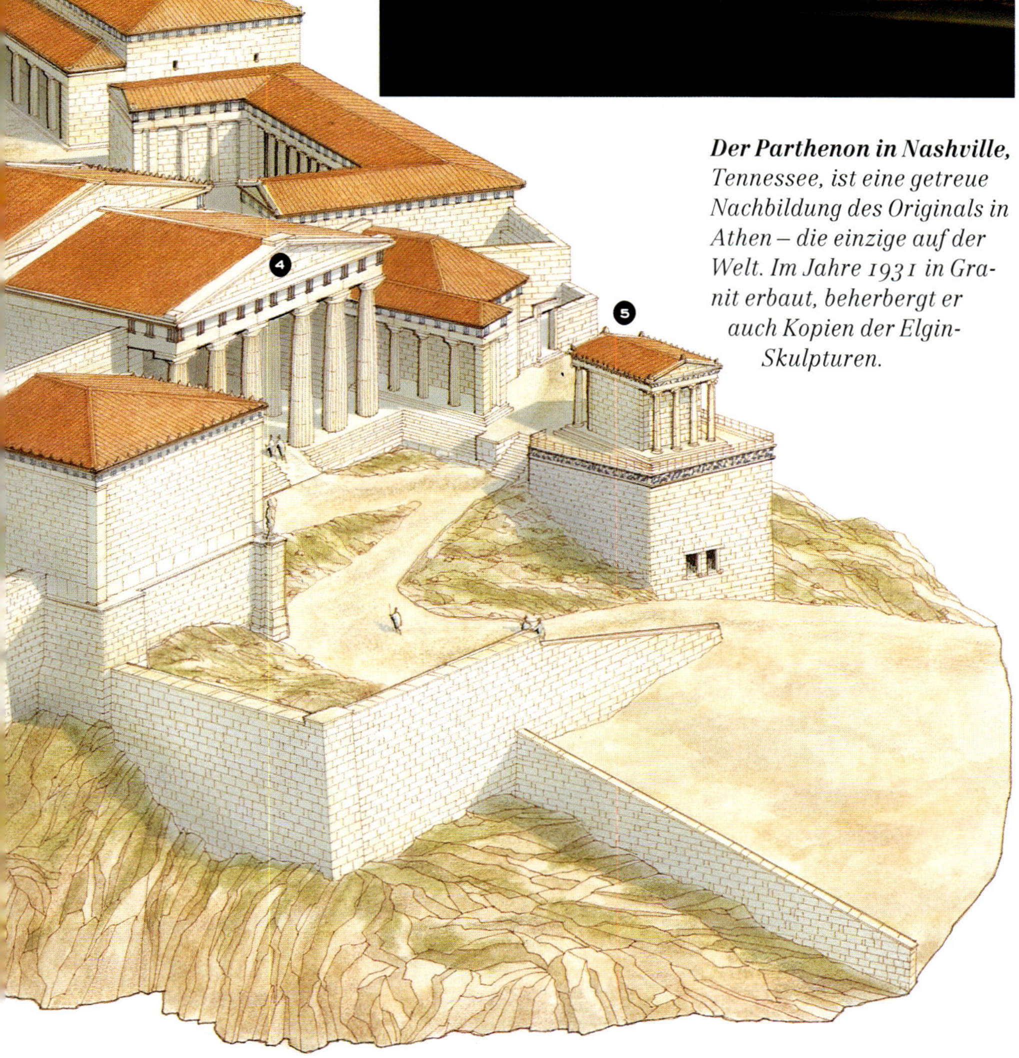

454 v. Chr. wurde der Schatz des Delischen Bundes von Delos nach Athen gebracht. Damit besaß Athen sowohl die finanzielle als auch die politische Vormachtstellung innerhalb der Allianz. Tatsächlich war aus dem Bund ein athenisches Imperium geworden. Aber schon früher hatte Athen auf einige Verbündete Druck ausüben müssen, die Zahlungen an den Bund und die Feindseligkeiten gegen Persien fortzusetzen: 471 v. Chr. hatte die Insel Naxos aus dem Bund auszubrechen versucht, Thasos im Jahre 465. Athen schickte Kriegsschiffe gegen diese und andere unzufriedene Verbündete und zwang sie, ihre Zahlungen zu leisten.

Athen befand sich jetzt auf der Höhe seines Reichtums und seiner Macht. Im Besitz der Finanzmittel des Bundes verwendete es Teile davon zum Wiederaufbau der Tempel und zur Verschönerung der Stadt. Athenische Kriegsschiffe, auch sie mit Mitteln des Bundes erbaut, eskortierten die Handelsschiffe, so daß die Versorgung gewährleistet war.

Nach dem Jahre 462 v. Chr., in dem er Maßnahmen zur Beschneidung der politischen Macht des Areopag unterstützt hatte, spielte der Staatsmann und Redner Perikles eine immer einflußreichere Rolle bei der Gestaltung der athenischen Politik. Er war der Großneffe des Kleisthenes, der 508/7 um das Jahr 510 bedeutende demokratische Reformen in die Wege geleitet hatte. Ab 443 führte Perikles den Vorsitz in der Runde der zehn Generäle, die durch direkte Volksabstimmung gewählt worden waren. In dieser Position, in die er fast regelmäßig jedes Jahr bis zu seinem Tod 429 wieder gewählt wurde, steuerte Perikles das Staatsschiff Athens durch die goldenen Zeiten der geistigen und künstlerischen Hochblüte der Stadt.

Der dauerhafteste Zeuge diese Glanzes ist der Parthenon, der herrliche dorische Tempel auf der Akropolis, geweiht der Athene, der Schutzgöttin der Stadt. Man begann mit seiner Errichtung im Jahre 448/47. Dieser mächtige Marmorbau auf einer Fläche von 34 mal 73 Metern war kilometerweit zu sehen und ein Symbol für die imperialen Ansprüche Athens.

Die herrlichen Skulpuren am Parthenon, geschaffen von dem Bildhauer Phidias, stellten unter anderem die Geburt der Athene dar. Auf den 92 Metopen des äußeren Dachgebälks fanden sich Szenen verschiedener Themenkreise, darunter der Kampf der Kentauren, der Amazonen und der Giganten, während der innere Fries, der um die Cella lief, die große Prozession bei den Panathenäen zu Ehren der Athene abbildete. Die Skulpturen waren bemalt, und die Zügel der Pferde in der Prozession bestanden aus Bronze. Im Innern des Tempels stand beherrschend die große Statue der »Jungfrau Athene«, auch sie von Phidias geschaffen. Die Statue bestand im Innern aus einem Holzgerüst, außen bildete Elfenbein das Fleisch, und golden waren die Kleider. Sie ist uns allerdings nicht erhalten geblieben, auch nicht die große Bronzestatue der »Schutzgöttin Athene«, die vor dem Tempel stand.

437, nach Vollendung des Parthenon, wurde mit dem Bau des großen Eingangstores zur Akropolis, den Propyläen, begonnen. Zwar wurden Perikles und die Athener wegen ihrer verschwenderischen Bauten und der Verwendung der Bundesmittel dafür kritisiert, aber das Projekt kam andererseits dem einfachen Volk und den Handwerkern der Stadt zugute.

Ein Großteil der Handarbeit in Athen und anderen griechischen Städten wurde von Sklaven verrichtet, von denen es tausende gab. Einige von ihnen waren Kriegsgefangene, andere schon als Sklaven geboren worden. Die Arbeitsbedingungen der Sklaven in den Silberminenn waren so furchtbar, daß viele von ihnen Fluchtversuche unternahmen.

Die Akropolis

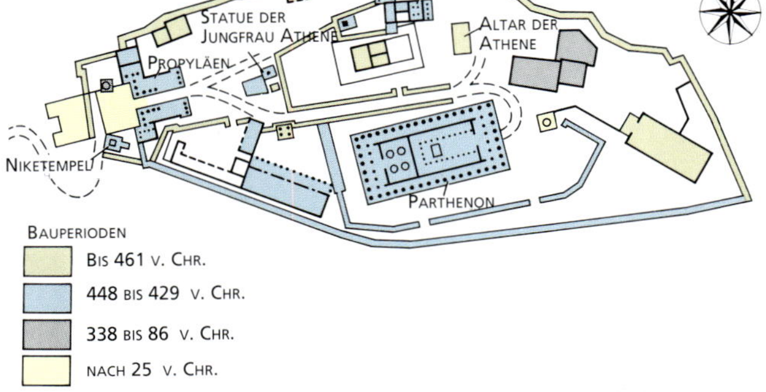

Die Spaltung

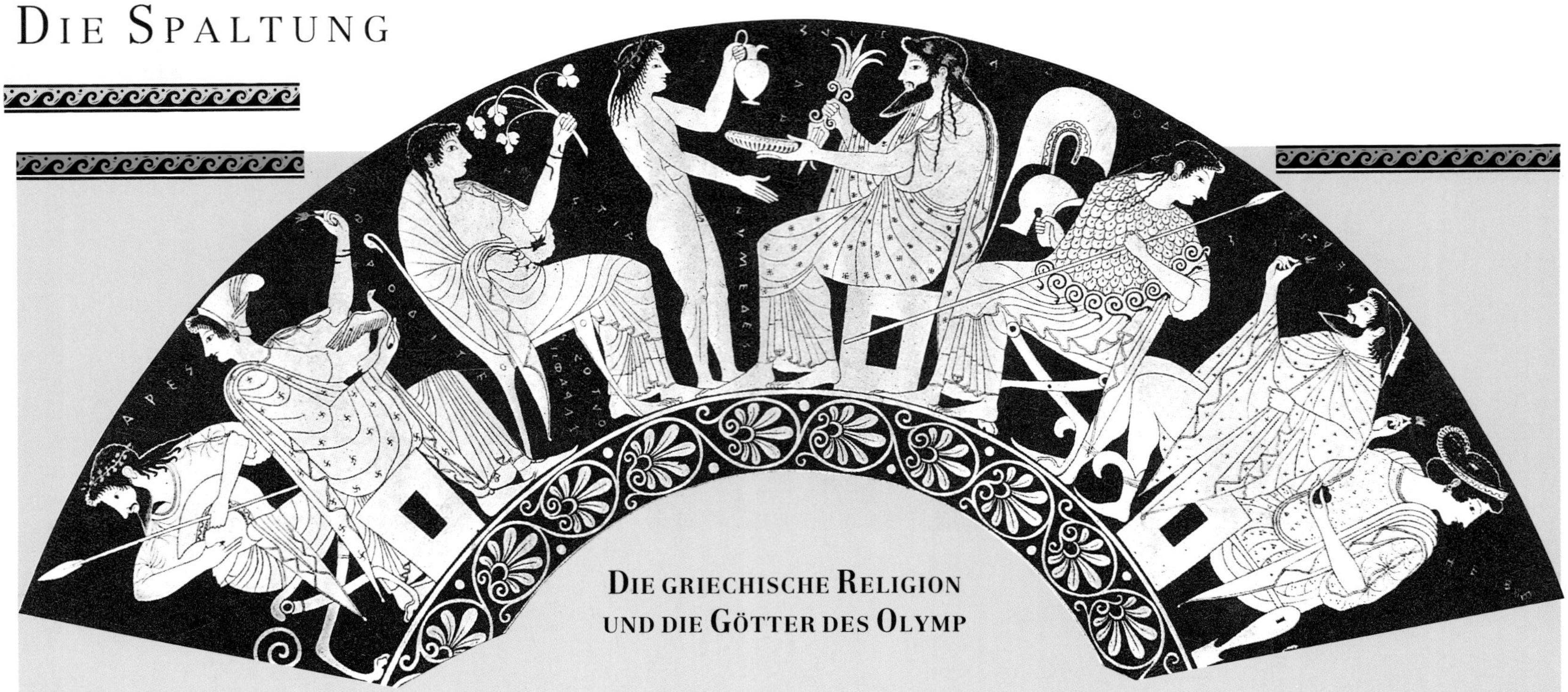

Die griechische Religion und die Götter des Olymp

Die griechische Religion war polytheistisch, und ihre Götter stellte man sich in menschlicher Gestalt vor. In klassischen Zeiten wurden zwölf große Götter verehrt, die, wie man glaubte, auf dem Olymp *(unten)* wohnten, dem höchsten Berg Griechenlands. Je nach Gegend unterschieden sich die Götter in ihren Eigenschaften, und einige von ihnen vereinigten auch die Wesensmerkmale mehrer Gottheiten in sich. Jeder Stadtstaat verehrte seine eigene Schutzgottheit. Zahllose kleinere Gottheiten bevölkerten daneben das Pantheon, und selbst Dionysos, der Gott des Weins, kam trotz seiner Bedeutung nie zu olympischen Ehren. Schließlich gab es auch Kulte für Halbgötter wie z. B. Herakles und für vergöttlichte Menschen (Heroen).

Die Götter wurden an Altären unter freiem Himmel außerhalb der Tempel verehrt. Altäre befanden sich auch an öffentlichen Gebäuden und in Privathäusern. Häufig wurden relgiöse Feste, Spiele und Prozessionen abgehalten, in denen ein bestimmter Gott gefeiert wurde, wobei man seine Statue aus dem Tempel holte und in feierlicher Prozession durch die Stadt trug. Eine besondere Priesterklasse oder -kaste gab es nicht. Die Diener der Götter waren vornehme Bürger, die nach den selben Bestimmungen wie andere Staatsdiener arbeiteten. In Athen war der höchste Kult-Beamte einer der neun jährlich gewählten Räte, der sogenannten Archonten. In Sparta waren die beiden Könige die obersten Kultbeamten. Im Heiligtum Eleusis waren die Priesterämter für den Kult der Göttin Demeter erblich an zwei Adelsfamilien gebunden.

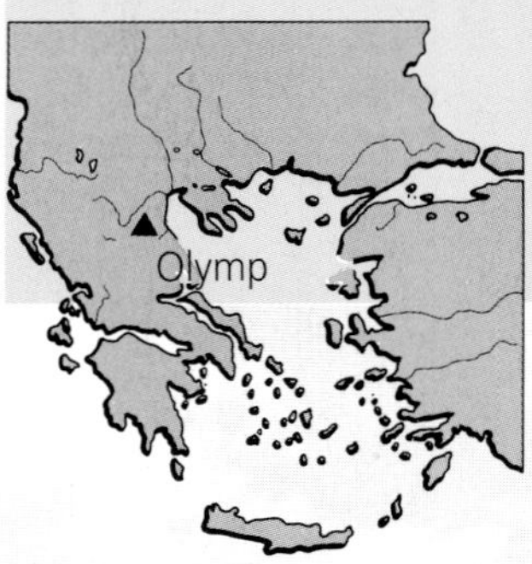

Die Olympier

Zeus, die höchste Gottheit, ein Himmelsgott, der den Donnerkeil schleuderte. Der gerechte Herrscher.
Hera, Gattin des Zeus, auf den sie immer sehr eifersüchtig war.
Apollo, jugendlicher Gott der Musik, der Reinheit des Ritus und der Orakel.
Artemis, die Jägerin, Schwester des Apollo. Sie war eine dem Mond zugeordnete Naturgöttin. Als Hekate war sie die Göttin des Todes und der Geburt.
Athene, Göttin des Krieges und des Handwerks. Sie war die Schutzgöttin Athens.
Ares, ein Kriegsgott. Ihn findet man weniger häufig dargestellt als die anderen Götter.
Aphrodite, Göttin der Liebe und der Schönheit. Eine vorolympische Gottheit, der Überlieferung nach in Paphos aus dem Meer geboren.
Demeter, Göttin des Getreides. Wenn sie um Persephone, ihre Tochter, trauerte, kam der Winter, wenn diese aus der Unterwelt zurückkehrte, wurde es Frühling. Demeter stand mit Tod und Wiedergeburt sowie dem Mysterienkult in Eleusis in Verbindung.
Hephaistos, der Gott der Schmiede und des Kunstgewerbes.
Poseidon, Herr des Meeres und der Erdbeben.
Hermes, der Götterbote, der die Seelen in die Unterwelt geleitete. Auch Gott der Schäfer, Hirten und Diebe.
Hestia, eine alte Göttin des Herdfeuers.

In der 2. Hälfte des 5. Jahrhunderts v. Chr. wuchs in vielen griechische Städten, insbesondere Mitgliedern des Seebunds, der Widerstand gegen Athen. Sparta vor allem haßte Athen und lehnte die Demokratie ab, zumal sich diese auch andernorts ausbreitete. Wahrscheinlich fürchtete es auch, die Macht über seine eigenen Verbündeten auf der Peloponnes zu verlieren. Der unvermeidliche Zusammenstoß erfolgte in Form des Peloponnesischen Krieges, der fast ohne Unterbrechung von 431–404 v. Chr. dauerte.

Im Jahre 435 v. Chr. kam es zu einer Auseinandersetzung zwischen Korinth und seiner Kolonie Korkyra, bei der Korkyra sich die Unterstützung Athens sicherte. Zwei Jahre später, 433 v. Chr., endete dieser Konflikt in einer Seeschlacht, bei der die Intervention der Athener den Korinthern fast den Sieg entrissen hätte. Im Jahr darauf revoltierte Potidaia auf der Halbinsel Chalkidike gegen das athenische Bündnis, und Korinth schickte unauffällig Hilfe. Im gleichen Jahr stimmten Sparta und seine Verbündeten im Peloponnesischen Bund, aufgehetzt durch korinthische Gesandte, für den Krieg gegen Athen.

Im Jahre 431 drangen die Spartaner in Attika ein, trafen aber auf keinen Gegner und plünderten das Land einen Monat lang – um sich dann wieder zurückzuziehen. Denn Perikles hatte die Athener dazu bewogen, sich nicht zum Kampf zu stellen, sondern das flache Land zu verlassen und sich in den Schutz der langen Mauern zu begeben, die Athen mit seinem Hafen verbanden. Diese Mauern machten die Stadt zu einer autarken Festung, die vom Meer her versorgt werden konnte. Die Strategie des Perikles nahm Rücksicht auf die Schwäche Athens als Landmacht und ermöglichte der Stadt, ihre große Überlegenheit zur See auszuspielen. Im ersten Jahr ging alles nach Plan, und Athen selbst erlitt keinen Schaden.

Die Invasionen Attikas durch die Spartaner wurden aber in den folgenden sechs Jahren fortgesetzt. Während dieses Zeitraums wütete die Pest, die 430 ausgebrochen war, in Athen und raffte rund ein Drittel der Einwohnerschaft dahin. Auch Perikles fiel ihr zum Opfer. Doch hielten die Athener an seiner Strategie fest, sich auf dem Land den mächtigen Spartanern nicht zu stellen, und das Kriegsglück verhalf ihnen auch zu Siegen in verschiedenen Seeschlachten. Schließlich baten die Spartaner um Frieden, der ihnen jedoch auf Betreiben des Demagogen Kleon von den Athenern verweigert wurde. Immerhin wurde 421 v. Chr. nach weiteren Verlusten und Siegen auf beiden Seiten der Friede geschlossen.

Sechs Jahre darauf versuchte Athen sich in die Angelegenheiten griechischer Städte in Sizilien zu mischen, und Syrakus rief die Spartaner zu Hilfe. Sparta kam den Sizilianern im Jahre 414 zu Hilfe, und im darauffolgenden Jahr wurde das große athenische Expeditionskorps, das Syrakus schon fast eingenommen hatte, in eine Falle gelockt und vernichtet. Sparta ging nun mit persischer Hilfe zur Offensive in Griechenland über. In Athen gab es 411 ein kurzes oligarchisches Zwischenspiel, doch kämpfte die Stadt weiter, auch als ihr Imperium verlorenging und die Bündnisstaaten das Joch der athenischen Herrschaft abwarfen.

Im April 404 v. Chr. zwang der Hunger die Athener zur Kapitulation. Ein Jahr zuvor hatte die spartanische Flotte den athenischen Getreidenachschub von See her unterbunden. Der Sieg der Spartaner war vollkommen. Und unter einer prospartanischen Oligarchie, den 30 Tyrannen unter Führung eines Mannes namens Kritias, erlebten die Athener eine kurze, aber blutige Periode der Schreckensherrschaft. Doch im Jahre 403 konnte die Demokratie wieder errichtet werden.

Die Kunst der Vasenmalerei

Vom 10. Jahrhundert v. Chr. an wurden schön geformte protogeometrische Vasen, bemalt mit Wellenlinien und kreisförmigen Motiven, in Athen und anderen griechischen Städten hergestellt. In den darauf folgenden 200 Jahren überzogen dann geometrische Muster die gesamte Oberfläche der Vasen. Allmählich kamen auch Figuren hinzu, zunächst einzeln, dann zu mehreren. Im 8. Jahrhundert v. Chr. machten sich die Beziehungen der Griechen zum Osten in der Vasenmalerei bemerkbar. Man sieht nun Löwen und stilisierte Tiere, Sphingen und den Phönix, ebenso Blumen und andere östliche Motive, die zur Verzierung verwendet wurden. In Korinth, dem Zentrum der »orientalisierenden« Keramik, wurden jetzt die sog. schwarzfigurigen Vasen produziert, bei denen die Bilder schwarz aufgemalt und Details dadurch erzeugt wurden, daß man die schwarze Farbe ritzte, so daß der Ton darunter zum Vorschein kam.

Ende des 7. Jahrhunderts v. Chr. wurde diese Technik auch in Athen angewandt. Jetzt aber setzten sich Genre-Szenen gegenüber den Tierfriesen durch. Es wurden viele verschiedene Arten von Gefäßen hergestellt, wobei sich die Qualität ständig steigerte. Ende des 6. Jahrhunderts v. Chr. wurde eine neue Technik eingeführt, bei der man die Figuren in der Farbe des Tons auf schwarzen Hintergrund setzte.

Die Formen griechischer Vasen, Schalen, Krüge und Becher sind funktionell, doch ihre Bemalung dient dem ästhetischen Vergnügen. Die Themen der Malerei liefern wesentliche Informationen über Mythologie und Alltagsleben der Griechen.

Auf der Innenseite dieser Kylix (oben), *einem Trinkgefäß mit zwei Henkeln, segelt der Gott Dionysos auf rebenumranktem Schiff übers Meer, ein gängiges Motiv griechischer Kunst. Die kleine Vase* (rechts) *aus Attika stellt Apollon und die Musen dar. Sowohl die Kylix als auch die Vase sind Beispiele für Schwarzfigurenmalerei.*

Der Niedergang Spartas

Festspiele

Sport stand bei den Griechen in hohem Ansehen – sowohl im Rahmen der Religion, aber auch als Vorübung zum kriegerischen Einsatz. Die ersten Wettspiele wurden im Heiligtum des Zeus zu Olympia abgehalten; aus dem Jahr 776 v. Chr. sind erstmals die Namen von Siegern überliefert.

In Delphi wurden die ebenfalls bedeutenden Pythischen Spiele zu Ehren des Apollon gefeiert. Beide Veranstaltungen waren panhellenische Spiele und fanden alle 4 Jahre statt. Ein Sieg bei diesen Festen war sehr begehrt, denn er brachte dem Sieger eine sichtbare Ehrung in Form eines Kranzes, seiner Familie und seiner Stadt Ruhm. Die Disziplinen waren Wettlauf, Springen, Diskus- und Speerwurf, Ringen und Boxen, dazu Pferde- und Wagenrennen.

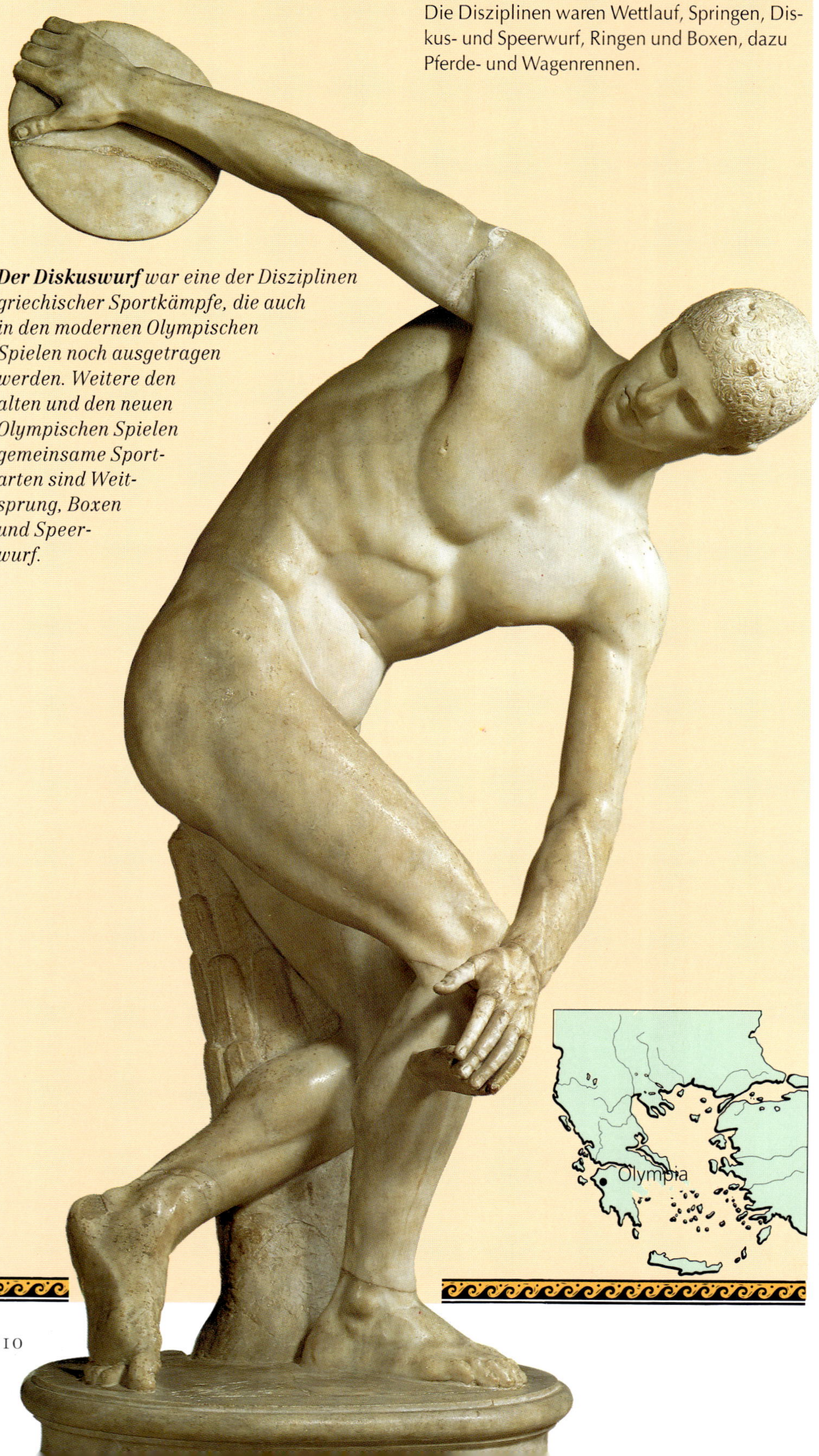

***Der Diskuswurf** war eine der Disziplinen griechischer Sportkämpfe, die auch in den modernen Olympischen Spielen noch ausgetragen werden. Weitere den alten und den neuen Olympischen Spielen gemeinsame Sportarten sind Weitsprung, Boxen und Speerwurf.*

Die Niederlage, die Sparta Athen im Peloponnesischen Krieg beigebracht hatte, schenkte Griechenland jedoch keinen Frieden. Unter der wiederhergestellten Volksherrschaft gewann Athen allmählich seine Stärke zurück, obwohl es niemals mehr so mächtig wurde, wie es vor dem langen Krieg gewesen war. Von 404 v. Chr. ab war es Sparta, das 30 Jahre lang seine neugewonnene Macht mißbrauchte. Die Staaten, die vorher von Athen abhängig gewesen waren, wurden nun praktisch zu tributzahlenden Untertanen in einem spartanischen Reich. Sogar die Bündnispartner Spartas, die in der Theorie souveräne Staaten waren, fühlten sich durch Spartas imperialistisches Gehabe und unnachgiebige Politik beleidigt.

Es dauerte auch nicht lange, und Sparta fiel bei den Persern in Ungnade, die Sparta im Austausch für die Anerkennung seiner Ansprüche auf Ionien geholfen hatten, den Krieg zu finanzieren. Im Jahre 401 v. Chr. befand sich Sparta faktisch schon im Krieg mit ihnen, da die Spartaner Kyros den Jüngeren bei dessen Aufstand gegen seinen Bruder, den persischen König, unterstützten. Nach der Niederlage des Kyros bei Kunaxa in der Nähe von Babylon zogen griechische Söldner durch persisches Territorium bis zum Schwarzen Meer. Dieser Marsch erlangte durch die »Anabasis«, das Werk des Anführers der Griechen, Xenophon, Unsterblichkeit. Der offene Konflikt zwischen Sparta und Persien brach 400 aus, als die Spartaner ein Heer zum Schutz Ioniens ausrüsteten. Und im Jahre 396 schickten sie sogar ihren König Agesilaos nach Ionien, um die griechischen Truppen in Kleinasien zu führen.

In diesem Feldzug erhielt Sparta nicht nur keine Unterstützung von den anderen bedeutenderen Städten Griechenlands, sondern sah sich im Gegenteil mit einer Koalition aus seinen früheren Verbündeten Korinth und Theben mit seinen alten Feinden Athen und Argos konfrontiert. Diese Allianz erklärte Sparta 395 den Krieg, unterlag aber in zwei Schlachten den Spartanern, die ihren König Agesilaos aus Kleinasien zurückgerufen hatten. Von nun an setzten die griechischen Staaten ihre Feindseligkeiten mit wechselndem Kriegsglück fort, bis sie 387 unter dem Druck des Königs von Persien einen mühsam ausgehandelten Friedensvertrag unterzeichneten.

Aber dieser Friedensvertrag setzte ihrer Angriffslust, besonders der Spartas, keineswegs ein Ende. 382 fiel den Spartanern Theben durch Verrat in die Hände. Aber drei Jahre später gewannen die Thebaner ihre Stadt zurück und wurden nun immer mächtiger. Ihr großer Augenblick kam im Jahre 371, als ein thebanisches Heer unter Epaminondas die gefürchteten spartanischen Truppen bei Leuktra schlug. Von dieser Niederlage erholte sich Sparta nicht mehr, vor allem weil nun auch sein soziales und wirtschaftliches System allmählich zusammenbrach. Aber auch Theben konnte sich nicht lange auf der erreichten Höhe halten. 362 besiegten die Thebaner zwar eine Koalition, an der auch Sparta und Athen teilnahmen, in der Schlacht bei Mantinea, aber ihr Führer Epaminondas fiel und mit ihm die Vorherrschaft Thebens.

Nur vier Jahrzehnte nach seinem Sieg über Athen war Sparta somit bitter gedemütigt worden, seine Machtstellung war für immer verloren. Und alle anderen griechischen Staaten waren geschwächt und untereinander uneins. Xenophons »Hellenika«, der einzige uns erhalten gebliebene Bericht über diese turbulenten Jahre, setzt die Geschichte des Konfliktes der griechischen Staaten dort fort, wo die Darstellung des Thukydides abbricht. Xenophon hatte wie Thukydides die Jahre, über die er schrieb, auch selbst erlebt, und war Augenzeuge vieler Ereignisse geworden.

Mittelpunkt des griechischen Theaters war die Orchestra, eine runde Tanzfläche, wo der Chor tanzte und sang. Möglicherweise geht sie auf die Dreschtenne zurück, auf der in ländlichen Gebieten Griechenlands heute noch getanzt wird. In römischer Zeit wurde die Orchestra im Grundriß verändert, aber in Epidauros (oben), *dem besterhaltenen griechischen Theater, ist sie rund geblieben. Oberhalb der Orchestra bildeten Sitzreihen ein halbkreisförmiges Auditorium. Die Akustik in Epidauros ist so gut, daß man noch in der letzten Reihe hören kann, wenn auf der Bühne ein Streichholz angezündet wird.*

Die Stücke griechischer Dichter werden heute noch gelegentlich aufgeführt. Die Agamemnonsage – hier ein Standfoto aus einem griechischen Film –, mit der Opferung seiner Tochter Iphigenie und seiner Ermordung durch die Gattin, bot reichlich Stoff für Aischylos und Euripides.

Drama und Dramatiker

Im alten Griechenland war das Drama ein wichtiger Bestandteil bestimmter religiöser Feste. In Athen fand z. B. jedes Frühjahr ein Festival zu Ehren des Dionysos statt, mit einem dreitägigen Dramenwettbewerb, an dessen Ende Preise verteilt wurden. Bei diesen sog. Dionysien brachten drei Dichter jeweils vier Stücke auf die Bühne: drei Tragödien und ein Satyrspiel, eine Farce, bei der die Schauspieler in Gestalt von Satyrn auftraten. Auch Komödien wurden inszeniert. Hier spielte der aus Tänzern und Sängern bestehende Chor, wie bei der Tragödie, eine wesentliche Rolle. In der Tragödie wurde der Chor im Lauf der Zeit allerdings immer kleiner, und die großen Dramatiker führten Neuerungen ein. So brachte Aischylos einen zweiten Schauspieler auf die Bühne, Sophokles einen dritten, während Euripides in einigen seiner Stücke den Chor von seiner bisher tragenden Funktion auf ein bloßes Zwischenspiel reduzierte.

Die Ursprünge der Tragödie kennen wir nicht, doch dürfte sie aus einer Kombination lyrischer Dichtung mit dionysischem Ritus entstanden sein. Die drei größten Dramatiker Aischylos, Sophokles und Euripides waren alles Athener und lebten im 5. Jahrhundert v. Chr. Von den 300 Stücken, die sie verfaßten, sind nur etwa ein Fünftel ganz oder fragmentarisch auf uns gekommen. Und von den anderen 150 uns namentlich bekannten Tragödiendichtern sind gar keine Stücke aufgefunden worden. Die Ursache für diese große schöpferische Periode im Bereich der Tragödie ist in der politischen Situation Athens im 5. Jahrhundert zu suchen.

Die Tragödien erforschten die Tiefen der menschlichen Seele und behandelten häufig innere Konflikte im Zusammenhang mit den politischen Problemen des Stadtstaates. So zum Beispiel die Orestes-Trilogie des Aischylos. Ausgangspunkt ist die Ermordung Agamemnons durch seine Gattin Klytaimnestra und die sich daraus ergebende Blutrache sowie die schließliche Lösung des Konfliktes durch Recht und Gesetz. Themen wie dieses sind universell, so daß es kein Wunder ist, wenn die Tragödien des Aischylos und seiner Nachfolger Sophokles und Euripides mehr als 2000 Jahre nach ihrer Enstehung immer noch gelegentlich aufgeführt werden.

Der Aufstieg Makedoniens

Richard Neave, *ein britischer Wissenschaftler, versuchte den Kopf Philipps II. von Makedonien lebensecht nachzubilden. Er ging dabei von Schädelstücken, die in Vergina* (Seite 115) *gefunden wurden und den uns bekannten Bildnissen des Königs aus.*

Etwa um die Mitte des 4. Jahrhunderts v. Chr. ermutigte die Schwäche der Griechen Makedonien, ein bis dato relativ zurückgebliebenes Königreich im Nordosten des Landes, zu dem Versuch, die Herrschaft über ganz Griechenland an sich zu reißen. Im Jahre 359 v. Chr. wurde Philipp II. König, und er begann umgehend damit, sein Heer zu reorganisieren. Er konnte dabei auf die Erfahrungen dreier Jahre zurückgreifen, die er als Geisel in Theben verbracht hatte, und so drillte er sein Fußvolk nach thebanischen Grundsätzen. Philipps Königreich verfügte über große Bodenschätze, unter anderem Gold, Silber, Kupfer und Eisenminen, beträchtliche Vorräte an Holz zum Schiffsbau und ausgedehntes Weide- und Ackerland.

Schon zu Beginn seiner Regierungszeit eroberte Philipp das Gebiet der Illyrer, Päonier und Thraker und nahm die griechischen Küstenstädte ein, die seinem Land benachbart waren. Im Jahre 339 v. Chr. erstreckte sich sein Reich auf dem Balkan von der unteren Donau bis zur Küste des ägäischen Meeres und von der adriatischen Küste bis zum Schwarzen Meer und den Dardanellen. Er gründete neue Städte mit gemischter Bevölkerung und förderte Ackerbau und Handel, wobei er aber der lokalen Bevölkerung so weit wie möglich ihre Selbstverwaltung beließ. Innerhalb seines eigenen Territoriums unterwarf er jede griechische Stadt, die sich gegen ihn auflehnte.

Im eigentlichen Griechenland gewann Philipp Thessalien im Süden Makedoniens als Bündnispartner, und 346 v. Chr. beendete er einen Krieg, den die Griechen um das heilige Delphi führten. Seine Politik war eine Kombination von militärischem Druck und Diplomatie, wobei es ihm freilich doch nicht gelang, sich das Wohlwollen Athens zu sichern.

Viele Griechen betrachteten Makedonien als ein zurückgebliebenes Land, wo barbarische Stämme hausten. Auch mißfiel ihnen das monarchische System, das sie selbst längst abgeschafft hatten. Doch war Philipp selbst ein Förderer griechischer Kunst und Kultur, obwohl die reichen Beigaben und der Stil der makedonischen Königsgräber, in denen sogar Pferde gefunden wurden, mehr zum heroischen Zeitalter der Mykener passen als zum Athen des 4. Jahrhunderts.

Den endgültigen Sieg über die griechische Opposition, in der sich auch Athen und Theben befanden, errang Philipp 338 v. Chr. bei Chaironeia. Er schlug daraufhin die Gründung eines sich selbst verwaltenden Bundes griechischer Staaten vor und entwickelte einen kühnen Plan, der die so unterschiedlichen Stadtstaaten dieser panhellenischen Union zusammenschweißen sollte: einen Rachefeldzug gegen Persien. Außer Sparta stimmten alle größeren Städte zu. Aber Philipp wurde ermordet, bevor er diesen großen Plan ausführen konnte (336).

Nachfolger Philipps war sein zwanzigjähriger Sohn Alexander, ein bereits in vielen Schlachten erfahrener Krieger. Es ist nicht sicher, ob Alexander schon zu Beginn seiner Laufbahn die Eroberung des ganzen persischen Reichs plante, aber im Lauf der Zeit kristallisierte sich mit Sicherheit dieses Ziel heraus. Nach allen Berichten war Alexander ein kühner, begeisternder Feldherr, der seine Truppen persönlich in die Schlacht führte. Die Leute erzählten sich, daß er – erst zwölf Jahre alt – das wilde Roß Bukephalos zähmte, das niemand sonst reiten konnte. 20 Jahre lang, bis es starb, war Bukephalos Alexanders Lieblingspferd.

Im Jahre 334 überquerte Alexander mit 32 000 Mann Fußvolk und 5000 Reitern, die Hälfte davon Makedonen, die andere Hälfte Griechen und Söldner, die Dardanellen und setzte nach Kleinasien über. Im selben Jahr hielt er Kampfspiele in Troja ab, bei denen er seinen Schild der Athene, der Schutzgöttin Trojas, weihte, traf dann am Granikos auf die Streitkräfte der persischen Satrapien und besiegte sie. Diese Schlacht führte Alexander ausschließlich mit seinen makedonischen Truppen, der thessalischen Reiterei und den Söldnern.

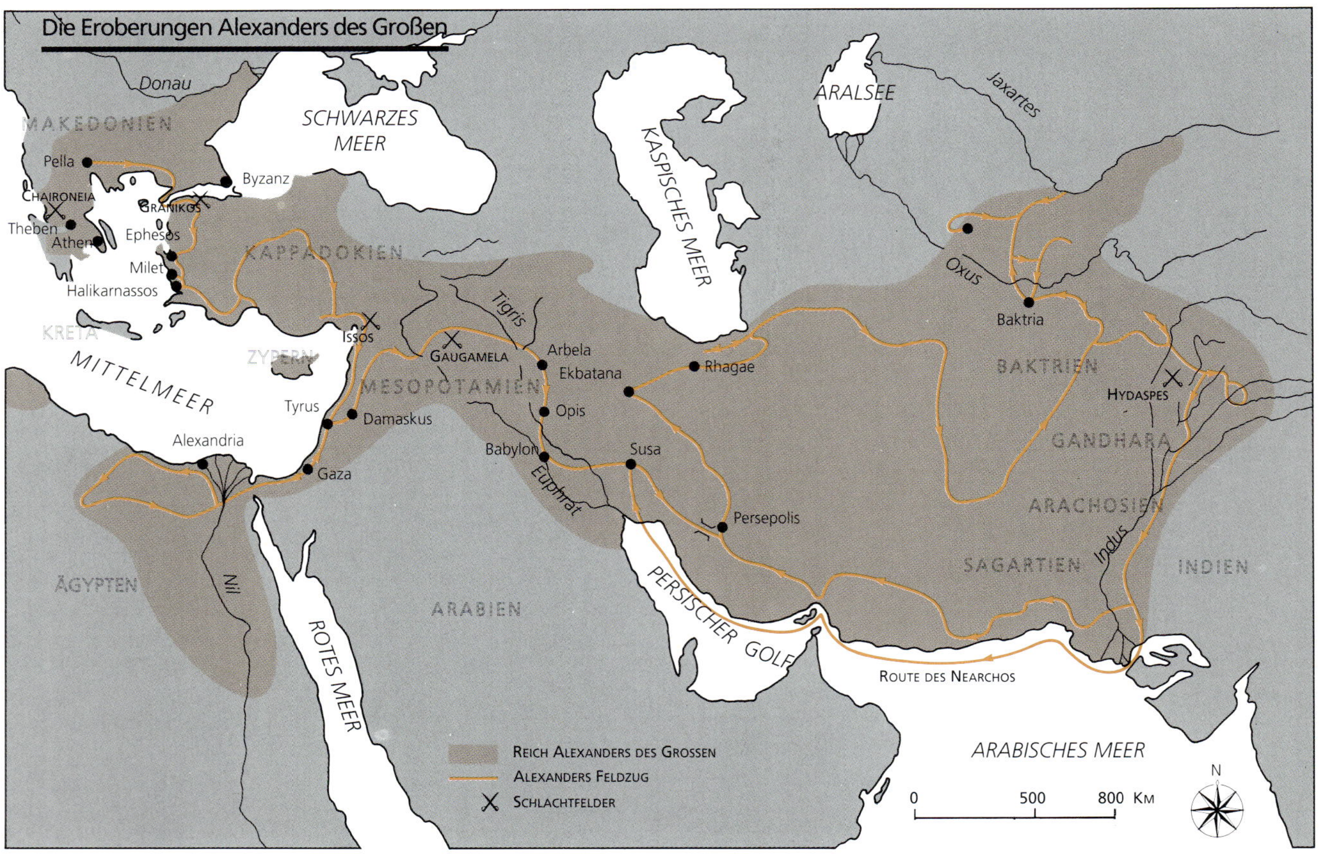

334 v. Chr. setzte Alexander der Große *mit seinem Heer von Thrakien nach Kleinasien über. Sein Ziel war die Zerstörung des persischen Reiches. In den nächsten drei Jahren brachte er den Persern schwere Niederlagen am Granikos, bei Issos und bei Gaugamela bei. Hierauf eroberte er die großen Städte des Darius, Babylon und Susa, und nahm 330 Ekbatana ein. Er zog weiter nach Osten und besiegte den indischen König Poros in der Schlacht am Hydaspes. Doch jetzt war sein Heer kriegsmüde und meuterte, so daß sich Alexander zur Heimkehr gezwungen sah.*

Der junge Makedone wandte sich nach Westen und durchquerte die gedrosische Wüste, während sein Admiral Nearchos an der Küste entlang zum Persischen Golf zurücksegelte.

Die Reiterei *– rechts ein makedonischer Kavallerist – war die Elitetruppe im Heer Alexanders des Großen. Die Reiter trugen langärmelige Purpurtuniken und goldgelbe Mäntel mit Purpursaum. Alexander ersetzte den phrygischen Helm durch den breiteren bötischen Typ* (rechts), *der ebenfalls Gesicht und Schulter vor Hieben schützte und bessere Sicht bot. Der griechische Reiterspeer, das Xyston, war länger als die persischen Waffen.*

Makedonische Kriegsführung

Die Heeresreform Philipps II. war der Schlüssel zum Aufstieg Makedoniens. Das bisher vernachlässigte bäuerliche Fußvolk wurde nun mit Helm, metallenen Beinschienen, einem Schild, kleiner als der der schwer bewaffneten Hopliten, einem mittellangen Schwert und einer neuen Waffe ausgerüstet: der Sarisse, einem bis zu 5 Meter langen Spieß. Auch schuf er eine neue, flexiblere »Phalanx«. Sie bestand aus bis zu 16fach gestaffelten Reihen von Soldaten, von denen nur die ersten fünf direkt in den Kampf eingriffen. So lockerte Philipp die traditionelle griechische Hoplitenformation auf, um eine beweglichere Führung der einzelnen Verbände zu ermöglichen. Auf diese Weise war es möglich, die Hauptmacht des Feindes im Zentrum zu binden und die Schlacht durch geschicktes Manövrieren beweglicher Truppenteile zu entscheiden. In den Flanken und im Rücken, also dort, wo die Phalanx am verletzlichsten war, wurde sie von der vorzüglichen Kavallerie, den »Gefährten«, geschützt.

Diese neue Infanterietruppe erhielt nun den Namen »Gefährten zu Fuß« – ein geschickter psychologischer Schachzug, verband sich damit doch eine beträchtliche Aufwertung, die den Infanteristen in die Nähe des Reiters erhob. Jeder Bauer war stolz, in dieser Position dem König dienen zu dürfen. Die Truppe war etwa 9000 Mann stark, gegliedert in 6 Bataillone (taxeis) und weiter untergliedert in Lochoi und Dekaden. In der Schlacht verfolgte Philipp die von dem thebanischen Feldherrn Epaminondas entwickelte Taktik, einen der Flügel besonders zu verstärken und mit einem kombinierten Vorstoß von Infanterie und Kavallerie die Entscheidung zu suchen.

Die Phalanx *rückte in gestaffelter Ordnung* (Mitte) *vor, wobei die ersten fünf Reihen ihre Spieße fällten. In der Defensive rückten die Männer noch enger zusammen und deckten sich gegenseitig mit den Schilden.*

Alexander der Grosse

Nach seinem Sieg über die Perser am Granikos im Jahre 334 v. Chr. marschierte Alexander durch Kleinasien, befreite die griechischen Städte und etablierte überall die Demokratie. Milet und Halikarnaß leisteten Widerstand, wurden nach allen Regeln der Kunst belagert und eingenommen. Darauf wandte sich Alexander südlich nach Lykien und Pamphylien, und schwenkte wieder nach Norden, um in Gordion zu überwintern, wo er den Gordischen Knoten durchschlug.

Hierauf marschierte er südlich durch Kilikien und erreichte 333 den Golf von Issos. Hier stieß er auf ein großes Heer unter Führung des Perserkönigs Darius III. Kodomannos. Alexander errang einen glänzenden Sieg, verfolgte aber den fliehenden persischen König nicht, sondern begab sich statt dessen nach Phönikien, wo er nach achtmonatiger Belagerung die Stadt Tyrus eroberte. Als er 332 nach Ägypten weiterzog, wurde er freudig willkommen geheißen. Er gründete die Stadt Alexandrien und besuchte das Orakel des Zeus Ammon in der Oase Siwa, wo ihn die Priester als Gott begrüßten. Dies war eine normale Huldigung für einen ägyptischen Herrscher, aber Alexander scheint sie wörtlich genommen zu haben.

331 leistete Darius III. in Gaugamela im Norden des Irak letzten Widerstand und wurde aufs neue besiegt. Der letzte Sproß aus der Dynastie der Achämeniden floh nach Norden und wurde von seinen eigenen Edlen getötet, wodurch Alexander nach dem Recht des Eroberers sein Nachfolger wurde. Er besetzte Babylon, wandte sich dann nach Susa im Westen, wo er den Königsschatz erbeutete, und von dort weiter nach Persepolis. Hier wurde der prachtvolle Palast in Brand gesteckt – vermutlich auf Befehl Alexanders, der damit ein Fanal der Rache für die einstige Zerstörung Athens setzen wollte.

Jetzt marschierte Alexander über Ekbatana, die alte Hauptstadt der Meder, nach Norden und Osten. Er eroberte Baktrien und die Sogdien, wo er der sogdianischen Prinzessin Roxane begegnete, die er zur Frau nahm. Je weiter er sich von Griechenland entfernte, desto häufiger warb er auch persische Soldaten an und ernannte persische Adelige zu Befehlshabern, wogegen seine Makedonen heftigen Einspruch erhoben. Schließlich gelangte Alexander an den Indus und besiegte den indischen König Poros.

Aber hier, am Fluss Hyphasis (Bias), weigerten sich seine erschöpften Truppen, weiterzuziehen. Und so sah sich 326 v. Chr. der große Eroberer zur Umkehr gezwungen. Er wandte

Das Bild Alexanders

Nach Alexanders Tod entwickelte sich ein ganzer Zyklus von Geschichten seines Lebens und seiner Eroberungen. Viele davon entstanden in Alexandrien in Ägypten, und im Lauf der Zeit verbreiteten sich romanartige Alexandersagen in vielen Sprachen von Nordeuropa bis nach China. Dabei war dem Helden Alexander offenbar kein Ding unmöglich. Er tauchte in gläsernen Unterseebooten in die Tiefen des Meeres oder flog in einem von Geiern getragenen Korb über den Himmel. Sogar heute noch sagt man in entlegenen Gegenden des Ostens, wenn man besonders schöne Kinder oder Kinder mit roten Haaren und blauen Augen erblickt, sie stammten von Iskandar ab, unter welchem Namen man ihn im Fernen Osten kannte.

Auf einem Gemälde (oben) *von Paolo Veronese empfängt Alexander die Familie des Darius. Auf einer islamischen Miniatur* (rechts) *taucht er ins Meer hinab.*

sich nach Südwesten und durchquerte die gedrosische Wüste. Gleichzeitig nahm sein Admiral Nearchos die Seeroute zurück zum Persischen Golf. Dort vereinigte sich Alexander mit ihm und marschierte 324 nach Susa. In Opis kam es zu einer Meuterei seiner Makedonen, die er jedoch wieder beruhigen konnte. Doch 323 erkrankte Alexander in Babylon – vermutlich an der Malaria – und starb am 10. Juni.

Innerhalb von zehn Jahren hatte Alexander ein Reich geschaffen, das vom Indusfluß bis nach Griechenland reichte. Was davon die Zeiten überdauerte, waren die neuen Städte, von denen viele den Namen Alexandria trugen und die, wie Taschkent, Karatschi, Kandahar und Alexandria, zum Teil noch heute existieren.

Alexander hatte zunehmend persische Sitten und Kleidung angenommen. Es sieht fast so aus, als ob er versucht hätte, in einem Programm der Völkerverschmelzung Griechen und Perser miteinander zu versöhnen. Ein Beispiel dafür sind die zahlreichen Heiraten zwischen Griechen und Töchtern der persischen Aristokratie, die er anordnete und förderte – nicht zuletzt weil er die Hilfe der Perser brauchte, wenn er auch die östlichen Teile seines Riesenreiches regieren wollte.

***Dieser herrlich verzierte Bogenköcher** (Gorytas) in skythischem Stil aus dem Königsgrab in Vergina hat ein Gegenstück in einem skythischen Grab der selben Zeit im Nordosten Makedoniens. Er ist bossiert und ziseliert und stellt eine wilde Feldschlacht dar. Damit ist eine Verbindung zu Philipp II. hergestellt. Denn man weiß, daß er gegen einen skythischen König Krieg führte.*

DER SCHATZ VON VERGINA

Im November 1977 entdeckte der griechische Archäologe Manolis Andronikos zwei Gräber in dem großen Erdhügel bei dem Dorf Vergina (dem alten Aigai) in Nordgriechenland. Vier Jahre später wurden drei weitere Gräber geöffnet. Die Funde weisen darauf hin, daß die Gräber der makedonischen Königsfamilie gehörten, einschließlich der Familie Philipps II., des Vaters Alexanders des Großen. Der Inhalt ist ganz außergewöhnlich, sowohl was den Reichtum als auch was die Schönheit betrifft.

Die Gräber selbst sind aus Marmor erbaut und herrlich geschmückt. Geschützt wurden sie von dem riesigen Erdhügel, der darüber aufgeschüttet wurde. Unter den Funden im Königsgrab befand sich auch ein Paar Beinschienen, von denen die eine drei Zentimeter kürzer als die andere war – also für einen leicht hinkenden Mann angefertigt. Von Philipp weiß man, daß er hinkte. Man fand dort auch einen Helm aus Eisen, dessen gekurvter Kamm Ähnlichkeit mit einer phrygischen Kappe aufweist.

Auf dem Boden des Königsgrabes fand man außerdem mehrere kleine Elfenbeinköpfe, wahrscheinlich Verzierungen eines Möbelstücks, vielleicht eines Thrones. Sie sind winzig, einige nur 2–3 cm groß, und außerordentlich sorgfältig gearbeitet. Einer davon gleicht den Portraits Philipps auf Münzen, ein anderer könnte den Kopf Alexanders darstellen. Des weiteren lagen dort ein goldüberzogenes Silberdiadem, das auf den Kopf des Königs paßte, und zwei fein gearbeitete goldene Kästchen, die die Überreste der verbrannten Leichen der Könige enthielten. In einem von ihnen, das im Vorraum des eigentlichen Grabes gefunden wurde, war die Asche des Toten mit einem Stofftuch bedeckt. Die darin eingearbeiteten, mit Purpurfäden in den goldenen Hintergrund eingewobenen Blumenmotive, waren noch deutlich erkennbar, nachdem sie mehr als 2000 Jahre in der Finsternis geschlummert hatten. Weiter enthielten die Gräber Silbergefäße und Becher, einen goldenen Begräbniskranz und Bronzegegenstände.

Die hellenistische Welt

Nach Alexanders Tod im Jahre 323 v. Chr. löste sich sein Reich schnell wieder auf, denn seine Feldherrn, die Diadochen, stritten sich untereinander um die eroberten Gebiete. Alexanders Frau, sein posthum geborener Sohn, sein geistig zurückgebliebener Halbbruder und seine Mutter – alle wurden ermordet. Schließlich schälten sich 278/77 v. Chr. drei große hellenistische Königreiche heraus. In Ägypten herrschte ein Geschlecht, dessen Stammvater Ptolemaios war. Babylonien, Syrien und die Ländereien weiter östlich regierten die Seleukiden, so genannt nach Seleukos I. Nikator. Und die Nachkommen von Antigonos II. Gonatas beherrschten Makedonien.

Von diesen Königreichen aus verbreitete sich die griechische Kultur vom Mittelmeer bis nach Indien. Diese hellenistische Welt bestand etwa drei Jahrhunderte vom Tod Alexanders bis zur schrittweisen Unterwerfung durch die Römer.

Diese Königreiche unterschieden sich stark voneinander. Gemeinsam war ihnen allen die griechische Sprache, auch dort, wo das Aramäische weit verbreitet war. Gemeinsam war ihnen auch das Königtum, eine Regierungsform, die es seit der frühen archaischen Zeit nicht mehr gegeben hatte. In Ägypten und Asien hingegen, wo es stets nur eine absolute Monarchie gegeben hatte, entstanden Monarchien, die denen der Pharaonen beziehungsweise der Achämeniden glichen. In Makedonien dagegen war die Monarchie bis zu einem gewissen Grad ein Wahlkönigtum gewesen, und der König hatte mit Zustimmung des Volkes und im besonderen des Heeres regiert. Die Dynastie der Antigoniden behielt dieses Prinzip bei.

Das ptolemäische Königreich bestand aus Ägypten und einigen Küstenländern des östlichen Mittelmeers. Seine Bevölkerung war fügsamer als die der anderen Reiche und daher leichter zu lenken, was auch durch die geographische Einheitlichkeit des Gebietes und seine gemeinsamen Traditionen begünstigt wurde. Das Ptolemäerreich verfügte auch über die stärkste Flotte und die ertragreichste Landwirtschaft.

Auf der griechischen Halbinsel regierten die Antigoniden Makedonien mit starker Hand, doch war ihre Macht über die traditionell unabhängigen, oft demokratischen Stadtstaaten Griechenlands im Süden weniger gefestigt. Im Osten erstreckten sich die Länder der Seleukiden über riesige Flächen mit einem bunten Völkergemisch. Hier verselbständigten sich im Lauf der Zeit viele Länder und wurden zu unabhängigen, ethnisch einheitlichen Königreichen, die von griechischen oder hellenisierten einheimischen Dynastien beherrscht wurden, unter anderem Baktrien, Armenien, Bithynien und Pontus. Die Seleukiden regierten wie vor ihnen die Achämeniden mit lokalen Gouverneuren bzw. Satrapen.

Die Ausbreitung des Hellenismus

Mit der Gründung der hellenistischen Reiche im Nahen Osten und Ägypten breitete sich die griechische Kultur in all diesen Ländern aus. Freilich assimilierten sich die eroberten Völker nicht alle im gleichen Maße. Ländliche Gebiete weit im Osten wurden kaum beeinflußt, und obwohl die Koine, die allgemeine griechische Umgangssprache, allenthalben verbreitet war, hielt sich doch auch das Aramäische. Es war vor allem die Aristokratie in den eroberten Ländern, die sich dem Hellenismus öffnete.

Die Hauptzentren des Hellenismus in den seleukidischen und ptolemäischen Reichen waren relativ neu gegründete Städte. Alexandria, Hauptstadt Ägyptens, war die größte hellenistische Stadt, von Alexander selbst gegründet. In Mesopotamien residierten die Seleukiden in ihrer neuen Stadt Seleukia-am-Tigris. Später gründeten die Seleukiden Seleukia und Antiochia in Syrien. In Mesopotamien ist der Einfluß des Hellenismus deutlich an der frühen parthischen Kunst ablesbar (Seite 76). Auch die archäologischen Funde in Susa, dem früheren Verwaltungszentrum der Achämeniden,

»Der sterbende Gallier«, die römische Kopie einer Statue aus Pergamon in Kleinasien, läßt in seinem Realismus deutlich hellenistische Einflüsse erkennen. Im 3. und 2. Jahrhundert entwikkelte sich Pergamon zu einem Zentrum der Künste. Die Statue erinnert an die Abwehr eines keltischen Einfalls. Die Kelten hatten sich im 3. Jh. v. Chr. in Zentralanatolien angesiedelt und diesem Gebiet den Namen Galatien gegeben.

***In Pontus und Kommagene** in Südanatolien übernahmen einheimische Dynastien die hellenistische Kultur. Hier zeigt sich vielleicht am deutlichsten, welche Folgen die Transplantation griechischer Kultur nach Asien hatte. Beispiele dafür sind die Gräber der pontischen Könige, aber noch mehr die Denkmäler (rechts) Antiochus' I. von Kommagene in Nimrud Dag in der heutigen Türkei.*

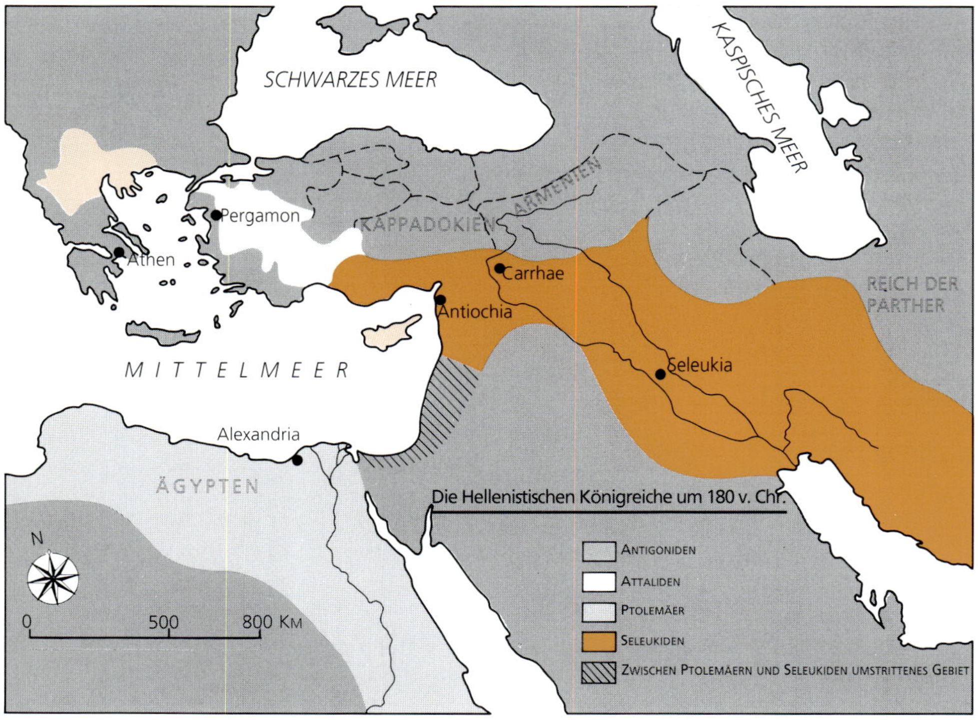

Die Könige der Attaliden, so benannt nach König Attalos I. Soter (241–197 v. Chr.), verwandelten in Kleinasien die Stadt Pergamon aus einer seleukidischen Festung in ein großes Reich. Attalos hatte um 230 die Galater besiegt, sein Sohn Eumenes II. (197–159 v. Chr.) profitierte als Freund der Römer von der Niederwerfung der Seleukiden, wodurch Pergamon eines der mächtigsten hellenistischen Königreiche wurde.

Weit im Osten, in den östlichsten Teilen des heutigen Iran, Afghanistan und Nordwestindien, gründete eine Reihe von indogriechischen Königen Königreiche auf Territorien, die ursprünglich seleukidisch gewesen waren. Sie prägten herrliche Münzen, wodurch ihre Namen der Nachwelt überliefert wurden – sonst wissen wir kaum etwas von ihnen. Denn diese Landstriche wurden später allmählich zur Beute eindringender wilder Stämme.

Aber daß sich die griechische Kultur dort noch für Jahrhunderte hielt, wenn auch oft in von der Umwelt isolierten Enklaven, zeigt sich zum Beispiel in der Entdeckung einer griechischen Stadt auf dem Gebiet des heutigen Ai Khanum an der Gegend von Aikanon nahe der afghanischen Nordgrenze zur GUS. In dieser weit entfernten baktrischen Stadt blieben die griechischen Gebäude und Einrichtungen noch länger als 200 Jahre nach dem Tod Alexanders des Großen erhalten.

lassen hellenistische Einflüsse erkennen. Aber außerhalb der großen Städte scheint der Iran durch den Hellenismus wenig berührt worden zu sein. Trotzdem bestätigen die Ausgrabungen in einer griechischen Stadt am Oxus, dem heutigen Ai Khanum, die Feststellung, die einst der griechische Reiseschriftsteller Plutarch machte: Alexander sei es zu verdanken, daß »Homer überall in Asien gelesen wird und die Gedrosier die Tragödien des Euripides singen«. Denn hier an der Grenze zwischen Afghanistan und Rußland befindet sich eine kleine Stadt, in der im 3. Jahrhundert v. Chr. über dem Gymnasium, dem damaligen Sportzentrum, die Inschrift stand: »Erkenne dich selbst« – das berühmte Motto vom Tempel zu Delphi.

Es war in erster Linie Kleinasien, wo der Hellenismus Fuß faßte und aufblühte, nicht der Osten. In der prächtigen Stadt Pergamon, der Residenz der Attaliden-Dynastie, entstand eine Bibliothek, die der Alexandrias Konkurrenz machte. Auf einem hohen Hügel gelegen, gruppierten sich die Häuser der Stadt um eine Festung, die einst den Schatz des Lysimachos bewacht hatte. Hier gab es ein prachtvolles Theater und herrliche Gebäude. Durch den Sieg über die Galater, denen man vorher tributpflichtig gewesen war, vor allem aber wegen der guten Verbindungen zu den Römern kamen Ruhm und Reichtum ins Land. Der große Altar, der dem Zeus zum Dank für einen Sieg Eumenes' II. errichtet wurde, war mit Skulpturen geschmückt, die den voll entfalteten Realismus des hellenistischen Barock illustrieren. Auch nachdem der letzte Attalide Pergamon testamentarisch den Römern vermacht hatte und das Land römische Provinz geworden war, konnte es seinen Wohlstand behaupten und kultivierte eine Art freies Weltbürgertum.

Als die Römer im Jahre 30 v. Chr. die Macht in Ägypten übernahmen, erbten sie die hellenistische Kultur, die 300 Jahre lang unter den Ptolemäern in diesem Land geblüht hatte. Der hier (rechts) *abgebildete Sarg aus der römischen Periode und dem Fayumgebiet zeigt in der Lebensnähe und dem Realismus, die das Porträt des jungen Mannes aufweist, klassische Einflüsse.*

Die römische Welt

„Solange das Kolosseum steht, steht Rom. Sobald das Kolosseum fällt, fällt Rom. Und wenn Rom fällt, fällt die Welt."

Der englische Dichter Lord Byron (1788–1824) nach einem lateinischen Sprichwort

Römische Triumphbögen, *wie der dem Kaiser Konstantin im Jahre 316 n. Chr. geweihte* (links), *wurden zur Erinnerung an militärische Siege erbaut. Spätere Zeitalter ahmten sie nach, wie das Foto des Arc de Triomphe in Paris* (unten) *zeigt.*

Die Geschichte Roms, der Stadt, die sich aus kleinsten Anfängen zu einem mächtigen Reich entwickelte und einen großen Teil des Abendlands beherrschte, zieht uns nach wie vor in ihren Bann. Nach der Überlieferung wurde die Stadt am 21. April 753 v.Chr. von Romulus, einem latinischen Fürsten, gegründet. Von Anfang an bewiesen die Römer militärisches Talent, was zunächst zur Eroberung der italischen Halbinsel und dann zum Aufbau eines Reiches führte, das auf dem Höhepunkt seiner Macht von der Nordsee bis zum Atlasgebirge und von der Küste des Atlantik bis zum Euphrat reichte. Es umfaßte eine Fläche, auf der heute – ganz oder teilweise – mehr als 25 Staaten liegen mit so unterschiedlichen Völkern, daß man sich eine Verständigung zwischen ihnen kaum vorstellen kann. Obwohl in unseren Tagen die Einwohner von Damaskus in Syrien und Lyon in Frankreich oder Bath in England und Antalya in der Türkei nur durch ein paar Flugstunden getrennt sind, scheinen sie weiter voneinander entfernt zu sein als ihre Vorfahren, die seinerzeit unter römischer Herrschaft in den selben Städten lebten.

Rom und seine imperiale Tradition hat gerade für das 20. Jahrhundert einschneidende Folgen gehabt. Als der italienische Diktator Benito Mussolini zur Macht kam, führte er die »Fasces«, das Symbol der römischen Macht, wieder ein. Er versuchte so, seiner Diktatur quasi höhere Weihen zu geben, indem er sie von der glorreichen Vergangenheit seines Landes ableitete. Der Gedanke war nicht neu. Viele Jahrhunderte zuvor war Karl der Große, König der Franken, im Jahre 800 zum Kaiser des Heiligen Römischen Reiches gekrönt worden. Auch er erweckte dadurch die Idee des Römischen Reiches wieder zum Leben, wobei er die weite und beschwerliche Reise zur Krönung und Salbung in Rom nicht scheute.

Roms Aufstieg zur Macht gründete sich auf Disziplin und einfache bäuerliche Tugenden: Pietas (Frömmigkeit), Frugalitas (Rechtschaffenheit) und Simplicitas (Einfachheit) waren aufs höchste geschätzte Eigenschaften, um so mehr, wenn reiche Senatoren sie besaßen. Doch als einige Jahrhunderte später die verweichlichende« hellenistische Kultur und Lebensart in die Stadt eindrangen, stemmten sich ihr der Staats-

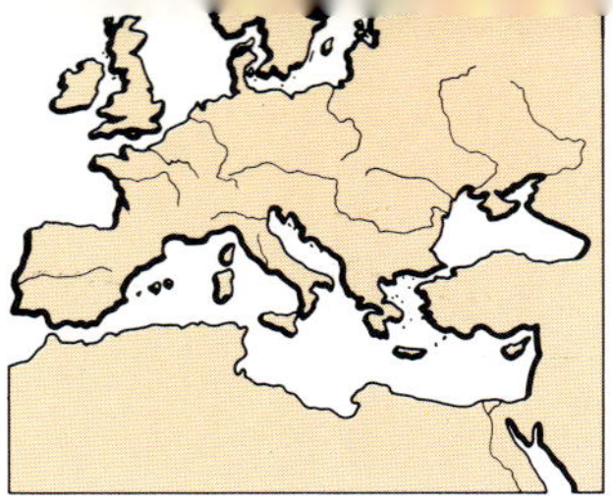

mann Cato (239–148 v. Chr.) und andere sittenstrenge Männer vergeblich entgegen. Die Zeiten änderten sich eben, doch die frühen Helden wie Cincinnatus, der Rom gerettet hatte und danach bescheiden auf seinen Bauernhof zurückgekehrt war, wurden stets als hohe Vorbilder männlicher Tugend verehrt.

Als die Stadt wuchs und zur Hauptstadt eines Reiches aufstieg, wurde ihr Charakter kosmopolitischer, aber auch brutaler. Mit der Errichtung des Kaiserreiches aber und dem damit verbundenen Frieden trat Rom in sein Goldenes Zeitalter ein.

Rom wurde schließlich zur Beute eindringender Barbarenvölker: Mit der Absetzung des Romulus Augustulus – ein prophetischer Name – durch den germanischen Heerführer Odoaker im Jahre 476 n. Chr. war das Ende des Westreichs besiegelt. Aber der Einfluß Roms dauert bis in die Gegenwart fort, denn das Gewebe der westlichen Kultur ist überall von den Fäden römischer Traditionen durchzogen. Alles, die modernen politischen Systeme, das moderne Recht, die Sprache, das Ingenieurwesen und die Architektur gehen zumindest teilweise auf römische Vorbilder zurück. Das größte Vermächtnis jedoch, das Rom der westlichen Welt hinterlassen hat, ist das Christentum, das dort im 4. Jahrhundert n. Chr. zur Staatsreligion wurde. Das Ergebnis war, daß das Christentum aus einer kleinen, verfolgten Sekte zum anerkannten Glauben eines ganzen Reiches aufstieg, so daß es sich nach weiteren Jahrhunderten zu einer Weltreligion mit Zentrum in der Heiligen Stadt Rom entwickeln konnte.

Auf diesem römischen Mosaik *trinken der legendäre Heros Herkules in seinem Löwenfell und der Gott Bacchus, die römische Entsprechung des griechischen Dionysos, um die Wette. Mosaike aus kleinen Stein-, Glas- oder Terracottawürfeln stellten oft Kopien von Gemälden dar und schmückten Wände und Fußböden.*

Die Etrusker

Zwischen 800 und 300 v. Chr. entfaltete sich die etruskische Kultur in jenem Gebiet, das auch heute noch von diesem alten Erbe zeugt: in der Toskana, begrenzt von Arno und Tiber und dem Apenninengebirge. Im Lateinischen hießen die Etrusker Tusci oder eben Etrusci, sie selbst aber nannten sich Rasenna, während sie die Griechen unter dem Namen Tyrrhenoi kannten und danach das Tyrrhenische Meer benannten. Die etruskische Kultur beeinflußte das frühe Rom in starkem Maße, vor allem auf religiösem Gebiet – man denke nur an die Dreiheit der kapitolinischen Götter Jupiter, Juno und Minerva –, und in den seherischen Ritualen, zum Beispiel bei der Deutung des Vogelflugs oder der Eingeweideschau geschlachteter Tiere, aber auch in militärische Gepflogenheiten wie der Sitte des Triumphzugs nach einem Sieg.

Seit klassischen Zeiten ist über die Herkunft der Etrusker spekuliert worden. Der griechische Geschichtsschreiber Herodot war der Ansicht, daß sie aus Lydien stammten. Aber nach Dionysios von Halikarnaß, der zur Zeit des Kaisers Augustus schrieb, waren sie die Ureinwohner der Toskana. Es gibt Argumente für beide Theorien, doch gewinnt die zweite in der modernen Forschung immer mehr an Boden. Aber woher sie auch kamen, sicher ist, daß die etruskische Kultur in Norditalien Gestalt annahm und daß die Etrusker am Ende des 7. Jahrhunderts v. Chr. zu einem Volk mit gemeinsamer Sprache und einer eigenen Kultur geworden waren.

Der etruskische Staat bestand aus einer losen Konföderation politisch unabhängiger Städte; religiöser Mittelpunkt war Volsinii. Die Städte wurden von Königen beherrscht, die später allerdings in einigen Fällen von gewählten Körperschaften ersetzt wurden. Es gab eine reiche Oberschicht und am unteren Ende der sozialen Stufenleiter Landarbeitersklaven.

Etrurien war wasserreich und verfügte über fruchtbaren vulkanischen Boden. So gelangten einige Städte allein durch den Ackerbau zu Wohlstand. Bis zum 1. Jahrhundert v. Chr. wurden auch bedeutende Bodenschätze wie Kupfer und Eisen vor allem in der Gegend zwischen Volaterrae und Vetulonia abgebaut. Das auf der Insel Elba gewonnene Eisenerz verarbeitete man in Populonia, wo es zudem Kupfer gab. Die großen Waldflächen lieferten Brennholz für die Schmelzöfen der Minenindustrie.

Den Höhepunkt ihrer Macht erreichten die Etrusker um 500 v. Chr. Sie beherrschten damals ein ziemlich großes Gebiet vom Po bis ins Innere Kampaniens. Doch nahm die nun folgende Expansion, die der Handel mit sich brachte, ein schnelles Ende. Im Norden wurde die Macht der Etrusker von den vordringenden Kelten herausgefordert, im Süden unterlagen sie im Jahre 474 v. Chr. bei Kyme den Griechen. Mitte des 5. Jahrhunderts wurden sie von den Samniten aus ganz Kampanien vertrieben. Im folgenden Jahrhundert wurde die große Stadt Veji von den Römern zerstört, und am Ende des 3. Jahrhunderts hatte Rom alle etrurischen Städte unterworfen und dem eigenen Machtbereich einverleibt.

Die Welt des antiken Rom bedeckte eine Fläche, die dem Großteil des heutigen Europa plus Teilen von Kleinasien und Nordafrika entsprach. Rom selbst, das sich zu einer riesigen Metropole mit etwa einer Million Einwohnern entwickelte, war das Zentrum dieses gewaltigen Reiches – nicht zuletzt auch dank seiner für den Land- und Seehandel gleichermaßen günstigen Lage. Die Karte zeigt die wichtigsten Städte des Römischen Reiches, von denen einige auch heute noch bedeutende Zentren Europas sind, zum Beispiel Londinium (London), Lugdunum (Lyon), Nemausus (Nîmes) und Augusta Treverorum (Trier).

Die Römische Welt

Noch immer verstehen wir die etruskische Sprache nicht ganz. Da die vielen kurzen Grabinschriften wenig Anhaltspunkte außer Namen liefern, stammt unser Wissen über die etruskische Kultur weitgehend aus den materiellen Hinterlassenschaften in den reichen Gräbern. Die herrlichen Grabmalereien in Tarquinia und an anderen Orten, die Feste, Musik und Tanz, Jagd und Ringkämpfe darstellen, vermitteln ein gewisses Bild vom Leben dieses Volkes bzw. seines Adels. Etruskischer Schmuck war von hervorragender Qualität, ebenso die Bronzearbeiten, die ein weites Spektrum von großen, gegossenen Stücken bis zu Haushalts- und Einrichtungsgegenständen umfassen. Griechische Vorbilder inspirierten die etruskische Keramik, die als Bucchero-Ware berühmt war. Dagegen entwickelten die Etrusker keine eigene Vasenmalerei, sondern zogen es vor, griechische Vasen in bester Qualität und großer Anzahl zu importieren.

Die etruskische Kultur *war von den Griechen beeinflußt, wie sich z. B. an der Architektur des rekonstruierten etruskischen Tempels in Veji erkennen läßt* (links). *Doch entwickelten die Etrusker auch ihre ganz eigenständigen künstlerischen Traditionen und waren berühmt für ihre Bronzearbeiten. Ihr Können zeigt sich an lebensgroßen, bemalten Terrakottafiguren, wie sie etwa die Giebel ihrer Tempel schmückten, z. B. die Statue des Apollon von Veji* (rechts) *von dem berühmten Bildhauer Vulca. Ein anderes Beispiel ist der Sarkophag von Caere aus dem 6. Jahrhundert* (unten), *auf dem ein halb liegendes Paar dargestellt ist.*

Die Etrusker waren auch hervorragende Architekten und Ingenieure. Sie bauten Tempel, die sich die Römer zum Vorbild nahmen, und legten Kanalisationen an, z. B. die Cloaca Maxima, die die Abwässer vom Forum in Rom aufnahm.

Die Frühzeit Roms

Die Legende erzählt, daß Rom im Jahre 753 v. Chr. gegründet und nach Romulus, einem latinischen Fürsten aus Alba Longa, benannt wurde. Romulus hatte seinen Zwillingsbruder Remus getötet, nachdem er die Stelle am Ufer des Tiber gewählt hatte, auf der sich die Stadt erheben sollte. Unser Wissen über die Frühzeit Roms stammt aus schriftlichen wie archäologischen Quellen sowie aus den Erkenntnissen der Religions- und Sprachgeschichte. Durch Ausgrabungen ist bekannt, daß es schon um das Jahr 1000 v. Chr. in der Ebene von Latium Siedlungen gab, darunter Dörfer auf dem Palatin und benachbarten Hügeln. Im 8. Jahrhundert v. Chr. hatten sich diese ackerbautreibenden Dörfer zu größeren Gemeinschaften entwickelt, die mit den Griechen im Süden der italischen Halbinsel und mit den Etruskern in Verbindung standen.

Mitte des 7. Jahrhunderts v. Chr. war Rom stark gewachsen und bedeckte nun auch die Senke, in der das Forum lag. Die Stadt hatte eine günstige Lage an der seichtesten Furt des Tiberflusses und kontrollierte so die Straßen nach Norden und Süden sowie den Fluß selbst, an dessen Mündung sich ergiebige Salzpfannen befanden. Das ganze 7. Jahrhundert über vergrößerte Rom Zug um Zug sein Territorium, zuerst mit der Eroberung von Alba Longa und dann durch die Einverleibung von Ficana und anderen Siedlungen, wodurch seine Grenzen bis zur Küste vorgeschoben wurden.

Diese Phase der Expansion fand unter Tullius Hostilius und Ancus Marcius, den dritten und vierten Königen nach Romulus und Numa Pompilius, statt. Es handelte sich bei diesen Herrschern um Männer latinischer oder sabinischer Abstammung, was zusammen mit den sabinischen Einflüssen in der lateinischen Sprache den Schluß nahelegt, daß die Bevölkerung des frühen Rom starke sabinische Elemente enthielt.

Ausgrabungen zeigen, daß sich gegen Ende des 7. Jahrhunderts, als sich Rom schon zu einer ziemlich großen Stadt entwickelt hatte, vieles änderte. Das Zentrum wurde trockengelegt und erhielt als Mittelpunkt einen gepflasterten Marktplatz, das Forum. Man errichtete die ersten öffentlichen Gebäude, unter anderem das Heiligtum der Vesta, der Göttin des Herdfeuers, und den königlichen Palast, die Regia. In Teilen der Stadt ersetzte man armselige Hütten durch festere Häuser aus Holzbalken mit Steinfundamenten und Ziegeldächern.

Eine weitere Verwandlung der Stadt begann im 6. Jahrhundert während der Regierungszeit des Tarquinius Priscus (616–579 v. Chr.). Tarquinius war ein reicher Etrusker, der nach Rom zugewandert und nach dem Tod des Ancus Marcius durch Volksabstimmung zum König gewählt worden war. Es sieht so aus, als ob damals zahlreiche vornehme etruskische Familien in Rom gelebt hätten.

Die Präsenz der etruskischen Kultur mit ihrer fortgeschrittenen Technologie und langen künstlerischen Tradition beeinflußte das Leben Roms ganz erheblich. Obwohl Tarquinius und seine Nachfolger etruskischer Herkunft waren, regierten sie als Könige einer unabhängigen Stadt, und ihre Herrschaft wurde vermutlich von den Römern mehrheitlich nicht als Fremdherrschaft empfunden. Der Sturz der Tarquinier war also sicherlich weniger ein Aufstand gegen die etruskische Macht als solche, sondern gegen eine tyrannische Regierung.

Der zweitlängste Fluß Italiens, *der Tiber, fließt durch die Stadt Rom und mündet beim alten Hafen Ostia in das Tyrrhenische Meer. Die kleine Tiberinsel* (unten) *ist mit dem festen Ufer durch die Fabricius-Brücke verbunden* (auf dem Bild rechts). *Erbaut im Jahre 62 v. Chr. durch den Konsul L. Fabricius, ist diese Brücke der älteste erhaltene Flußübergang Roms.*

Nach alten Quellen hieß der Tiber wegen seines weißen Wassers ursprünglich Albula. Seinen jetzigen Namen hat er von Tiberius, einem König von Alba Longa, der in dem Fluß ertrunken sein soll.

Tarquinius Priscus hatte neuen Männern den Weg in die gesetzgebende Versammlung der Ältesten, den Senat, geebnet – diese hatte sich bis dahin aus den Häuptern der führenden Familien zusammengesetzt. Sein Nachfolger Servius Tullius machte sich dadurch verdient, daß er eine neue Volksversammlung einberief. Aber sowohl er als auch sein Nachfolger Tarquinius Superbus regierten ohne die Zustimmung der ursprünglichen Volksversammlung, der Comitia Curiata. Und da die Herrschaft des Tarquinius Superbus immer unerträglicher und despotischer wurde, vertrieb ihn 509 v. Chr. eine Gruppe von Aristokraten aus der Stadt. Sie errichteten eine Republik, die fast 500 Jahre Bestand hatte.

Auf diesem Gemälde Perin del Vagas, *eines italienischen Künstlers des 15. Jahrhunderts, legt Tarquinius Superbus – Tarquinius der Stolze –* (auf dem Bild außen links) *den Grundstein zum Jupitertempel in Rom. Tarquinius war der siebte und letzte König Roms.*

Diese archaische Bronzestatue *stellt dar, wie Romulus und Remus von einer Wölfin gesäugt werden. Nach der Überlieferung waren es Zwillinge, die Söhne der Tochter des Königs von Alba Longa und des Kriegsgottes Mars. Als Säuglinge wurden sie vom Onkel ihrer Mutter in den Tiber geworfen, doch gelangten sie heil ans Ufer und wurden von einem Schäfer namens Faustulus gefunden, als sie von einer Wölfin gesäugt wurden. Er zog sie an Sohnes statt auf, bis sie erwachsen waren und auszogen, die Stadt Rom zu gründen.*

Die Expansion Roms (I)

Die neue römische Republik verfügte über ein ausgedehntes Territorium und ein starkes Heer. Bald hatte sie die Vorherrschaft über die anderen lateinisch sprechenden Städte des Gebietes errungen und Handels- und diplomatische Beziehungen zu den Etruskern und den Griechen im Süden, ja selbst mit Karthago aufgenommen. Trotzdem war Rom militärisch keineswegs unverwundbar: Im Norden überquerten die Kelten die Alpen und plünderten etruskische Städte. Im Süden stiegen Bergvölker aus dem Apennin in die Küstenebenen hinab. In Latium selbst mußten die Römer um die Oberherrschaft kämpfen, bis sie um 496 v. Chr. die Latiner in der legendär gewordenen Schlacht am Regillussee besiegten.

Probleme entstanden durch Raubzüge privater Heere, zum Beispiel der Schar des Lars Porsenna von Clusium, der vermutlich dem verbannten Tarquinius Superbus zu Hilfe kam und Rom um 507 v. Chr. eroberte. Ein anderes Beispiel ist der Marsch auf Rom, den wenige Jahre später der Sabinerführer Attius Clausus mit 5000 Klienten und Knechten unternahm. Offenbar gab es nach dem Ende der Monarchie keine starke Zentralregierung mehr, so daß mächtige Aristokraten mit Privatheeren in der Lage waren, ihre Interessen durchzusetzen. Die Wirtschaft lag darnieder, und die Verschuldung unter dem gemeinen Volk, den Plebejern, war groß. Diese Periode ging jedoch zu Ende, als die Plebejer sich auflehnten.

In der Frühzeit der Republik um 500 v. Chr. bestand das Gebiet Roms lediglich aus der Stadt selbst und der latinischen Ebene. Doch in wenig mehr als 200 Jahren hatte Rom fast die ganze italische Halbinsel in seine Gewalt gebracht. Im Jahre 325 v. Chr. brach ein Krieg zwischen den Römern und den Samniten, einem kriegerischen Bergvolk, aus, der mit Unterbrechungen bis 295 dauerte. Rom siegte und gelangte dadurch in den Besitz Mittelitaliens, eines Gebietes, das später nach dem Krieg mit König Pyrrhus von Epirus noch abgerundet wurde. (Seite 126)

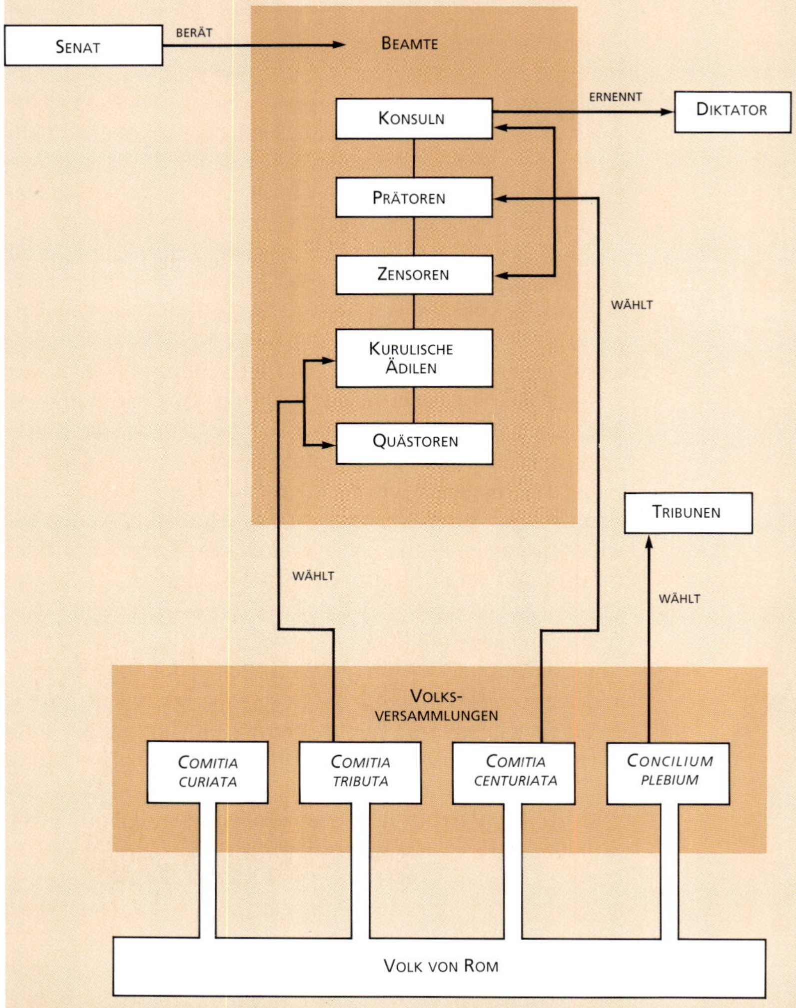

Die Verfassung der Republik

Die republikanische Verfassung entwickelte und veränderte sich seit dem Sturz des Königtums 509 v. Chr. Aber im wesentlichen bestand sie aus folgenden Elementen: Der Monarch früherer Zeiten war durch zwei oberste Beamte, die Konsuln, ersetzt worden, die die höchste Macht, das »Imperium«, innehatten. In Zeiten der Not konnten die Konsuln einen Diktator ernennen, der für sechs Monate praktisch Alleinherrscher war. Den Konsuln zur Seite standen Prätoren, zuständig für Rechtsfragen, und Zensoren, die die öffentliche Moral und die Eigentumsentwicklung kontrollierten, sowie die kurulischen Ädilen als Aufsichtsbeamte der Märkte, Feste und Tempel, und Quästoren zur Verwaltung der öffentlichen Finanzen. Der Rat der Alten, der Senat, setzte sich aus den Häuptern der Geschlechter (Patres) und früheren Konsuln zusammen. Seine Aufgabe war es, die Beamten zu beraten und die Entscheidungen des Volkes zu autorisieren.

Es gab vier Volksversammlungen mit verschiedenen Funktionen, deren Mitglieder gruppenweise abstimmten und auf Initiative eines leitenden Beamten zusammentraten: die Comitia Curiata, das Concilium Plebis, die Versammlung der Plebejer, die Volkstribunen als ihre Vertreter wählten und deren Beschlüsse im Lauf der Zeit für alle bindend wurden; die Comitia Tributa, und die Comitia Centuriata, die sich ursprünglich aus den militärischen Hundertschaften zusammensetzten.

Die Fasces *bestanden aus einem Rutenbündel, das eine Axt umschloß. Sie symbolisierten die Macht des Konsuls, an Leib und Leben zu strafen. Diese Fasces wurden den Konsuln von rangniedrigeren Beamten, den Lictoren, vorangetragen.*

In dieser Skulptur *des Giovanni da Bologna (1579–1583) wird der »Raub der Sabinerinnen« dargestellt, eine Episode, die der römische Schriftsteller Livius (59 v. Chr. bis 17 n. Chr.) erzählt. Nach Livius mangelte es den Römern, als sie Rom erbaut hatten, an Frauen. Sie luden die Sabiner und andere Nachbarstämme zu einem Fest und bemächtigten sich im geeigneten Augenblick der Sabinerinnen. Die Geschichte dürfte entstanden sein, um zu erklären, warum in der Frühzeit der expandierenden Republik Siedler wie die Sabiner in Latium auftauchten.*

Daß die Könige die Macht und Privilegien der Aristokraten hatten beschneiden wollen und diese sich dagegen zur Wehr gesetzt hatten, war der Monarchie zum Verhängnis geworden. Bei der Gründung der Republik hatte man daher Vorkehrungen getroffen, eine Wiederkehr der Monarchie zu verhindern. Man ernannte einen Beamten, der die früheren religiösen Pflichten des Königs übernahm, und im politischen und militärischen Bereich wurde der König von zwei Beamten, den Konsuln, ersetzt, die die Stadt regierten.

Mit anderen Worten: Die republikanische Regierungsform bestand in einer kollektiven Herrschaft der Aristokratie, die in der Theorie und in wechselndem Maße auch in der Praxis vom Willen der Volksversammlung abhängig war. Anfangs wurden die Sitze im Senat und in der Verwaltung unter den Patriziern verteilt, die eine erbliche Elite darstellten. Diese bildeten in der Gesamtheit der Bevölkerung zwar nur ein kleine Gruppe, hatten sich aber frühzeitig ein Machtmonopol verschafft.

Mit dem Widerstand der Plebejer gegen die Macht der Patrizier begann ein Konflikt, der die Innenpolitik Roms für knapp über zwei Jahrhunderte bestimmte. Er brach im Jahr 494 aus, als sich die Plebejer aus Protest gegen die Vorenthaltung politischer Rechte zusammenschlossen und zum etwa 22 Kilometer nordöstlich Roms gelegenen Albaner Berg zogen, um sich dort festzusetzen. Das war der erste von insgesamt drei Auszügen (Sezessionen) der Plebejer aus der Stadt, und sie hatten damit Erfolg, denn sie durften nun eigene Beamte, die Tribunen, wählen. Es handelte sich bei den Plebejern durchaus nicht um eine verarmte Unterschicht. Vielmehr erlangte im 4. Jahrhundert eine Anzahl reicher Bürger aus nichtpatrizischen Geschlechtern Zugang auch zu hohen Ämtern. Schließlich wurde im Jahre 287 v. Chr. den Plebejern das Recht zugestanden, eigene Gesetzesvorlagen in ihren Versammlungen einzubringen, womit die sogenannten Ständekämpfe ihr Ende fanden.

Was die Außenpolitik betrifft, so hatte der Vertrag mit den Latinern um 496 v. Chr. die Grundlage für den Latinischen Bund geschaffen. Zwar handelte es sich um einen Vertrag zwischen gleichberechtigten Partnern, der militärische Kooperation und eine gegenseitige Respektierung der Rechte vorsah, aber Rom spielte dabei die dominierende Rolle; denn das Heer der Verbündeten stand unter römischem Befehl. Roms großer Gegner im Norden war die etruskische Stadt Veji. Der Konflikt brach möglicherweise aus, weil beide Städte versuchten, den Salzhandel unter ihre Kontrolle zu bringen. Im 5. Jahrhundert gab es immer wieder Kriege zwischen beiden Parteien. Schließlich fiel Veji nach langer Belagerung durch Rom und seine Verbündeten im Jahre 396 v. Chr., wodurch sich das römische Territorium verdoppelte.

Die Expansion Roms (II)

Nach der Zerstörung der etruskischen Stadt Veji 396 v. Chr. schien die Stellung Roms gesichert zu sein. Doch schon 387 ereignete sich eine Katastrophe. Die Stadt wurde von Galliern aus dem Norden erobert und geplündert. Schon einige Jahre nach diesem Trauma jedoch wurden neue Stadtmauern gebaut und das eroberte etruskische Land kolonisiert. Im Norden dieses neuen Gebietes lag die Etruskerstadt Caere. Rom schloß Freundschaft mit ihr und sicherte so seine Nordgrenze.

Dieser römische Heeresoffizier *wurde nach einer Statue aus dem 3. Jahrhundert v. Chr. gezeichnet. Er trägt eine Rüstung, wie sie zur Zeit der Republikzeit üblich war: Helm mit Federbusch und Wangenschutz, Bronzebeinschienen und offene Sandalen, dazu ein Brustpanzer, um den als Rangabzeichen eine Schärpe geschlungen war.*

Die Römer waren ein bodenständiges, diszipliniertes Volk mit großem Organisationstalent. Dank ihrer militärischen Fähigkeiten setzten sie sich zunächst in Latium fest und wurden später Herren Italiens, ja des ganzen Mittelmeers.

Zuerst bestand das römische Heer nur aus einer Bürgermiliz. Grundeinheit war die Hundertschaft, von denen es ungefähr 200 gab und die je nach Vermögen ihrer Angehörigen in Klassen eingeteilt waren. Die übliche Gefechtsformation war zunächst die griechische Phalanx, die sich freilich in dem gebirgigen Gelände, in dem man gegen die Samniten kämpfen mußte, bald als unwirksam erwies. Um das Ende des 4. Jahrhunderts v. Chr. hatte sich eine flexiblere Formation aus drei Linien durchgesetzt, die in kleine Gruppen von je 120 Mann oder »Manipeln« (eine Handvoll) aufgeteilt waren.

Nach dem Galliersturm hatte der Latinische Bund zu existieren aufgehört, und die Bergvölker des Apennin begannen wieder mit ihren Überfällen. Sie konnten aber besiegt werden. Rom stellte seine Herrschaft über Latium wieder her und erneuerte die Allianz. 338 v. Chr. besiegte Rom auch eine Koalition aus Latinern und Italikern, wonach einige der unterworfenen latinischen Städte dem Römischen Staat einverleibt wurden. Ihre Bewohner wurden römische Bürger. Dieser Frieden wurde zum Vorbild für die künftige römische Expansionspolitik in Italien. Eroberte Völker wurden Verbündete.

In den Jahren nach dem Latinischen Krieg festigte Rom seine Stellung, indem es die ersten Kolonien gründete, denen noch viele weitere folgen sollten. Diese Kolonisationspolitik trug erheblich zur Konsolidierung und schließlichen Einigung Italiens unter Führung Roms bei, doch führte sie auch zum Krieg mit den Samniten, einem Bergvolk, das mehr und mehr auf Kampanien übergriff. Ab 327 v. Chr. führten die Römer vierzig Jahre lang Krieg gegen die Samniten, bevor es endlich gelang, sie niederzuwerfen. In diesen Jahren dehnte Rom seine Grenzen durch Bündnisverträge, Eroberungen und Koloniegründungen weiter aus. Mit der Niederlage der Samniten im Jahre 290 v. Chr. erstreckte sich das römische Gebiet bis zur adriatischen Küste. Wenig später wurden auch die Etrusker und Umbrier zum Bündnis gezwungen.

Im 3. Jahrhundert v. Chr. sah sich Rom in die Angelegenheiten der griechischen Städte in Unteritalien verwickelt. Tarent, die mächtigste dieser Städte, betrachtete mit Sorge Roms wachsenden Einfluß und suchte Hilfe bei Pyrrhus, dem König von Epirus im Nordwesten des griechischen Festlands. 280 v. Chr. landete Pyrrhus mit einem großen Heer und 20 Elefanten in Italien. Er erfocht mehrere verlustreiche Siege gegen die Römer – die sprichwörtlich gewordenen Pyrrhussiege –, mußte aber nach einer Niederlage im Jahre 275 in die Heimat zurückkehren.

Jetzt befand sich die ganze Halbinsel unter der Herrschaft Roms, doch die Behandlung, die den Besiegten zuteil wurde, war milde. Auch Städte, denen nicht die römische Staatsbürgerschaft zuerkannt wurde, wurden durch Bündnisverträge verpflichtet. Man beließ ihnen, abgesehen von der Außenpolitik, weitgehende Selbstverwaltung, bürdete ihnen weder Steuern noch Tribute auf, und konfiszierte Ländereien wurden zum Teil in Kolonien umgewandelt, deren Siedler sowohl aus Rom als auch aus den verbündeten Völkern kamen. Auf diese Weise entstand eine Partnerschaft, bei der die Bündner gegen einen Anteil an der Kriegsbeute, an Sklaven und Land Rom unterstützten. Auch daß der Senat die regionalen Aristokratien begünstigte, trug dazu bei, die Loyalität der Verbündeten Roms zu sichern.

Auf lange Sicht wurde die Bevölkerung Italiens dadurch assimiliert, daß sie die volle römische Staatsbürgerschaft erhielt. Den Anfang machten die Sabiner im Jahre 268 v. Chr. Lateinische Sprache und römische Lebensart wurden allmählich übernommen. Das große Straßennetz, das in erster Linie aus strategischen Gründen angelegt worden war, förderte die weitere Ausbreitung der römischen Kultur.

Auch Rom selbst änderte sich im Laufe dieser Kriege. Nachdem das Amt des Konsuls auch Plebejern zugänglich gemacht worden war, bildete sich eine neue Herrschaftselite heraus, die patrizisch-plebejische Nobilität. Die Erweiterung dieser Elite verschärfte aber nun auch den Wettbewerb um öffentliche Ämter. Dabei war auf Landbesitz beruhender Reichtum der Schlüssel zu politischer Macht und Ämtern.

Diese Bronzestatue *aus dem 6. oder 5. Jahrhundert v. Chr. stellt einen Samnitenkrieger in voller Rüstung dar: Panzer und Gürtel, kurze Ledertunika, Beinschienen und ein Helm ohne Federbusch. Die Samniten waren ein Bergvolk oskischer Sprache, das mit den Römern drei Kriege ausfocht: (343–341, 316–304 und 298–290 v. Chr.), in denen es schließlich unterlag.*

Ihr größter Erfolg war die Vernichtung eines römischen Kontingents unter den Konsuln Veturius und Postumus im Jahre 321. Sie schlossen die Römer bei den Caudinischen Pässen ein und zwangen sie durch Hunger zur Kapitulation. Die Reste des römischen Heeres wurden unter demütigenden Bedingungen nach Hause geschickt.

In den Samnitenkriegen *lernten die Römer militärische Mobilität und Flexibilität. Die Samniten operierten mit kleinen Einheiten, warfen zuerst eine Wolke von Speeren gegen den Feind und griffen dann mit kurzem Schwert an, das sich bestens zum Nahkampf eignete. Auch die Römer übernahmen bald Wurfspeer (pilum, 2) und Kurzschwert (gladius, 3). Diese Waffen wurden neben Schild (scutum, 4) und Helm (5) – hier nach einem bei Montefortino gefundenen Muster – von den Hastati benutzt, einer der vier Waffengattungen, aus denen sich Mitte des 3. Jahrhunderts v. Chr. eine Legion zusammensetzte. Zu dieser Zeit wurde auch noch der lange Speer (hasta 1) der Phalanxtaktik geführt.*

Im Jahre 281 v. Chr. riefen die Einwohner Tarents König Pyrrhus von Epirus in Nordwestgriechenland zu Hilfe, um das weitere Vordringen der Römer im griechischen Süditalien zu stoppen. Pyrrhus landete mit einem großen Heer von etwa 25 000 Mann und 20 Kriegselefanten in Italien und erfocht 280 einen verlustreichen Sieg gegen die Römer. Nach einem weiteren Sieg, der ihn wiederum große Opfer kostete, setzte Pyrrhus 278 nach Sizilien über und eroberte den Westteil der Insel, der karthagisches Gebiet war. Doch seine tyrannische Regierung machte ihm die sizilischen Griechen zu Feinden, so daß er sich nach zwei Jahren wieder nach Italien zurückziehen mußte. Dort wurde er 275 bei Benevent von den Römern besiegt und gezwungen, nach Griechenland heimzukehren.

Chronologie der Punischen Kriege

Erster Punischer Krieg 264–241 v. Chr.
264: Rom und Karthago werden auf Sizilien in einen Krieg zwischen Messina und Syrakus hineingezogen. Nach einem römischen Sieg der Römer über Karthago und Syrakus wechselt Syrakus das Lager.
261: Die Römer erobern Sizilien bis Agrigent.
260: Die Römer gewinnen die Seeschlacht bei Mylae mit neuen Schiffen nach punischen Vorbildern.
256: Nach einem Sieg bei Kap Eknomos landen die Römer in Afrika und rücken auf Karthago vor.
255: Die Karthager bringen den Römern bei Tunis eine Niederlage bei. Auf der Rückfahrt nach Sizilien erleiden die Reste des römischen Heeres Schiffbruch.
254: Römischer Sieg bei Panormus auf Sizilien, der aber nicht ausgenutzt wird.
241: In der Schlacht bei den Aegatischen Inseln vor Sizilien vernichten die Römer die karthagische Flotte und beenden damit den Krieg.

Zweiter Punischer Krieg 218–201 v. Chr.
218: Nach Überquerung der Pyrenäen und Alpen fällt der karthagische Feldherr Hannibal mit 50 000 Mann zu Fuß, 9000 Reitern und 37 Elefanten in Norditalien ein.
217: Die Römer werden am Trasimenischen See geschlagen.
216: In der Schlacht von Cannae bringt Hannibal den Römern eine vernichtende Niederlage.
210: Nach dem Tod König Hieros schlägt sich Syrakus wieder auf die Seite Karthagos; die Römer erobern und plündern die Stadt. In der Zwischenzeit landet Scipio in Spanien.
208: Scipio schlägt Hasdrubal bei Baecula.
206: Scipios Sieg bei Ilipa zwingt die Karthager zum Rückzug aus Spanien.
204: Scipio landet in Afrika und zwingt Hannibal zur Rückkehr aus Italien.
202: Bei Zama wird die karthagische Armee vernichtet. Harte Friedensbedingungen.

Dritter Punischer Krieg 149–146 v. Chr.
151: Karthago führt Krieg mit Massinissa von Numidien und bricht so den Vertrag mit Rom.
149: Ein römisches Heer setzt nach Afrika über.
146: Nach langer Belagerung fällt Karthago. Die Stadt wird dem Erdboden gleichgemacht, ihre Bevölkerung in die Skalverei verkauft.

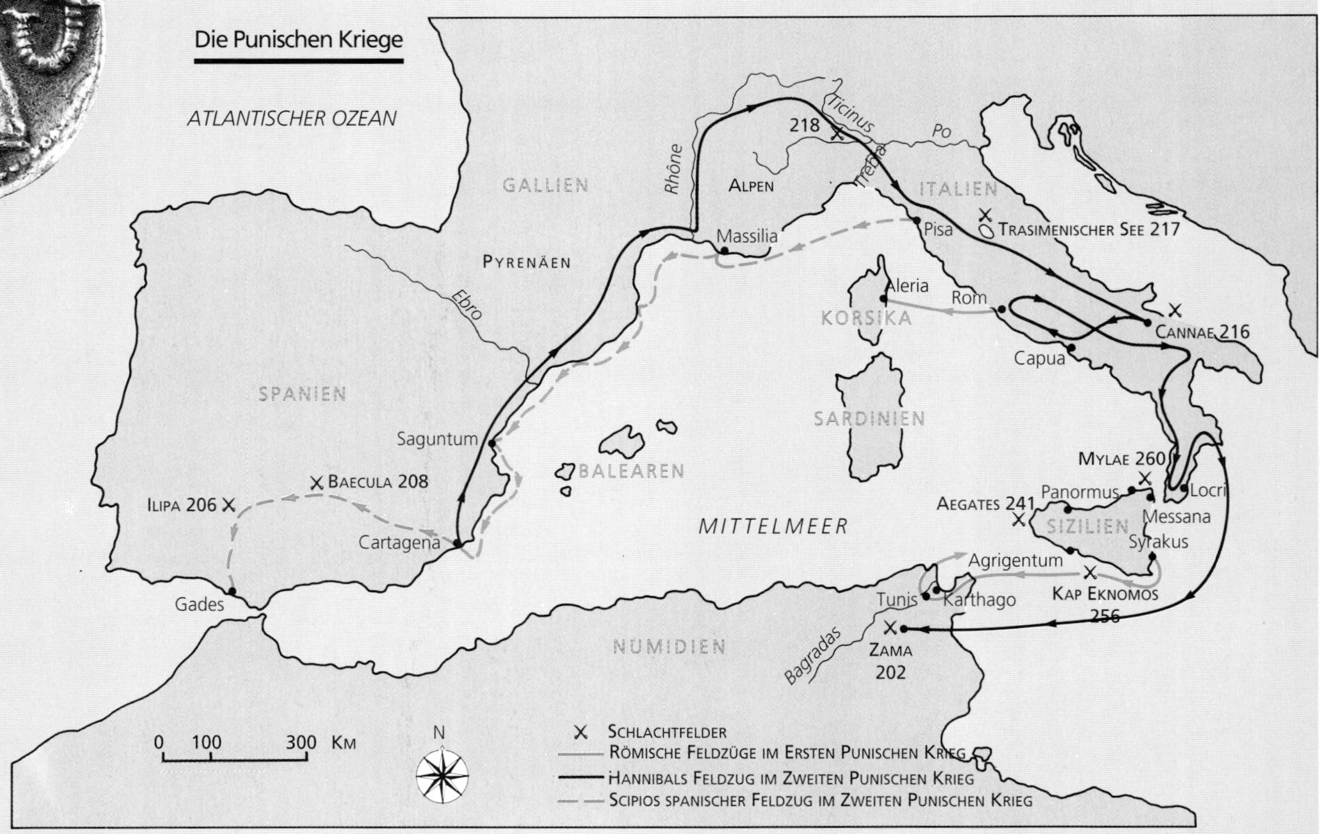

Der karthagische Feldherr Hannibal Barkas (oben rechts) *ist einer der größten Heerführer der Geschichte. Bei seinem Zug durch Italien mit Kriegselefanten – abgebildet auf der punischen Münze* (oben), *die während des Zweiten Punischen Krieges geprägt wurde – errang er mehrere glänzende Siege. Trotzdem gelang es ihm nicht, die Macht Roms zu brechen. Nach dem Krieg mußte er ins Exil gehen. Um der Auslieferung an die Römer zu entgehen, beging er 183 Selbstmord.*

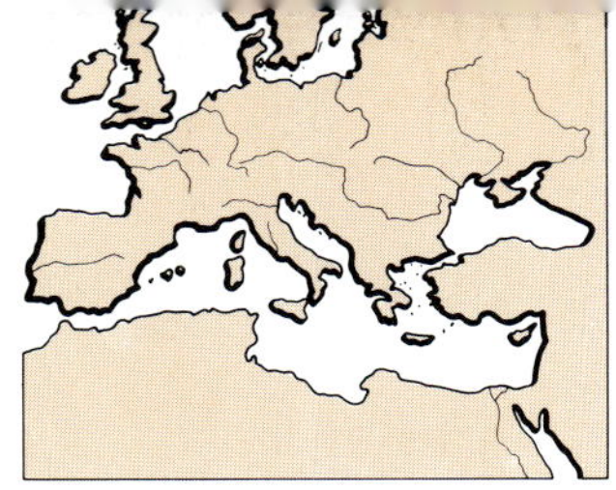

Kurz nachdem die Römer die Eroberung Italiens vollendet hatten, wurden sie in einen großen Krieg verwickelt. 264 v. Chr. begannen sie mit Karthago, einer alten phönizischen Kolonie in Nordafrika, damals beherrschende Macht im westlichen Mittelmeer, eine Auseinandersetzung um den Besitz Siziliens. Was mit einem kleinen Zwischenfall begann, veränderte das Gleichgewicht der Mächte im ganzen Mittelmeer. In weniger als einem Jahrhundert verkleinerte Rom die Macht Karthagos drastisch, um es am Ende des 3. Punischen Krieges im Jahre 146 v. Chr. von der Landkarte zu tilgen.

Vor dem Krieg hatte Karthago durch seine starke Flotte das Handelsmonopol in diesen Gebieten besessen und Frieden mit Rom gehalten; denn es gab keine gegensätzlichen Interessen. Die beiden Mächte gerieten erst aneinander, als auf der Insel Sizilien das Königreich Syrakus Messina angriff, eine von den Mamertinern, italischen Söldnern, beherrschte Stadt. Rom und Karthago wurden in die Auseinandersetzung hineingezogen, und es folgte ein langer Krieg von 264 bis 241.

Rom konnte seine Überlegenheit erst nach dem Bau einer mächtigen Flotte in militärische Erfolge umsetzen. Schließlich wurden die Karthager besiegt und aus Sizilien vertrieben. Nur das Königreich Syrakus blieb selbständig. Sizilien wurde die erste römische Provinz. Karthago mußte hohe Reparationszahlungen leisten und mußte ohnmächtig mitansehen, wie sich Rom Sardiniens und Korsikas bemächtigte.

Im Jahr 218 v. Chr. begann ein zweiter Krieg zwischen Rom und Karthago. Der karthagische Feldherr Hannibal fiel nach seinem berühmt gewordenen Alpenübergang mit einem großen Heer und mehreren Elefanten in Italien ein. Doch trotz glänzender Siege am Trasimenischen See und bei Cannae gelang es Hannibal nicht, Roms italische Verbündete zum Abfall zu bewegen. Statt dessen wurde sein Heer in den nächsten Jahren durch die Hinhaltetaktik des Quintus Fabius Maximus allmählich aufgerieben. Im Jahre 203 kehrte er nach Nordafrika zurück und wurde dort ein Jahr später von Scipio Africanus bei Zama besiegt. Dank dieses Sieges konnte sich Rom die spanischen Besitzungen Karthagos aneignen. Außerdem erhielt es von neuem große Kontributionen.

Der dritte Krieg (149–146 v. Chr.) wurde von Rom willkürlich vom Zaun gebrochen, um die Stadt Karthago auszulöschen. Die Überlebenden wurden in die Sklaverei verkauft, aus dem Gebiet Karthagos wurde die römische Provinz Afrika.

In der Zwischenzeit war Rom auch in die Händel der hellenistischen Welt hineingezogen worden. Sein Engagement gegen Hannibals Verbündeten Philipp V. von Makedonien veranlaßte Pergamon in Kleinasien und andere Staaten zu einem Hilferuf, als Philipp im östlichen Mittelmeer von Sieg zu Sieg eilte. Der Makedonenkönig wurde in einem dreijährigen Feldzug zum Rückzug aus Griechenland gezwungen. Die Römer proklamierten die Freiheit Griechenlands und verzichteten auf Gebietsgewinne. Damit war freilich ein Präzedenzfall für Interventionen geschaffen, und Rom ließ sich mehr und mehr in die Konflikte der griechischen Welt verwickeln. In den ersten Jahrzehnten des 2. Jahrhunderts v. Chr. schlugen die Römer erst Philipp von Makedonien, dann den mächtigen Seleukidenherrscher Antiochos III. Nach einem weiteren Feldzug gegen den Makedonenkönig Perseus im Jahre 167 v. Chr. waren sie Herren des östlichen Mittelmeers. 146 v. Chr. wurde Griechenland Provinz, und 133 v. Chr. fiel Pergamon durch Erbschaft an Rom und wurde zur römischen Provinz Asien.

Diese überseeischen Eroberungen steigerten Macht und Reichtum des römischen Adels ins Unermeßliche. Die Beute aus einem erfolgreichen Feldzug konnte gewaltig sein, und diese finanziellen Gewinne wurden in große Landgüter investiert, die von versklavten Kriegsgefangenen bewirtschaftet wurden. Sklaven ersetzten nun auch zunehmend die kleinen Bauern, die das traditionelle Rückgrat des römischen Heeres gewesen waren. Auch erschwerten die oft langen Feldzüge in weit entfernte Länder den Bauern die Bewirtschaftung ihrer Höfe, und so mußten viele von ihnen ihre Felder verlassen und gerieten in Armut. Eine der Folgen war, daß die Rekrutierung von Soldaten immer schwieriger wurde, weil das Gesetz einen bestimmten Mindestbesitz als Voraussetzung zum Kriegsdienst forderte. So entwickelten sich soziale Spannungen.

Mit der Herausbildung eines Imperiums wurde das Betätigungsfeld für Handwerk und Handel größer. Auch in privaten Haushalten wurden zunehmend Sklaven eingesetzt. Man veranstaltete immer häufiger öffentliche Spiele und stattete Rom mit neuen öffentlichen Bauten prächtig aus.

Die griechische Kultur, mit der viele Römer auf den Feldzügen in Berührung gekommen waren, durchdrang allmählich das ganze Leben, und die Römer begannen den Lebensstil der großen Zentren der hellenistischen Welt nachzuahmen. Viele Adelige wurden zu glühenden Philhellenen. Griechische Philosophen lehrten in Rom. Auch in Kunst und Architektur, Religion und Literatur dominierte der griechische Einfluß.

***Dieses Relief** zeigt ein römisches Kriegsschiff, wie es zum Kampf gegen die Karthager erbaut wurde. Bis zum Ersten Punischen Krieg hatte Rom nur über eine bescheidene Flotte verfügt. Doch durch ein günstiges Geschick fiel den Römern ein havarierter punischer Fünfruderer – ein Schiff mit fünf Reihen von Ruderern – in die Hände, die nun den römischen Schiffsbauern als Modell diente. Die Römer verbesserten den Entwurf noch, indem sie ihre Schiffe mit einer beweglichen Enterbrücke ausstatteten, die bei entsprechender Annäherung auf das Deck des feindlichen Schiffes heruntergelassen werden konnte, wobei ein Enterhaken für eine sichere Verbindung sorgte, so daß die Legionäre den Gegner entern und ihre Überlegenheit im Nahkampf ausspielen konnten.*

Sozialer Konflikt und Bürgerkrieg

Die immer größer werdende Kluft zwischen Reich und Arm in Rom steigerte die sozialen Konflikte und führte schließlich zum politischen Zusammenbruch. Ein Hauptproblem waren die Italiker, die kein römisches Bürgerrecht besaßen und die damit verbundenen Vorteile entbehren mußten, aber die Hauptlasten des Kriegsdienstes zu tragen hatten. Viele wurden aus ihrem Eigentum verdrängt, um Kriegsveteranen oder den landhungrigen Adeligen Platz zu machen. Im Jahre 133 v. Chr. schlug ein Volkstribun namens Tiberius Sempronius Gracchus eine Landreform vor. Das staatliche Pachtland, das sich die Reichen weitgehend angeeignet hatten, sollte an die Armen verteilt werden. Gegen diesen Vorschlag leistete die konservative Senatspartei heftigsten Widerstand, und schließlich wurde Gracchus ermordet. Zehn Jahre später erlebte sein Bruder Gaius das gleiche politische Schicksal. Der Tod der Gracchen rettete zwar das staatstragende politische System, das sie mit ihren weitreichenden Reformvorhaben bedroht hatten, aber die sozialen Spannungen blieben ungemildert.

Am Ende des 1. Jahrhunderts v. Chr. sah sich Rom immer wieder militärischen Bedrohungen in einigen Teilen des Reiches ausgesetzt, unter anderem auch einer Revolte der italischen Verbündeten. Die bestehende Herrschaftsordnung war freilich kein geeignetes Instrument mehr, diese Krisen beizulegen. Daß sie dennoch gemeistert wurden, war einzig fähigen und ambitionierten Männern zu verdanken sowie einer grundlegenden Heeresreform, die aus dem Proletariat eine Berufsarmee schuf. Einer dieser Männer war Gaius Marius, ein hervorragender Feldherr, der in Afrika die Numider unter ihrem König Jugurtha besiegt hatte. Marius hatte wiederholt das Konsulat inne und vernichtete 102/1 die germanischen Kimbern und Teutonen, die ins römische Herrschaftsgebiet eingefallen waren. Er war es auch, der als Konsul die erwähnte Heeresreform durchführte.

Zwei Parteien beherrschten jetzt die Politik Roms: die Populares, deren Führer vom einfachen Volk unterstützt wurden, und die Optimates (die Besten), die reaktionäre aristokratische Partei, die versuchte, die Macht des Senats gegen die Bestrebungen der Volksversammlung aufrechtzuerhalten. Zu den Optimaten gehörte der Feldherr Lucius Cornelius Sulla. Er war der erbitterte Gegner des Marius. Es kam zum Bürgerkrieg, aus dem Sulla schließlich als Sieger hervorging. 81 v. Chr. wurde er Diktator und versuchte das Herrschaftssystem zu ändern. Doch überdauerten seine Reformen seinen im Jahre 79 erfolgten Rücktritt nur um wenige Jahre.

Aber die beiden Männer fanden Nachahmer. Von jetzt an kämpften immer wieder Parteiführer an der Spitze ihrer Anhänger um Macht und Ehren. Ein weiteres Problem in dieser turbulenten Epoche bestand in der Verwaltung der vielen Provinzen Roms. Die politischen Institutionen eines Stadtstaates reichten für die Regierung eines ganzen Reiches nicht mehr

Die Kunst der Landwirtschaft

Grundlage der römischen Wirtschaft war der Ackerbau. Er wurde ursprünglich nur in kleinerem Stil betrieben: Familien bearbeiteten einige wenige Morgen. Später wurden viele kleine Höfe in einer Hand vereinigt, deren Eigentümer nicht auf ihren Gütern lebten und diese durch Sklaven bewirtschaften ließen. Auf diesen höchst effizient bewirtschafteten Gütern, deren Haupterzeugnisse Getreide, Weintrauben und Oliven waren, erreichte die Landwirtschaft der Antike das höchste Niveau. Cato führt in seinem um 160 v. Chr. verfaßtes Werk »De Agricultura« aus, daß die günstigste, gewinnbringendste Nutzung eines Hofes von 100 iugera (ungefähr 430 Morgen) darin bestehe, Wein und Gemüse für den Markt anzubauen und Weidenpflanzungen, einen Olivengarten, Weideland, Ackerland und schließlich Waldland für Bauholz und Brennholz anzulegen.

Großgrundbesitz galt den Römern mehr als jede andere Vermögensform. So bemerkte der Redner und Staatsmann Cicero einmal: »Keine Beschäftigung steht einem vornehmen Mann so wohl an wie der Landbau.«

Der traditionellen Verbundenheit mit der eigenen Scholle geben auch die römischen Dichter Ausdruck, vor allem Vergil, dessen aus 2000 Versen bestehende »Georgica« 29.v. Chr. vollendet wurde. Die Illustration (links) aus einem Manuskript des 15. Jahrhunderts n. Chr. zum dritten der vier Bücher des Werkes stellt eine bukolische Szene dar. Das zweite Buch schließt mit Versen, die die Einfachheit des Landlebens im Gegensatz zum städtischen Luxus preisen. Vergil erwartete von seinen gebildeten Lesern nicht, daß sie selbst auf ihren Äckern arbeiteten. Ihm ging es darum, die Ideale altrömischer Lebensart, die die Stadt groß gemacht hatten, lebendig zu erhalten.

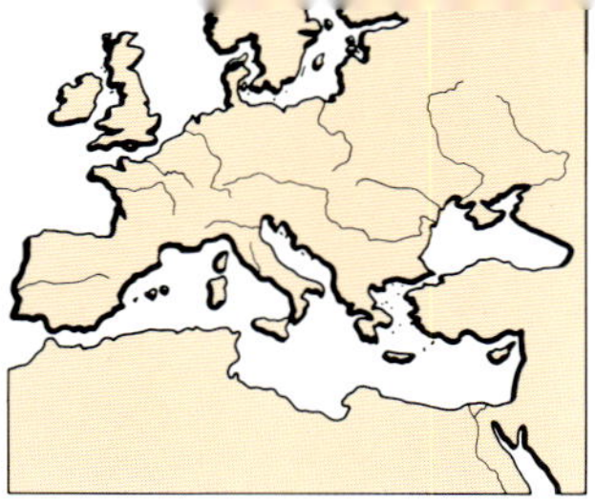

aus. Aber mehrere Versuche, sie zu reformieren, scheiterten, und die Qualität der Provinzverwaltungen nahm immer mehr ab. Einige Statthalter ließen sich nur von persönlichem Machtstreben leiten, andere plünderten ihre Provinzen aus und bereicherten sich privat.

In den siebziger Jahren sah sich Rom mit einer Reihe von militärischen Herausforderungen konfrontiert. Es gab einen Konflikt in Spanien, einen Krieg gegen König Mithridates von Pontus in Kleinasien und einen Sklavenaufstand unter der Führung eines thrakischen Gladiators namens Spartakus. Während dieser Zeit geriet ein großer Teil des Mittelmeers unter den Einfluß von Seeräubern, die schließlich so mächtig wurden, daß es für die römischen Truppen schon ein Risiko bedeutete, von Italien nach Griechenland überzusetzen. Am meisten aber litten unter dieser Plage die römischen Kaufleute, deren Handelstätigkeit praktisch zum Erliegen kam.

Im Jahre 67 v. Chr. beauftragte die Volksversammlung den Feldherrn und Staatsmann Pompeius, das Mittelmeer von den Piraten zu säubern, und innerhalb weniger Monate vollbrachte er diese Aufgabe. Im Jahr darauf besiegte er auch Mithridates und regelte die Angelegenheiten des Ostens, indem er die von Rom abhängigen Königreiche neu organisierte und die Städte Kleinasiens förderte. Er machte Syrien zur römischen Provinz. Als Pompeius aber nach Rom zurückkehrte, mußte er erfahren, daß die anderen Adeligen keineswegs geneigt waren, seine unbedingte Überlegenheit anzuerkennen. Doch war er zu einem Kompromiß bereit. Im Jahre 60 v. Chr. traf er mit Licinius Crassus, dem reichsten Mann Roms, und Julius Caesar, dessen Stern bald aufgehen sollte, eine informelle Absprache zur Teilung der Macht. Das sogenannte Erste Triumvirat war gebildet.

Marcus Porcius Cato, *oder Cato der Ältere war ein eingefleischter Gegner des Hellenismus. Sein Name steht heute noch für Sittenstrenge und hohe Moral. 234 v. Chr. geboren, focht Cato im Zweiten Punischen Krieg mit und wurde 184 Zensor. Als solcher führte er eine Luxussteuer ein.*

Der Einfluss des Hellenismus

Rom war schon lange griechischen Einflüssen ausgesetzt gewesen, zuerst indirekt durch die Etrusker, dann durch den Kontakt mit den griechischen Städten in Süditalien. Aber erst mit der römischen Eroberung der griechischen Welt trat der Hellenismus seinen Siegeszug in Rom an. Nach Auffassung der Historiker Livius und Polybius leitete die Plünderung von Syrakus durch die Römer während des Zweiten Punischen Krieges im Jahre 212 v. Chr. die Zeit ein, in der die Römer zu Bewunderern der griechischen Kunst wurden. Jetzt schafften sie griechische Kunstwerke in großer Zahl nach Rom. Diese »Welle« erreichte mit der Plünderung Korinths im Jahre 146 v. Chr. ihren Höhepunkt.

Mitte des 1. Jahrhunderts v. Chr. war die Vorliebe der Römer für geschmackvolle Innenausstattung allgemein geworden, und der hellenistische Einfluß läßt sich z. B. in der Vorstadtvilla des P. Fannius Sinistor in Boscoreale erkennen, aus der hier ein Fresko abgebildet ist *(oben)*. Als sich der römische Geschmack immer mehr verfeinerte und die Vorräte an alten griechischen Originalen erschöpft waren, begannen griechische Künstler für römische Auftraggeber zu arbeiten. Zwar wurden viele frühere Stücke kopiert, aber es entwikkelte sich auch ein neuer graecorömischer Stil in der Bildhauerkunst.

Auch der Inhalt vieler großer hellenistischer Bibliotheken gelangte nach Rom, und der Einfluß der Griechen auf die lateinische Literatur war beträchtlich. Das griechische Epos »Odyssee« wurde ins Lateinische übersetzt, das jetzt auch die Sprache der Poesie und von Dramen wurde, die auf griechischen Vorbildern beruhten. Terenz und Plautus schrieben Komödien in lateinischer Sprache nach dem Muster des griechischen Komödiendichters Menander. Die erste römische Geschichtsschreibung war gegen Ende des 3. Jahrhunderts noch auf Griechisch entstanden. Aber nachdem Ennius sein großes Geschichtsepos der Stadt Rom beendet hatte, wurde Latein auch die Sprache der römischen Historiker.

Die nachhaltigste Prägung römischen Lebens geschah aber durch die Übernahme griechischer Erziehungsmethoden.

Die Zeit Julius Caesars

Münzen wie diese wurden zum Gedenken an die Ermordung Julius Caesars an den Iden des März im Jahre 44 v. Chr. geprägt. Die Münze zeigt zwei Dolche und die Aufschrift: EID MAR, die Iden des März.

***Julius Caesar** (ca. 100–44 v. Chr.), der große römische Feldherr und Staatsmann, wurde im Jahre 48 v. Chr. Diktator Roms, und blieb es bis zu seiner Ermordung. Seine antirepublikanische Einstellung und sein autokratisches Verhalten verletzte die römischen Traditionalisten und führte zu seiner Ermordung.*

Im Jahre 59 v. Chr.wurde Julius Caesar Konsul und erließ unverzüglich Gesetze, die die Absichten des Pompeius und Crassus, der beiden anderen Mitglieder des Triumvirats, wie natürlich seine eigenen, begünstigten. Das Triumvirat war ein wirkungsvoller Coup, denn es verband Pompeius' Beliebtheit beim Volk mit dem Reichtum des Crassus und den politischen Fähigkeiten Caesars. Das Bündnis wurde 56 v. Chr. erneuert und dauerte insgesamt 6 Jahre. Es endete mit dem Tod des Crassus, der 53 im Kampf gegen die Parther fiel.

Die Pläne des Pompeius zur Neuorganisation der östlichen Territorien Roms wurden nun in die Tat umgesetzt. An die Kriegsveteranen und verarmte Bevölkerungsschichten, die unter den Bürgerkriegen der vorhergehenden Jahre schwer gelitten hatten, wurde Land verteilt. Crassus dürfte von der Preisreduzierung für die Staatspachtverträge profitiert haben. Denn die Rechte, Steuern einzutreiben, wurden meistbietend an die sogenannten Publicani verkauft, wobei besonders die Steuern in Asien ein besonders lukratives Geschäft für die Pächter waren. Und Caesar erhielt für eine Periode von fünf Jahren ein Kommando in Gallien. In nur drei Jahren eroberte er fast das ganze Gebiet. Er überquerte zweimal den Rhein und unternahm zwei Expeditionen nach England. Im Jahre 52 brach ein Aufstand in Gallien unter Vercingetorix aus, den Caesar noch im gleichen Jahr brach, indem er die Rebellen in ihrer Festung Alesia in Burgund erfolgreich belagerte. Im Jahre 51 war Gallien vollständig unterworfen.

Im Jahr zuvor war Pompeius zum Konsul gewählt worden, und zwar zum einzigen, damit er die Ordnung in Rom, wo anarchische Zustände herrschten, wiederherstelle. Der Tod seiner Frau Julia, der Tochter Caesars, hatte das Band zwischen den beiden Männern schon gelockert, und nun begann Pompeius Caesar zu fürchten, dessen Macht infolge seiner Siege zugenommen hatte und dessen Aufenthalt in Gallien sich seinem Ende näherte. Daher schloß Pompeius ein Bündnis mit den Optimates, der reaktionären Partei, die vorher in Opposition zu ihm gestanden hatte. Im Januar 49 übertrug der Senat Pompeius offiziell die Aufgabe, die Republik gegen Caesar zu verteidigen.

Inzwischen überquerte dieser mit seinen Legionen den Rubicon, den Grenzfluß zum römischen Staatsgebiet, und tat damit seine Angriffsabsichten unverblümt kund. Aber niemand konnte ihn aufhalten, so daß Rom und Italien in seine Hand fielen, während Pompeius und ein Teil des Senats nach Griechenland flohen. Caesar eroberte Spanien, setzte nach Epirus in Nordwest-Griechenland über und besiegte Pompeius bei Pharsalus. Pompeius floh nach Ägypten, wo er ermordet wurde. Kurz darauf gelangte auch Caesar nach Alexandria. Er nahm sich die Ptolemäerin Kleopatra zur Geliebten und setzte sie auf den Thron Ägyptens.

Im Jahre 46 wurde Caesar für zehn Jahre zum Diktator ernannt, zwei Jahre später auf Lebenszeit. Umgehend führte er ein umfangreiches Reformprogramm durch. Schulden wurden erlassen, Veteranen in Italien und den Provinzen angesiedelt. Die Kornzuteilungen wurden reguliert und das römische Bürgerrecht ausgedehnt. Ein neues Forum wurde gebaut und ein neuer Kalender eingeführt, der auch heute noch im Abendland gilt. Caesar herrschte in allem wie ein absoluter König. Dieses Verhalten kränkte all jene, die Rom als Republik erhalten wollten. So kam es im Senat zu einer Verschwörung gegen das Leben Caesars, die Cassius und Brutus an den berüchtigten Iden des März, dem 15. März des Jahres 44 v. Chr., in die Tat umsetzten. Caesar wurde ermordet.

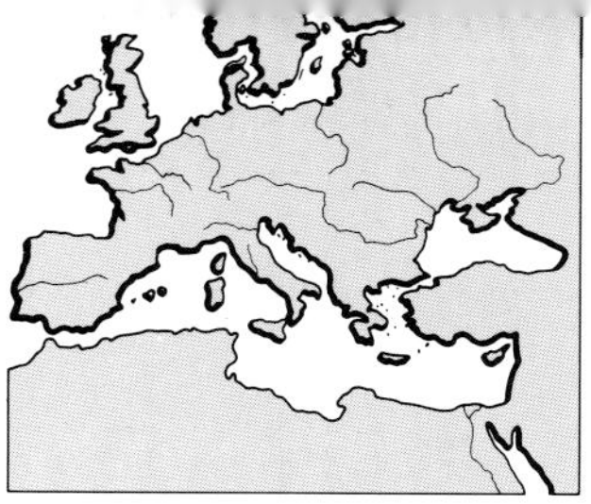

***Mithras** war ein alter persischer Gott des Lichtes und der Wahrheit, der Feind des Ahriman, der Kraft des Bösen. In der persischen Überlieferung wurde er auch als »Krieger« und »Sieger« betitelt, Eigenschaften, die ihn bei römischen Soldaten besonders beliebt machten. Sie trugen den Mithraskult, einen Mysterienkult mit geheimen Riten für Eingeweihte, durch die ganze Römische Welt. Mithras war aber auch ein Fruchtbarkeitsgott, symbolisiert durch den Stier. Man feierte zu seinen Ehren die Tauroktonie, das Töten des Opferstieres* (links), *dessen Blut als Quelle des Lebens galt.*

***Dieses alte Heiligtum** oder »Lararium« wurde im Haus der Vettier in Pompeji gefunden. Die römischen Villen enthielten üblicherweise Altäre oder Schreine der Gottheiten des Hauses: Die Laren, die Geister der Ahnen, genossen als Vorfahren der Familie deren Verehrung. Die Penaten wachten über die Ernährung der Familie, während der Herd in der Obhut der Göttin Vesta stand.*

Das abgebildete Heiligtum ist mit Darstellungen der Hausgötter bemalt. In der Mitte steht der Genius, der vergöttlichte Ahnherr der Familie, mit einer Waage und einem Kasten mit Opfergaben, zu beiden Seiten die Laren. Das Lararium befand sich im allgemeinen im Atrium des Hauses.

Die Religion Roms

In der traditionellen Religion Roms war der Ritus von zentraler Bedeutung, stellte er doch das richtige Verhältnis des Menschen zu den Göttern her. Es gab unzählige Gottheiten, die bedeutendsten waren die Götter der Kapitolinischen Trias. Einige der größten waren die Kapitolinische Dreiheit: Jupiter, ein Himmelsgott und König der Götter, Juno, seine Gattin, und Minerva, Göttin der Weisheit. Mars, der Gott der Schlachten, war einst Gott der Felder gewesen: Die Bauern waren auch die Soldaten Roms.

Sie bildeten auch die Grundlage des Staatskultes, der im Dienst des Volkes von den Oberpriestern und Beamten ausgeführt wurde. Die Priester waren Mitglieder der Aristokratie und in Kollegien zusammengeschlossen, deren Pflicht es war, die Zeremonien und die Festspiele zu arrangieren und durchzuführen. Dabei handelte es sich anfangs um Riten aus der ländlichen Welt, im Lauf der Zeit jedoch kamen neue hinzu. Das oberste Kollegium der Priester war zuständig für die Aufzeichnungen von Erfahrungen und Wissen. Den Auguren oblagen Opferschau und Prophezeiung, während die Vestalinnen, die Jungfrauen der Vesta, das Herdfeuer des Staates hüteten. Die Römer übernahmen auch Götter und Kulte von anderen Völkern, besonders von den Griechen, und identifizierten gelegentlich Götter anderer Gegenden mit ihren eigenen. Auch abstrakte Begriffe wie Sieg oder Glück wurden als Götter von den Griechen übernommen. Ein fremder Kult, der schon im Jahre 204 v. Chr. als einer der ersten ausländischen Kulte nach Rom kam, war die Verehrung der phrygischen »Großen Mutter«. Die zu Ehren anderer orientalischer Gottheiten veranstalteten orgiastischen Riten schockierten den Senat derart, daß er den Römern zeitweise verbot, daran teilzunehmen.

Die Gründung des Imperiums

Schon seit dem Jahre 60 v. Chr. hatte die Republik praktisch zu bestehen aufgehört, und der Mord an Julius Caesar konnte ihr nicht wieder aufhelfen. Die Zeit unmittelbar nach dem Tod des Diktators war eine Zeit der Wirren, des Kampfes um die Macht und eines weiteren Bürgerkrieges. Marcus Antonius, der neben Caesar der zweite Konsul gewesen war und die Amtsgeschäfte weiterführte, traf Absprachen mit Cicero, dem Führer der konservativen Partei, und auch mit Brutus und Cassius, den Mördern Caesars. Es sah ganz so aus, als ob Marcus Antonius die Herrschaft an sich reißen würde.

Doch mit der Veröffentlichung von Caesars Testament kam ein neuer Faktor ins Spiel. Denn es wies Gaius Octavianus, den Enkel der Schwester Caesars, den er adoptiert hatte, als Erben aus. Der Neunzehnjährige kam auch sofort aus Griechenland zurück, um sein Erbe anzutreten. Cicero versuchte nun, Octavian gegen Antonius auszuspielen.

Doch Octavianus und Antonius legten ihre Differenzen bei und bildeten zusammen mit Lepidus im Jahre 43 v. Chr. wieder ein Triumvirat, das auf fünf Jahre begrenzt war.

Diese Periode begann mit einem Schreckensregiment, und 300 Senatoren wurden zum Tod verurteilt, unter ihnen auch Cicero. Antonius und Octavianus gingen dann dazu über, die einzige Bedrohung ihrer Macht zu eliminieren – Brutus und Cassius. Beide begingen nach ihrer Niederlage in der Schlacht von Philippi in Griechenland im Jahre 42 Selbstmord. Zwei Jahre später teilte das Triumvirat das Imperium unter sich auf. Antonius erhielt den Osten, Octavianus den Westen und Lepidus die unbedeutende Provinz Afrika.

Antonius unternahm nun einen Feldzug gegen die Parther, die Kleinasien und die Levante bedrohten, doch ohne Erfolg. Hierauf schickte er seine Frau Octavia, die Schwester des Octavianus, nach Rom zurück und heiratete im Jahre 36 die ägyptische Königin Kleopatra, die einstige Geliebte Caesars. Er erklärte Kleopatras Sohn Caesarion provokativ zum legitimen Erben des Julius Caesar und verschenkte Teile des römischen Reiches im Osten an Kleopatra, Caesarion und seine eigenen drei Kinder, die er mit ihr hatte. Ein Krieg zwischen Octavian und Antonius war damit unvermeidlich. Im Jahre 31 besiegte Caesars Stiefsohn in der Seeschlacht von Actium seine Gegner, die nach Ägypten flohen und später Selbstmord begingen. Octavian war jetzt Alleinherrscher im ganzen Imperium.

Es gelang ihm, sich die Treue seiner Soldaten zu sichern und drei Jahre nach Actium nach der höchsten Macht zu greifen, ohne die Gefühle der Republikaner zu verletzen. Seine herausragende Leistung war es, diese einander widerstreitenden Interessen auf Dauer doch miteinander zu versöhnen. So legte er im Jahre 27 offiziell alle Vollmachten nieder und übertrug die Regierung formell wieder dem Senat und dem Volk. Als Gegenleistung wurden ihm bestimmte Befugnisse garantiert, und er erhielt den Ehrennamen Augustus.

Die neue Regierungsform, die dem Land Frieden, Wohlstand und Stabilität brachte, wurde von den oberen und mittleren Schichten, sowie den reichen Bewohnern der Provinzen, sehr begrüßt. Augustus wurde als Erlöser und Wohltäter gefeiert. Es wurde sogar offiziell ein regelrechter Kult eingerichtet, wodurch ihm seine Untertanen sichtbar ihre Verehrung bezeugen konnten. Augustus suchte die alten Traditionen wieder zu beleben, vor allem die römische Staatsreligion und die religiösen Feste. Seine lange Regierungszeit entwickelte sich zum goldenen Zeitalter der Kunst und Literatur. Horaz, Properz und Vergil, die größten Dichter des augusteischen Zeitalters, besangen die neue Ordnung.

Das riesige Amphitheater *– den Namen Kolosseum erhielt es erst im Mittelalter – wurde unter den flavischen Kaisern begonnen und von Titus im Jahre 80 n. Chr. eingeweiht. Dieser gewaltige Bau wies etwa die Maße 187×155 Meter auf und bot bis zu 50 000 Menschen Platz. Er war aus Beton, Ziegeln und Steinen errichtet und besaß drei Stockwerke mit Arkaden, in denen zahlreiche Gänge verliefen (5). Man saß in drei Rängen, wobei der unterste für die höheren Klassen reserviert war. Wenn es regnete, wurden die Zuschauer durch ein Velarium, einen riesigen Baldachin, geschützt, der von Stangen gehalten und von einer Abteilung Matrosen über dem Stadion aufgezogen wurde (1).*

Die Arena (3) bestand aus mit weißem Sand bestreuten Holzbohlen und konnte für Seeschlachten mit Wasser gefüllt werden. Darunter befand sich ein Labyrinth von Räumen und Käfigen (4), in denen wilde Tiere gehalten wurden. Dort gab es auch mechanische Aufzüge.

Die Spiele begannen mit einem Umzug, bei dem die Gladiatoren, in Purpur und Gold gekleidet, in die Arena einzogen. Vor dem Kampf grüßten sie den Kaiser mit den berühmten Worten: »Ave Imperator morituri te salutant« Die Gladiatoren rekrutierten sich aus Kriegsgefangenen, verurteilten Verbrechern und Sklaven. Sie wurden ausgebildet und je nach Bewaffnung in vier Kategorien eingeteilt.

Die Kämpfe endeten mit dem Tod des Unterlegenen, doch konnte man beim Kaiser um Gnade bitten. War ein Gladiator tödlich verwundet, schlug ihm ein als Charon – in der römischen Mythologie der Fährmann zur Unterwelt – verkleideter Wächter mit einem Holzhammer den Schädel ein.

Hetzjagden auf wilde Tiere, *wie auf diesem römischen Mosaik, waren beim Publikum besonders beliebt. Spiele mit Gladiatorenkämpfen und Tierhatzen wurden »Munera« genannt. Diese hatten ursprünglich sakrale Bedeutung, wurden aber später zu aufwendigen Pflichtgeschenken des Kaisers oder hoher Beamter an die Bevölkerung Roms.*

Die Frühzeit des Imperiums (I)

Während seiner Regierungszeit dehnte Augustus die Grenzen des römischen Imperiums immer weiter aus. Galatien in Kleinasien wurde 25 v. Chr. römische Provinz, Judäa 6 v. Chr. Im Norden wurde die Grenze bis zur Donau vorgeschoben und der Balkan durch einen Gürtel von Provinzen gesichert. So waren die Grenzen geschützt, und es gab eine starke, stabile und effiziente Verwaltung.

Am 19. August des Jahres 14 n. Chr. starb Augustus eines friedlichen Todes. Der Senat bestimmte, daß Augustus unter die Staatsgötter aufgenommen werden solle.

Nachfolger war sein Stiefsohn Tiberius (14–37 n. Chr.), ein fähiger und erfahrener Organisator. In Kleinasien richtete er die Provinzen Kappadokien und Kommagene ein. Den Feldzug gegen die Germanen brach er wegen zu großer Kosten ab. Doch seine lange Regierungszeit war getrübt durch Konflikte mit dem Senat, Hochverratsprozesse und Hofintrigen, etwa die Affäre um Seianus, den Präfekten der Praetorianergarde, der kaiserlichen Leibgarde, dem Tiberius allzu großes Vertrauen geschenkt hatte.

Zurückhaltend und reizbar, wie er war, hatte es Tiberius nicht verstanden, sich beim Volk beliebt zu machen, so daß sein Tod im Jahre 37 nicht besonders betrauert wurde. Die Herrschaft seines Nachfolgers Gaius Caesar (37–41 n. Chr.), genannt Caligula, was »Stiefelchen« bedeutet, ließ sich gut an, entwickelte sich jedoch bald zur Tyrannei. Er scheint nach einer schweren Krankheit wahnsinnig geworden zu sein, jedenfalls zeigte er sich danach grausam und launenhaft. Schließlich wurde er von Mitgliedern der Leibwache ermordet, die daraufhin Claudius (41–54 n. Chr.), den Neffen des Tiberius, auf den Thron setzte.

Claudius, der stotterte, von unansehnlichem Äußeren war und gelehrte Studien betrieb, so daß er zur Zielscheibe des Spottes wurde, war in Wirklichkeit ein erfolgreicher Kaiser. Während seiner Regierungszeit wurde im Jahre 47 das südliche Britannien erobert, das römische Bürgerrecht ausgedehnt und eine ganze Reihe administrativer Probleme gelöst. Claudius wurde schließlich von seiner intriganten Frau Agrippina, einer Urenkelin des Augustus, ermordet, wodurch Nero (54 bis 68 n. Chr.), Agrippinas Sohn, an die Macht kam.

In den ersten Jahren der Regierungszeit Neros war das Reich in guten Händen, doch verlor er die Achtung der meisten Angehörigen der Oberschicht, als er seine Mutter, seine Frau und seinen Schwager ermordete und ohne Scheu öffentlich als Sänger oder Wagenlenker auftrat. Indessen flammten Aufstände in Gallien, Spanien, Palästina und Nordafrika auf. Endlich ließen ihn sowohl der Senat als auch seine Leibwache fallen, und im Jahre 68 gab er sich selbst den Tod.

Mit dem Selbstmord Neros war die Julisch-Claudische-Dynastie erloschen, und das Heer fühlte sich nicht mehr an dieses Haus gebunden. Das Jahr 68 auf 69 wurde ein Vier-Kaiser-Jahr. Galba, der Gouverneur Spaniens, wurde zuerst zum Kaiser proklamiert. Er wurde aber bald darauf von der Praetorianergarde ermordet, die Otho, den Gouverneur von Lusitanien, unterstützte. Otho wiederum wurde von Vitellius mit Hilfe der rheinischen Legionen besiegt. Und Vitellius mußte schließlich Vespasian (69–79 n. Chr.) weichen, dem die Legionen des Ostens treu ergeben waren. Vespasian ordnete die Finanzen des Imperiums, füllte den Senat durch neue Männer aus den führenden Familien Italiens und der Provinzen auf, und gründete weitere Veteranenkolonien.

***Die Julisch-Claudische-Dynastie** – die vier Nachfolger des Kaisers Augustus – stammte mit Ausnahme des Tiberius von Julia, der Schwester Caesars, und leitete sich deshalb von seinem Geschlecht, der gens Julia, ab.*

Im Jahre 14 n. Chr. wurde Augustus von Tiberius, dem fähigsten Herrscher dieser Dynastie, abgelöst. Aber sein allzu strenger Regierungsstil in den letzten Jahren nahm seinen Maßnahmen viel von ihrer Wirkung.

Caligula war berüchtigt wegen seiner Launenhaftigkeit und Anwandlungen von Grausamkeit, die offenbar einer Geisteskrankheit entsprangen. Ihm folgte Claudius, der trotz seiner vielbelachten persönlichen Eigenarten und unvorteilhaften äußeren Erscheinung ein tüchtiger Herrscher war.

Nero ist der letzte und wohl auch bekannteste der Dynastie. Seine Regierungszeit ist gekennzeichnet durch systematische Morde. Den Gerüchten nach war er es, der den großen Brand des Jahres 64 legte und die Schuld daran auf die Christen abzuwälzen suchte. Nach dem Brand erbaute er sein berühmtes »Goldenes Haus« mit Blick über einen See mitten in der Stadt. An dieser Stelle wurde später das Kolosseum errichtet.

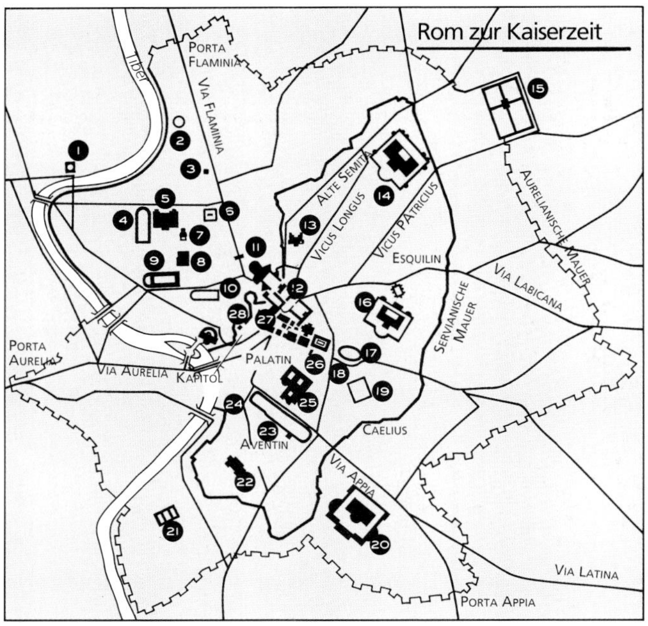

Seit etruskischen Zeiten hatte man Rom durch Tempel und öffentliche Bauten immer mehr verschönert. Das Bild zeigt die Stadt in der Blütezeit des Reiches. Seit der Kaiserzeit wurde vor allem Marmor verwendet, und so konnte Augustus mit Recht feststellen, er habe eine Stadt aus Ziegeln vorgefunden und eine aus Marmor hinterlassen.

Mit der Errichtung von Aquaedukten war die Wasserversorgung gesichert, und die alte etruskische Kanalisation wurde erweitert. Die Stadt besaß einen riesigen Circus, also eine Rennbahn, ferner das Kolosseum, zahlreiche Statuen und Gedenksäulen, dazu die traditionellen Triumphbogen.

Bauten des imperialen Rom:

1. *Grab des Hadrian*
2. *Grab des Augustus*
3. *Friedensaltar (Ara Pacis)*
4. *Stadion des Domitian*
5. *Thermen des Nero*
6. *Tempel des Hadrian*
7. *Pantheon*
8. *Thermen des Agrippa*
9. *Theater des Pompeius*
10. *Circus Flaminius*
11. *Bogen des Diokletian*
12. *Reichsforen*
13. *Thermen des Konstantin*
14. *Thermen des Diokletian*
15. *Prätorianerlager*
16. *Thermen des Trajan*
17. *Kolosseum*
18. *Bogen des Konstantin*
19. *Tempel des Claudius*
20. *Thermen des Caracalla*
21. *Getreidespeicher des Galba*
22. *Thermen des Decius*
23. *Circus Maximus*
24. *Forum Boarium*
25. *Reichspalast*
26. *Triumphbogen des Titus*
27. *Forum Romanum*
28. *Tempel des Jupiter*

***Der Friedensaltar** (Ara Pacis) des Augustus sollte an den Kaiser in seiner Eigenschaft als Friedensbringer erinnern. Der Altar wurde im Jahre 9 v. Chr. geweiht und mit Reliefs geschmückt, die das mit der Regierung des Augustus begonnene neue Zeitalter charakterisieren sollten. Unter den Darstellungen der Reliefs befinden sich eine Opferprozession und Mitglieder der kaiserlichen Familie.*

Julisch-claudische Herrscher

Augustus

Tiberius

Caligula

Claudius

Nero

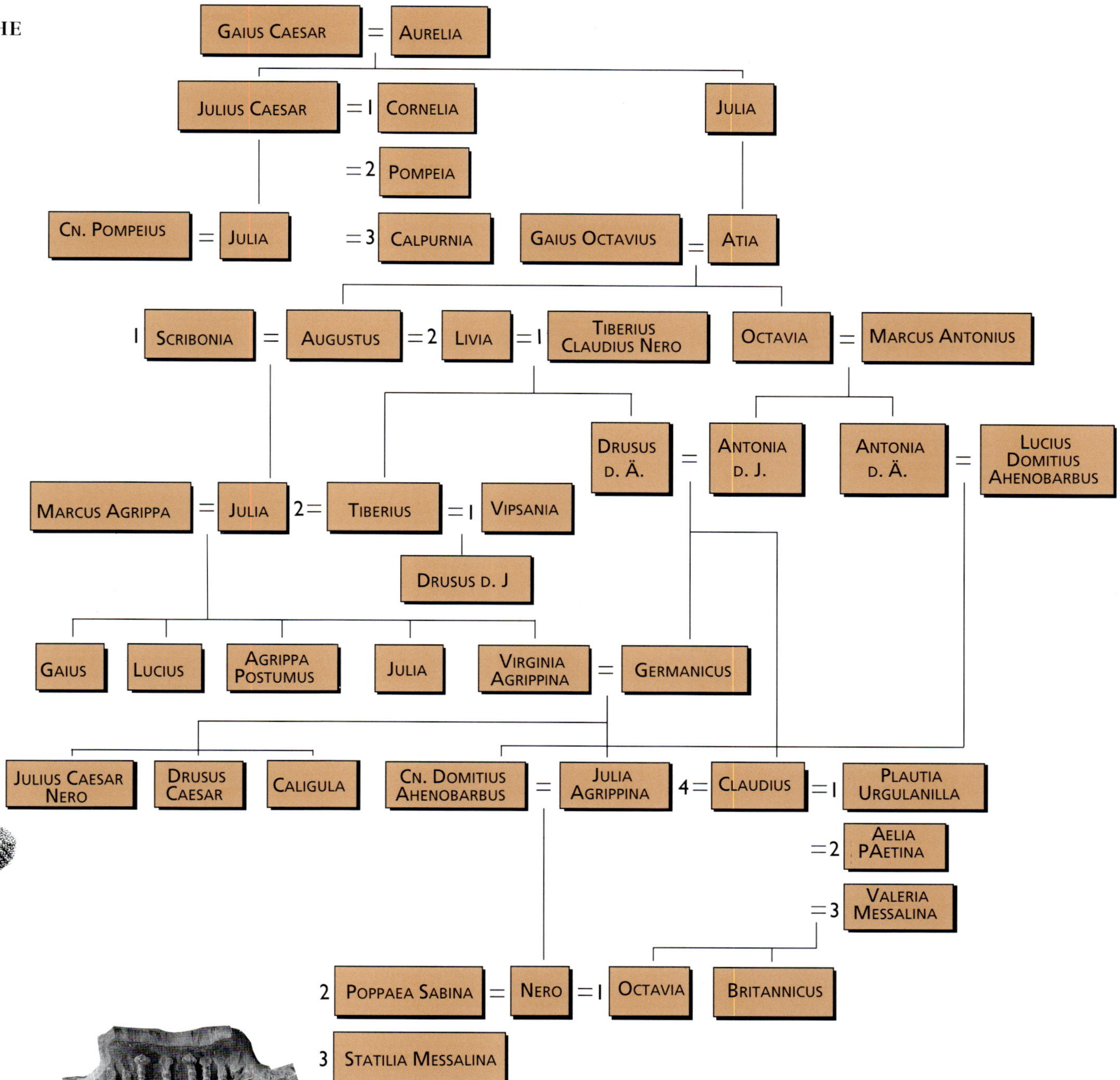

Der jüdische Aufstand

Der Triumphbogen des Titus in Rom, von dem hier ein Teil abgebildet ist (links), enthält Reliefs, die an die Einnahme Jerusalems im Jahre 70 n. Chr. erinnern. Einer der verschleppten Schätze ist die Menora, der siebenarmige Leuchter. Die Hauptquelle für dieses geschichtliche Ereignis ist der Augenzeuge und jüdische Geschichtsschreiber Josephus, der während der Belagerung Jerusalems zu den Römern überging. Seit Jerusalem Anfang des 6. Jahrhunderts v. Chr. den Babyloniern unter Nebukadnezar erlegen war, waren die Juden entweder ein geknechtetes Volk oder, später, ein Satellitenstaat Roms gewesen. Im Jahre 41 n. Chr. unterstellte Kaiser Claudius das Land dem König Agrippa I., aber im Jahre 44 n. Chr. wurde es römische Provinz. Die römische Verwaltung bewies wenig Takt und administrative Umsicht, so daß die Unzufriedenheit unter den Juden wuchs. Schließlich kam es zum Aufstand. Jerusalem fiel 70 n. Chr.

Die Frühzeit des Imperiums (II)

Nach dem Tod Domitians im Jahre 96 n. Chr. ernannte der Senat den kranken, bereits 66jährigen Nerva (96 bis 98 n. Chr.) zum neuen Kaiser. Dieser vermied den drohenden Bürgerkrieg, indem er den populären Befehlshaber in Oberitalien, Trajan (98–117 n. Chr.), zum Nachfolger bestimmte. Trajan kam aus Spanien und war der erste Kaiser, der aus einer Provinz stammte. Unter ihm erreichte das Imperium seine größte Ausdehnung. Er eroberte Dakien (das heutige Rumänien) und machte es im Jahre 106 zur Provinz. Numidien wurde endgültig von den Römern besetzt, das Satellitenkönigreich der Nabatäer zur römischen Provinz Arabien, und im Jahre 115 eroberte Trajan Mesopotamien.

Die in den Kriegen erbeuteten Schätze verwendete man, um öffentliche Arbeiten und Bauten zu finanzieren. Auch wurden Maßnahmen ergriffen, um die Lage der Unterschicht zu verbessern, so durch Aufstockung der Alimentarstiftungen für arme Kinder und der Gratisverteilung von Getreide in Rom. Daß die Kaiser vor allem dem römischen Proletariat Brot und Spiele boten, war sowohl Ausdruck ihrer Freigebigkeit als auch eine Möglichkeit, soziale Konflikte zu entschärfen.

In Rom wurden neue Bäder und nach einem Entwurf des Architekten Apollodorus von Damaskos das prächtige Trajansforum erbaut. Neue Straßen und Brücken wurden in Italien und den Provinzen angelegt. Die Arbeiten wurden vom Heer ausgeführt, so daß die Legionen beschäftigt waren.

Trajans feste und auf die Bedürfnisse der Menschen eingehende Verwaltung erstreckte sich auch auf die Provinzen. Die Statthalter wurden sorgfältig ausgewählt und waren für geordnete Finanzen in ihrem Bereich verantwortlich. Trajan schickte den erfahrenen Plinius den Jüngeren nach Bithynien und Pontus, um dort das Finanzgebaren der Städte zu kontrollieren. Der erhaltene Briefwechsel zwischen Plinius und Trajan über verschiedene Probleme zeigt, wie einsichtig beide urteilten, daß der Kaiser persönlich sich um die Verwaltung kümmerte und sich allen Interessengruppen gegenüber fest und gerecht verhielt. Die Korrespondenz, in der auch die Christen schon als Problemfaktor erwähnt werden, läßt auch den gesteigerten kaiserlichen Einfluß auf gemeindliche Angelegenheiten erkennen. Trajan gelang es, das Ansehen des Kaisertums zu erhöhen, und im Jahre 114 wurde ihm der Titel Optimus Princeps, der Beste der Kaiser, verliehen. Seit den Tagen des Augustus hatte kein Herrscher so hohe Achtung genossen. Nach Trajans Tod im Jahre 117 bestieg Hadrian (117–138 n. Chr.), der wie sein Vorgänger aus Spanien kam, den Thron. Hadrian warf Aufstände in Judäa, Ägypten und der Kyrenaika nieder und schloß Frieden mit den Parthern. Nach einem zweiten jüdischen Aufstand, der von Bar Kochba geführt wurde, zerstörte er Jerusalem und gründete an der Stelle, wo es gelegen hatte, eine Militärkolonie.

Hadrian reiste viele Jahre lang durch sein Reich, inspizierte das Heer und reorganisierte die Grenzverteidigung. In den entferntesten Teilen Britanniens markierte die Hadriansmauer die Nordgrenze des Imperiums. Viele Legionen wurden nun aus den Einheimischen der jeweiligen Provinzen rekrutiert, wodurch sie freilich weniger mobil waren, und fortan wurden eher Sondereinheiten als ganze Legionen in die Krisengebiete geschickt. Hadrian war gebildet und kenntnisreich, von tiefer Liebe zur griechischen Kultur durchdrungen, und begeistert von den Werken der Architektur. Auf seinen Reisen durch das Imperium ließ er verschiedene Bauten errichten, unter anderem eine Bibliothek in Athen. In Rom ließ er das Pantheon, das Heiligtum aller Götter, wiederherstellen, und sein Grabmal, heute die »Engelsburg«, erinnert noch heute an sein Kunstverständnis als Förderer der Architektur.

***Sonnenlicht** strömt durch ein Fenster an der Spitze der Kuppel ins Pantheon.*

Ein Tempel für die Götter

Das Pantheon, ein Heiligtum für alle Götter, wurde im Jahre 27 v. Chr. von Marcus Agrippa zunächst als Tempel konventionellen Typs erbaut: eine rechteckige, von Säulenreihen umgebene Fläche mit Giebeldach. Um 120 n. Chr. jedoch baute Kaiser Hadrian ihn völlig um. Das auffälligste Element ist die herrliche Kuppel, die größte der Antike. Ihr Durchmesser beträgt 48 Meter, ihre lichte Höhe 24 Meter.

Der Eingangsbereich mit seiner großartigen Reihe korinthischer Säulen ist noch konventionell, doch der Hauptbau, der sein Licht durch eine runde Öffnung (1) den »Oculus« an der Spitze erhält, bedeutet eine radikale Abkehr von der früheren Architektur. Das Äußere des Gebäudes ist relativ schlicht, das Innere aber mit farbigem Marmor ausgekleidet. An den Wänden befinden sich sieben Nischen mit jeweils einer Doppelsäule davor. Das Innere der Kuppel, die wie der übrige Bau aus Beton besteht, sollte das Firmament darstellen, wobei der Oculus die Sonne repräsentierte. Wahrscheinlich Anfang des 3. Jahrhunderts unter dem Kaiser Severus wurde die Kuppel in Nischen unterteilt (2) die dann mit Bronzerosetten geschmückt wurden. Später, im Jahre 609, wurde der Tempel zu einer christlichen Kirche geweiht, und das ist er auch heute noch.

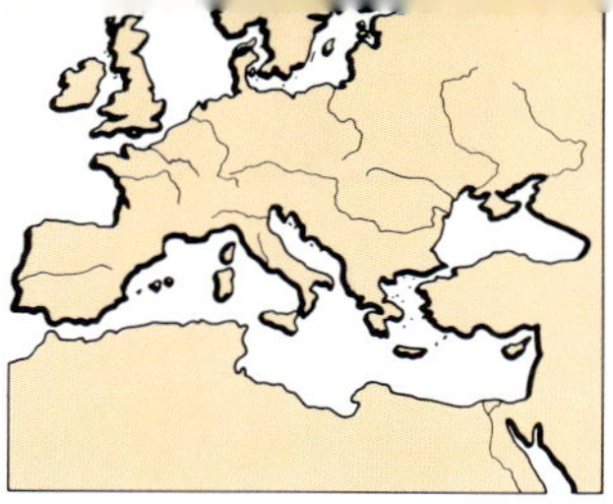

Die Zerstörung Pompejis

Pompeji lag auf einem kleinen Hügel, etwa 8 km südöstlich des Vesuv. Im Jahre 79 n. Chr. wurde die Stadt von einem ungeheuren Ausbruch des Vulkans völlig zerstört. Plinius der Jüngere, der in der Nähe seinen Onkel besuchte, gibt eine Beschreibung der Ereignisse. Die Lage der Stadt, auch die der Nachbarstadt Herculaneum, die ebenfalls zerstört wurde, verschwand im Lauf des Mittelalters aus dem Gedächtnis der Menschen, doch 1748 entdeckte man sie wieder. Von da an wurde kontinuierlich gegraben, und bisher sind etwa 4/5 des alten Pompei wieder freigelegt. Die Stadt lag an der Mündung des Flusses Sarnus und war das Tor nach Kampanien. Nach dem griechischen Geschichtsschreiber Strabo war sie der Reihe nach von Pelasgern, Etruskern, Oskanern, Samniten und Römern besiedelt, doch die Haupteinflüsse waren seit Mitte des 6. Jahrhunderts v. Chr. griechisch.

Im 2. Jahrhundert v. Chr. wurde der Hauptplatz zu einem würdigen Stadtzentrum umgebaut. In der Nähe befand sich ein Gymnasium, das heißt eine Sportübungsstätte, und ein großes Freilufttheater. Die Stadt war reich, und immer mehr Bauten, z. B. die öffentlichen Bäder, wurden in hellenistischem Stil errichtet. Man führte den Kult der Isis ein. Die Häuser lassen sowohl in den Wandmalereien als auch in der Architektur sehr deutlich den starken hellenistischen Einfluß erkennen. Oft gruppiert sich auch ein griechisches Peristyl, eine Säulenreihe, um das römische Atrium, den Innenhof. Anders als die Reichen, die prunkvolle Häuser und Gärten besaßen, mußten die Armen in ihren Werkstätten oder winzigen Wohnungen leben. Die Kunstwerke – Mosaike, Wandmalereien und Kunstgegenstände – vermitteln ein Bild vom luxuriösen Leben dieser Menschen. Die zahlreichen Mosaike sind oft Kopien großer Gemälde, z. B. die Schlacht bei Issus zwischen Darius III. und Alexander. Das Forum war auch ein blühendes Zentrum des Tuchgewerbes. Das Handwerk blühte, und die Werkstätten (Tabernae) waren unmittelbar von der Straße zu betreten.

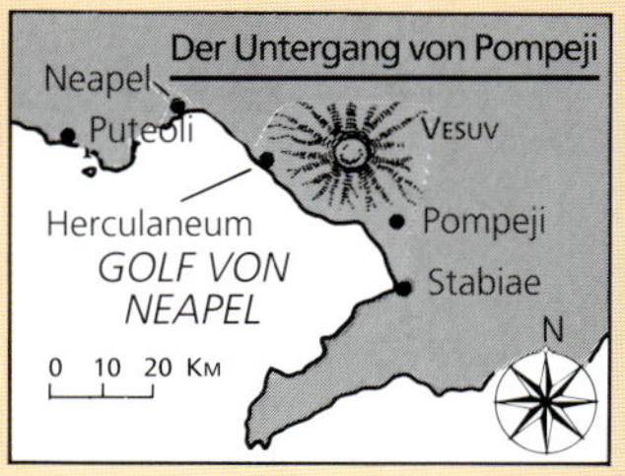

***Die Ruinen Pompejis** wurden von den Asche- und Staubschichten des Vulkanausbruchs so gut konserviert, daß die Anlage aus der Luft* (rechts) *fast wie eine lebende Stadt anmutet. Im 17. Jahrhundert verfolgte ganz Europa die Ausgrabungen Pompejis mit größter Erregung, und es war Ehrensache für britische Reisende, auf ihrer großen Tour auf dem Kontinent hier Station zu machen. Die Gebäude und bunten Fresken der Stadt waren eine Quelle der Inspiration für Künstler, u. a. für den britischen Maler John Martin (1789–1854), der seine Eindrücke in einem dramatischen Bild verarbeitete* (oben). *Ein Blick auf das Paul Getty Museum* (oben rechts) *in Kalifornien vermittelt einen Eindruck des pompejanischen Stils.*

Die Antoninen und Severer

Als Hadrian im Jahr 138 starb, wurde sein Nachfolger Antoninus Pius (138–161 n. Chr.), berühmt für seine Integrität, aber kein Mann des Krieges. Anders als Hadrian und Trajan scheint er niemals den Fuß in ein Land außerhalb Italiens gesetzt zu haben. Seine Politik war vorsichtig fortschrittlich, und obwohl er ein gutes Verhältnis zum Senat hatte, enthielt er diesem weitere Machtbefugnisse vor. In den letzten Jahren seiner Regierungszeit herrschte er gemeinsam mit seinem Neffen Marcus Aurelius – Mark Aurel. Nach seinem Tod wurde Antoninus unter einhelliger Zustimmung des Senats zum Gott erklärt. Marcus Aurelius (161–180 n. Chr.) regierte gemeinschaftlich mit seinem Adoptivbruder Lucius Verus, bis dieser im Jahre 169 starb. Von 177 bis zu seinem Tod herrschte er dann mit seinem Sohn Commodus. Mark Aurel ist eine der meistbewunderten römischen Kaisergestalten. Er war ein Anhänger der stoischen Philosophie, die strenge Selbstgenügsamkeit und Menschlichkeit lehrte. Aber in seiner Regierungszeit werden auch erstmals die Spannungen sichtbar, die das Reich später erschütterten. Von nun an war das Imperium nur noch darauf bedacht, seinen Besitzstand zu wahren und die Grenzen zu sichern.

Mit dem Tod des Mark Aurel in Wien ging ein goldenes Zeitalter zu Ende. Während seiner Regierungszeit war das römische Bürgerrecht ausgedehnt worden, und damit hatte sich auch die gesellschaftliche Basis der regierenden Schicht verbreitert. Unter den reichen Bürgern auch der Provinzen hatte sich ein Gefühl des Bürgerstolzes und der Verantwortlichkeit gegenüber den öffentlichen Belangen herausgebildet, so daß Wohlstand und Mäzenatentum die Entwicklung der Städte förderten, die nun mit zahlreichen öffentlichen Bauwerken und Einrichtungen versehen wurden.

Commodus (180–192 n. Chr.) legte überstürzt die Differenzen mit den Barbaren bei, gegen die sein Vater die Grenzen des Reiches so beharrlich verteidigt hatte. Während Mark Aurel während seiner Regierungszeit immer wieder Kriege hatte führen müssen, zog es der unentschlossene Commodus vor, vom sicheren Rom aus zu regieren und die unruhigen Barbarenstämme durch Verträge und Subsidien zu beschwichtigen.

Auf den Tod des Commodus folgte eine Periode des Bürgerkriegs, bis der Friede von Septimius Severus (192–211 n. Chr.) wiederhergestellt wurde. Er war Kommandant der pannonischen Legionen und stammte aus Leptis Magna in Afrika. Severus führte Krieg gegen Parthien und annektierte Nordmesopotamien, womit er die Grenze bis zum Tigris vorschob.

Severus starb während eines Aufenthalts in Britannien. Ihm folgten seine Söhne Caracalla (211–217 n. Chr.) und Geta, doch wurde der letztere wenig später von seinem Bruder ermordet. Caracalla dehnte das römische Bürgerrecht auf alle Einwohner des Römischen Reiches aus. Auf einem Feldzug in Parthien wurde er getötet, und der Praetorianerpräfekt Macrinus wurde zum neuen Kaiser ausgerufen.

Nach Macrinus (217–218 n. Chr.) gelangte Elagabalus (218–222 n. Chr.) durch Verschwörung und Mord zur Macht, hierauf Alexander (222–235 n. Chr.). Beide waren Großneffen der Julia Domna, der Frau des Septimius Severus. Alexander wurde von seinen Soldaten ermordet und ein neuer Kaiser, Gaius Julius Maximinus, proklamiert. Ursache für die Ermordung Alexanders war dessen Unfähigkeit, die das Imperium bedrohende militärische Krise zu meistern. Die Thronbesteigung des thrakischen Offiziers Maximinus (235–238 n. Chr.), markiert den Beginn einer Phase der Schwäche in der römischen Geschichte.

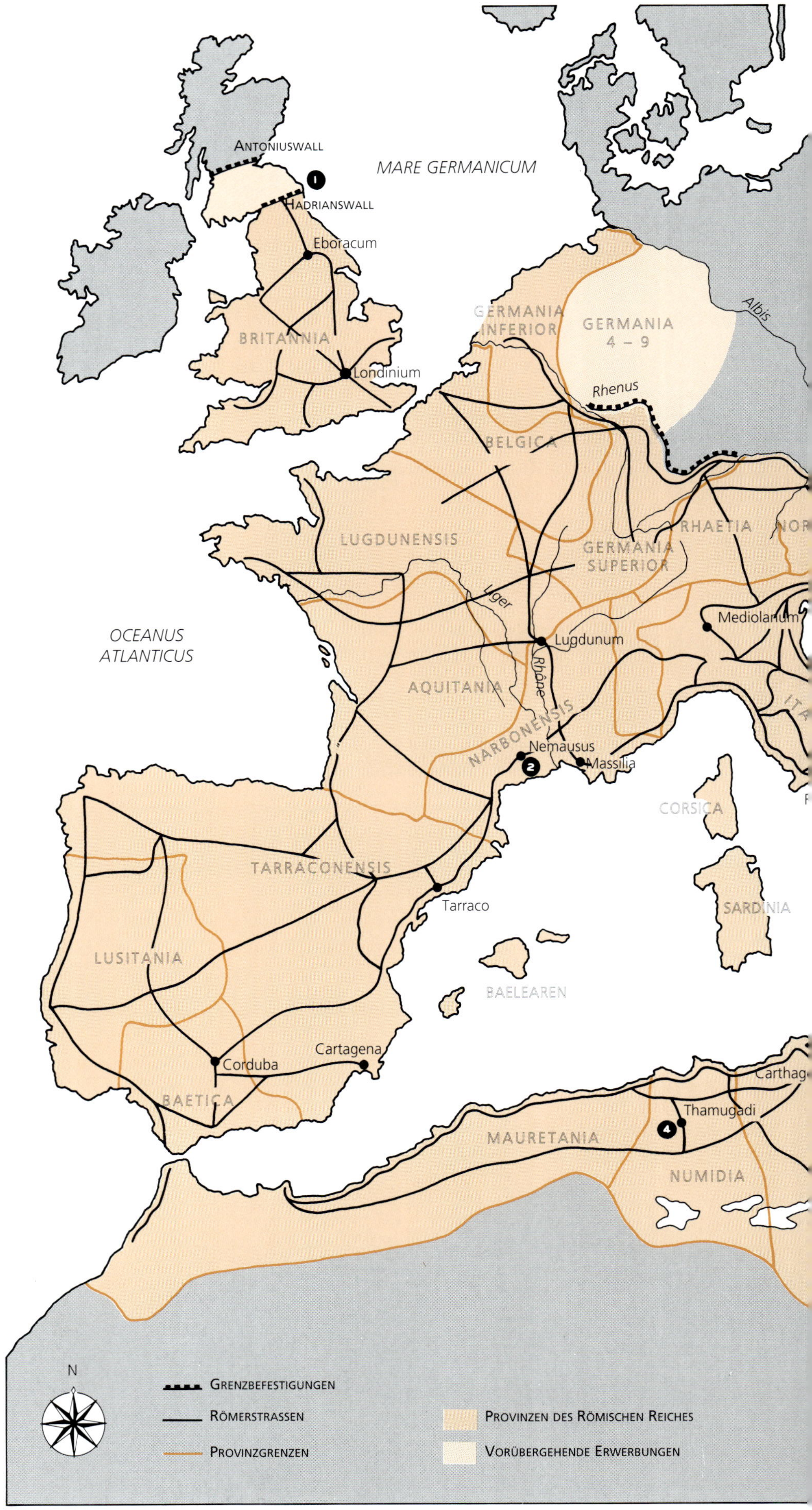

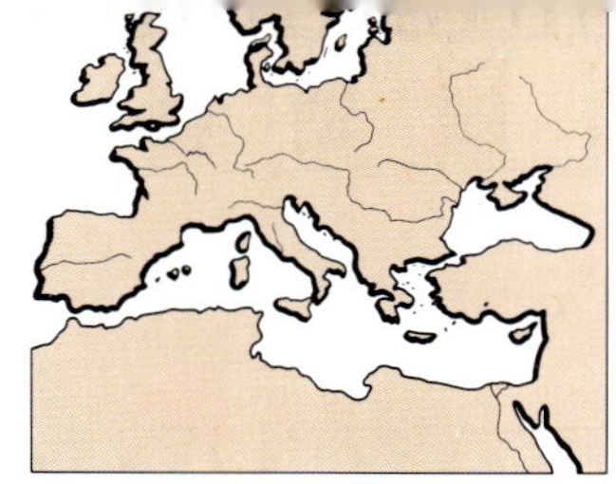

***In seiner Hochblüte** stand das Römische Reich vom Anfang des 2. bis Ende des 3. Jahrhunderts n. Chr. Die Länder Nordeuropas und des Mittelmeeres waren unter seiner Oberherrschaft vereinigt. Während dieser Zeit konnte ein römischer Bürger auf gepflegten Straßen von Gallien nach Kleinasien reisen, ohne die gewohnte Sprache oder Währung wechseln zu müssen und ohne eine Grenze zu passieren.*

Die nebenstehende Karte zeigt die Provinzen des Römischen Reiches, die wichtigsten Straßen und Abbildungen fünf bedeutender Bauten bzw. Städte.

Der Hadrianswall (1) in England wurde im Jahre 126 n. Chr. als Bollwerk gegen die keltischen Stämme im Norden errichtet. In Abständen von 490 Metern unterbrachen Türme den Wall, und alle 1470 Meter stieß man auf ein kleines Kastell.

In Nemausus (Nîmes, Frankreich) steht ein prächtiger Aquaedukt (2), der Pont-du-Gard. Auf solchen Aquaedukten wurde Wasser zu einer Sammelstelle geleitet und von dort auf weitere Leitungen verteilt.

Aphrodisias (3) in der heutigen Türkei war eine Lieblingsstadt der römischen Kaiser und wurde mit zahlreichen Statuen und öffentlichen Gebäuden geschmückt.

100 n. Chr. wurde in Thamugadi (Timgad, Algerien, 4) eine Veteranenkolonie gegründet und auf streng geometrischem Grundriß erbaut, wie das Luftbild zeigt. Die Kolonie entwickelte sich zur blühenden Stadt mit 14 öffentlichen Bädern, einem Theater und einer Bibliothek.

Palmyra (5) in Syrien war eine alte Handelsstadt, die von den Römern um 18 n. Chr. annektiert wurde.

Niedergang und neuer Aufschwung

***Dieser Kopf** einer Kolossalstatue Kaiser Konstantins stammt aus dessen Basilika in Rom und ist ein Symbol für die Macht dieses Alleinherrschers des Römischen Reiches. Er war einer der tatkräftigsten der späteren Kaiser, der sich durch Militär- und Finanzreformen und seine administrativen Fähigkeiten auszeichnete.*

Nach der Mitte des 3. Jahrhunderts folgte im Römischen Reich eine Katastrophe auf die andere. Durch Bürgerkrieg, wirtschaftlichen Niedergang und Invasionen fremder Völker brach das politische System zusammen. Die Kaiser wurden in der Regel ermordet oder durch das Heer abgesetzt. In den 50 Jahren zwischen dem Ende der severischen Dynastie und der Thronbesteigung des Diokletian im Jahre 284 n. Chr. wurden von den Legionen in verschiedenen Teilen des Reiches mehr als 75 Kaiser ausgerufen, von denen 25 offizielle Anerkennung fanden.

Der Druck germanischer Stämme verstärkte sich, als Gallien und Germanien von den Alemannen und Franken angegriffen wurden. An der unteren Donau bedrängten die Goten die balkanischen Provinzen und fielen über das Meer in Griechenland und im nördlichen Kleinasien ein.

Im Osten war das Partherreich unter der Herrschaft der mächtigen Sassaniden erstarkt und führte immer neue Angriffe gegen die Ostprovinzen. Im Jahre 260 wurde Syrien überrannt, Kaiser Valerian geriet in Gefangenschaft. Die dauernden Kriege überforderten die römischen Staatsfinanzen, Geldentwertung führte zu galoppierender Inflation, bis nach 250 das Währungssystem des Reiches zusammenbrach. Das flache Land verödete, Hungersnöte und Epidemien dezimierten die Bevölkerung.

Das Blatt wendete sich erst, als nach 270 eine Reihe von militärischen Erfolgen errungen wurde. Die Wirtschaft erholte sich, und unter Diokletian (284–305 n. Chr.) kehrte allmählich politische Stabilität zurück. Diokletian teilte das Imperium in zwei Hälften, wobei er sich selbst den Osten vorbehielt und Maximian als Partner im Westen einsetzte. Jeder Kaiser, der den Titel Augustus trug, wählte sich jetzt einen Unterkaiser

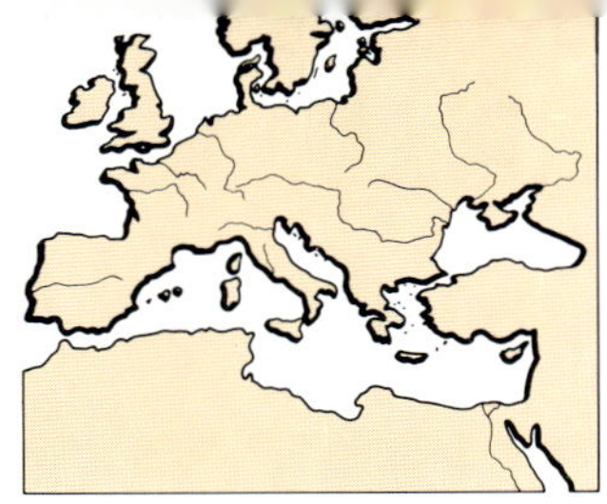

und designierten Nachfolger, der den Titel Caesar trug. Diese Tetrarchie (Viererherrschaft) sollte nach dem Wunsch Diokletians zur dauernden Einrichtung werden, und als Diokletian und Maximian im Jahre 305 abdankten, wurden deren Caesaren, Constantius und Galerius, zunächst tatsächlich Augusti im Westen und Osten. Doch scheiterte dieses Nachfolgesystem schon 306, als Constantius starb und die ihm ergebenen Legionen seinen Sohn Konstantin zum Augustus ausriefen. Bürgerkriegsartige Kämpfe flammten auf, aus denen Konstantin 312 als Sieger hervorging. 324 besiegte dieser auch Licinius, den Herrscher im Osten, und vereinigte das Reich unter seiner Herrschaft, die bis zu seinem Tode im Jahre 337 währte. Seine neue Hauptstadt Konstantinopel (heute Istanbul), das Neue Rom, wurde an der Stelle des alten Byzantion mit dem Segen auch christlicher Priester gegründet.

Diokletian und Konstantin reorganisierten das Reich und seine Finanzstruktur grundlegend. Diokletian reformierte das Steuersystem und führte ein Jahresbudget ein. Die Provinzen wurden in kleinere Verwaltungseinheiten aufgeteilt, deren zivile und militärische Verwaltung getrennt. Das Heer wurde vergrößert und geteilt, einerseits in eine permanente Grenztruppe, andererseits in ein mobiles Feldheer, das kampfbereit in befestigten Städten stationiert war. Auf diese Weise wurde zwar die Ordnung wiederhergestellt, aber die Zentralregierung war hart, die Bürokratie zunehmend schwerfällig.

Seit dem ersten Drittel des 1. Jahrhunderts n. Chr. hatte sich das Christentum unaufhaltsam ausgebreitet. Unter Diokletian hatte der Staat die Verfolgung der Religion intensiviert, aber 313 erließ Konstantin ein Toleranzedikt, das die Feindseligkeiten beendete. Konstantin selbst ließ sich auf dem Sterbebett taufen, und von da an war fast jeder Kaiser getaufter Christ.

***Rom und Konstantinopel** symbolisiert dieser Wandschmuck in Silber und Gold* (gegenüberliegende Seite außen links und rechts) *aus dem Esquilin-Schatz, der 1793 auf dem Esquilin in Rom gefunden wurde.*

Am 11. Mai 330 wurde die Gründung Konstantinopels gefeiert, das allmählich den Vorrang über Rom gewann. Der Schmuck, der aus der ersten Hälfte des 4. Jahrhunderts stammt, zeigt zwei Gestalten der Tyche, der weiblichen Personifizierung des Glücks, mit der in der klassischen Welt häufig die Stadt als solche symbolisiert wurde. Rom wird als wehrhafte Figur dargestellt, die sich auf ihren Schild stützt und eine Lanze in der Hand hält (links), *während Konstantinopel* (rechts) *ein Füllhorn trägt, Symbol des Überflusses.*

Die frühe Kirche

Um das Jahr 28 n. Chr. sammelte Jesus von Nazareth eine Schar von Jüngern um sich, die in ihm den lang erwarteten Messias sahen. Die Römer aber sahen in Jesus einen potentiellen Aufrührer und verurteilten ihn zum Tode. Das Leiden, die Kreuzigung, die Auferstehung Jesu und das kommende Jüngste Gericht waren die ersten Themen, mit denen sich das Christentum beschäftigte (von »Christos«, der griechischen Bezeichnung für Messias, der Gesalbte). Zunächst ursprünglich auf Judäa beschränkt, breitete sich der neue Glaube schnell aus, als der Apostel Paulus sich bekehrte und auch den Nicht-Juden predigte.

Das Christentum faßte überall im Römischen Reich Fuß, nicht zuletzt, weil es eine aktiv missionierende Religion war, die niemanden ausschloß und den Schwachen eine Hoffnung bot.

Auch dürfte die Schwäche des Reiches in der Mitte des 3. Jahrhunderts n. Chr. bei vielen Menschen den Glauben an die Macht der römischen Götter und der jeweiligen regionalen Gottheiten erschüttert haben. Ebenso mag die Tapferkeit der christlichen Märtyrer und die Ethik der Christen überzeugend gewirkt haben. Schließlich führten verschiedene Maßnahmen Konstantins – sein Toleranzedikt aus dem Jahre 313 n. Chr., seine konkrete Unterstützung der Kirche und die Gründung von Konstantinopel, das keine heidnischen Tempel mehr besaß – dazu, daß aus dem Christentum die Staatsreligion des Römischen Reiches wurde.

***Der Fisch** auf diesem Epitaph der christlichen Frühzeit war ein christliches Symbol, weil das griechische Wort für Fisch, »ichthys«, ein Akrostichon ist für Jesous Christos Theou Yios Soter, Jesus Christus, Sohn Gottes, Erlöser.*

***Ein Bild der »Magi«** (links), der Heiligen drei Könige, schmückt eine Kirchenwand von Sant' Apollinare Nuovo in Ravenna.*

Der Fall Roms

Attila *(ca. 404–453 n. Chr.), König der Hunnen.*

Konstantin hatte die Teilung des Reiches durch Diokletian rückgängig gemacht, doch herrschte er nun vom griechischen Osten und der christlichen Stadt Konstantinopel aus. Darin kam die abnehmende Bedeutung Roms und die immer tiefer gehende Spaltung der beiden Reichshälften zum Ausdruck. Die Finanzen des Reiches waren wohlgeordnet, da Konstantin eine stabile Goldwährung eingeführt hatte. Diese war weitgehend durch die Schätze heidnischer Tempel gedeckt, die er kurz vor seinem Tod konfisziert hatte.

Nach Konstantins Tod 337 n. Chr. kämpften dessen drei Söhne um die Nachfolge – ein Streit, in dem sich Constantius, der letzte überlebende Sohn des Kaisers, 350 als alleiniger Herrscher durchsetzte. Ihm folgte sein Neffe Julian, genannt Apostata, der trotz christlicher Erziehung ein entschiedener Heide war. Doch hatte sich abgesehen von der stadtrömischen Senatsaristokratie auch die gebildete Oberschicht in den Provinzen weitgehend mit dem Christentum arrangiert. Es war Julian nicht möglich, die Zeit zurückzudrehen.

Die Zerschlagung des Ostgotenreichs in Südrußland durch die Hunnen um das Jahr 375 n. Chr., veranlaßte die Goten und andere germanische Stämme nach Westen zu ziehen, wo sie Gallien und Britannien angriffen. Sie konnten aber von Kaiser Valentinian (364–375 n. Chr.) noch einmal aufgehalten wer-

Kodifizierung des Rechtes

Kurz nachdem er im Jahre 527 n. Chr. Kaiser in Ostrom geworden war, begann Justinian *(rechts auf einem Mosaik aus Ravenna)* die Reorganisation und Kodifizierung des römischen Rechtes – eines der bedeutendsten Vermächtnisse Roms an die Nachwelt. Der früheste römische Codex waren die Zwölftafelgesetze, die von einer ausgewählten Kommission von zehn Männern 451–450 v. Chr. verfaßt worden waren. Sie enthielten Rechtsvorschriften aller Art: Privat- und Strafrecht, öffentliches Recht und Recht des religiösen Kultes.

Schon vor Justinian hatte Kaiser Theodosius II. im Jahre 429 n. Chr. eine Kommission ernannt, die alle seit 312 n. Chr. erlassenen Gesetze kodifizieren sollte. Dieser erste Versuch einer Gesetzesreform scheiterte, doch im Jahre 435 löste eine zweite Kommission die Aufgabe, und 438 wurde der Codex des Theodosius in der West- und Osthälfte des Reiches eingeführt. Er enthielt auch allgemeine Bestimmungen aus der Zeit Kaiser Konstantins. Sechs Monate nach seiner Thronbesteigung beauftragte Justinian wiederum eine Kommission, eine neue Kompilation vorzunehmen. Denn Justinian wollte einen neuen Codex verfassen, der sicherstellte, daß sich kein Gesetz im Widerspruch mit der Lehre des Christentums befand. Der Justinianische Codex trat im April 529 in Kraft. Eine durch eigene Gesetze erweiterte Fassung erschien fünf Jahre später.

Im Jahre 530 wurde eine zweite Kommission unter Leitung des Juristen Tribonian gebildet, die die Werke der klassischen Juristen kodifizieren sollte. Ihre Arbeit wurde im Jahre 533 als die sog. »Digesten« in 50 Büchern veröffentlicht, wobei jedes Buch in verschiedene Kapitel unterteilt war. Im selben Jahr wurden die »Institutionen« publiziert, eine Aufstellung der Einrichtungen der Justiz für Rechtsstudenten. Das letzte Gesetzeswerk, die Novellen, bestand aus einer Sammlung neuer Gesetze, die der Kaiser von 534–565 erlassen hatte.

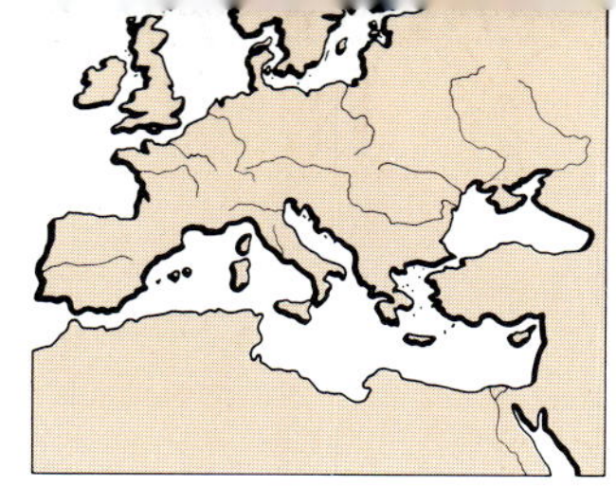

Das 4. und 5. Jahrhundert n. Chr. waren eine Zeit der Wirren. Um 370 erschienen die Hunnen in Südrußland. Im folgenden Jahrhundert wurde Attila ihr König. 451 wurde er in der Schlacht auf den Katalaunischen Feldern besiegt, wodurch sein weiteres Vordringen aufgehalten wurde. Im Jahre 376 wurden die Westgoten in das Reich aufgenommen, doch wandten sie sich später unter Alarich nach Westen und plünderten Rom (400). Von den Westgoten verdrängt, zogen die Vandalen zuerst nach Gallien und dann Anfang des 5. Jahrhunderts nach Nordafrika. Die Ostgoten, die im 5. Jahrhundert nach Westen abgedrängt wurden, gründeten in Italien ein Königreich mit der Hauptstadt Ravenna.

den. Die Rheingrenze wurde von neuem gefestigt, ebenso die Hadriansmauer in Britannien. Im Osten hatten sich schon seit längerem einzelne gotische Siedler mit Duldung der römischen Behörden auf Reichsgebiet niedergelassen, doch jetzt entzogen sie sich jeder Kontrolle und überquerten in Scharen die Donau. Sie zwangen die Römer zu einer Schlacht, bei der Valens (375–378 n. Chr.), der Kaiser des Ostreiches, fiel.

Unter Theodosius I. (379–395 n. Chr.) durften sich die Goten in großer Zahl auf dem Balkan als Bundesgenossen der Römer unter eigenen Führern ansässig machen. Ähnliche Vereinbarungen mit anderen Germanenstämmen verwandelten die bewaffneten Angreifer in »friedliche Eindringlinge«, aus denen sich mehr und mehr die römischen Legionen rekrutierten. Theodosius war ein frommer Christ, der den heidnischen Kult ausrotten wollte: Die Tempel wurden geschlossen. Im Jahre 391 wurde das Christentum Staatsreligion.

In den letzten drei Jahren seiner Regierung war Theodosius nach dem Tod des Westkaisers Valentinian II. Alleinherrscher. Aber nach seinem Tod wurde das Reich zwischen seinen jungen Söhnen, Arcadius (395–408 n. Chr.) und Honorius (395–423 n. Chr.), geteilt, die wieder im Osten und Westen regierten. Von dieser Zeit an schlug das Ostreich seinen eigenen Weg ein. Das Westreich, das seine Hauptstadt 404 nach Ravenna verlegte, existierte, obwohl von Barbarenstämmen bedroht und von schwachen Kaisern regiert, noch 80 Jahre.

Zu Beginn des 5. Jahrhunderts erreichten die Westgoten unter Alarich Italien, eroberten und plünderten im Jahre 410 Rom. In diesen Jahren wurde auch die Rheingrenze überrannt und Gallien von Germanenstämmen überflutet. Teile der Goten siedelten sich dort an, andere zogen weiter nach Spanien und Afrika. Im Jahre 407 kam es zu Aufständen in der Provinz Britannien, und 410 wurde diese offiziell aus dem römischen Machtbereich entlassen. Inzwischen hatten sich die Hunnen nach Osteuropa gewendet und waren in Thrakien eingefallen, wurden aber zunächst zurückgeschlagen. Doch im Jahre 430 zwangen sie das Ostreich zu Tributzahlungen, die vier Jahre später von Attila, dem neuen Hunnenkönigs, verdoppelt wurden. Ebenfalls unter Attila griffen die Hunnen im Jahre 451 Gallien an, unterlagen aber auf den Katalaunischen Feldern. Vier Jahre später fielen sie in Italien ein. Doch ließ sich Attila durch Verhandlungen mit Papst Leo I. zum Rückzug bestimmen.

Das Westreich befand sich nun in völliger Auflösung. Im August 476 riefen die Legionäre den Germanen Odoaker zum König aus, der daraufhin den jungen Kaiser Romulus Augustulus absetzte. Mit dieser Absetzung hatte das Westreich sein Ende gefunden. Hauptursache für seinen Untergang war der Druck der Barbaren an den Grenzen, der seit dem 3. Jahrhunderts immer stärker geworden war. Im 5. Jahrhundert waren ihm die geschwächten Römer nicht mehr gewachsen.

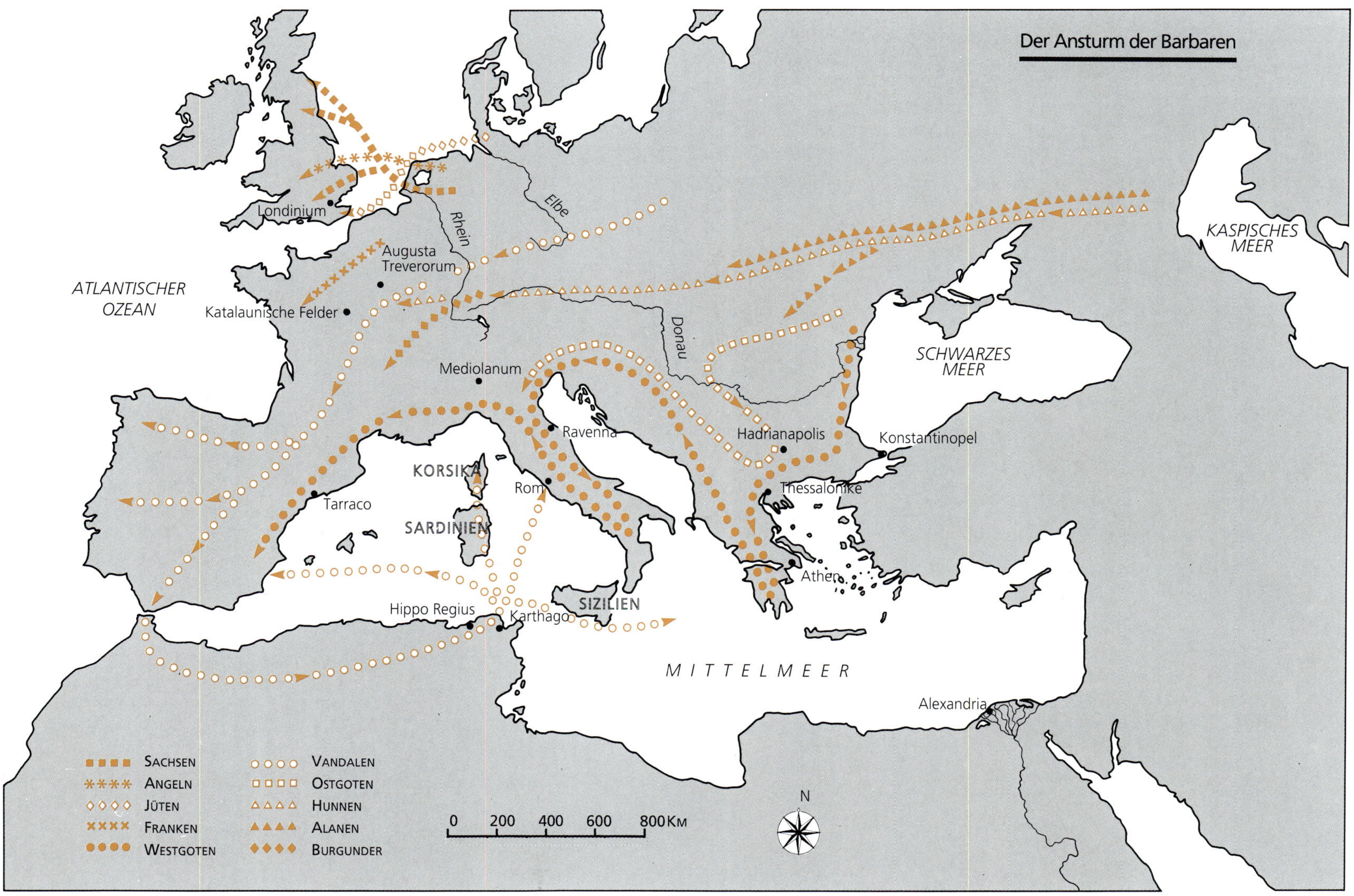

Indien

„Ich habe Banyanbäume gepflanzt, um Mensch und Tier Schatten zu spenden. Haine von Mangobäumen habe ich gepflanzt.“

Edikt des Kaisers Ashoka (ca. 272–232 v. Chr.)

***Diese moderne indische Tempeltänzerin** tanzt im Bharatanatya-Stil und nimmt gerade die »Seh-Stellung« ein. Der Tanz war ein wichtiger Bestandteil des alten Hindutempelritus und hat eine lange Tradition. Die Figur (unten) aus dem Industal stammt aus der Zeit zwischen 2300 und 1750 v. Chr. und stellt wohl ebenfalls eine Tänzerin dar.*

Vom Himalaya bis zur Südspitze ist Indien ein Subkontinent, der landschaftliche Gegensätze wie Wüsten, alpine Matten und tropischen Urwald und nicht minder tiefgreifende ethnische, sprachliche und kulturelle Unterschiede umfaßt. Daß die Sprache der ehemaligen Kolonialmacht England als Amtssprache beibehalten wurde, ist wie ein Symbol für die Inhomogenität der riesigen Bevölkerung. Ebenso erinnern die verschiedenen Religionen, die auch heute noch den Prozeß des Zusammenwachsens behindern, an die Zeit, da viele soziale und politische Einheiten unterschiedlichster Struktur nebeneinander existierten. So bestand im 3. Jahrhundert v. Chr. das hochzivilisierte Reich der Maurya gleichzeitig neben der neolithischen Bevölkerung des Südens.

Die historische Landkarte des alten Indien ist wie ein unvollendetes Puzzle, dessen Lücken noch immer nicht ausgefüllt sind. Doch mögen uns auch viele Informationen über die Geschichte des Landes fehlen – die Vergangenheit Indiens ist in der Gegenwart sehr lebendig, weit lebendiger als in anderen Ländern der Welt. So stehen z. B. die täglichen Gebete und Rituale in einer gut 4000jährigen Tradition, die auch heute noch gilt.

In der Geschichte Indiens ist stets der Nordwesten das Einfallstor für fremde Eroberer gewesen. Zwar haben viele dieser Eindringlinge erkennbare Spuren hinterlassen, aber für die Einwanderung der Arier, die eine so bedeutende Rolle in der Entwicklung Indiens gespielt haben, gibt es bis heute keinen Nachweis. Erst 1000 Jahre nach ihrer Ankunft – wohl um 1500 v. Chr. – finden sich erste Hinweise in Form von Sagen, die in Sanskrit, der Sprache der Arier, geschrieben wurden. Doch werfen die »Veden«, das große Corpus heiliger Literatur, ein Licht auf dieses dunkle Jahrtausend. Sie sind zwar nicht geschichtlich im eigentlichen Sinn, enthalten aber Details, die von der modernen Wissenschaft gedeutet werden können. Das Vermächtnis der arischen Literatur und Religion hat alle Umwälzungen überdauert, die Indien erlebt hat, sogar die Herrschaft islamischer und christlicher Fürsten.

Indien ist die Wiege des Hinduismus, hat aber auch den Buddhismus, eine der großen Weltreligionen, hervorgebracht. Dieser ist zwar heute aus Indien praktisch verschwunden, hat sich aber im Lauf der Zeit über ganz Zentral- und Südostasien verbreitet, wo er heute noch sehr lebendig ist. Indische Kaufleute waren es, die ihn in ferne Länder brachten, ja im 3. Jahrhundert v. Chr. sandte der buddhistische Maurya-Kaiser Ashoka sogar seinen eigenen Sohn nach Sri Lanka, um den dortigen König zu bekehren.

Tatsächlich ist von Ashoka, dem größten Herrscher des alten Indien, nicht einmal der Name im Gedächtnis der Menschen zurückgeblieben. Erst im 19. Jahrhundert wurde er wieder entdeckt, als man Inschriften in Brahmi- und Kharoshthi-Schrift entzifferte, die in Felsen und Säulen eingemeißelt waren (ein Emblem von einem dieser Säulenedikte Ashokas schmückt die Flagge der heutigen Republik Indien). Die Entzifferung dieser Schrift war die bedeutendste Leistung des Engländers James Prinsep, der als Münzmeister in Benares tätig war und als Privatgelehrter Altertumsforschung betrieb. Er wurde daraufhin Sekretär der Royal Asiatic Society von Bengalen, einer im Jahre 1784 von Sir William Jones gegründeten Gesellschaft. Sir William Jones entdeckte die sprachliche Verwandtschaft des Sanskrit mit dem Lateinischen.

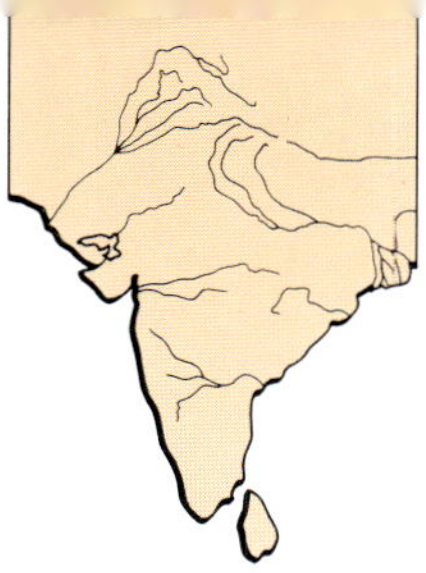

__Diese Steatitbüste__ eines Mannes wurde in Mohenjo-daro im Industal entdeckt und stammt aus der Zeit zwischen 2000 und 1750 v. Chr. Seine strengen Gesichtszüge, der sorgfältig gepflegte Bart und das mit einem dreiblättrigen Muster geschmückte Gewand legen den Schluß nahe, daß es sich um einen einflußreichen Mann, vielleicht einen Priester, gehandelt haben könnte.

__Buddhistische Mönche__ in safrangelben Gewändern versammeln sich am Heiligtum von Bodh Gaya in Nordostindien. Hier erlangte im späten 6. Jahrhunderts v. Chr. der 35jährige Siddharta Gautama die Erleuchtung, die Buddhaschaft. Er saß unter einem Feigenbaum (später Bodhi oder Bo-Baum, der Baum des Erwachens, genannt) und trat in einen Zustand tiefster Versenkung ein. Am Ende war er ins Nirwana gelangt, in ein Sein höchster Seligkeit, frei von allen irdischen Begierden.

Die Induskultur (I)

Die Induskultur (ca. 2500–1700 v. Chr.), die ihren Namen nach dem großen Fluß erhielt, an dem viele ihrer Städte lagen, erstreckte sich über eine Fläche, die größer ist als das alte Ägypten oder Mesopotamien. Sie wird auch nach einer ihrer bedeutendsten Städte auch als Harappa-Kultur bezeichnet. Ihr Gebiet, das etwa die Form eines Dreiecks aufwies, bedeckte gut 1,2 Millionen Quadratkilometer. Die meisten der uns bekannten 150 Städte dieser Kultur der Bronzezeit lagen auf dem Gebiet des heutigen Pakistan. Die beiden größten, Mohenjo-daro in Sindh und Harappa im Punjab, dürften auch die Hauptzentren gewesen sein.

Ehe ab 1920 die ersten Ausgrabungen in Mohenjo-daro und Harappa durchgeführt wurden, wußte man nicht einmal von der Existenz dieser Induskultur. Zwar war Harappa schon im 19. Jh. entdeckt worden, aber man hatte die Bedeutung dieses Fundes nicht erkannt und die Ruinen als Steinbruch für Aufschüttungsmaterial zum Bau der Eisenbahn nach Lahore genutzt. Im Jahre 1931 wurde in Chanhu-daro, näher an der Indusmündung gelegen, eine andere Stadt ausgegraben. Von da an wurden immer neue Orte entdeckt, unter anderem Kalibangan in Nord-Rajasthan, Lothal und Rojdi im Cambaygebiet und Sutkagen Dor. Die Ausgrabungen in Mohenjo-daro und Harappa wurden fortgesetzt.

Man nimmt heute an, daß sich diese ausgedehnte Stadtkultur aus den früheren neolithischen Kulturen in Afghanistan und Belutschistan im Westen entwickelt hat, die um 4000 v. Chr. die Umgebung des Industals mit einem Netz von

Die Kultur des alten Indien *umspannt mehr als 3000 Jahre: von der Kultur des Industales (ca. 2500 v. Chr.) bis zu den Guptakönigen, der letzten großen indischen Dynastie, deren Macht im 6. Jahrhundert zu Ende ging. Die Karte* (oben) *zeigt die großen Städte dieser Zeit. An seiner West-, Ost- und Südflanke war Indien vom Ozean, im Norden vom Himalaya geschützt. Der leichteste Weg für Eindringlinge führte über die Bergpässe im Nordwesten.*

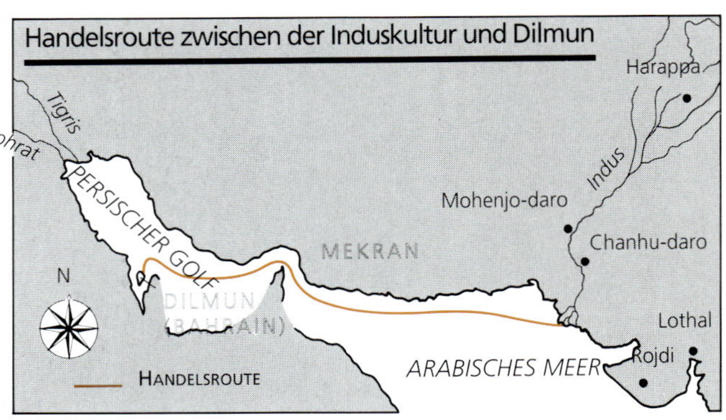

Eine moderne indische Dhau, *ein Handelsschiff, löscht seine Ladung im Hafen Bahrain im Persischen Golf. Derartige Handelsbeziehungen* (Karte links) *dürften seit mindestens 3000 Jahren bestehen. Bahrain, im Altertum Dilmun, verfügte über reiche Kupfervorkommen und wird in mesopotamischen Texten dieser Periode erwähnt, ebenso Magan, wahrscheinlich die Makranküste, und Meluhha, das mit dem Indusgebiet identisch sein dürfte.*

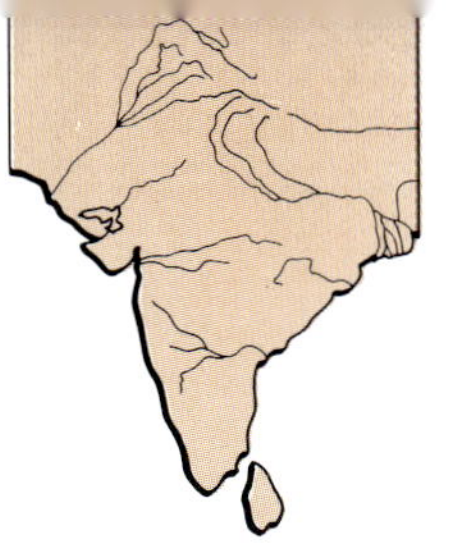

kleinen Städten und Dörfern überzogen. In den nächsten 1000 Jahren entstanden ummauerte Städte, spezialisiertes Handwerk und ein Netz von Handelsstraßen. Um 2500 v. Chr. erreichte diese Entwicklung, die man als die frühe Indusperiode bezeichnet, in der reifen Induskultur ihren Höhepunkt.

Gegenwärtig ist es noch nicht möglich, die Geschichte der Induskultur zu schreiben. Die damals verwendete Hieroglyphenschrift ist noch nicht entziffert. Auch sind die Inschriften, die nebst schönen Bildern, gewöhnlich Tiermotiven, auf Siegeln eingraviert sind, sehr kurz. Daher ist es auch unwahrscheinlich, daß uns ihre Entzifferung nennenswerte Informationen bringen wird. Die indischen Schreiber schrieben wahrscheinlich meistens auf vergänglichem Material wie Holz, das längst zerfallen ist. So müssen wir uns mit den archäologischen Funden begnügen und können nur eine ganz grobe historische Skizze entwerfen.

Siegel, die damals den Warenballen zur Kennzeichnung von Kontrolle und Qualitätsgarantie aufgedrückt wurden, hat man neben anderen Gegenständen der Induskultur auch an Ausgrabungsstätten in Mesopotamien gefunden, so daß man sie ziemlich gut datieren kann. Auf diese Weise ließen sich einige gesicherte Jahreszahlen für die Induskultur festlegen. Die Funde beweisen auch, daß Handelsbeziehungen, wenn auch nicht notwendigerweise direkte Kontakte, zwischen diesen beiden Regionen bestanden haben müssen, und zwar bis ungefähr 1900 v. Chr., als sich die Induskultur schon ihrem Ende zuneigte.

Eines der bemerkenswertesten Kennzeichen der Induskultur ist ihre Uniformität, einerseits hinsichtlich ihrer außerordentlichen Weiträumigkeit, andererseits hinsichtlich ihrer zeitlichen Dauer. Es hat während der vielen Jahrhunderte der Hochblüte der Indusstädte offensichtlich kaum Veränderungen gegeben. Die kulturelle Einheitlichkeit, die an allen Ausgrabungsstätten auffällt, legt den Schluß nahe, daß es sich um ein autoritäres politisches System gehandelt haben wird.

Dieses geschnittene Steatit-Siegel *aus Mohenjo-daro stellt einen Brahmani-Stier dar, eine Art, die durch ihre Halsfalten und ihren Höcker charakterisiert ist und im heutigen Indien heilig gehalten wird. In den Städten des Industales hat man tausende ähnlicher Siegel gefunden.*

Mohenjo-daro *war eine der beiden Großstädte der Induskultur. Die Stelle, an der in den zwanziger Jahren mit Ausgrabungen begonnen wurde, weist zwei Hügel auf. Auf dem hier abgebildeten* (unten) *höheren befand sich die sogenannte Zitadelle, die eine Anzahl öffentlicher Bauten enthielt. Später wurde hier ein buddhistischer Stupa errichtet.*

Die Induskultur (II)

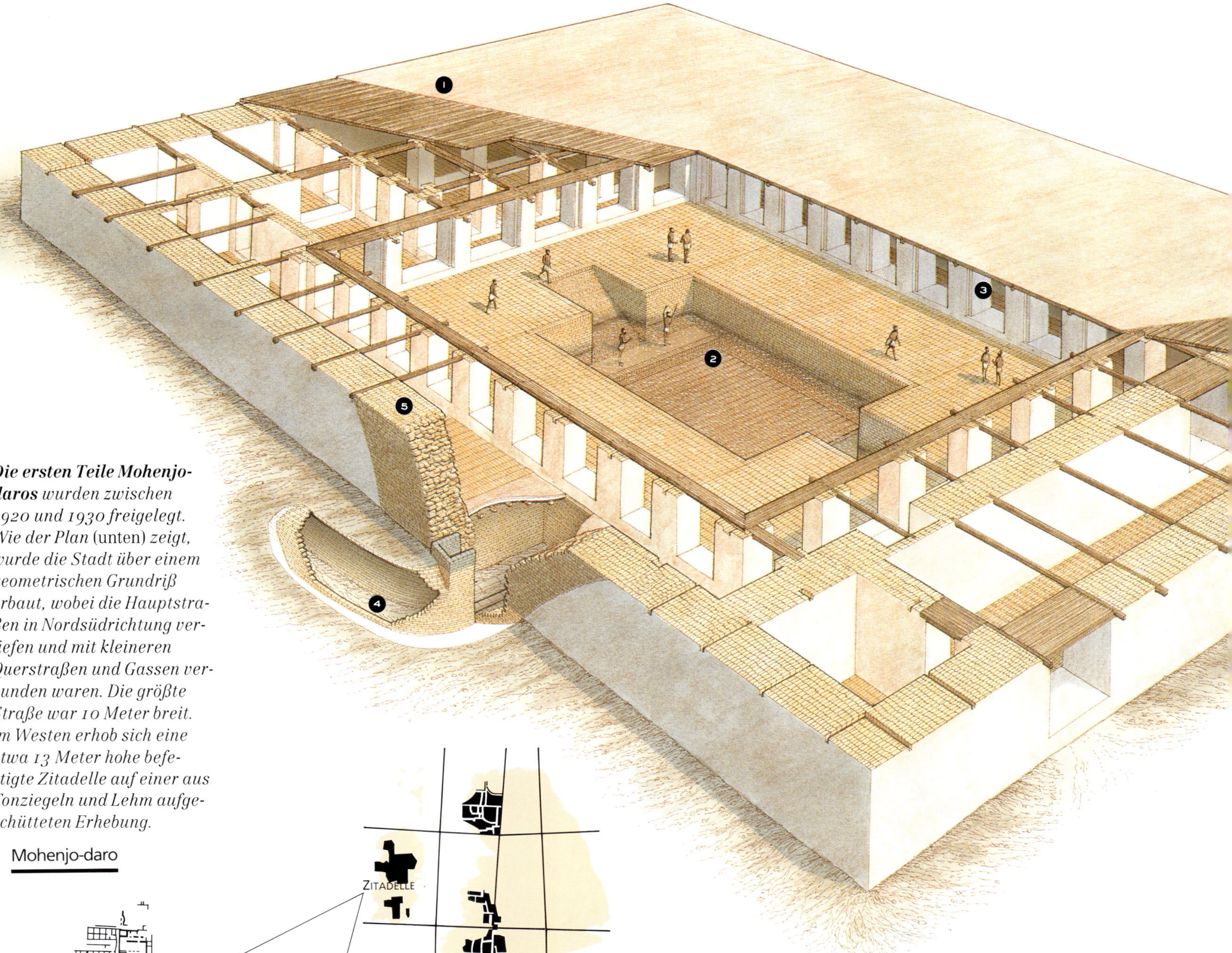

Die ersten Teile Mohenjo-daros *wurden zwischen 1920 und 1930 freigelegt. Wie der Plan* (unten) *zeigt, wurde die Stadt über einem geometrischen Grundriß erbaut, wobei die Hauptstraßen in Nordsüdrichtung verliefen und mit kleineren Querstraßen und Gassen verbunden waren. Die größte Straße war 10 Meter breit. Im Westen erhob sich eine etwa 13 Meter hohe befestigte Zitadelle auf einer aus Tonziegeln und Lehm aufgeschütteten Erhebung.*

Mohenjo-daro

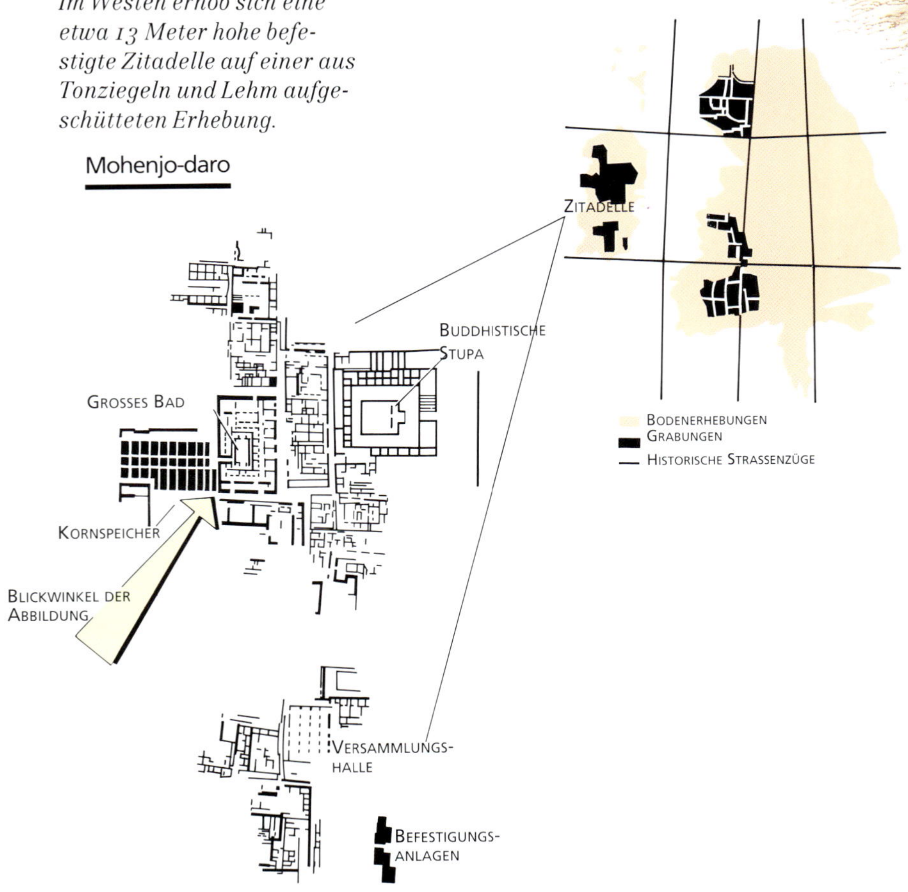

Das große Bad *in Mohenjo-daro, hier als Rekonstruktion, maß 60×36 Meter. Das Wasserbassin selbst (2) war 13 Meter lang und 8 Meter breit. Seine wasserdichten Wände bestanden aus einer Schicht Bitumen, belegt mit Ton und verkleidet mit genau zugeschnittenen gebrannten Ziegeln.*

Das Wasserleitungssystem des Bades war raffiniert angelegt und enthielt unter anderem einen mehr als 2 Meter hohen Ab- und Zuflußkanal auf Tragsteinen, der unterirdisch verlief und Öffnungen in der Decke besaß, durch die man ihn inspizieren konnte. Die Hauptmauern (5) des Bades waren mehr als 2 Meter dick, ihre Ziegel mit Schlamm verputzt, um den Salzfraß in den Ziegeln – das Salz reagierte mit der Hitze und Feuchtigkeit der Umgebung – möglichst gering zu halten. Über die Seitenräume (3), in denen noch einige kleinere Bäder lagen, spannte sich ein Flachdach (1) aus Brettern, die auf dünnen Sparren auflagen und mit gestampfter Erde bedeckt waren. Später wurde dem Erdgeschoß ein erster Stock aufgesetzt.

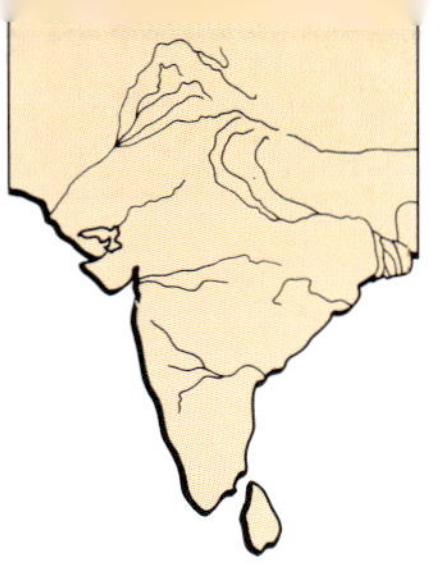

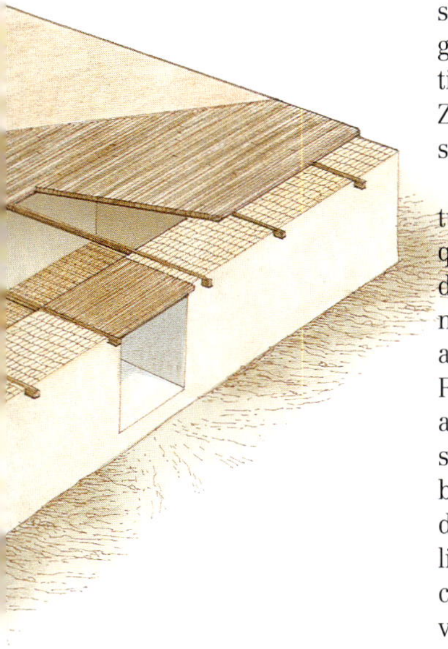

Mohenjo-daro und Harappa sind weit größer als die vielen anderen uns bekannten Industädte. Es dürften die Hauptstädte gewesen sein. Beide Zentren, die jeweils rund 100 ha Fläche bedeckten und die kleineren Städte, meist von etwa 10 ha Umfang, weisen eine Anzahl gemeinsamer Kennzeichen auf, die darauf schließen lassen, daß sie sorgfältig geplant wurden. Ihr Grundriß besteht aus einem regelmäßigen Gitter gerader Straßen, zwischen denen in bestimmten Abständen schmale Quergassen verlaufen. Die Größe der Bausteine war überall gleich. Es handelte sich fast durchwegs um gebrannte Ziegel. Auch gab es eine ausgeklügelte Kanalisation. Harappa, Mohenjo-daro und andere Städte wurden von Zitadellen beherrscht, die, meist westlich gelegen, die Unterstadt überragten.

Mohenjo-daro, die am besten erforschte Stadt der Induskultur, liegt am Strom. Die Anlage war anscheinend fast genau quadratisch und in rechteckige Blöcke eingeteilt. Auf der Zitadelle lag eine Anzahl wichtiger Gebäude. Ihre heutige Bezeichnung erhielten diese Bauten nach den Archäologen, die sie ausgruben, nach ihrem Aussehen und ihrer wahrscheinlichen Funktion. Im Westen lag der Kornspeicher, dessen Überreste aus soliden Blöcken von Ziegeln bestehen, zwischen denen sich Durchlässe befinden. Dieser erhalten gebliebene Unterbau trug ursprünglich eine Holzkonstruktion, und die Mauerdurchbrüche dienten wohl der Luftzirkulation. Wahrscheinlich brachte man das Getreide aus dem Hinterland zur Speicherung in die Stadt. Man hat vermutet, daß dieses Korn vielleicht eine Art Naturaliensteuer war, die der Staat erhob, und daß es als Lohn an vom Staat beschäftigte Arbeiter verteilt wurde. Doch könnte es auch einfach eingelagert worden sein, um als Reserve für den Fall einer Hungersnot zu dienen.

Im Osten des Getreidespeichers lag das große Badebassin, möglicherweise für rituelle Bäder. Über den Zweck der anderen Gebäude auf der Zitadelle, des sog. Kollegs und der Versammlungshalle, ist man sich noch nicht klar. In der Unterstadt gab es mehrere geräumige und gut eingerichtete Häuser mit Badezimmern, Waschküchen, guter Kanalisation, Wasser aus eigenen Brunnen und Herden. Die größeren waren um einen Innenhof herum erbaut und hatten Treppen, die auf ein flaches Dach hinaufführten. Die weniger Begüterten lebten in beengteren Verhältnissen, kleinen Häusern mit einem oder zwei Zimmern, meist aus gebrannten Ziegeln. Die Straßen verfügten über Abflußröhren aus Ziegeln, die mit Steinplatten überdeckt und mit Löchern zur Inspektion versehen waren.

In diesem Teil der Stadt lagen viele Werkstätten. Unter den Handwerkern befanden sich Metallschmiede, Juweliere, Töpfer, Maurer und Weber. Hier und in Lothal hat man sogar Reste von Baumwollstoffen gefunden. Auch sind viele Steingewichte entdeckt worden, die auf genormte Gewichte und Maße schließen lassen.

Irgendwann um das Jahr 1700 v. Chr. nahm die Induskultur ein Ende, wahrscheinlich unter dem Einfluß von Naturkatastrophen. Denn gegen Ende der Harappa-Periode vollzog sich an der Küste des Indusdeltas eine tektonische Erdplattenverschiebung. Sie verursachte anhaltende Überschwemmungen und Ablagerungen von Schlamm. Mehrere Städte, die einst an der Küste lagen, sind heute Binnenstädte. Mohenjo-daro selbst nahm immer mehr den Charakter einer Lagunenstadt an. Obwohl die Einwohner weiterhin neue Gebäude über den alten errichteten, verfiel die Stadt allmählich.

Der Niedergang dieser Kultur kam nicht von heute auf morgen, sondern zog sich über eine lange Zeitspanne hin.

__Das große Bad__ könnte ein religiöses Zentrum für rituelle Waschungen gewesen sein. Denn auch in den Hindutempeln der Gegenwart befinden sich Wasserbecken zur Reinigung. Es wäre aber vermessen, daraus auf eine ungebrochene Tradition schließen zu wollen. Denn Wasser hat im Ritus vieler Religionen eine wichtige Rolle gespielt. Im alten Griechenland z. B. mußten sich die Pilger auf dem Weg zum Delphischen Orakel in der nahegelegenen Kastalischen Quelle reinigen, bevor sie sich der Orakelpriesterin nähern durften. Auch bei der christlichen Taufe wird Wasser für rituelle Waschungen verwendet. Im heutigen Indien gelten die Wasser des Ganges als heilig, besonders in Benares (rechts). *Dieses Wasser gilt hier als so heilig, daß es sogar die Seele reinigen und vom Zyklus der Wiedergeburten befreien kann.*

Von den Ariern zu Buddha (1)

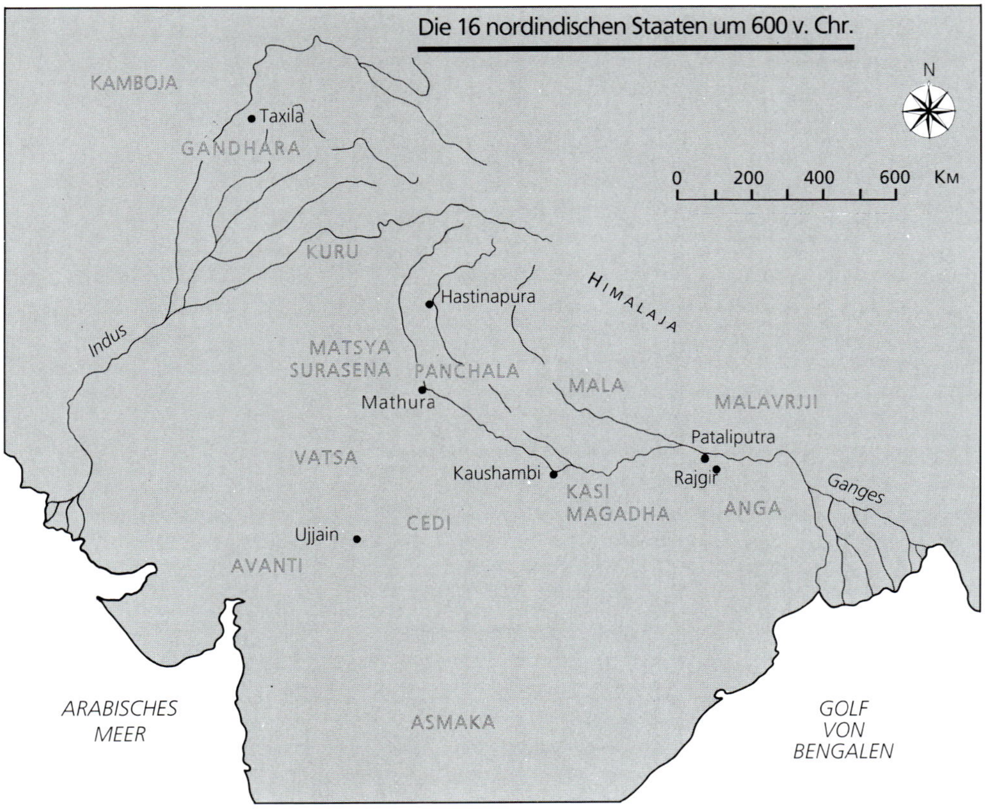

Im Laufe des 2. Jahrtausends v. Chr., wahrscheinlich um 1500, erschien im Nordwesten Indiens ein neues Volk, die Arier. Ob diese Eindringlinge, die über die Pässe des Hindukusch vorstießen, den schließlichen Untergang der Induskultur mitverursachten, wissen wir nicht. Außer dürftigen archäologischen Funden haben wir nur aus der Literatur Kunde von dem Jahrtausend, das auf die Ankunft der Arier folgte.

Die früheste Quelle besteht aus einer Sammlung von Hymnen, dem sog. Rigveda, teilweise schon vor 1000 v. Chr. entstanden und mündlich von Generation zu Generation weitergegeben. Die Hymnen sind in Sanskrit geschrieben, der Sprache der Arier und Grundlage der modernen nordindischen Sprachen. Das älteste bekannte Manuskript des Rigveda wurde um das 15. Jahrhundert n. Chr. niedergeschrieben, über 2500 Jahre nach der vermuteten Entstehungszeit. Es ist daher ein gewagtes Unternehmen, das Leben der Arier aus dem Rigveda zu rekonstruieren, obwohl auch die Ausgrabungen und heute noch lebendige Traditionen Elemente der in den Hymnen geschilderten Welt widerspiegeln.

Die frühe vedische Literatur, das heißt der Rigveda und andere heilige Schriften, schildert die Arier als Krieger, die auf Streitwagen fuhren und sich die dunkelhäutigen Dasas, die vorarischen Einwohner des Landes, unterwarfen. Anfangs waren die Arier noch nomadische Hirten gewesen, deren Reichtum in ihren Rinderherden bestand. Möglicherweise war es auch der hohe wirtschaftliche Wert der Kuh, der dazu führte, daß diese besonders verehrt und später sogar zu einem

Indra (rechts) war der Kriegsgott der Arier, die im 2. Jahrtausend v. Chr. in Indien eindrangen. In den heiligen Hymnen der Veden wird er mit den Eigenschaften eines Heros ausgestattet. Er fährt auf einem von Pferden gezogenen goldenen Wagen, ein Bild, das auch als Sonnensymbol verwendet wird. Indras Waffe ist der Donnerkeil. Mit ihm vernichtet er die Männer in der Schlacht oder erweckt die Gefallenen wieder zum Leben.

Indra nahm schon früh eine bevorzugte Stellung im Pantheon der Hindu ein, hatte er doch Vitra, die Schlange der Trockenheit, erschlagen, die die Wasser des Kosmos verschluckt hatte. Indras Donnerkeil riß den Schlangenbauch auf und ließ so die lebenspendenden Wasser wieder strömen.

Um das 5. Jahrhundert v. Chr. wurde Indra zu einem Gott des Paradieses, und seine lebenserhaltenden Funktionen auf Erden wurden auf Vishnu übertragen.

Die Ursprünge des Kastenwesens

Das Wort »Kaste«, mit dem man das soziale System Indiens zu beschreiben pflegt, stammt aus dem Portugiesischen und kam erst im 16. Jahrhundert n. Chr. auf. Das Sanskritwort für Kaste, »Varna«, das seit vedischen Zeiten in Gebrauch ist, bedeutet Farbe. Dies läßt darauf schließen, daß sich nach der Unterwerfung der dunkelhäutigen Dasas durch die hellhäutigen Arier eine neue soziale Schicht bildete. Als die Arier indischen Boden betraten, gab es unter ihnen drei soziale Klassen: die Kshatriyas (Krieger oder Aristokraten), die Brahmanen (Priester) und die Vaishyas (Bauern). Es gab noch keine Kasten, doch diese Unterteilungen begünstigten höchstwahrscheinlich die gesellschaftliche und wirtschaftliche Einbindung der zahlreichen Stämme.

Die Arier hielten, vielleicht aus Furcht vor zu weitgehender Assimilation, Abstand zu den Dasas. Das war wohl der erste Schritt in Richtung auf ein Kastenwesen, d. h. ein auf religiösen Vorschriften ritueller Reinheit beruhendes hierarchisches System. Die Dasas und alle Mischlinge zwischen Ariern und Dasas waren unrein und wurden zur niedrigsten Kaste, den Shudras. Der folgende Aufstieg der Brahmanen zur höchsten Kaste, noch über den Kshatriyas, stand im Zusammenhang mit der Herausbildung eines Gottkönigtums.

Der Verkehr zwischen den Kasten wurde immer weiter eingeschränkt. Als sich eine reiche Kaufmannsschicht herausbildete, änderte sich das Bild noch einmal, denn diese Gruppe bildete nun die Vaishyas. Die Bauern dagegen, das einfache Volk, glitten nach unten ab und wurden zur vierten Kaste, den Shudras, wobei die früheren Shudras zu den Kastenlosen, den sog. Unberührbaren absanken.

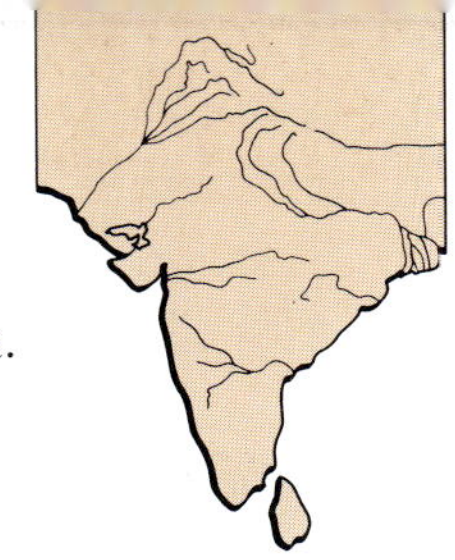

heiligen Tier wurde. Als Viehzüchter aßen die Arier Fleisch, doch später wurde der Fleischgenuß, außer zu besonderen Gelegenheiten, verboten. Auch das Pferd genoß Verehrung, zog es doch die Streitwagen der Krieger und Götter.

Eine Zeitlang behielt die Viehzucht noch ihre Bedeutung, doch allmählich gingen die Arier zum Ackerbau über und siedelten in bäuerlichen Gemeinden zusammen mit den unterworfenen Ureinwohnern. Mit der Aufgabe der nomadisierenden Lebensweise entstand auch ein spezialisiertes Handwerk und bildeten sich Vermögensunterschiede heraus.

Die Jahrhunderte, in denen die Arier nach Osten ausgriffen, ihre kleinen Königreiche errichteten und sich untereinander bekämpften, spiegeln sich in den Epen Ramayana und Mahabharata, die um 1300 n. Chr. zum erstenmal niedergeschrieben wurden, doch zwischen 1000 und 700 v. Chr. entstanden sein dürften. Um 600 v. Chr. hatten sich von Gandhara im Nordwesten bis Anga am unteren Ganges immerhin 16 Staaten in Nordindien herausgebildet. Einige ihrer Städte, die man aus den Epen kennt, sind ausgegraben worden, unter anderem Hastinapura, der Ort, an dem das Mahabharata beginnt, Kaushambi mit seinem herrlichen Palast, dessen Dach teilweise aus Steingewölbe besteht, und Rajgir, die Hauptstadt von Magadha, wo später die mächtigste Monarchie der Gangesebene entstehen sollte. Ende des 6. Jahrhunderts v. Chr. wurde Gandhara dem persischen Reich einverleibt und seine Hauptstadt Taxila ein Zentrum der vedischen und iranischen Gelehrsamkeit. Im Lauf der Zeit gewann persisches Gedankengut in verschiedenen Bereichen an Einfluß.

Nordindien war in der Zeit nach der Ankunft der Arier und vor der Geburt der großen religiösen Reformer Mahavira, dem Jina, und Gautama, dem Buddha, im 6. Jahrhundert v. Chr. gewaltigen Veränderungen unterworfen. Stämme waren in größeren Gemeinschaften aufgegangen, Staaten waren entstanden, und religiöse und gesellschaftliche Einrichtungen arischer Herkunft, wie Hinduismus und Kastensystem, erhielten ihre endgültige Form. Sanskrit war zur Sprache der gebildeten Oberschicht geworden und behielt diesen Status viele Jahrhunderte lang bei. Als die Eisentechnik ihren Siegeszug antrat, wurde ein Großteil des Landes dem Ackerbau erschlossen, und auf weiten Flächen des unteren Gangestals wurde Reis angebaut. Mit der Entstehung städtischen Lebens trat ein schneller gesellschaftlicher und wirtschaftlicher Wandel ein.

DIE RELIGION DER GEWALTLOSIGKEIT

Die Religion der Gewaltlosigkeit, der Jainismus, wurde im Nordosten Indiens von einem Asketen namens Vardhamana (ca. 540–468 v. Chr.) gegründet. Seine Nachfolger nannten ihn Mahavira (großer Held) und Jina (Sieger), um dann auch ihren eigenen Namen: Jainas, von diesem Titel abzuleiten. Der Jainismus sieht den Sinn des menschlichen Lebens darin, die Seele so zu reinigen, daß sie beim Verlassen des Körpers Befreiung vom endlosen Zyklus der Wiedergeburten erlangt. Rein kann die Seele werden, wenn sie ein Leben des Maßes in Übereinstimmung mit den jainistischen Lebensregeln führt. Diese Lebensregeln werden von den 24 großen jainistischen Heiligen verkörpert, den Tirthankaras (Mahavira war der letzte), die die Befreiung ihrer Seelen durch vollständige Reinigung ihres Bewußtsein und Seins erlangt haben.

Die Jainas glauben, daß das Universum ein lebender Organismus ist, und daß alles darin, sei es materiell oder nicht, eine Seele besitzt. Aus dieser Überzeugung von der Heiligkeit allen Lebens, selbst unsichtbar kleiner Lebewesen, ging das Prinzip des Ahimsa, der Gewaltlosigkeit, hervor. Man kann in Indien jainistische Mönche und Nonnen mit Gazemasken vor Mund und Nase sehen, die das Einatmen von Lebewesen verhindern sollen. Mit Besen kehren sie die Straße, um kein Insekt zu zertreten, und selbstverständlich ernähren sie sich vegetarisch. Großen Wert legt diese asketische Religion auf ein einfaches und sittenstrenges Leben.

***Ein Anhänger des Jainismus** auf der Wanderschaft. Mit einem Besen fegt er alles Getier zur Seite, und um keine Insekten zu verschlucken, trägt er eine Maske. Da Jainas sorgfältig darauf achten, kein tierisches Leben zu vernichten, findet man sie eher in Handel und Gewerbe als in der Landwirtschaft.*

***Statuen jainistischer Heiliger** schmücken die aus dem 15. Jahrhundert n. Chr. stammende Festung Gwalior bei Agra in Nordindien. Der Jainismus faßte zunächst im Gangestal Fuß, wo Mahavira seine ersten Predigten hielt.*

Von den Ariern zu Buddha (II)

Im 6. Jahrhundert v. Chr. hatten sich zwei Staatsformen aus den früheren Stammesverbänden der Arier herausgebildet. In den oligarchischen Republiken hatte sich die alte Stammestradition repräsentativer Versammlungen erhalten, und die Beamten wurden gewählt. In den Monarchien gewannen die Brahmanen ungeheuren Einfluß, da ihre Opfer und Rituale notwendig waren, um den König mit göttlichen Kräften auszustatten. Dank dieser wechselseitigen Abhängigkeit von König und Priestern konnten die Brahmanen die vedischen Traditionen in diesen Staaten aufrechterhalten.

Indessen breitete sich auch der Handel aus, zweifellos begünstigt durch den Gebrauch von Münzen, der aus den persischen Gebieten übernommen wurde. Wahrscheinlich wurde über die Perser auch die Schrift in Indien wieder eingeführt. So war die aus dem Aramäischen abgeleitete Kharoshthi-Schrift in Nordindien weit verbreitet. Andere Schriften entwickelten sich im Lauf der Zeit in anderen Regionen. In den wachsenden Städten gewannen die Handwerker an Einfluß, die Gemeinwesen durch den Handel an Wohlstand. Es war eine Periode sozialer Konflikte, in der die Interessen der aufstrebenden städtischen Schichten mit der etablierten Orthodoxie zusammenstießen. Uralt war die Tradition weiser Asketen, die ein kontemplatives zurückgezogenes Leben führten. Doch jetzt entstand um diese neuen gesellschaftlichen Schichten ein breites Spektrum von Sekten.

Von all diesen konnten sich nur der Jainismus und Buddhismus, die beide auf vorhandene Reformideen zurückgriffen, als selbständige Religionen behaupten. Ihre Gründer waren Zeitgenossen und entstammten beide der Kaste der Kshatriyas. Aber beide lehnten sie das Kastenwesen und die brahmanische Betonung des Ritus ab.

Die von Gautama Buddha (dem Erleuchteten) gegründete Religion wurde zur Weltreligion. Geboren um 566 v. Chr. am Fuß des Himalaya, führte Siddharta Gautama zunächst bis zum Alter von etwa 29 Jahren das Leben eines reichen jungen Adeligen. Er fand aber immer weniger Genügen am Luxusleben, verließ seine Familie und verbrachte sechs Jahre als Asket. Doch in der Erkenntnis, daß auch das Asketentum nicht zur Erlösung führte, versenkte er sich in eine 49tägige Meditation, die ihn schließlich zur Buddhaschaft führte.

Seine erste Predigt hielt der Buddha in Sarnath, wo er auch seine ersten Schüler berief. Mit dieser Predigt begründete er die buddhistische Lehre. Es war eine einfache Philosophie: Nirwana, die Erleuchtung, konnte erlangt werden, indem man ein gutes Leben führte – den sogenannten Mittleren Weg einschlug. In seinen weiteren etwa 40 Lebensjahren durchwanderte Buddha das Tal des Ganges, predigte und bekehrte Menschen ohne Rücksicht auf deren Kastenzugehörigkeit. Er gründete Niederlassungen und Gemeinschaften von Mönchen, gelegentlich auch von Nonnen. Damit wurde Bildung allen Klassen zugänglich.

Der Buddhismus breitete sich rasch aus. Die Stärke seiner Lehre lag in der Konzentration auf das allen Menschen Gemeinsame. Seine Anziehungskraft war gewaltig, stellte er doch allen, die den Pfad des Guten Lebens wählten, Erlösung in Aussicht. Da er die herrschende Tradition nicht direkt angriff, konnten auch Brahmanen sich ihm zuwenden. Und wegen seiner Ablehnung des Kastenwesens übte er gerade auf die Unterdrückten und niederen Kasten große Faszination aus. Der Buddhismus machte zahlreiche Wandlungen durch, einerseits in Indien selbst, wo er später jedoch fast völlig verschwand, andererseits in den asiatischen Ländern.

Die Anfänge des Buddhismus

Der Gründer des Buddhismus, Siddharta Gautama, der spätere Buddha (der Erleuchtete), wurde um 566 v. Chr. in einer prominenten Kshatriya-Familie geboren. Es gibt verschiedene Legenden über die ersten Jahre seines Lebens, von seiner wunderbaren Geburt bis zu seinem Rang als Königssohn. Heil war seine Welt auf einem Besitz in der Nähe der Stadt Kapilavastu am Fuß des Himalaya. Um so größer, heißt es, war der Schock, als er auf Spazierfahrten den Härten des Lebens begegnete, unter denen das einfache Volk zu leiden hat. Daher verließ er im Alter von 29 Jahren Frau und Sohn und zog aus, um die Lösung für das Problem des menschlichen Leidens zu finden. Er wurde Asket, doch wurde

ihm nach sechs Jahren klar, daß er damit einem Verständnis der Ursachen des Leidens nicht näher kam. Daraufhin begann er eine lange Meditation, der Überlieferung nach unter einem Baum, dem später sogenannten Bodhi oder Bo-Baum, erlangte endlich die Erleuchtung und erkannte die Ursachen des Leides auf dieser Welt. Von jetzt an trat er als der Buddha auf und verbreitete seine Lehre, die man auch ohne hohes metaphysisches Denken begreifen konnte.

Der Kern der Lehre des Buddha bestand in den »Vier Edlen Wahrheiten«. Sie lauten: Leben ist Leiden. Ursache des Leides ist die Begierde des Menschen. Wer die Begierde überwindet, setzt dem Leiden ein Ende und erreicht den Zustand des Nirwana, der totalen Auslöschung. Nirwana wird erreicht, indem man dem achtfachen Pfad folgt. Er besteht aus acht Regeln: rechte Einsicht, rechter Entschluß, rechtes Sprechen, rechtes Handeln, rechtes Streben, rechtes Leben, rechte Besinnung und rechte Versenkung. Zusammen bilden sie den »mittleren Weg«. Nirwana bedeutet Freiheit von dem endlosen Zyklus von Geburt, Tod und Wiedergeburt. Nur wer diesen Zustand erlangt, überwindet Karma, das Naturgesetz von Ursache und Wirkung im Bereich menschlichen Handelns. Nach diesem Gesetz bestimmt jede Tat das spätere Schicksal, so daß die Lage eines Menschen in diesem Leben die Folge seiner Handlungen in früheren Inkarnationen ist. Karma ist

***Das Wandgemälde** des Buddha* (links) *aus Ajanta stammt aus dem 2. Jahrhundert v. Chr. und ist eines der frühesten erhaltenen Werke.*

Der Stupa in Sarnath (unten) *bei Benares markiert die Stelle der ersten Predigt Buddhas. Stupas enthalten Reliquien des Buddha und buddhistischer Heiliger.*

Ein tibetischer Buddhist (rechts) *mit seiner Gebetsmühle. Der Buddhismus ist heute in Tibet und anderen Teilen Asiens mehr verbreitet als in Indien selbst.*

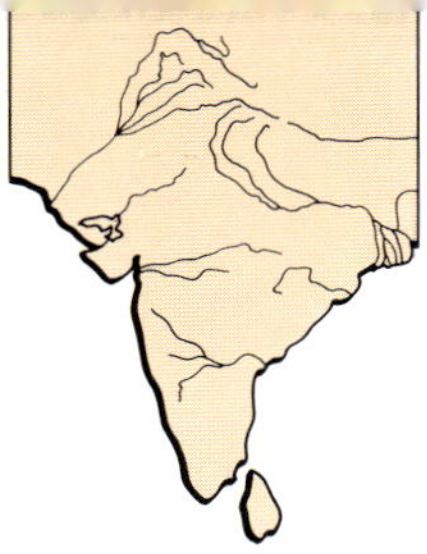

eine Weiterentwicklung der Idee der Seelenwanderung. Insofern liegen seine Wurzeln schon in den arischen Überlieferungen, bei denen die Art des Lebens nach dem Tod vom Verhalten während des Lebens abhängt. Der Buddhismus breitete sich überall in Asien aus, nachdem der Maurya-Kaiser Ashoka diesen Glauben angenommen hatte *(Seite 156)* und eine rege Missionstätigkeit förderte. Die frühe, strenge Form dieser Religion, deren Ideal der Arhat, der vollkommene, von allem Begehren gereinigte Heilige ist, erfuhr jedoch im Lauf der Zeit zahlreiche Veränderungen. Es bildeten sich schließlich zwei Hauptformen des Buddhismus heraus. Der Mahayana-Buddhismus lehrt, daß jedem Menschen die Möglichkeit zur Buddhaschaft angeboren ist. Der ideale Mensch ist der Bodhisattva, der Vollkommene, der jedoch seinen Eingang ins Nirwana aufschiebt, um anderen zu helfen, ebenfalls der Erleuchtung teilhaftig zu werden. Die Theravada-Buddhisten dagegen praktizieren die frühere, reinere Form der Religion. Der Theravada-Buddhismus wurde von einem Sohn Ashokas nach Sri Lanka gebracht.

Das Maurya-Reich

Ende des 4. Jahrhunderts v. Chr. war das Königreich Magadha der mächtigste nordindische Staat und beherrschte den Großteil des Gangesbeckens. Es wurde von einem König der Nandadynastie regiert, der in der Hauptstadt Pataliputra, dem heutigen Patna, residierte. Man weiß wenig von den Nanda, die sich erst im selben Jahrhundert des Thrones bemächtigt hatten und, nach einer späteren Quelle, von ihren Untertanen gehaßt wurden.

Der Aufstieg Magadhas hatte während der Regierungszeit Bimbisaras, eines Zeitgenossen des Buddha, begonnen und sich unter dessen Sohn Ajatashatru (ca. 493–461 v. Chr.) fortgesetzt. Die Eroberung von Gebieten im Südosten, Norden und Westen brachte Magadha, das jetzt auch die Handelsrouten zu den Seehäfen im Gangesdelta und in den Süden kontrollierte, wirtschaftliche Vorteile. Magadhas Macht und Schlagkraft beruhten auf einer zentralisierten Bürokratie, einem aus Steuermitteln bezahlten stehenden Heer und einem gut ausgebauten Straßennetz.

Zur gleichen Zeit gab es im Nordwesten der Gangesregion, im heutigen Pakistan, mehrere kleine Königreiche und Stammesrepubliken, ebenso die persischen Satrapien Gandhara und Hindusch (Sindh). Alexander der Große drang im Jahre 327 in Indien ein und besetzte vorübergehend den Punjab und Sindh. Auf seinem Rückweg nach Babylon ließ er Gouverneure und einige Garnisonen in den eroberten Provinzen zurück, doch in der Zeit der Wirren, die seinem Tod im Jahre 323 v. Chr. folgten, mußten die Griechen wieder abziehen.

Zwischen 324 und 317 v. Chr. besiegte ein junger Abenteurer namens Candragupta Maurya den letzten König der Nanda und gewann den Thron Magadhas. Er nutzte das Machtvakuum, das Alexanders Abzug hinterlassen hatte, eroberte die Territorien bis zum Indus und marschierte dann nach Zentralindien. Hierauf kehrte er wieder um, schlug im Jahre 304 v. Chr. den Seleukidenkönig Seleukos I. Nikator und gewann so Ostafghanistan.

Candraguptas Reich erstreckte sich nun von Kandahar im

Das Löwenkopfkapitell (rechts) *stammt von einer mit Edikten des Kaisers Ashoka beschrifteten Säule in Sarnath. Es gibt mehrere dieser etwa 17 Meter hohen, glatten Steinsäulen, auf denen Proklamationen Ashokas standen. Diese wurden an Orten aufgestellt, an denen der Buddha gelebt oder gewirkt hat. In eine kanellierte »Glocke«, die einem umgekehrten Lotos ähnelt, sind vier Speichenräder und vier königliche Tiere eingemeißelt, darüber stehen vier Löwen. All diese Motive sind Symbole für den Buddha selbst.*

Das Sarnath-Kapitell hat dem indischen Staat einige seiner Symbole geliefert. Es erscheint auf Banknoten (links)*, das Rad des Dharma, Sinnbild des universellen Gesetzes, auf der Flagge Indiens* (oben links).

Westen bis zur Gangesmündung im Osten. Trotz des Konfliktes mit den Seleukiden waren die Beziehungen zwischen ihnen und den Maurya freundschaftlich, ja es fand sogar ein regelmäßiger Austausch von Gesandten und Geschenken statt. Viele Jahre lebte Megasthenes, ein Gesandter des Seleukos, in Pataliputra. Er hinterließ eine Beschreibung der Stadt mit ihren Holzhäusern und ihrem großen Palast, die von weitläufigen Stadtmauern umgeben waren.

Es heißt, daß Candragupta am Ende seines Lebens zum Jainismus konvertiert sei, abgedankt habe und später eines freiwilligen Hungertodes gestorben sei. Sein Sohn Bindisura (ca. 297–272 v. Chr.) dehnte die Maurya-Herrschaft bis Mysore im Süden aus. Nach seinem Tod gab es dynastische Streitigkeiten, bis sein Sohn Ashoka nach der Macht griff und anfangs despotisch herrschte. Aber acht Jahre nach der Thronbesteigung führte Ashoka einen Feldzug in Kalinga (Orissa), wo nach seinen eigenen Worten »150 000 Männer deportiert, 100 000 getötet wurden und ein Vielfaches auf andere Weise umkam«. Von Gewissensbissen geplagt, bekehrte sich Ashoka zum Buddhismus und schwor der Gewalt ab. Der Buddhismus wurde zwar nicht Staatsreligion, nahm aber dank Ashokas Unterstützung einen unglaublich schnellen Aufschwung. Der Kaiser schickte sogar Missionare ins Ausland, um zum Frieden und zum Gewaltverzicht zu mahnen. Er errichtete zahlreiche Stupas, kuppelförmige Heiligtümer, die Reliquien des Buddha oder anderer Heiliger enthielten, unter anderem das Innere Heiligtum des Großen Stupa in Sanchi. Aber Ashokas Politik wurde nach seinem Tod um das Jahr 232 v. Chr. nicht fortgesetzt, und sein Reich begann sich aufzulösen.

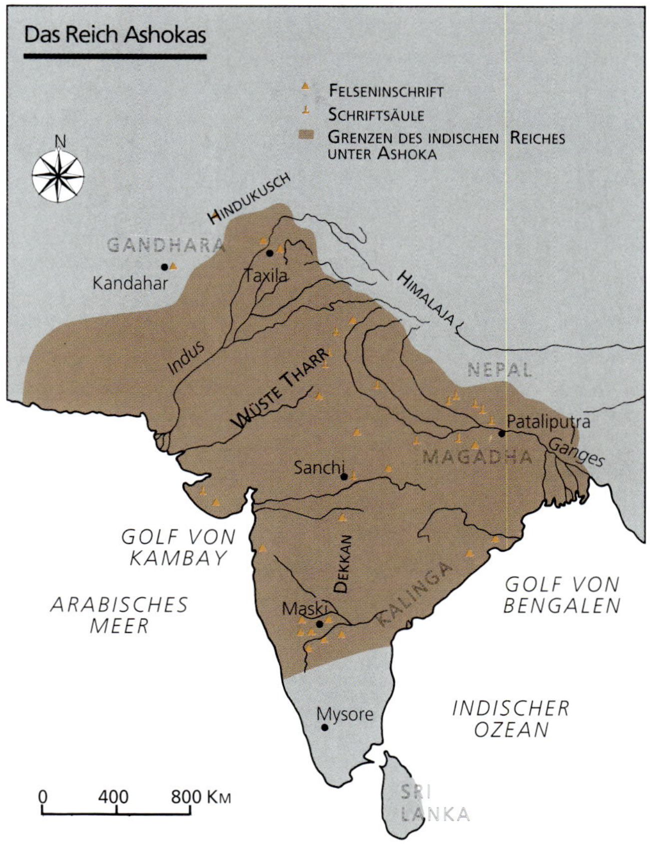

Die Wiederentdeckung Indiens

Einige alte Kulturen sind völlig im Dunkel der Geschichte verschwunden. Doch Indiens alte Kultur ist niemals ganz verlorengegangen. Allerdings fehlen uns genauere Kenntnisse über die Frühzeit seiner Geschichte, auch wenn wir über eine große mündliche, z. T. auch schriftlich fixierte Tradition verfügen.

Vom 16. Jahrhundert n. Chr. an rückte Indien durch Missionare und Kaufleute ins Blickfeld der Europäer. Später trugen vereinzelt Mitarbeiter der British East India Company trugen zur Wiederentdeckung der Geschichte Indiens bei. Aber erst mit der Gründung der Asiatic Society von Bengalen im Jahre 1784 kam die Erforschung Indiens wirklich in Gang.

1837, mehr als 50 Jahre später, entzifferte James Prinsep, Sekretär der Gesellschaft, Ashokas auf Brahmi verfaßte Inschriften. Bald darauf wurden im Nordwesten des Landes weitere Inschriften Ashokas gefunden, die bewiesen, wie groß dessen Reich gewesen war. Von da an hellte sich das Bild der indischen Geschichte durch Untersuchungen indischer Texte und Münzen, griechischer und chinesischer Quellen, durch archäologische Funde und die Rückbeziehung der religiösen Praxis des heutigen Indien auf die Vergangenheit allmählich auf.

***Colonel James Todt,** ein britischer Offizier, entdeckte im Jahre 1822 den Felsen von Girnar in der Provinz Gujarat in Westindien. Dort ist eine der längsten bekannten Inschriften Ashokas eingemeißelt. Mit ihrer Hilfe konnte die Schrift der Edikte Ashokas entziffert werden.*

Indogriechen, Skythen und Kushana

Indische Elefanten

Seit Urzeiten hat der Elefant in Indien eine wichtige Rolle gespielt. Abbildungen dieses Tieres sind schon auf Siegeln der Induskultur gefunden worden. Und einige hundert Jahre später setzte man es militärisch ein. Kriegselefanten hatten vor dem Feind eine außerordentliche psychologische Wirkung. Alexander der Große begegnete ihnen auf seinem Indienfeldzug, und in den Kriegen seiner Nachfolger waren sie eine wertvolle Waffe.

Die Hindu glauben, daß die Verehrung des Elefanten Regen herbeizieht und das Wachstum der Feldfrucht begünstigt. Auch lehrt ihre Religion, daß der elefantenköpfige Gott Ganesha *(oben)* Hindernisse im Leben des Gläubigen hinwegräumt und Weisheit schenkt. Wenn sie eine wichtige Unternehmung oder ein Geschäft beginnen, rufen sie ihn an. Ganesha wird gewöhnlich als untersetzter, gelbhäutiger, dickbäuchiger Mann dargestellt. Er hat vier Arme und den Kopf eines Elefanten, manchmal reitet er auch auf einer Ratte oder wird von einer solchen begleitet. Er ist der Sohn der Parvati und des Shiva und steht als Wächter am Tor des Hauses seiner Mutter.

Nach dem Tod des Kaisers Ashoka um 232 v. Chr. fielen die Provinzen seines Reiches in schneller Folge ab. Den letzten Maurya-Kaiser ermordete 185 v. Chr. einer seiner brahmanischen Heerführer, der daraufhin der erste Herrscher der Shungadynastie wurde. Während deren 112jähriger Herrschaft über das Rumpfgebiet des Ashokareiches, das praktisch mit dem früheren Magadha zusammenfiel, wurde der Buddhismus als Reichsreligion abgelöst, und es kam zu einer Wiederbelebung des Brahmanismus.

Während der Regierungszeit Ashokas waren im Nordwesten zwei neue Mächte aufgestiegen, nachdem sie sich von ihren seleukidischen Oberherren befreit hatten. Im östlichen Iran übernahmen die Parther die Macht, und Baktrien erlangte unter seinem Gouverneur Diodotos die Selbständigkeit. Nach dem Niedergang der Maurya überquerten die baktrischen Griechen um 200 v. Chr. den Hindukusch und setzten sich im Kabultal und im Punjab fest. In diesem ausgedehnten Gebiet konnten sie aber ihren Zusammenhalt nicht wahren, so daß eine Reihe kleinerer Königreiche entstand.

Über den indogriechischen Herrscher Menander (ca. 155 bis 130 v. Chr.) wissen wir am besten Bescheid. Sein Reich erstreckte sich von Afghanistan bis nach Lahore. Sein Andenken

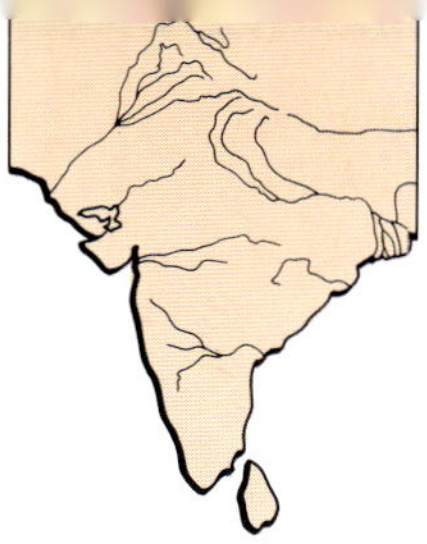

wurde in einem buddhistischen Text verewigt – dort heißt er Milinda –, der über seine Konversion zum Buddhismus berichtet. Nach der Überlieferung versuchte er das Gangestal zu erobern, mußte aber umkehren, weil ihn die Skythen im Norden angriffen. Er fiel in der Schlacht.

Aufgesplittert in zahlreiche kleinere Königreiche, mußten die Indogriechen im Lauf der Zeit den Saken, ursprünglich zentralasiatischen Nomaden weichen, die auch unter dem Namen Skythen bekannt sind. Diesen fiel um 90 v. Chr. Gandhara mit seiner Hauptstadt Taxila zum Opfer, und zwischen 40 und 30 v. Chr. überrannten sie die verbliebenen indogriechischen Königreiche. Jenseits des Punjab besetzten die Saken das Industal und Gujarat. Sie drangen bis Mathura und Ujjain vor, wo sie ein Reich errichteten, das bis zum Ende des 4. Jahrhundert n. Chr. existierte. Im 1. Jahrhundert n. Chr. kam Gandhara unter die Herrschaft der Ostparther.

Die Saken waren einst von den nomadischen Yüe-chih aus Baktrien nach Süden abgedrängt worden. Ende des 1. Jahrhundert v. Chr. errang einer der fünf Yüe-chih-Stämme, die Kushana, die Oberherrschaft über die anderen vier und schloß sie zu einem einzigen Volk zusammen. Von Baktrien marschierten sie nach Gandhara, wahrscheinlich Anfang des 1. Jahrhunderts n. Chr., dann weiter in den Punjab. Die Chronologie der Geschichte der Kushana ist unsicher, doch legt man im allgemeinen die Thronbesteigung Kanishkas, ihres dritten und größten Königs, auf die Jahre zwischen 78 und 144 n. Chr.

Kanishkas Reich erstreckte sich von Kabul bis Sanchi im Süden und Benares (Varanasi) im Osten. Seine Hauptstadt war Peshawar in der Nähe des Khaiber-Passes. Mathura im Süden könnte eine weitere Hauptstadt gewesen sein. Kushana wurde reich, weil es die sein Gebiet durchquerenden Handelsstraßen kontrollierte, darunter die Seidenstraße von China. So bildeten die Kushana eine Brücke zwischen Ost und West, und zwar zur Zeit der Hochblüte des Römischen Reiches, als der Bedarf an Gewürzen, Elfenbein und anderen Luxusgütern besonders groß war. Auch auf dem Seeweg wurde Handel getrieben, und Handelsschiffe befuhren den Indischen Ozean.

Bei den Anhängern des Mahayana-Buddhismus gilt Kanishka als großer Heiliger. Nach dem Tod Kanishkas ging den Kushana das Gangestal jedoch wieder verloren. Die Saken von Gujarat und Ujjain wurden unabhängig, und nach dem Aufstieg der Sassaniden im Iran wurden die Kushana im Punjab und in Afghanistan persische Vasallen.

Die Kunst der Indo-Griechen

In Gandhara und Mathura wurde der Buddha zum ersten Mal in Menschengestalt dargestellt, z. B. in der Skulptur aus braunem Marmor *(links)* aus Gandhara. Diese Skulpturen wurden in buddhistischen Kapellen, Heiligtümern und Klöstern aufgestellt. Sie entsprachen der liberaleren Lehre des Mahayana-Buddhismus, der Bilder zuläßt. Denn bis zur Regierungszeit des Kushana-Königs Kanishka, der die Lehre des Mahayana-Buddhismus einführte, durfte der Buddha nur in Symbolen, etwa als Rad oder leerer Thron, abgebildet werden. Und da im Mahayana-Buddhismus auch Heilige und Götter zugelassen sind, finden sich neben den Abbildungen Buddhas selbst oft auch Szenen aus seinem Leben und dem heiliger Bodhisattvas.

Der Buddha wird als anthropomorphe Gottheit mit bestimmten Attributen dargestellt. Die Ushnishna, die Erhöhung auf dem Kopf, könnte in Gandhara aus dem dort üblichen Haarknoten unter dem Turban entstanden sein. Der Buddha sitzt gewöhnlich mit gekreuzten Beinen in der Lotosstellung. Man hat ausführlich über die stilistischen Ursprünge dieser Skulpturen diskutiert, da sie bestimmte Elemente der klassischen Kunst des Westens aufweisen, z. B. in der Kleidung und den Details der Architektur. Auch der Schmuck, etwa der in Taxila, der Hauptstadt Gandharas, entdeckte Armreif und die Halskette *(rechts)*, zeigt diese Mischung westlicher und indischer Stilelemente.

Zuerst dachte man, man könnte diese Mischkunst auf die baktrischen Griechen zurückführen. Dann entwickelten die Historiker die Hypothese, daß dieser Stil aus den Zeiten der Kushana stammen könnte, die Verbindung zur römischen Welt hatten und Einflüsse dieser Art durchaus vermittelt haben könnten. Aber schließlich wurde in den sechziger Jahren dieses Jahrhunderts eine griechisch-baktrische Stadt in Ai Khanum im heutigen Afghanistan entdeckt, wodurch die Existenz einer griechisch-baktrischen Kunst bewiesen war und somit auch die Möglichkeit ihrer Ausstrahlung auf Nordwestindien.

Die Gupta

Die Religion der Hindu

Die in Indien dominierende Religion, der Hinduismus, entstand aus einer Synthese der arischen Religion mit dem Glauben der alteingesessenen Bevölkerung. Es ist nicht einfach, im Leben der Hindus gesellschaftliche und religiöse Aspekte voneinander zu trennen, denn eng verbunden mit dem Glauben und Kult der Hindus ist das Kastensystem *(Seite 52 f)*. Die alten vedischen Schriften mit ihren Gebeten, Hymnen, magischen Anrufen und mystischen Texten sind die heiligen Schriften der Inder. Auch heute noch haben die Priester, die Brahmanen, im Ritus und in der Auslegung der Schriften beträchtlichen Einfluß. Wie Buddhisten und Jainas glauben die Hindu an den ewigen Kreislauf von Geburt, Tod und Wiedergeburt, und ihr letztes Ziel ist die Befreiung vom Joch der Wiedergeburten und vom Leid. Aber der Hinduismus ist polytheistisch und bietet dem Gläubigen eine Vielzahl von Göttern, Geistern und Dämonen. Die größten Götter sind Brahma, der Schöpfer, Vishnu, der Erhalter, der zehn Avatare, das heißt Manifestationen besitzt, und Shiva, der Zerstörer. Shiva personifiziert die unerbittlichen Kräfte des Todes, und in dieser Eigenschaft soll er auf Friedhöfen mit um sein Haupt flatternden Schlangen und am Hals klappernden Totenschädeln umherirren. In seiner Begleitung befinden sich Scharen von Dämonen, schrecklich in ihrer Gier nach Macht. Weitere Götter sind Rama und Krishna, der Flöte spielende Hirte.

***Der bewahrende Gott** Vishnu – hier eine Skulptur aus der Guptazeit – ist im Hindupantheon der fast unbestrittene Herrscher. Die Wurzel seines Namens, Vish, bedeutet »durchdringen«, denn man betrachtet ihn als Wesen, dessen Allgegenwart alles durchdringt. Er soll zehn verschiedene Hauptinkarnationen, Avatare, in dieser Welt gehabt haben. Denn die Hindu glauben, daß ein Avatar immer dann erscheint, wenn die Welt sehr im argen liegt und große Übel bekämpft werden müssen. Avatare Vishnus sind z. B. Matsya der Fisch, Kurma die Schildkröte, Naramsimha der Löwe, Varaha der Eber, Vamana der Zwerg – und der Buddha selbst.*

Im 4. Jahrhundert n. Chr. tauchte die Guptadynastie in Magadha aus dem Dunkel der Geschichte auf, wuchs in Macht und Einfluß und beherrschte schließlich den ganzen Norden Zentralindiens. Diese Expansion begann unter Candragupta I. (ca. 320–335 n. Chr.), der seine Herrschaft bis an die Grenzen Bengalens ausdehnte. Sein Sohn Samudragupta (ca. 335–376 n. Chr.) dehnte das Reich weiter aus, und unter Candragupta II. (ca. 376–414 n. Chr.), der die Saken von Ujjain besiegte, gelangte die Macht der Gupta zu ihrer größten Ausdehnung. Sie beherrschten nun ganz Nordindien.

Die Gupta sorgten nach dem Vorbild der Maurya für eine gute Infrastruktur und einen gutorganisierten Handel. Den lokalen Fürsten beließen sie nicht nur die Selbstverwaltung, sondern auch beträchtliche politische Freiheiten. Obwohl selbst Hindus, übten sie religiöse Toleranz, und viele ihrer Ratgeber waren Buddhisten. Die Guptakönige, die in präarische Familien einheirateten, ignorierten auch das Kastenwesen. Das tolerante geistige Klima förderte den Dialog zwischen den verschiedenen Religionen, die friedlich miteinander koexistieren, und den Meinungsaustausch der Gelehrten.

Bemerkenswert sind auch die kulturellen Leistungen der Guptazeit. Man sagt, Kalidasa, einer der größten indischen Dichter und Dramatiker, dessen Dichtungen auch von Goethe bewundert wurden, sei der Hofpoet Candraguptas II. gewesen.

Damals erhielten auch die beiden großen Epen Indiens, das Mahabharata und das Ramayana, ihre sprachliche Form.

Auch die klassische Zeit der indischen Kunst gehört der Guptaepoche an. Ihre Bildhauerei scheint sich aus der kushanischen Kunst entwickelt zu haben, die trotz der Wirren des 3. Jahrhunderts in Mathura überdauert hatte. Nicht nur die Steinskulpturen, sondern auch die Bronze- und Kupfergüsse der Guptazeit sind außergewöhnlich in ihrer Qualität. In dieser Zeit sind auch die frühesten uns überkommenen Beispiele der indischen Malerei entstanden: Wandmalereien in den buddhistischen Höhlen zu Ajanta.

Frieden und Wohlstand – Voraussetzungen, unter denen solche Werke entstehen konnten – dauerten auch unter Kumaragupta (ca. 414–454 n. Chr.) an. Doch gegen Ende seines Lebens wurde das Reich von den Hunas, den weißen Hunnen, angegriffen. Diese asiatischen Nomaden hatten Ende des 4. Jahrhunderts Baktrien besetzt, darauf Afghanistan und den Punjab erobert und setzten schließlich ihren Fuß auf den Boden des Guptareiches. Skandagupta (454–467 n. Chr.) gelang es noch, die Hunnen zurückzuschlagen, aber nach seinem Tod begannen dynastische Streitigkeiten. Noch einmal folgte mit Buddhagupta (475–495 n. Chr.) ein Herrscher mit langer Regierungszeit, doch Macht und Ansehen der Dynastie schwanden unwiderruflich dahin.

Schon hatten sich die Provinzgouverneure als Vasallen der Gupta den Königstitel angemaßt, und um 500, als die Hunnen von neuem angriffen, herrschte die Guptadynastie praktisch nur noch über das Gebiet, das einst das Reich Candraguptas I. gewesen war. Die Hunnen konnten zwar schließlich endgültig vertrieben werden, aber es gab jetzt viele lokale Könige, die sich von den Gupta unabhängig fühlten. Einige von ihnen waren Nachkommen von Beamten der Gupta, andere stammten aus den herrschenden Familien der früheren kleinen Königreiche. Sie alle brachen kleinere Gebiete aus dem großen Reich und herrschten darin als Könige. Das Ende der Gupta bezeichnete das Ende einer Epoche, in der große indische Herrscher große Staaten regiert hatten. Kein König nach ihnen ist ihnen gleichgekommen.

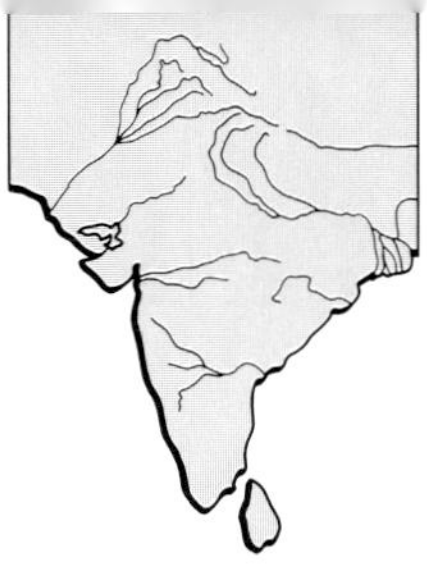

DER BUDDHISMUS AUSSERHALB INDIENS

Der Buddhismus breitete sich mit großer Schnelligkeit in den Ländern Zentral- und Südostasiens aus. Im 3. Jahrhundert n. Chr. unter dem Maurya-Kaiser Ashoka setzte eine umfangreiche Missionstätigkeit ein, und dessen Sohn soll die Religion nach Sri Lanka gebracht haben, wo sie Fuß faßte und zur Blüte gelangte. Im allgemeinen betrachtet man die Theravada-Schule von Sri Lanka als die älteste Form des Buddhismus. Im 5. und 6. Jahrhundert n. Chr. gab es Theravada-Zentren an der Südostküste, und von dort sprang der Glaube nach Burma über. Er erreichte schließlich Thailand, Laos und Kambodscha, wo er heute noch lebendig ist. Die Mahayana-Lehre dagegen wurde in der Regierungszeit des Kushana-Königs Kanishka auf einem Konzil in Kaschmir angenommen. Der Mahayana-Buddhismus ist weniger streng als die puristische Theravada-Schule und ließ Elemente eines Volksglaubens, ein Pantheon von Göttern und Heiligen zu. Und während zuvor die strengen Kleidervorschriften die Mönche abgeschreckt hatten, in Länder mit kaltem Klima zu reisen, erlaubten ihnen jetzt die milderen Regeln des Mahayana-Buddhismus, sich entsprechend warm einzukleiden und fremde Länder zu missionieren.

Der Mahayana-Buddhismus drang entlang den Handelsstraßen nach China und Zentralasien vor. Schon im Jahre 65 n. Chr. gab es eine Gemeinschaft buddhistischer Mönche in China, im 2. Jahrhundert n. Chr. eine weitere in Luoyang, wo heilige Schriften ins Chinesische übersetzt wurden. Etwa zur selben Zeit wurden buddhistische Heiligtümer und Höhlentempel entlang der Seidenstraße errichtet. Von China sprang der Buddhismus im 4. Jahrhundert nach Korea über und im 6. Jahrhundert nach Japan. Kurz danach gelangte er auch nach Tibet.

***Der Theravada-Buddhismus** gelangte um die Mitte des 1. Jahrtausends n. Chr. nach Burma. Die Shwedagon-Pagode in der burmesischen Hauptstadt Rangun war schon im 11. Jahrhundert ein wichtiger Mittelpunkt des Buddhismus. Die Pagode bedeckt über 50000 Quadratmeter; sie besteht aus einer Reihe weißglänzender Bauten und wird beherrscht von einem riesigen glockenförmigen goldenen Stupa* (rechts), *der mehr als 100 Meter zum Himmel emporragt.*

Heiligtümer wie dieses (oben rechts), *das sich vom Hintergrund eines majestätischen Eisgipfels abhebt, gibt es viele an einsamen Orten in den Bergen Nepals. Der nepalesische Buddhismus wurde von Tibet und Indien beeinflußt. Im 8. Jahrhundert n. Chr. wurde Nepal mehr und mehr von der Kultur Tibets geprägt.*

China

„Herrscht ein ganz Großer, so weiß das Volk kaum, daß er da ist."

Der chinesische Weise Lao Tse.

Chinas Kultur ist die älteste noch existierende Kultur der Erde. Sie entwickelte sich ohne Berührung mit der übrigen Welt. China war so isoliert, daß die Chinesen erst Ende des 2. Jahrhunderts n. Chr. erfuhren, daß außerhalb ihrer Grenzen auch noch zivilisierte Menschen lebten.

Die Kultur Chinas entstand im Gebiet des Huang Ho (des Gelben Flusses), wo der dicke Lößboden, der bei entsprechender Bewässerung sehr fruchtbar ist, den ersten Bauern und Städten der nördlichen Ebene eine Lebensgrundlage bot. Hier entwickelte sich im 2. Jahrtausend unter den Shang auch die Bronzeverarbeitung, wodurch dieses Kriegervolk dank überlegener Waffentechnik die Grenzen seines Kernlandes am Huang Ho erweitern konnte. Von den ersten Dörfern des Neolithikums im 6. Jahrtausend bis zum Untergang der Han-Dynastie im 2. Jahrhundert n. Chr. ist die nördliche Ebene immer das Herz Chinas gewesen.

***Dieses maskenartige Gesicht** aus der Provinz Gansu bildete einst Griff und Deckel eines bemalten Tongefäßes der Yangshao. Es datiert von etwa 2500 v. Chr. und ist eines der frühesten uns bekannten vorgeschichtlichen Porträts. Möglicherweise handelt es sich um das Gesicht eines Schamanen. Tonstücke wie diese waren aber eher für rituelle und Zwecke gedacht als für den Alltagsgebrauch.*

Denn hier findet sich die erste Schrift, hier finden sich auch die ersten Städte. Bis zum Beginn unseres Jahrhunderts wußte man wenig vom alten China. Doch jetzt sind die Städte und Gräber der Ersten Dynastie ausgegraben. Jahrtausendelang wurden Künste und Gewerbe wie Jadeschnitzerei und Schnitzerei anderer Halbedelsteine, Lackarbeit, Töpferei, Bronzeguß, Seidenbau, Malerei, Kalligraphie betrieben.

Mehr als in anderen Kulturen standen in China Schrift und Gelehrsamkeit immer im Mittelpunkt. So galt den Chinesen die Kunst des Schreibens als die Grundlage jeder Kultur. Kalligraphie galt ihnen als die höchste unter den Künsten, höher noch als die Malerei, mit der sie eine enge Verbindung einging. Chinesische Gelehrte besaßen unvergleichliches Ansehen, und die Oberschicht wurde nicht von Soldaten und Kaufleuten, sondern von den Beamtengelehrten der Bürokratie gebildet.

Diese Bürokratie hielt sich bis zum Ende des Kaiserreichs zu Beginn unseres Jahrhunderts. Schon zur Zeit der Han-Dynastie, die zeitgleich mit dem Römischen Reich existierte, hatte sie ein hohes Niveau erreicht. Die Beamten waren in der Philosophie des Konfuzius ausgebildet. Sie wurden sorgfältig ausgewählt und strengen Prüfungen unterzogen, so daß das Verwaltungssystem des Kaiserreichs hervorragend organisiert und ein wesentlicher Faktor für die Kontinuität chinesischer Kultur und Politik war. Die Bürokratie produzierte gewaltige Mengen von Akten. Und diese in den Staatsarchiven aufbewahrten Dokumente bildeten das Material, mit dessen Hilfe jeweils die Geschichte des Reiches und seiner Dynastien geschrieben wurde.

Die chinesische Gesellschaft wurzelte in der bäuerlichen Bevölkerung. Die Städte waren vor allem Verwaltungszentren für die ländlichen Gebiete. Und obwohl die Beamtengelehrten den Großteil ihres Lebens in Städten verbrachten, empfanden sie die Dörfer ihrer Vorfahren doch stets als ihre wahre Heimat. Kaufleuten und ihren Söhnen war die Verwaltungslaufbahn nicht zugänglich, aber Beamte kauften oft Bauernhöfe und wurden Großgrundbesitzer. So bildeten die Gelehrten, Beamten und Großgrundbesitzer eine außerordentlich homogene Oberschicht.

Nach dem Untergang der Han-Dynastie um 200 n. Chr. geriet der Norden allmählich in die Gewalt der Barbaren und wurde z. T. Weideland. Und nach der Eroberung der alten Hauptstädte Chang'an und Luoyang durch die Barbaren entwickelte sich Danyang (Nanking) am Chang Jiang (Jangtsekiang) zum Mittelpunkt des Reiches, wo die alten Traditionen weitergeführt wurden.

Die große chinesische Mauer *zieht sich über 2500 Kilometer durch gebirgiges Gelände von der Provinz Liaoyang im Osten bis nach Zentralasien im Westen. Sie ist damit eine der größten Leistungen der Menschheit.*

Am Anfang der Mauer stand eine Reihe einzelner Verteidigungsanlagen, die während der Epoche der »kämpfenden Staaten« (453–221 v. Chr.) errichtet wurden. Unter Shi Huangdi, der im Jahre 221 erster Kaiser der Qin-Dynastie wurde, verstärkte man diese Befestigungen und führte sie weiter. Damit wurden die Grundlagen für die noch heute existierende Mauer gelegt. Aber der größte Teil des heutigen Baus stammt aus der Ming-Zeit (1368–1644).

Die Mauer forderte Hekatomben von Menschenopfern. Tausende starben in den strengen Wintern des Nordens und unter der Peitsche der Aufseher. Ursprünglich bestand die Mauer nur aus vermörtelten Steinen oder gestampftem Lehm, der an manchen Stellen mit Ziegeln verkleidet war. Von gelegentlichen Unregelmäßigkeiten abgesehen, ist sie durchgehend an die 10 Meter hoch.

Die ersten Bauern und Töpfer

China ist von Natur aus in zwei große Gebiete geteilt: die nördliche, vom Huang Ho (dem Gelben Fluß) durchzogene Ebene, und die südliche Ebene des Chang Jiang (Jangtsekiang). In diesen fruchtbaren Flußtälern entwickelte sich die chinesische Kultur eigenständig und ohne jeden Einfluß anderer alter Zivilisationen, von denen China geographisch isoliert war. Im Osten lag das Meer, im Westen erhoben sich hohe Gebirgszüge, südwärts dehnten sich weite Wälder und im Norden Wüste und Steppe.

Am mittleren Huang Ho entstanden die ersten Städte Chinas. Denn dort hatte sich Löß in dicken Schichten abgelagert – feiner gelber Staub, den der Wind aus den Wüsten Zentralasiens herangetragen hatte. Dieser Boden ist weich, weshalb er sich leicht bearbeiten läßt, und reich an Mineralien. Er ist sehr fruchtbar, so daß dort seit etwa 6000 v. Chr. Ackerbau betrieben wird. In vielen neolithischen Siedlungen dieses Gebietes, etwa in Banpo in der Provinz Shaanxi, wurde Hirse angebaut, und man fand auch Spuren weiterer Pflanzen, z. B.

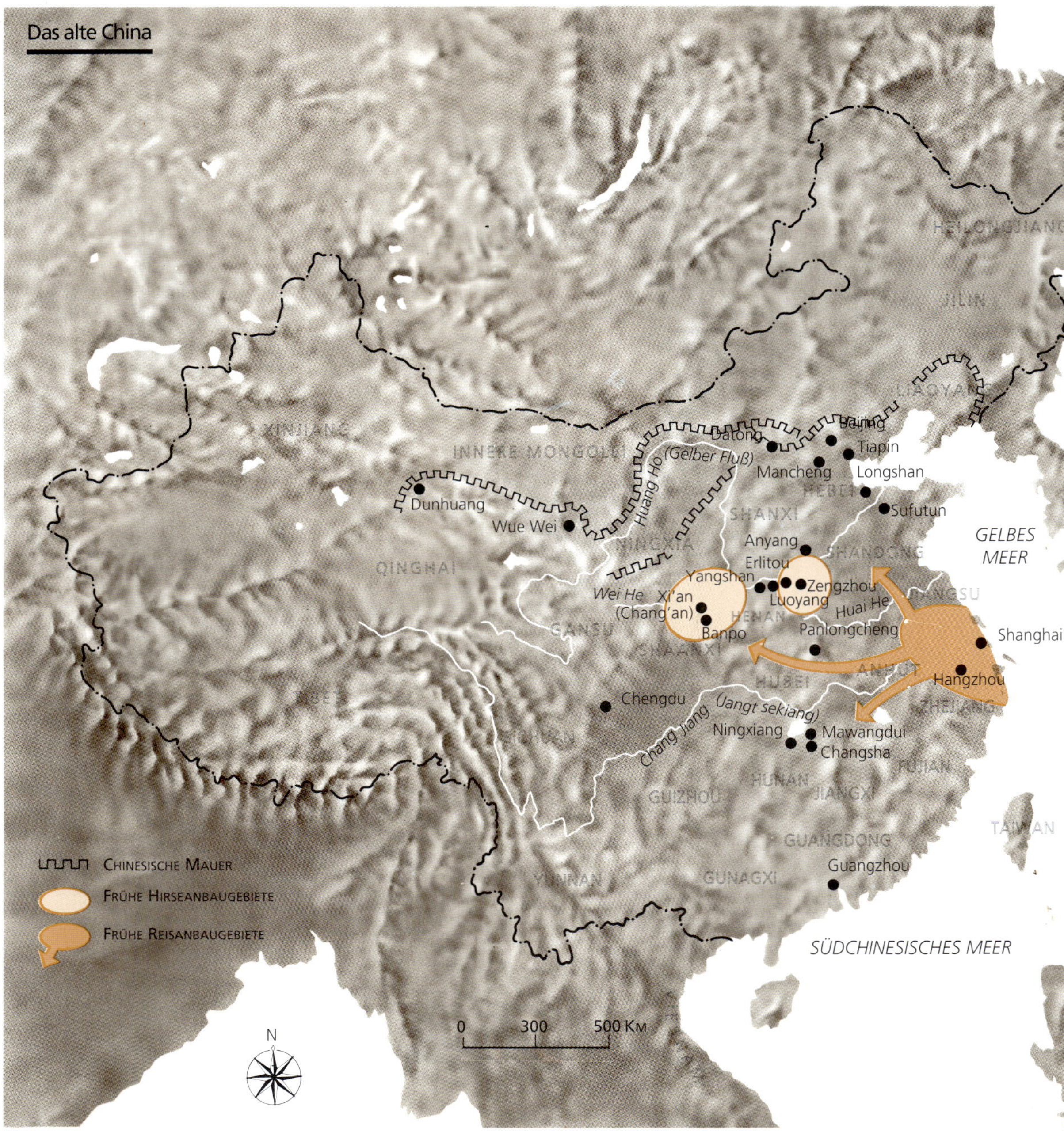

Das Dorf Banpo (oben links) *erlebte von 5000 v. Chr. an mehrere Besiedlungen. Die ausgegrabene Fläche enthält 24 Häuser und 160 Vorratsgruben, sowie die Grundmauern eines großen Gemeinschafts-Langhauses, das in einer späteren Zeit errichtet wurde.*

Die zum Teil in die Erde versenkten Häuser bestanden aus niedrigen Wänden: Flechtwerk mit Lehmbewurf. Hölzerne Pfosten trugen ein kegelförmiges Schilfdach. Festgetretene Erde mit Kalküberzug bildete gewöhnlich den Fußboden, in dessen Mitte sich eine Feuergrube befand. Den Wohnbereich der Siedlung umgab ein Graben, hinter dem die Keramikbrennöfen und der Friedhof lagen.

Auf dieser Karte *sind die wichtigsten Städte des frühen China mit den Bezeichnungen der heutigen Provinzen eingetragen, sowie die Gebiete des frühen Reis- und Hirseanbaus. Die Namen sind nach dem Pinyin-System wiedergegeben.*

Ende des 1. Jahrtausends v. Chr. dehnte sich die chinesische Kultur von den ersten Städten am Huang Ho (Gelber Fluß) und im Osten und Nordosten über den Großteil des heutigen Zentralchina aus.

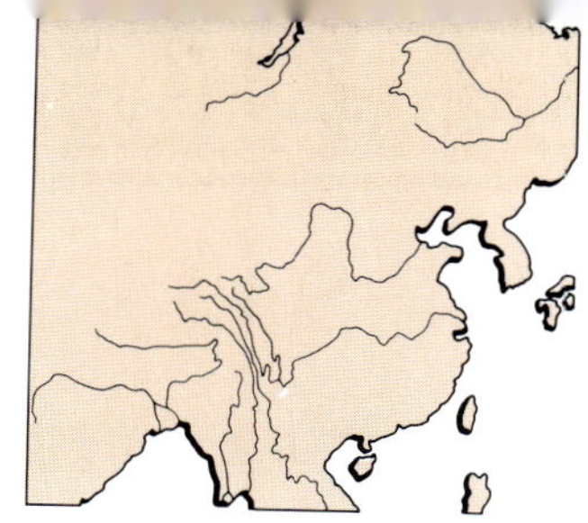

Kohl. An der Ostküste baute man schon im 5. Jahrtausend v. Chr. Reis an.

Die neolithische Kultur im Nordwesten wird nach dem Fundort, an dem sie erstmals entdeckt wurde, als Yangshao-Kultur bezeichnet. Die Häuser der Yangshao-Siedlungen waren quadratisch oder kreisförmig, teilweise eingegraben und mit Stroh gedeckt. Die Gräber legte man außerhalb der Wohnbezirke an, und aus den Grabbeigaben läßt sich schließen, daß man an ein Leben nach dem Tod glaubte. Die Yangshao-Töpfer stellten feinkörnige, leicht gebrannte Keramik her und schmückten sie mit Bildern von Fischen, Menschengesichtern und Tieren. Aber diese Erzeugnisse dienten vor allem als Grabbeigaben. Zum täglichen Gebrauch benutzte man gröbere Ware. Aufgeschnittene Reste des Kokons der Seidenraupe belegen, daß man auch schon die Kunst der Seidengewinnung beherrschte.

Im Osten und Nordosten lebten andere neolithische Bevölkerungsgruppen, die nach einem Ort in der Provinz Shandong benannten Longshan. Man fand dort rechteckige Befestigungsanlagen aus festgestampfter Erde und weitere für diese Kultur typische Überreste. Die Longshan-Keramik wurde allem Anschein nach auf der Töpferscheibe gefertigt. Es handelt sich um dünnwandige, stark gebrannte schwarze Gefäße, die ein breites Formenspektrum aufweisen und wohl vor allem für Begräbnisse verwendet wurden. Weitere Kennzeichen der Longshan-Kultur sind Jadeschnitzerei, Wahrsagerei in Form von Knochenorakeln, der Deutung von Zeichen, die durch glühende Metallstäbe auf Tierknochen erzeugt wurden, und Gräber in den eigentlichen Wohnbezirken.

Vom 4. Jahrtausend an mehren sich die Hinweise, daß die Yangshao und die Longshan des Neolithikums miteinander in Beziehung traten. Im Osten lassen Funde reicher Gräber aus der Zeit um 3000 v. Chr. darauf schließen, daß eine soziale Schichtung entstand. Diese fortgeschrittenere Longshan-Kultur dehnte sich weiter nach Westen aus und besaß somit im 3. Jahrtausend einen großen Einflußbereich. In den Provinzen Henan und Shaanxi bildete sich dann ein neuer Traditionsstrang heraus, der Elemente beider Kulturen enthielt. Aus ihm entwickelte sich eine charakteristische Bronzezeitkultur. Trotzdem ist diese Kultur am Ende der neolithischen Periode in Nordchina nicht uniform. An manchen Stellen findet sich ein Konglomerat der drei Kulturen Yangshao, Longshan und ihrer Mischform, während an anderen Stellen das eine oder andere Element auch fehlen kann.

Nach der späteren chinesischen Überlieferung ging die Xia-Dynastie, die von Yu dem Großen (2205–2197 v. Chr.) gegründet worden sein soll, der bronzezeitlichen Shang-Dynastie voraus. Doch hat man bisher noch keine Spur von dieser Xia-Dynastie entdecken können. Sie wird aber in alten chinesischen Aufzeichnungen erwähnt. Und da sich diese auch in anderen Fällen als zuverlässig erwiesen haben, darf man annehmen, daß die 500jährige Herrschaft der Xia auch existiert hat. Möglicherweise wird sich auch eine der späteren neolithischen Bevölkerungsgruppen oder eine solche der frühen Shangzeit, mit den Xia in Verbindung bringen lassen.

Das Tal des Huang Ho *(Gelber Fluß) war die Heimat der alten chinesischen Kultur* (unten). *Auf seinem Weg durch die Lößebene trägt der Strom immer größere Schlammengen mit sich, von denen heute wie damals die Kanäle freigehalten werden müssen. Dieses Bild zeigt ein Wasserrad zur Bewässerung der Felder – eine uralte Bewässerungsmethode.*

Die Zeichnung unten stellt Yu, den legendären Begründer der Xia-Dynastie, dar, wie er Bewässerungsarbeiten beaufsichtigt.

Eine neolithische Graburne, *etwa aus dem Jahre 2000 v. Chr., die man in der Provinz Gansu gefunden hat. Damals war der Pinsel noch nicht erfunden, und so glaubt man, daß die Ornamente mit dem ausgefransten Ende eines Bambus- oder Holzstabes gemalt wurden.*

Die Harmonie zwischen Form und Verzierungen auf diesem Gefäß der Frühzeit kennzeichnet auch die Keramik der folgenden Jahrhunderte. Es sind dies die ersten Zeugen einer Kunstgattung, die sich ständig weiterentwickelte, aber niemals die ästhetischen Grundwerte des Anfangs verleugnete.

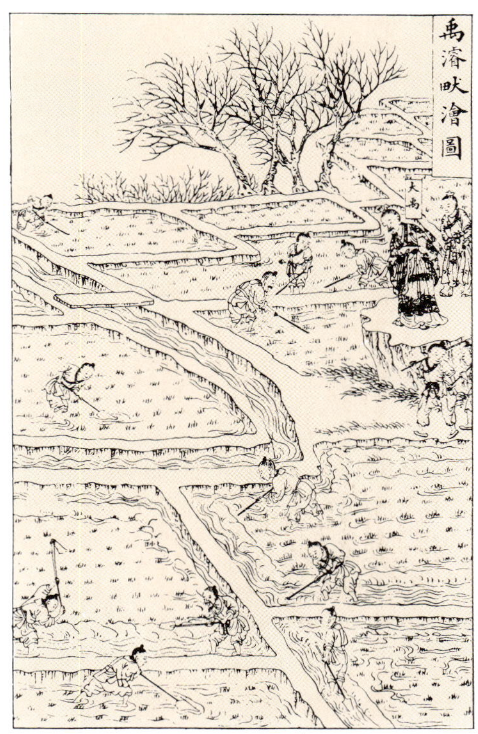

Die Shang-Dynastie

Diesen Bronzekessel, *»fang ding«, aus der Shang-Zeit* (unten) *fand man in Honan und datiert ihn zwischen das 14. und 12. Jahrhundert v. Chr. Vielleicht weist das Menschenantlitz darauf hin, daß es sich um ein Kultgefäß handelte, das bei Menschenopfern Verwendung fand. Allerdings entdeckte man auch die Worte »großes Korn« auf dem Gefäß.*

Die chinesischen Bronzearbeiten entstanden in einem komplizierten Schmelzprozeß. Zuerst wurde das Metall in großen Schmelztiegeln aus Ton geschmolzen und dann in Barren gegossen.

Von 1750 – 1000 v. Chr. herrschte in Nordchina die Shang-Dynastie. Da es für diese Epoche mehrere einander widersprechende Chronologien gibt, kann sie nur ungefähr datiert werden. Das Zentrum der Shang-Macht lag im mittleren Lauf des Huang Ho (Gelber Fluß), doch zur Zeit ihrer Hochblüte reichte der Einfluß der Shang bis zur Mongolei im Norden nach Gansu im Nordwesten und zum Chang Jang-Tal (Jangtsekiang) im Süden. Der Aufstieg dieser Dynastie markiert das Ende der Vorgeschichte und den Beginn der Bronzezeit in China.

Allem Anschein nach wurde die Kunst der Bronzeverarbeitung zum erstenmal in der Provinz Gansu im Westen ausgeübt, wo man frühe, roh gearbeitete Bronzestücke, wohl aus dem 18. Jahrhundert v. Chr., gefunden hat. Bronze, eine Kupfer-Zinnlegierung, wurde zur Herstellung von kultischen Gefäßen, Waffen und Rüstungen verwendet. Die wichtigsten Waffen des Kriegeradels der Shang waren die chinesische »Hellebarde«, eine Art Dolchaxt, sowie mit Bronzespitzen versehene Pfeile und Speere. Auch trug man Bronzerüstung und -helme. Diese überlegenen Waffen sicherten die Herrschaft des Shang-Adels über die eigene Bevölkerung und die Nachbarn an den Grenzen. Denn die Könige der Shang führten immer wieder – und durchaus erfolgreich – Kriege, so daß Beutegut und Tribute ins

Keramikherstellung

Gegen Ende der neolithischen Periode wurde die Töpferscheibe erfunden, und die Töpfer der Longshan stellten nunmehr Gefäße mit unerschöpflichem Formenreichtum her. In der Shang- und Zhou-Zeit steht zwar die Bronzeproduktion im Vordergrund, aber auch die Keramik macht bemerkenswerte Fortschritte. Die Brennöfen wurden, vielleicht auf Grund einer weiterentwickelten Bronzetechnik, verbessert, und weiße Tonwaren aus Porzellanerde wurden hergestellt.

Weiße Tone hatte man schon in der Yangshao-Zeit verwendet, aber nur zum Überzug oder für einfache Oberflächenverzierungen. Jetzt aber fertigte man daraus dickwandige, handgemachte Gefäße. In Form und Verzierung sind sie Bronzearbeiten nicht unähnlich. Bevor sie ganz ausgehärtet waren, wurden in die weißen Gefäße Verzierungen eingeritzt, wie hier auf diesem Lei-Krug *(oben)*. Die Brenntemperatur dieser Weißkeramik dürfte zwischen 1050 und 1150 Grad Celsius gelegen haben.

Dieser Porzellanerde fehlt es an Plastizität, so daß man sie nur für dickwandige Gefäße verwenden konnte. Auch ist sie ziemlich spröde und wurde vielleicht auch deshalb nicht vor dem Ende der Shang-Periode verarbeitet. Die erste Keramik mit Glasierung fand sich bei Anyang. Die Technik der Glasur, die die Gefäße wasserdicht macht, war ein großer Fortschritt und bedurfte zur technisch vollkommenen Entwicklung vieler Jahrhunderte.

Land kamen, ebenso Kriegsgefangene, die versklavt oder geopfert wurden.

Zwar hingen Reichtum und Macht der Shang großenteils von ihrer Bronzetechnik ab, aber ihre Kultur beruhte auf einer im wesentlichen noch neolithischen Landbautechnik, obgleich auch in der Landwirtschaft schon neue Methoden eingeführt worden waren. So hatte man den Reisanbau ausgedehnt und den Wasserbüffel gezähmt.

Sicher kannte man auch die Kunst der Bewässerung, wie Reste von Gräben und die Tatsache des Reisanbaus zeigen. Der Staat selbst dürfte dabei als Produzent aufgetreten sein, da die Ernten in kaiserlichen Kornspeichern gelagert wurden. Aber die Bauern und Handwerker benützten immer noch Werkzeuge aus Holz, Knochen und Stein.

In dieser Zeit gab es bereits eine Schrift, befestigte Städte mit Palästen, große Grabbauten, ein Verwaltungssystem, standardisierte Gewichte und einen Kalender, ein Königtum, organisierte Ahnenverehrung und rituelle Menschenopfer. Vermutlich beruhte die Shanggesellschaft auf dem Clanprinzip, das heißt die verschiedenen Gebiete wurden jeweils von einem eigenen Kriegeradel beherrscht, dessen Angehörige einer Sippe entstammten.

Über allen Clans stand der Königsclan, dessen Oberhaupt, der König, von Shangdi, dem Herrn des Himmels und Begründer der Shang-Dynastie, abstammen sollte. Starb der König, so gesellte er sich im Himmel zu seinen großen Vorfahren. Der nächstjüngere Bruder des verstorbenen Königs nahm nun den Thron ein, und nach dem Aussterben einer Generation ging die Thronfolge auf die Söhne des Ältesten dieser Generation über.

Da man glaubte, daß die Vorfahren aus dem Jenseits ins Leben der Menschen eingreifen könnten, wurden am Hof der Shang fast ununterbrochen Opferriten vollzogen, für die man prunkvolle Kultgefäße aus Bronze anfertigte.

Mit Hilfe des Knochenorakels fragte man die Ahnen vor wichtigen Unternehmungen wie Jagd und Krieg um ihren Rat. Aus solchen Fragen und Antworten, die noch auf den Knochen stehen, sind uns viele Einzelheiten über das Leben der Shangzeit überliefert. Die Knocheninschriften und Schriften auf den bronzenen Kultgefäßen vom Ende der Shang-Periode sind die direkten Vorläufer der chinesischen Schrift.

Die Hauptstadt der Shang wurde mehrere Male verlegt. Einige dieser Orte hat man ausgegraben, besonders Zengzhou und Anyang, wo man die letzte Hauptstadt der Shang vermutet. Der älteste dieser Plätze ist Erlitou, oft gleichgesetzt mit der ersten Hauptstadt Bo, dem Sitz Tangs, des Gründers der Dynastie, in jedem Fall aber ein wichtiges Zentrum der frühen Shang-Zeit.

Sowohl Zengzhou als auch Anyang besaßen eine Art Podest aus gestampfter Erde, auf dem sich von Häusern, Werkstätten und Außenbezirken umgebene Paläste erhoben. In Panloncheng, weiter im Süden im Chang Jiang-Becken, hat man eine große Siedlung ausgegraben, in der es Kultgebäude und große, gut ausgestattete Gräber gab. Aber diese Stadt scheint nach der mittleren Shang-Zeit untergegangen zu sein.

In der späten Shang-Zeit ging der Einfluß der Dynastie zurück. Di Xin, der letzte Shangkönig, wurde im 11. Jahrhundert v. Chr. von den aufständischen Zhou in einer Schlacht besiegt.

Doch ungeachtet dieses Niedergangs bleibt die Bedeutung der Shang als Begründer der chinesischen Kultur, und viele der von ihnen begründeten Traditionen lebten fort.

Orakelknochen

Die ersten uns bekannten chinesischen Schriftzeichen stehen auf Tierknochen oder Schildkrötenschalen, die man zum Wahrsagen benutzte. Die Priester der Shang betrieben Skapulamantie und Plastomantie. Zuerst bohrten sie mehrere Löcher in Schulterblätter von Tieren oder Schildkrötenschalen. Hierauf schrieben sie die Fragen auf den Knochen und führten einen glühenden Metallstab in die Bohrungen ein. Dadurch entstanden Risse und Sprünge in bestimmten Formen, und diese Antworten der Geister oder Götter wurden dann von den Priestern gedeutet. Die Deutungen schrieben sie mit Tinte und Pinsel direkt auf den Knochen. Fragen und Antworten wurden daraufhin mit einem scharfen Instrument als unauslöschliche Aufzeichnungen eingeritzt, wie sie hier auf dem Schildkrötenpanzer zu sehen sind *(rechts)*.

Keine Entscheidung von Bedeutung, sei es des Königs, sei es irgendwelcher Beamter, durfte getroffen werden, ohne daß man vorher die Knochen befragte. Sie haben uns einen großen Teil unseres Wissens über die Shang-Periode vermittelt.

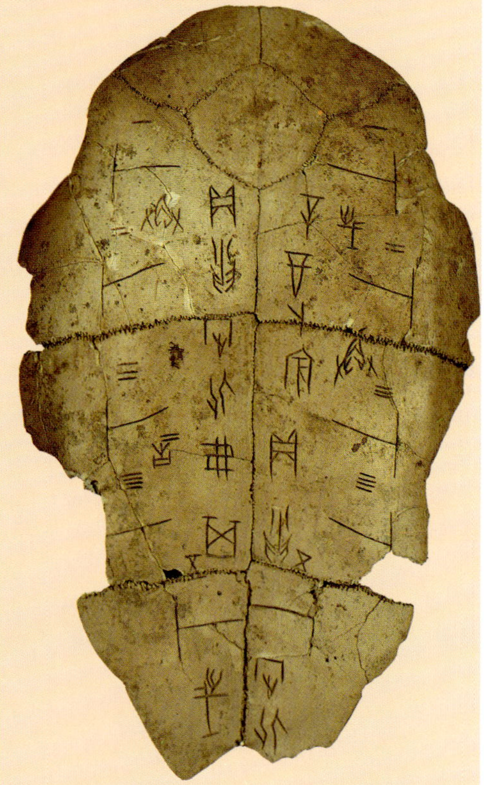

Das Shang-Grab von Sufutun

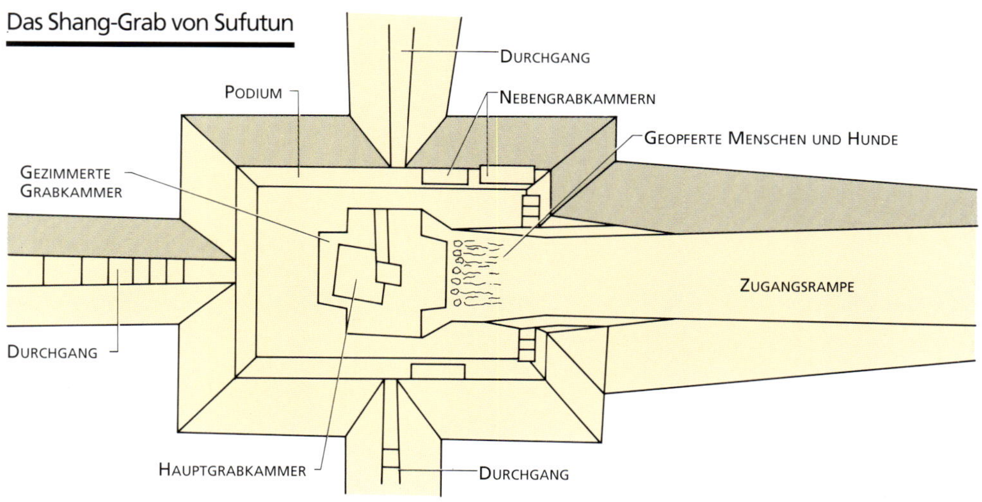

***Das Grab in Sufutun** in der Provinz Shandong vom Ende der Shang-Dynastie ist das größte, das man außerhalb Anyangs, der Hauptstadt der Shang, gefunden hat. Das Grab, dessen Plan hier abgebildet ist* (oben), *enthielt 47 Menschen- und 5 Hundeopfer, alle am Eingang des Grabes gelegen. Zusätzlich fand man Gräber einzelner Menschen und Hunde in weiteren daran angrenzenden Gruben. Viele Grabbeigaben sind gestohlen worden. Aber unter den noch vorhandenen Stücken finden sich feine Bronze- und Jadearbeiten, als Geld verwendete Kaurimuscheln und zwei bronzenen Streitäxte, die als Herrschaftssymbole darauf schließen lassen, daß hier ein lokaler Fürst begraben wurde.*

Von den Zhou bis zur »Zeit der kämpfenden Staaten«

Nach seinem Sieg über die Shang im 11. Jahrhundert begründete Wu die Herrschaft der Zhou. Sie waren die klassische Dynastie des alten China, und die ersten beiden Jahrhunderte ihrer Herrschaft gelten noch heute als Goldenes Zeitalter. Aber im 8. Jahrhundert brach das Reich der Zhou zusammen. Und mit der Verlegung der Hauptstadt nach Luoyang im Jahre 770 v. Chr. kam auch für die West-Zhou das Ende.

Die 300 Jahre der Zhou-Herrschaft setzten die Shang-Kultur nahtlos fort. Weder in der Bautechnik, noch im Stil der Gräber und Bronzegefäße oder in der Schrift gab es wesentliche Veränderungen. Aber – und hier zeigt sich, warum spätere Zeiten die ersten Zhou-Herrscher als gerecht, besonnen und gebildet rühmten – die barbarischen Exzesse der Menschenopfer wurden abgeschafft. Inschriften auf Bronzegefäßen, die über Belehnungen von Vasallen mit Land im Austausch für besondere Dienste berichten, geben Einblick in den Feudalismus der Zhou-Zeit. Verwandte des Herrschers und verdiente Beamte wurden mit Kronland belehnt, das in der Praxis bald zu erblichem Gut wurde.

Diese Bronzestatue *aus der Epoche der »kämpfenden Staaten« zeigt eine junge Mongolin mit zwei Vögeln aus Jade. Zu dieser Zeit beunruhigten die Mongolen die Nordgrenze, und mehrere Staaten sicherten sich mit Schutzwällen.*

Das Kernland der Zhou war die Provinz Shaanxi, doch zur Zeit ihrer größten Machtentfaltung herrschten sie auch über Hunan und Shandong.

Die Macht der Zhou beruhte auf dem Prinzip des Himmelskönigtums. Der Fürst war der »Sohn des Himmels«, sein Machtanspruch ein universaler. Nach dieser allgemein akzeptierten Theorie war die ganze Welt sein Reichsgebiet, in dem zu regieren er das Recht hatte, vorausgesetzt, er war gerecht und achtete auf das Wohl des Volkes. Wenn nicht, konnte ihm das Mandat entzogen werden.

Im 8. Jahrhundert jedoch waren aus den früheren Lehensgebieten rivalisierende Staaten geworden, und die Zhou-Kaiser besaßen keine wirkliche Macht mehr. Die Epoche zwischen 770 und 481 v. Chr. wird üblicherweise als die »Frühlings- und Herbstperiode« bezeichnet nach dem Titel der »Annalen des Staates Lu«, die Konfuzius verfaßt haben soll. In dieser Welt kleiner, miteinander wetteifernder Staaten bildeten sich nun neue Werte heraus. Statt der auf dem Clanprinzip beruhenden aristokratischen Kultur dominierte jetzt das höfische Rittertum. Man übte sich in eleganten Sitten und pflegte die Bräuche ritterlicher Etikette.

Zu Beginn dieser Epoche war China in lauter kleine Staaten zersplittert. Aber in unaufhörlichen Kriegen bildeten sich größere politische Einheiten heraus, so daß im 5. Jahrhundert sieben rivalisierende Königreiche einander gegenüberstanden. In den nächsten 250 Jahren lagen auch sie abwechselnd im Krieg miteinander, bis sich eines zum Herrn über die anderen aufschwang. Diese Periode vom 5. Jahrhundert bis zur Einigung Chinas im Jahre 221 wird treffend als »die Zeit der kämpfenden Staaten« bezeichnet.

Ungeachtet der politischen Wirren war diese »Frühlings- und Herbstperiode« des alten China – auch Zeit der Zhou des Ostens genannt – eine Epoche der Neuerungen, des Fortschritts und der geistigen Beweglichkeit. Vom 6. Jahrhundert an wurde in größerem Umfang Eisen verarbeitet, und die daraus resultierenden Waffen und Werkzeuge hatten auch einen Anstieg der Produktivität in der Landwirtschaft zur Folge.

Das Niveau der Grabbeigaben beweist den hohen Stand auch des Handwerks und Kunstgewerbes dieser Zeit. Man fand Lackwaren, Holz, Schnitzereien, Seidenmalerei und Musikinstrumente. Zwar ersetzte das Eisen die früher in der Landwirtschaft benutzten Steinwerkzeuge, aber die Steinmetzkunst als solche blieb erhalten. Von jetzt an wurde das Gebiet des Chang Jiang (Jangtsekiang) das Zentrum der Keramikproduktion. Es wurden große Mengen von Töpferwaren erzeugt und mit Farbe, Glasur und Lack verziert, bis hin zu schön geschmückten Dachziegeln.

Zur »Zeit der kämpfenden Staaten« bildete sich die klassische Kultur Chinas heraus. Es entstand eine bedeutende Literatur, und die Weisen Lao Tse und der im Westen noch berühmtere Konfuzius verfaßten ihre Werke, die für viele Jahrhunderte und bis in unsere Zeit das chinesische Denken geprägt haben.

Chinesischen Münzen *der Frühzeit haben mitunter die Form winziger Werkzeuge wie Hacke* (oben) *und Messer* (unten). *Sie sehen genauso aus wie die Gegenstände, die damit eingetauscht wurden. Nach der Qin-Periode prägte man runde, gelochte Münzen, die man auf Schnüren aufziehen konnte.*

Konfuzius, *hier in einer Elfenbeinstatuette aus dem 16. Jahrhundert abgebildet, war der größte chinesische Denker. Sein Einfluß hält bis in die Gegenwart an. Sein Name ist die Latinisierung des chinesischen »Kong fuzi«, »der verehrte Meister Kong«. Der Religion gegenüber eher indifferent, wird er vor allem wegen der humanistischen Ethik verehrt, die er begründete. Sein Ideal war weniger der edle Krieger als der gebildete Bürger, loyal und rechtschaffen.*

Lehrer der Weisheit

Die chinesische Gesellschaft der Frühzeit beruhte auf bestimmten fundamentalen Verhaltensregeln, dem sog. Li, worunter die Beachtung einer Reihe von Ritualen und Zeremonien in der Religion und im täglichem Leben verstanden wurde. Durch Li war die soziale Ordnung definiert. Insbesondere Konfuzius legte Wert auf Li und die damit verbundenen Riten, denn er war der Überzeugung, daß sich durch die Einhaltung äußerer Formen innere Eigenschaften entwickelten. Konfuzius (ca. 551–479 v. Chr.) wurde im östlichen Staat Lu geboren. Er reiste viel und hatte, bevor er als Lehrer auftrat, verschiedene öffentliche Ämter inne.

Konfuzius nahm nicht für sich in Anspruch, neue Gedanken zu bringen. Doch glaubte er, daß die Anarchie seines eigenen Zeitalters nur durch eine Besinnung auf die alten Werte beendet werden könnte. Diese Rückbesinnung sollte von der Oberschicht ausgehen, die durch ein gerechtes und rücksichtsvolles Regiment beispielhaft auf alle Menschen wirken müsse. Konfuzius verfocht die Auffassung, daß jede Gesellschaft eine bestimmte Ordnung braucht, die vom Volk akzeptiert werden muß. Jeder Mensch solle den Vorgesetzten gehorchen und durch sein gutes Beispiel auf Untergebene einwirken. Das war eine Philosophie der Praxis, die jedoch der Kreativität und dem Fortschritt nicht förderlich war. Die Lehren des Konfuzius sind in seinen »Gemischten Gesprächen« oder »Analekten« niedergelegt. Der Konfuzianismus durchdrang allmählich das ganze Leben Chinas, und wer die Beamtenlaufbahn einschlagen wollte, mußte die Werke des Konfuzius studieren.

Die andere wichtige philosophische Schule Chinas mit nachhaltiger Wirkung, die ebenfalls zu dieser Zeit entstand, ist der Taoismus, der auf den Lehren des Lao Tse beruht. Von Lao Tse weiß man nur wenig, außer daß er etwa 50 Jahre vor Konfuzius geboren wurde. Nach dem Glauben der Taoisten ist das Tao, das im Deutschen gewöhnlich mit »Weg« wiedergegeben wird, eine endlose, gesetzmäßige Folge kosmischer Entwicklungen, durch die das Leben bestimmt wird. Die Menschen sollten in Harmonie mit den Kräften der Natur leben, spontan und rein.

Ein junges Mädchen *legt eine Opfergabe in einem taoistischen Tempel nieder. Im Gegensatz zum Konfuzianismus propagierte der Taoismus Zurückgezogenheit und predigte ein einfaches Leben im Einklang mit den Rhythmen der Natur. Doch im Lauf der Zeit schwand diese anfängliche Tendenz zur Versenkung, und der Taoismus wurde zur Volksreligion mit Tempeln, Priestern, einem Pantheon von Göttern und einer Unzahl mythischer und abergläubischer Überzeugungen.*

Das erste Reich

Die endlosen Kriege unter den Feudalstaaten Chinas, die die 200 Jahre zwischen dem Ende des 5. und dem Ende des 3. Jahrhunderts v. Chr. ausfüllten, mußten die Kräfte dieser Staaten allmählich erschöpfen. Und in dem Maße, wie ihre Macht schwand, wuchs die Macht des States Qin im Westen. Die Nachbarn schauten verächtlich auf ihn herab, betrachteten seine Bewohner als Barbaren und verspotteten, die herrschende Familie als Roßhändler. »Die Qin verstehen nicht das geringste von Etikette, Anstand und Würde. Und sobald sie irgend eine Möglichkeit sehen, sich zu bereichern, behandeln sie ihre Verwandten wie Tiere«, hieß es. Aber die mangelnde Kultur der Qin war letztlich ihr Vorteil. Denn da die gebildete Oberschicht fehlte, mußten sie gebildete Chinesen aus anderen Staaten als Berater anwerben. Der berühmteste von ihnen war Shang Yang, Angehöriger des Fürstenhauses der Wei, der Mitte des 4. Jahrhunderts v. Chr. seine Heimat verließ, um den Qin zu dienen. Seine Reformen bildeten die Grundlage für deren Aufstieg zum mächtigsten Staat Chinas.

Man schreibt dem Fürsten Shang das Verdienst zu, ein neues Wirtschafts- und Verwaltungssystem eingeführt zu haben, das auf dem Prinzip von Lohn und Strafe beruhte. Die Menschen wurden zu dauernder Arbeit gezwungen, ein starkes Heer wurde aufgebaut. Shangs Reformen standen in vieler Hinsicht im Widerspruch mit der chinesischen Tradition und waren geradezu revolutionär.

Durch eine geschickte Macht- und Bündnispolitik brachen die Qin Zug um Zug die Macht der Nachbarstaaten. Bald eroberten sie auch Sichuan und im Jahre 256 v. Chr. das Gebiet von Luoyang, beides Zentren der Eisenverarbeitung. Nun konnten sie unter ihrem Fürsten Qin Shi Huangdi zum letzten Schlag ausholen. Nach der Niederlage der Chu und Yan im Jahre 223 bzw. 222 wurde mit Qi auch der letzte souveräne Staat Chinas erobert, und im Jahre 221 konnte sich Shi Huangdi als ersten Kaiser eines vereinigten China huldigen lassen.

Schon mit 13 Jahren war Shi Huangdi, ein Mann von rücksichtsloser Entschlußkraft, auf den Thron der Qin gelangt. In dieser Zeit waren die Qin bereits zur Großmacht aufgestiegen. Als Kaiser begann Shi Huangdi sofort mit tiefgreifenden Reformen. Er führte ein bürokratisches Regierungssystem ein, das zum Modell für die Verwaltung des späteren China wurde. Shi Huangdis Regierungszeit war turbulent, und der Dynastie war kein langes Leben beschieden. Sie endete schon vier Jahre nach dem plötzlichen Tod des Kaisers im Jahre 210 v. Chr.

Dieses herrliche Totengewand *von etwa 100 v. Chr.* (unten) *wurde im Grab des Fürsten Liu Sheng gefunden, einem Angehörigen der königlichen Familie aus der Han-Zeit, dessen Frau, die Fürstin Dou Wan, darin bestattet wurde. Die Gräber wurden 1968 in der Provinz Hebei entdeckt und enthielten zahlreiche Kostbarkeiten. Das Gewand besteht aus 2160 Jadeplättchen und Eisenstückchen, die mit Gold und Seide umwunden sind. Die Plättchen waren durchbohrt, so daß sie mit Drähten zusammengehalten werden konnten – aus Gold bei der kaiserlichen Familie, sonst aus Silber oder Kupfer.*

Shi Huangdi, *der erste Kaiser Chinas, der von 221–210 v. Chr. herrschte, wird hier in einer Zeichnung aus dem 17. Jahrhundert abgebildet. Unter seiner Regierung wurde aus China ein straff zentralisierter Staat. Man standardisierte Gewichte, Maße und Münzen und schuf eine Bürokratie, die sich auf eine bestimmte Form der chinesischen Schrift stützte. Shi Huangdi ist vor allem durch die außergewöhnliche Armee lebensgroßer Terrakotta-Soldaten* (rechts) *bekannt, die in großen Gruben bei seinem Grab gefunden wurden und heute überdacht sind.*

Aber die Qin-Dynastie markiert einen Wendepunkt in der Geschichte Chinas, weil das gewaltige Reich von da an immer als einheitlicher Staat auftrat.

Der Kaiser erließ eine Flut von Edikten mit dem Ziel, seine Untertanen zu reglementieren und die Macht des Staates zu stärken. Die Feudalherren wurden entmachtet, vornehme Familien mußten in der Hauptstadt Xianyang im unmittelbbaren Machtbereich des Kaisers bleiben. Die Bauern bekamen mehr Rechte, mußten aber auch entsprechende Steuern zahlen. Inspektoren wurden ernannt, die Verwaltung und Justiz überwachen mußten. Man führte Normen für Maße und Gewichte ein, ebenso ein Münzwesen. Ein Netz von Straßen und Kanälen sicherte nicht nur die Beweglichkeit des Heeres, sondern förderte auch den zivilen Verkehr.

In der »Zeit der kämpfenden Staaten« hatten einige der Staaten Nordchinas Grenzwälle mit Gräben errichtet zum Schutz teils gegen die Konkurrenten, teils gegen die Barbaren des Nordens. Qin Shihuang verband nun all diese Wälle zu einer großen Mauer, die sich von der Provinz Liaoyang im Osten bis zur Provinz Gansu im Westen erstreckte. Die folgenden Dynastien unterhielten diese Mauer weiter und bauten sie aus. Sie steht noch heute.

Viele der kaiserlichen Neuerungen wurden von den Gelehrten kritisiert. Sie bekannten sich, von Shi Huangdi mit großem Argwohn beobachtet, weiterhin zu den alten Werten und Überlieferungen. So befahl dieser, alle Bücher in seinem Reich zu verbrennen, um das Gedächtnis der Vergangenheit auszulöschen und »das Volk unwissend zu halten«. Nur Bücher, die sich mit Medizin, Ackerbau und Wahrsagekunst beschäftigten, waren ausgenommen. Im Jahre 213 v. Chr. fand diese berühmt berüchtigte Bücherverbrennung statt, und im folgenden Jahr wurde auch eine Säuberungsaktion unter den Gelehrten durchgeführt.

Zwei Jahre später starb der Kaiser im Alter von 50 Jahren. Alle Berichte über sein Leben stimmen darin überein, daß er gewaltige Angst vor dem Tod hatte und unablässig nach dem Elixier der Unsterblichkeit forschte. Kurz nach der Einigung des Reiches begann er mit dem Bau seines Grabes. 7000 Fronarbeiter des Reiches wurden dazu eingesetzt. Man kennt aus alten Berichten die Einzelheiten der Architektur und der Ausstattung des Grabes. Das Mausoleum liegt immer noch unter einem großen Erdhügel von über 40 Metern Höhe verborgen. In seiner Umgebung wurde eine Armee von Tonsoldaten in Gruben begraben, um den Eingang zu bewachen.

Das Han-Reich (1)

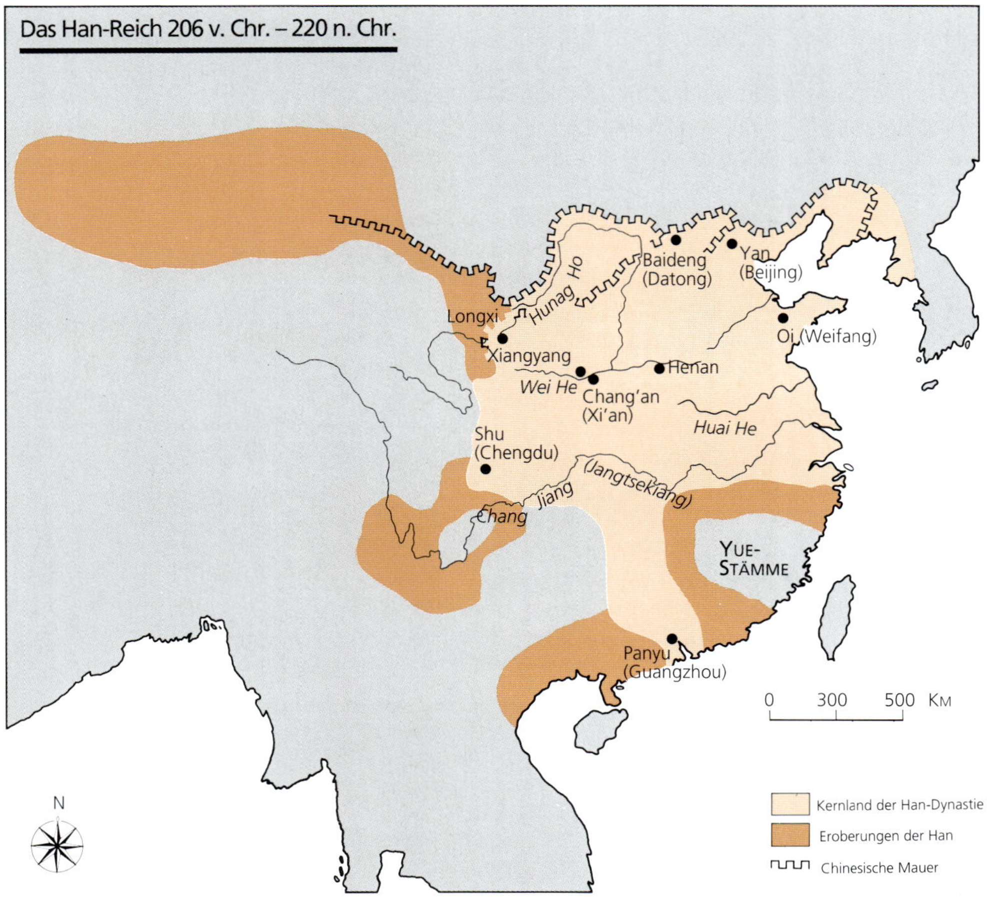

Nach dem Tode des ersten Kaisers im Jahre 210 v. Chr. flammten überall Aufstände auf, da das Volk gegen die harte Qin-Herrschaft revoltierte. Hofintrigen beherrschten die Politik. Selbst ein Eunuch namens Zhao Gao griff – vergeblich – nach der Krone. Den Kampf um die Vorherrschaft zwischen den verschiedenen aufständischen Gruppen gewann ein Mann namens Liu Bang (249–195 v. Chr.), der aus dem Bauernstand stammte und wahrscheinlich sogar Analphabet, doch klug und ein tüchtiger Heerführer war. Er wurde unter dem Namen Gao Zu Kaiser und nannte seine Dynastie nach der Gegend, in der er zuerst als Fürst anerkannt worden war: »Han«. Mochte der neue Kaiser auch niederer Abstammung sein – die Bedeutung einer gesunden Verwaltung und der Wert erfahrener Ratgeber waren ihm wohl bewußt. Die Erfolge, die die Dynastie in ihrer Frühzeit hatte, waren zum großen Teil Ergebnis der Sparpolitik, die Xiao He, der oberste Minister Gao Zus, praktizierte.

Die Han-Dynastie, zeitgleich mit dem Römischen Reich, regierte etwa 400 Jahre lang (206 vor bis ca. 220 n. Chr.). In dieser langen Periode, in der die alten Traditionen der Zhou übernommen und die Härte der Qinkaiser durch eine mildere Innenpolitik ersetzt wurden, festigten sich manche der Formen und Bräuche, die die chinesische Kultur bis zum Ende des Kaiserreiches im Jahre 1911 bestimmt haben.

Über die Han-Dynastie weiß man weit mehr als über die Herrscher der früheren Perioden, da es reichhaltiges Quellenmaterial und archäologische Zeugnisse gibt. Die Funde stammen weitgehend aus Gräbern, die freilich ganz unterschiedlich ausgestattet waren. Neben kostbaren Gegenständen aus Jade, Lack und Bronze finden sich Nachbildungen von Bauten

Die Karte (oben links) *zeigt den Kern des Hangebietes und die Eroberungen der Han, sowie die wichtigsten Hanstädte.*

Die große Mauer (siehe nebenstehende Fotografie aus den dreißiger Jahren dieses Jahrhunderts) *entstand Ende des 3. Jahrhunderts v. Chr., als Shi Huangdi, der erste Kaiser, mehrere schon existierende Teilmauern miteinander verband. Sie waren zur Verteidigung gegen die Nomadenstämme des Nordens errichtet worden. Bis ins 15. und 16. Jahrhundert n. Chr., wurden umfangreiche Ausbesserungen vorgenommen.*

In regelmäßigen Abständen befanden sich Wachtürme in der Mauer, teils zur Verteidigung, teils zur Verständigung: Man konnte im Falle eines Angriffs Signale von einem zum anderen schicken, tags durch Rauch-, nachts durch Feuerzeichen.

aus Ton, steinerne Grabtafeln und gepreßte Ziegel mit eingravierten Szenen aus dem Alltagsleben.

Was die schriftliche Quellen betrifft, so muß der Historiker stets mit der Voreingenommenheit der jeweiligen Autoren rechnen. So gab es damals in China zwischen den Modernisten, die nach Veränderung und Fortschritt strebten, und den Reformisten, die sich am vermeintlich Goldenen Zeitalter orientierten, eine heftige Auseinandersetzung um den Aufbau einer stabilen Verwaltung.

Man hatte aus der Shu- und Qinzeit schon verschiedene Elemente der Bürokratie übernommen, so die Rotation der Ämter, befristete Ernennungen und ein leistungsorientiertes Beförderungssystem. Aber unter den Han wurde die Bürokratie vollends perfektioniert. So führte man im Jahre 196 v. Chr. Prüfungen zur Besetzung der Beamtenposten ein. 124 v. Chr., 12 Jahre nachdem der Konfuzianismus Staatsreligion geworden war, wurde eine Reichsuniversität in der Hauptstadt Chang'an gegründet, deren Lehrpläne auf den konfuzianischen Regeln beruhten. In dieser Institution erhielten die höchsten Verwaltungsbeamten ihre Ausbildung. Die Verbreitung der Schulbildung wurde übrigens durch die Standardisierung der chinesischen Schrift erleichtert, mit der schon unter den Qin-Kaisern begonnen worden war.

Die Hanregierung verfügte ein Staatsmonopol auf den lukrativen Eisen- und Salzhandel. Auch die Herstellung von Alkohol wurde besteuert. Der Kaiser Wu Di (140–87 v. Chr.) richtete öffentliche Getreidemagazine ein, die zu Zeiten niedriger Lebensmittelpreise aufgefüllt wurden, um Mißernten und Teuerung auszugleichen. Daneben mußte die chinesische Regierung immer wieder kostspielige Feldzüge gegen die Xiongnu führen, ein wildes Nomadenvolk im Norden.

Im Jahre 9 n. Chr. putschte der Höfling Wang Mang wegen erneuter wirtschaftlicher Schwierigkeiten und des steigenden Drucks der Xiongnu gegen den Han-Kaiser, und es gelang ihm, ihn zu stürzen. Doch endete dieses Interregnum (9–23 n. Chr.) schon nach kurzer Zeit, da sich Wang Mang mit seinen Plänen für eine einschneidende Landreform nicht durchsetzen konnte. Nach einer Zeit der Wirren und Aufstände setzte Guangwu Di, ein Mitglied des Han–Geschlechts, die Dynastie fort. Im Jahre 25 n. Chr. wurde er zum Kaiser erhoben.

In der Han-Zeit *wurden Wachtürme nach dem Vorbild dieses Tonmodells* (rechts) *als Verteidigungsanlagen großer Wohnkomplexe errichtet. Sie waren aus Holz gebaut, hatten vorspringende Ziegeldächer und wurden auch auf Stadtmauern und sonstige Verteidigungsanlagen wie die große Mauer aufgesetzt.*

Mit einachsigen, pferdebespannten Wagen (unten), *wie sie dieses Bronzemodell aus dem 2. Jahrhundert n. Chr. zeigt, fuhren Beamte der Han-Zeit auf Inspektionstour durchs Land. Zwei ähnliche Bronzewagen fand man nahe dem Grab des ersten Kaisers, doch waren sie dort mit vier Pferden bespannt. Doch die Form und die einachsige Bauweise sowie der baldachinartige Schirm gleichen den Wagen, die auch auf Grabziegeln der Hanperiode abgebildet sind.*

Das Han-Reich (II)

Die Han-Stadt Chang'an war von 202 v. Chr. bis 8 n. Chr. Hauptstadt des chinesischen Reiches. Ein Teil dieser Stadt ist hier auf der Grundlage archäologischer Funde aus der Han-Zeit selbst und aus der späteren Tang-Periode rekonstruiert. Ein rechtwinkliges Netz breiter Boulevards, auf denen vor allem Kutschen mit Schirm (1) und Fuhrwerke (4) verkehrten, durchzog die Stadt. Enge Gassen bildeten die Querverbindungen. Die Stadt war in eine Anzahl von Quartieren gegliedert, die wiederum in 160 kleinere »li«, das heißt Bezirke, unterteilt waren, jedes von einer Mauer umgeben.

Die Häuser (2) der Residenz Chang'an standen »so dicht wie Zinken eines Kamms«, Marktplätze (3), von denen es in der Stadt mehrere gab, lagen zwischen den Häuserreihen. Hier wimmelte es von Musikern, Akrobaten und Märchenerzählern, die zwischen den Verkäufern und Marktbuden ihrem Gewerbe nachgingen. Auf den Wirbel einer Trommel in einem Turm (5) wurde der Markt eröffnet und wieder geschlossen.

In diesen lärmenden, engen Basaren konnte man alle möglichen Güter und Waren kaufen, von Seide, Holz, Leder und Bronze bis zu Süßigkeiten und Kuchen. Auch wurden Ingwer, Melonen, Zwiebeln, Rüben, Gerste, Trockenfleisch, Datteln und Pflaumen angeboten. Auf den Marktplätzen wurde aber nicht nur Handel getrieben, sondern dort florierte auch die beim Volk so beliebte Wahrsagekunst und gelegentlich fanden sogar öffentliche Hinrichtungen statt.

Guangwus Wiederherstellung der Han-Dynastie im Jahre 25 n. Chr. war möglich gewesen, weil ihn die Großgrundbesitzer unterstützten, deren Einfluß der Usurpator Wang Mang zurückzudrängen versucht hatte. Infolgedessen waren die späteren Hankaiser (25–220 n. Chr.) von dieser Gesellschaftsschicht abhängig, und dies hatte zur Folge, daß der Feudalismus allmählich restauriert wurde.

Auch unter den ersten Hankaisern hatte es einen reichen Adel gegeben. Doch hatten es diese Herrscher verstanden, sich die Aristokraten gefügig zu machen. Der Reichtum des Adels zeigt sich an verschwenderisch ausgestatteten Gräbern mit üppigen Grabbeigaben.

Die Hauptstadt der Han des Westens war Chang'an am Wei-Fluß gewesen. Doch unter den späteren Han wurde sie nach Luoyang im Tal des unteren Huang Ho (des Gelben Flusses) verlegt, weshalb die späteren Kaiser auch die »Han des Ostens« heißen. In Chang'an wurden in den kaiserlichen Archiven Einzelheiten des Entwurfs und Bauplanes für den Weiyang-Palast gefunden. Der Weiyang-Palast wurde für Liu Bang von dessen Minister Xiao Mo erbaut. Er bedeckte eine Fläche von rund 100 qkm und war von turmbewehrten Mauern umgeben. Große Mengen von Rüstungen und Waffen, die man am südwestlichen Wachturm fand, zeigen, daß der Palast schwer bewacht war. Hinter den drei großen ansteigenden Sälen, in deren erstem sich der Kaiser den Staatsgeschäften widmete, befanden sich die luxuriösen Wohnräume der Kaiserin und der kaiserlichen Konkubinen. Die Stadt selbst war von einem Wall aus gestampftem Lehm nebst Graben, Türmen und Toren umschlossen. Der Wall war so breit, daß vier Kutschen nebeneinander darauf fahren konnten. In den hier entdeckten Archiven fanden sich auch Listen über Abgaben an den Staat, auf denen die Art, Qualität und Fälligkeit der Kontributionen vermerkt waren. Man kann somit über zwei Jahrhunderte hinweg verfolgen, wie sich die Abgaben allmählich veränderten, wodurch man ein Bild von der Entwicklung der Bürokratie, ihrem Verwaltungssystem und der Einziehung ihrer Einkünfte erhält.

Chang'an wurde in den Wirren von 9–27 n. Chr. zum großen Teil zerstört. Doch der Hauptgrund für die Verlegung der Hauptstadt nach Luoyang war die wachsende wirtschaftliche Bedeutung des Ostens und Südens. Die Täler des Chang Jiang (Jangtse) und Huai-Flusses hatten Shaanxi als fortgeschrittenste Provinzen des Reiches überflügelt. Dank wirksamer Bewässerungsanlagen stieg die Produktivität der Landwirtschaft, und die Bevölkerung nahm zu, während die Randgebiete des Nordens den Hirtenvölkern überlassen wurden und die dortige Bevölkerung abnahm.

Luoyang, die neue Hauptstadt, war wesentlich kleiner und enger als Chang'an. Zwar versuchten die Kaiser auch diese Stadt prächtig auszubauen, aber verglichen mit Chang'an muß sie eher bescheiden gewirkt haben. Der Reichtum Chinas konzentrierte sich nun in den Händen der Großgrundbesitzer.

Diese konnten um so mehr Reichtum und Besitz anhäufen, als sie häufig von Steuern befreit waren. Dadurch verschlechterten sich sowohl die allgemeine Wirtschaftslage als auch die Staatsfinanzen. Die Regierung war immer weniger in der Lage, eine wirksame Zentralverwaltung aufrechtzuerhalten. Im frühen 3. Jahrhundert n. Chr. brach die Dynastie zusammen. Hungersnöte, Überschwemmungen, Bauernaufstände, Verschwörungen nach Art der »Gelben Turbans« und verstärkter Druck seitens der Heerführer zwangen sie zur Kapitulation.

2
3
4
5

Das Ende des alten China

In der Zeit von 221 bis 265 n. Chr. war China in drei Reiche (unten) *geteilt, jedes unter einem eigenen Herrscherhaus. Im Norden waren das die Wei, die die Han abgelöst hatten, im Westen die Shu mit der Hauptstadt Chengdu, während im Süden die Wu von Danyang (Nanking) aus regierten. Der ständige Kampf zwischen diesen Reichen fand 280 ein Ende, als das Haus Wei von den Jin des Westens entmachtet wurde. Diese konnten sich halten, bis im Jahre 311 und 316 n. Chr. die Barbaren Luoyang und Chang'an einnahmen.*

Danach etablierten sich die Jin des Ostens in Danyang, und China blieb bis zum 6. Jahrhundert geteilt.

Die Kunst des Schreibens

Die chinesische Schrift war ursprünglich eine Bilderschrift. Später wurde sie dahingehend ergänzt, daß Begriffe, die durch Zeichnungen nicht wiedergegeben werden konnten, durch phonetische Äquivalente dargestellt wurden. Um Irrtümer zu vermeiden, verwendete man bestimmte Zeichen oder Ideogramme, die sog. »Kategorienzeichen« oder »Radikale«.

Die frühesten uns bekannten chinesischen Schriftzeichen datieren aus dem 11. Jahrhundert v. Chr. Aber zu diesem Zeitpunkt waren sie bereits sehr hochentwickelt. Ende des 3. Jahrhunderts v. Chr. wurde die Schrift unter dem damaligen Qin-Kaiser standardisiert und reformiert. Von da an blieben die Zeichen bis in unser Jahrhundert hinein ziemlich stabil. Doch wurde das System der Äquivalente immer komplizierter, und es wurden nun auch Kursiv-Schriftzeichen eingeführt, so daß der Charakter einer Bilderschrift fast völlig verlorenging. Auch die Schreibgeräte, z. B. Pinsel und Griffel, sowie das Schreibmaterial – Knochen, Bambus, Holz, Papier und Seide – beeinflußten die äußere Form der Zeichen. So erforderten z. B. die schmalen Bambusstreifen *(rechts),* auf denen ein Text aus der Han-Periode steht, eine sehr enge Schreibweise mit einheitlichen Zeichenbreiten. Die hauptsächlichen Schriftarten waren: Siegelschriften, in denen z. B. Orakel geschrieben wurden und zu denen die kleine von den Qin-Kaisern verwendete Schrift gehört, die gewöhnlichen, unter den Han-Kaisern üblichen Pinselschriften; die Laufschrift, eine lockere, kursive Version der gewöhnlichen Schrift; und die Gras-Schrift, eine stilisierte Kursive.

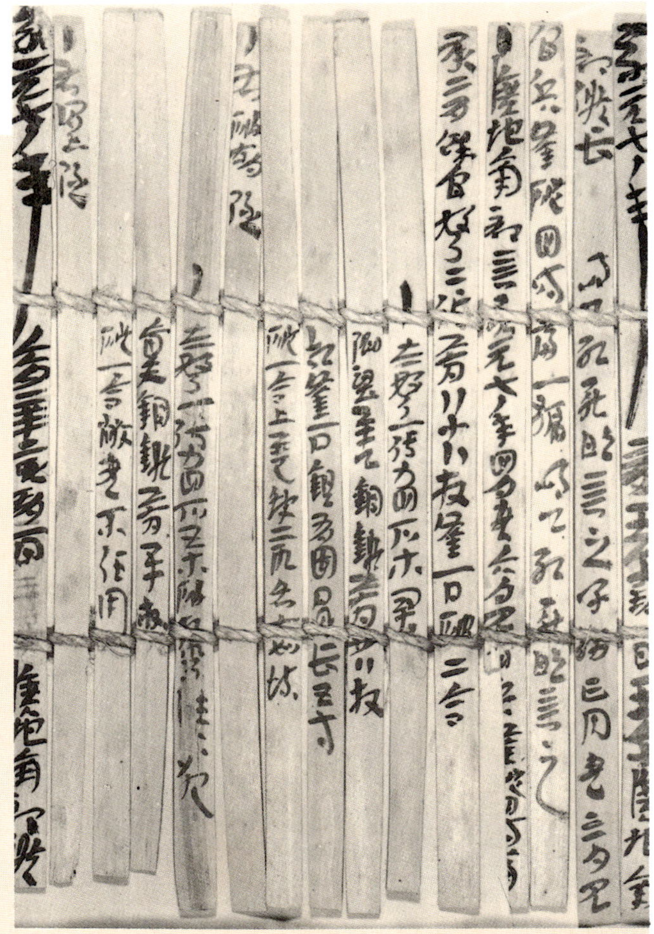

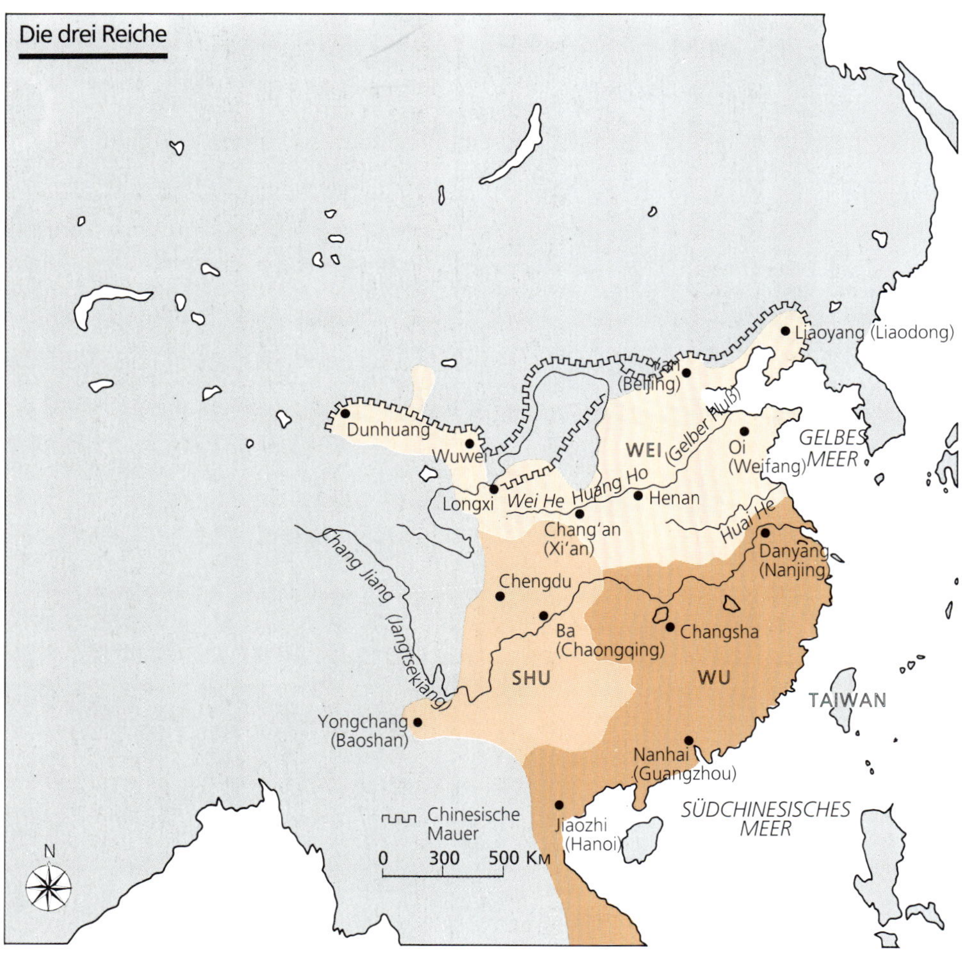

In den letzten Jahren der Han-Dynastie des 3. Jahrhunderts n. Chr. herrschten Anarchie und Gesetzlosigkeit, und das Reich zerfiel. Wie immer in Zeiten des Niedergangs befestigten nun die Magnaten ihre Sitze und hielten sich Leibwachen. Im Jahre 208 wurde der Feldherr Cao Cao von einem Heer der Sun aus Danyang (Nanjing) am Chang Jiang (Jangtsekiang) besiegt und mußte der Teilung Chinas zustimmen. Zwölf Jahre später setzte Cao Caos Sohn Cao Pi den letzten Hankaiser ab und wurde im Jahre 220 n. Chr. der erste Herrscher der Wei-Dynastie. Kurz darauf proklamierte sich auch das Geschlecht der Sun zur regierenden Dynastie Wu, und in Chengdu in Sichuan errichtete Liu Bai die Herrschaft der Shu.

Der Kampf zwischen diesen drei chinesischen Reichen dauerte etwa ein halbes Jahrhundert – eine Epoche, die später von der chinesischen Literatur sehr idealisiert wurde. Im Jahre 265 wurde das Haus Wei von der Yin-Dynastie entmachtet. Sima Yan, dem ersten Yin-Herrscher, gelang es, China für kurze Zeit zu einigen, nachdem er die Shu im Jahre 264 und die Wu im Jahre 280 besiegt hatte. Unter seiner Regierung wurde die chinesische Herrschaft über den Süden und den Südwesten aufs neue bestätigt. Verbesserte Anbaumethoden steigerten die Produktion, und die Erschließung neuer Wasserwege stärkte die Wirtschaft und mit dieser das Reichsheer. Die Magnaten mußten ihre Privatarmeen entlassen, und manche Barbarenstämme durften sich innerhalb der Großen Mauer ansiedeln. Zwar bildeten diese jetzt ein willkommenes Rekrutierungspotential für das Heer, wie dies auch im Römischen Reich der Fall gewesen war, aber die Politik der Ansiedlung von Barbaren hatte weitreichende negative militärische und politische Folgen, die im Lauf der Zeit die kurzfristigen Vorteile überwogen.

Ein weiterer Faktor war die Politik Sima Yans, seinen vielen Söhnen die Verwaltung der Provinzen anzuvertrauen. Dadurch bildeten sich quasifeudale Positionen heraus, und die kaiserliche entzweite sich über sekundären Machtfragen.

Die Beschwichtigungspolitik gegenüber den Steppenvölkern hatte schon unter den späteren Hankaisern begonnen. Nun wurde es zunehmend üblich, daß sich die Parteien in China in Verfolgung ihrer eigenen Interessen der Unterstützung von Steppenvölkern versicherten. Im Jahre 304 unterstützten die Xiongnu (Hunnen) den einen Fürsten und die Xianbei (Tartaren) den anderen. 314 wurde Luoyang geplündert, und im Jahre 316 waren die meisten Nordprovinzen in die Hände der Barbaren gefallen. In diesem Jahr fiel auch Chang'an, und der letzte Yin-Herrscher des Westens geriet in Gefangenschaft.

Mitglieder der kaiserlichen Familie flohen nach Danyang (Nanjing) und begründeten dort die Yin-Dynastie des Ostens. Der von den Nachkommen Sima Yans regierte, sehr zusammengeschrumpfte Staat verfügte jedoch über eine disziplinierte, gut gerüstete Armee, die den Barbaren im Jahre 383 in Feshui eine Niederlage beibrachte. Hierauf gewannen der Yin in den Jahren bis 420 n. Chr. die Herrschaft in den Gebieten südlich des Huai-Flusses zurück.

Nach der Plünderung von Luoyang und Chang'an erfolgte dort auch ein Exodus der Gelehrten und Beamten. Sie zogen nach Danyang im Süden, wo sie die alten Traditionen fortsetzten. Zu dieser Zeit wandte sich die gebildete Oberschicht Chinas dem Buddhismus zu. Zwar wurden auch die Barbarenherrscher des Nordens allmählich sinisiert, aber die Yin-Dynastie des Ostens verstand sich immer als die eigentliche Bewahrerin der Kultur des alten China.

Die Kunst der Seidenherstellung *war in China seit dem Neolithikum üblich, und auch heute noch sind sehr alte Methoden* (links) *in Gebrauch. Das oben abgebildete Seidenstück setzt sich aus fünf verschiedenen Farben zusammen und ist an die 1500 Jahre alt.*

Bei der traditionellen Seidengewinnung wird zunächst der Faden der Puppe der Seidenraupe abgewickelt, dann gezwirbelt und schließlich verdoppelt, um verschiedene Fadenstärken zu erhalten. Dann wird die Seide gefärbt und gewebt.

Die Aufzucht der Seidenraupen erfordert viel Geschick. Sie müssen unter ganz bestimmten Bedingungen gehalten, Wärme, Licht und Feuchtigkeit müssen dauernd kontrolliert werden. Die Seidenraupen füttert man mit Maulbeerblättern, bis sie sich in ihre Kokons einspinnen. Diese legt man schließlich in kochendes Wasser, so daß sich der Faden ablöst und aufgewikkelt werden kann.

Schon in sehr alten Zeiten war Seide ein wertvoller Exportartikel, und die sogenannten »Seidenstraßen«, auf denen sie verfrachtet wurde, durchzogen ganz Zentralasien. Die Seidenherstellung war ein eifersüchtig gehütetes Monopol, und die Ausfuhr von Eiern des Seidenspinners wurde mit dem Tode bestraft.

Die Ankunft des Buddhismus

Der Buddhismus erreichte in seiner Mahayana-Form *(Seite 154)* China im 1. Jahrhundert n. Chr. Er verbreitete sich aus Nordindien und Kashmir über die zentralasiatischen buddhistischen Länder und entlang der Seidenstraße durch Gansu nach Chang'an. Man kann die Ausbreitung des Buddhismus in China anhand der Tempel verfolgen – unten der Bingling-Tempel –, die vor allem in der Tang-Periode (618–907 n. Chr.) errichtet wurden, sowie anhand der mit Malereien und Skulpturen geschmückten Heiligtümer, die an den Handelsstraßen nach Dunhuang und in Städten Gansus lagen. Im Jahre 65 n. Chr. gab es ein Kloster buddhistischer Mönche in einem Gebiet, das heute in den Ostprovinzen Jiangsu und Shandong liegt, im 6. Jahrhundert n. Chr. ein ebensolches auch in Luoyang. Dort hatten die Mönche damit begonnen, die heiligen Texte aus dem Indischen ins Chinesische zu übertragen. Nach der Teilung Chinas in eine Nord- und Südhälfte Anfang des 4. Jahrhunderts wandten sich viele Mitglieder der Aristokratie des Südens, vielleicht vom Konfuzianismus enttäuscht, dem Buddhismus zu, der zunächst nur eine Religion der Fremden gewesen war. Unter dem Einfluß des Taoismus entwickelten sich allmählich auch Klöster – besonders im Süden gab es mehrere davon –, die mit großem Landbesitz ausgestattet und damit wirtschaftlich unabhängig waren. Im Norden machten die Barbarenherrscher den Buddhismus zur Staatsreligion. Und nach der Wiedervereinigung Chinas im Jahre 581 n. Chr. blühte der Buddhismus bis ins 9. Jahrhundert.

Nord-, Mittel- und Südamerika

„Mancherlei Gedanken steigen in dem Reisenden auf, der hier über die von der Asche zahlreicher Geschlechter gedüngte Erde schreitet. Sie haben diese gewaltigen Bauten hinterlassen, die bis in die dunkelste Tiefe der Zeiten zurückreichen."

Der amerikanische Historiker William Prescott (1896–1958) bei der Besichtigung von Teotihuacán.

__Die Mumien__ hochgestellter Chimú, eines südamerikanischen Volkes, dessen Kultur etwa 1000–1476 n. Chr. blühte, wurden oft mit goldenen Gesichtsmasken wie der hier abgebildeten ausgestattet. Die Maske ist aus getriebenem Gold, das passend zugeschnitten und mit Ohr- und Nasenschmuck versehen wurde. Mitunter wurden Augen aus Halbedelsteinen, z. B. wie Türkisen, eingesetzt, und häufig war die Maske mit blutrotem Zinnober, einem Symbol des Lebens, bemalt.

Über 40 000 Jahre lang wußten die Bewohner Amerikas nichts von der Existenz anderer Kontinente. Abgesehen von flüchtigen Berührungen der Inuit-Stämme in Alaska, Sibirien, Nordkanada und Grönland mit den Wikingern und deren Siedlungen an einem Teil der Ostküste im Jahre 1000 n. Chr. fanden die ersten Kontakte der Ureinwohner Amerikas mit Fremden erst nach Christoph Columbus' schicksalhafter Landung im Jahre 1492 statt.

Nur 50 Jahre nach dieser Begegnung hatten die Eindringlinge zwei große Kulturen von Weltrang, die der Azteken und die der Inka, dazu viele andere kleinere Völker vernichtet und innerhalb eines Jahrhunderts die Bevölkerung der Neuen Welt durch Schwert, Sklaverei und Krankheit von 100 auf 10 Millionen dezimiert. Die heimischen Religionen wurden ausgelöscht, über Jahrtausende angesammelte Traditionen, Erfahrungen und Kenntnisse gingen verloren. Es gibt darüber kaum schriftliche Zeugnisse, und so ist die Wissenschaft bei der Erforschung der alten amerikanischen Kulturen auf die Methoden von Archäologie und Völkerkunde angewiesen.

Die alten Kulturen Amerikas unterscheiden sich in mancher Hinsicht von denen der Alten Welt. Der für den Wissenschaftler vielleicht enttäuschendste Unterschied ist, daß nur ein Volk, die Maya Mittelamerikas, über eine Schrift verfügte. Andere Kulturen, beispielsweise die Mixteken und die Azteken, hatten zwar eine Art Schrift, aber diese eignete sich nur zur Aufstellung von Steuerlisten und Kalendern. Man hat über 150 Jahre gebraucht, die Schrift der Maya zu entziffern.

Die Maya, deren Tempelstädte hoch über das Dschungeldach emporragten, die Azteken, deren Inselhauptstadt 100 000 Einwohner hatte, und die Inka, berühmt für ihre megalithischen Bauten – sie alle kamen ohne die grundlegende mechanische Erfindung der übrigen Welt aus: das Rad. Alle Güter wurden entweder auf menschlichen Rücken oder, in den Anden, auf dem Rücken von Lamas transportiert. Riesige Steinblöcke wurden nur durch Muskelkraft bewegt. Es gab nicht die primitivsten auf Rotation beruhenden Maschinen: keinen Flaschenzug, keine Winden, kein Wasserrad, keine Mühlsteine, nicht einmal die Töpferscheibe. Die Schmiede bearbeiteten Gold, Silber, Kupfer und Bronze mit höchstem handwerklichem Geschick, doch gab es weder Eisenwerkzeuge noch Eisenwaffen. Nirgends war eine Münze im Umlauf. Im Reich der Azteken dienten mit Goldkörnern gefüllte Federschäfte und Kakaobohnen als Zahlungsmittel.

Viele Nahrungsmittel, die heute in der Alten Welt selbstverständlich sind, stammen aus Amerika. Die Kaiser der Azteken tranken ein Getränk aus Kakaobohnen, das sie in ihrer Nahua-Sprache Xocolatl nannten, »Schokolade«. Mittelamerika war auch die Heimat der Tomate, der Avocado, des Maises und vieler Bohnen- und Kürbissorten. Aus Südamerika stammen Kartoffel (ungefähr 700 verschiedene Sorten werden in den Anden angebaut), Erdnuß und Maniok (Yucca). Wichtige Arzneimittelpflanzen haben ebenfalls ihren Ursprung in Amerika, so der Tabak, die Chinarinde und der Kokastrauch, aus dessen Blättern Kokain gewonnen wird.

Im Gegensatz zu dem großen Reichtum an Kulturpflanzen steht in Amerika die kleine Zahl von Haustieren. Die Fauna des Kontinents enthielt nur wenige Arten, die sich als Zug-, Milch- oder Fleischtiere eigneten. Der größte Teil der tierischen Eiweißstoffe wurde durch Jagd oder Fischfang gewonnen. Doch züchtete man immerhin Truthähne und Meerschweinchen zur Fleischgewinnung. Auch wurde mitunter das Fleisch von Lamas und Alpakas, die man sonst vor allem wegen ihrer Wolle hielt, gegessen. Die von den amerikanischen Indianern gezüchteten Tiere und Pflanzen spielen heute eine wichtige Rolle in der Welternährung, in der Medizin und der Wirtschaft.

Von 1100–1300 n. Chr. *war der »Felsenpalast« in Mesa Verde in Arizona von den aus dem Südwesten stammenden Anasazi bewohnt. Der Gebäudekomplex enthielt 200 Räume und bot mit seinem überhängenden Felsen hoch oben in der Wand des Canyons Schutz vor den Naturgewalten und fremden Eindringlingen. Vor dem Dorf befinden sich noch halb in die Erde versenkte Kivas mit kreisförmigem Grundriß, zeremonielle Begegnungsstätten für die Männer des Stammes. Ursprünglich besaßen die Kivas gekalkte Flachdächer als Aufenthaltsort für die Bewohner.*

In der dunklen Tiefe der Felshöhle befanden sich die Magazine, während die Menschen selbst in kleinen, quadratischen Türmen aus Lehmziegeln wohnten. 20 Jahre Trockenheit, Mißernten und Angriffe durch die Vorfahren der späteren Navaho und Apachen veranlaßten die Anasazi jedoch, ihr Dorf kurz nach 1300 zu verlassen.

Im 20. Jahrhundert *malte der mexikanische Künstler Diego Rivera den Nationalpalast in Mexico City mit Szenen aus Tenochtitlán, der großen aztekischen Hauptstadt, aus. Diese wurde von den Spaniern zerstört.*

Die Berichte von einem sagenhaften Dorado *haben dem Goldrausch der spanischen Konquistadoren sicher Nahrung gegeben. Die Realität hinter der Legende ist der Guatavita-See (oben) in Kolumbien, wo das Muisca-Volk seine religiösen Feste feierte, in deren Verlauf große Mengen an Gold als Opfergaben dargebracht wurden.*

Vom Ackerbau zum Städtebau

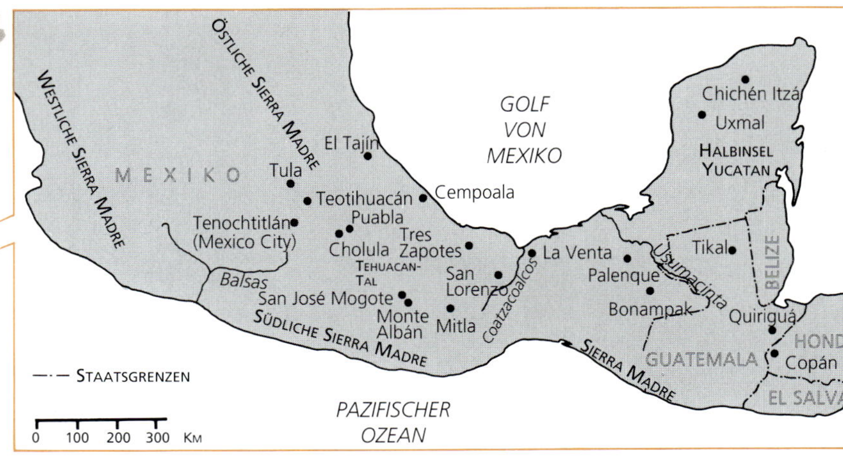

Auf den Weiten des amerikanischen Kontinents, der seit 10 000 v. Chr. von allen äußeren Einflüssen abgeschnitten war, entwickelten sich Tiere und Pflanzen, die sich sonst auf der Welt nicht finden, und es bildeten sich ganz besondere Kulturen heraus. Ihre Wiege waren die Pazifikküste, die Hochanden Südamerikas und das Herz Mittelamerikas. Ihr Einfluß reichte bis tief nach Amazonien hinein und im Norden auf das Gebiet der heutigen Vereinigten Staaten. Die Karte zeigt die wichtigsten Städte Amerikas von der Frühzeit bis zur Ankunft der Spanier Anfang des 16. Jahrhunderts. Die Städte Mittelamerikas zeigt der vergrößerte Ausschnitt.

Die ersten Menschen, die amerikanischen Boden betraten, waren Großwildjäger, die auf den Spuren des Mammut, Mastodon und Bisons die große Landbrücke überquert hatten, welche von etwa 50 000 bis 10 000 v. Chr. den Nordosten Rußlands mit Alaska verband. Dann aber, am Ende der letzten Eiszeit um 10 000 v. Chr., schmolz die Eiskappe am Pol, der Meereswasserspiegel stieg, und der amerikanische Kontinent wurde schließlich zur Insel. Doch war damals die Besiedlung durch Menschen schon weit fortgeschritten. Es gibt Beweise, daß bereits 9000 v. Chr. Jäger in Höhlen im äußersten Süden Südamerikas lebten. Allmählich starben aber in ganz Amerika die Wildtiere, von denen die Jäger abhängig waren, aus – vor allem auf Grund von klimatischen Veränderungen – und pflanzliche Ernährung trat in den Vordergrund. Man fand Manos und Metates, eine Art Mahlsteine für wildes Getreide, die etwa auf 8000 v. Chr. datiert wurden. Ungefähr zu dieser Zeit begann auch der Ackerbau in Mexico und Peru.

Im Tehuacán-Tal in Mexico hatte sich um 2000 v. Chr. aus dem wilden Gras Teosinte eine kultivierte Maisart herausgebildet. Die anfangs geringen Erträge hatten dank kontinuierlicher Selektion und Kreuzung merklich zugenommen. Auf ähnliche Weise wurden vor 5000 v. Chr. auch in Mexiko langsame Fortschritte bei der Züchtung von Bohnen, Chili, Pfeffer, Avocados und Kürbissen erzielt.

In Südamerika waren in großen Höhen wachsende Andengräser wie Quinoa, Tarwi und Cañihua die Vorfahren wichtiger Getreidepflanzen. Der erste Anbau erfolgte um das Jahr 8500 v. Chr. in der Gegend von Ayacucho, und zwar zusammen mit Kürbis, Pfeffer und Bohnen. Mais tauchte in dieser Gegend erst 3000 Jahre später auf. Auch Erdfrüchte waren ein wichtiger Bestandteil der Ernährung in Südamerika, und es gibt Hinweise darauf, daß Kartoffeln, Maniok, Oca und Ulluco schon um 6300 v. Chr. angebaut wurden.

Pflanzennahrung stand in Amerika immer an erster Stelle, da es nur wenige Haustiere gab. In den Anden wurden um 5400 v. Chr. wilde Kamelarten gezähmt und gezüchtet, aus denen sich die Lamas und Alpakas herleiten, die vor allem als Lasttiere und zur Wollgewinnung dienten. Aber sie wurden nur selten geschlachtet und verzehrt, und um 7500 v. Chr. bezog man in den Anden die Hälfte des tierischen Eiweißes aus Meerschweinchen, die als Haustiere gehalten wurden. In Mittelamerika hatte man noch weniger zahme Tiere. Kleine Hunde, Truthähne und Enten wurden ihres Fleisches wegen gehalten.

***Mais** war das Grundnahrungsmittel vieler alter amerikanischer Kulturen und spielt auch im heutigen Amerika noch eine große Rolle – von der mittelamerikanischen Tortilla bis zum Popcorn der Vereinigten Staaten.*

***Um 5000 v. Chr.** wurden Lamas und Alpacas in den Anden gezähmt. Sie sind die einzigen Lasttiere, die man in Amerika findet. Lamas* (unten) *konnten Lasten von 100 Pfund über 15–17 Kilometer pro Tag tragen und gaben Wolle, Felle, Fleisch und Fett für Lampen und Kerzen. Ihr Mist diente zur Düngung und als Brennstoff. Der wildlebende Verwandte des Lamas, das Vicuña, dessen Wolle sehr weich und warm ist, wird heute noch mit der Bola gejagt, einem Seil mit schweren Kugeln an den Enden, das nach den Tieren geschleudert wird und sich um ihre Läufe wickelt. Eine solche Jagd zeigt der Inka-Becher aus der Zeit nach der Eroberung* (unten rechts).

***Viele mittelamerikanische Völker** verehrten einen Maisgott. Hier eine zapotekische Gottheit mit einem Kopfputz aus Maisblättern und an der Brust hängenden Maiskolben.*

Im Lauf der Zeit verbesserte sich die Produktivität der Landwirtschaft, und so konnten immer mehr Menschen ernährt werden. Nach Schätzungen stieg die Bevölkerung Mittelamerikas und Perus in den folgenden Jahrtausenden bis etwa 2500 v. Chr. um das 25fache. Die jetzt verfügbare größere Nahrungsmittelmenge veränderte das Leben. Man legte feste Siedlungen an, es entstanden Bauernhöfe, Dörfer und sogar kleine Städte bis zu 4000 Einwohnern. Das Handwerk spezialisierte sich, und Weber, Töpfer und Hersteller von Steinwerkzeugen erreichten ein hohes Niveau. Sie erzeugten auch Luxusgüter wie Schmuck, Federzierat und Spiegel aus poliertem Stein für die herrschenden Familien. Zahlreiche weibliche Figürchen aus Ton, die damals entstanden, weisen auf die Pflege eines Fruchtbarkeitskults hin. Und als erste Hinweise auf eine organisierte Religion erschienen um 2600 v. Chr. an der Küste Zentralperus Pyramidenplattformen mit Tempeln und Heiligtümer.

Um 2500 v. Chr. gründeten die Menschen an der peruanischen Küste ihre Siedlungen mehr und mehr in Flußtälern, wo man die Felder bewässern konnte. Und sie errichteten komplexere Tempelanlagen und kleine Städte aus Lehmziegeln und Stein. In Sechín Alto, Aspero und Huaca des los Reyes wurden versenkte Höfe, Bestattungsgruben und massive Plattformen zu kultischen Zwecken angelegt. Sie gaben das Muster für eine Architektur ab, die alle späteren Anden- und Küstenkulturen beeinflußte.

In Mittelamerika entwickelten sich städtische Gesellschaften nicht so schnell. Im Tehuacán-Tal existierten zwar schon um 3000 v. Chr. kleine aus fünf bis zehn Häusern bestehende Dörfer, aber die Bewohner waren noch mehr Jäger und Sammler als Ackerbauern. Erst nach 1500 v. Chr. vollzog sich der Übergang von einer Teilagrarwirtschaft zu Gemeinschaften, die ganz von der Landwirtschaft lebten. Ausgrabungen in San Lorenzo in Veracruz, der ältesten Stadt der Olmeken-Kultur, beweisen, daß sich die Stadt nicht vor 1300 v. Chr. zu einem wichtigen Bevölkerungszentrum mit einer entsprechenden Infrastruktur entwickelte. In Oaxaka gab es ein großes Dorf mit bis zu 100 weiß getünchten, strohgedeckten Häusern. Es stand um 1150 v. Chr. an der Stelle des heutigen San José Mogote. Hier läßt sich ein olmekischer Einfluß in der Verzierung der Keramik erkennen, woraus man den Schluß ziehen kann, daß zu dieser Zeit die Mutterkultur Mittelamerikas bereits in voller Blüte stand.

Die ersten Andenkulturen

Die zahlreichen archäologischen Funde aus der Zeit ab 1200 v. Chr. beweisen, daß damals größere und differenziertere Gesellschaftsverbände in den Anden entstanden. Überall finden sich Kunstwerke oder Bilder aus dieser Epoche im typischen Chavín-Stil.

Die Chavín-Kultur, so benannt nach der Stadt Chavín de Huántar in den Zentralanden, blühte bis 200 v. Chr. Charakteristisch für sie sind ihre großen, in Kreisen angeordneten Steinskulpturen, ihre weiträumigen Tempel mit U-förmigem Grundriß und ihre tiefliegenden Höfe. Doch zeigt vor allem ihre einzigartige Kunst, die auf dem ganzen langgestreckten Gebiet des heutigen Peru entdeckt wurde, daß die Chavín-Kultur eine ausschlaggebende Rolle in der Vorgeschichte der Andenregion gespielt hat.

Die Chavín-Kultur verbreitete sich freilich nicht durch Eroberungen oder Kolonisierung, sondern friedlich. Die Religion spielte dabei die Hauptrolle. Zeichnungen und religiöse Motive der Chavín-Kultur hat man an verschiedenen Kunstwerken überall in Peru gefunden, auch an Kleidungsstücken, Goldblech, Muschelschalen, kleinen Objekten aus Stein und Knochen.

Als der Einfluß der Chavín-Kultur zurückging, entwickelten sich selbständige kleinere Kulturen. Die großen Friedhöfe der Paracas-Kultur, die an der Südküste Perus liegen, enthalten Tausende mumifizierter Körper, jeder in mehrere Lagen Baumwolltücher eingehüllt, die mit bunten Wollfäden bestickt sind.

Die reichen Funde von Paracas-Stoffen dieser Art zeigen nicht nur das hohe Niveau der Stickereikunst in Paracas, sondern auch die Dauer des Einflusses der Chavín-Kultur. Das berühmte Bildnis einer großäugigen Gottheit, bekannt als das »Augenwesen«, stellt den »Lächelnden Gott von Chavín« dar. Auch vielfarbige Keramik, die in Paracasgräbern gefunden wurde, spiegelt den Einfluß aus dem Norden wider, z. B. Gefäße mit zwei Ausgüssen, die mit einer bandförmigen Brücke verbunden sind. Doch trat im Lauf der Jahrhunderte die Chavín-Kultur in den Hintergrund, als das Volk der Nazca an der Südküste die Bühne der Geschichte betrat.

Die Nazca setzten die Tradition feiner Erzeugnisse aus Stoff fort, doch bestand ihre Spezialität eher in der Teppich- und Brokatweberei als in der Stickerei. Sie übernahmen zahlreiche Keramikmuster aus Paracas, und während ihrer langen Geschichte, die von etwa 200 v. Chr. bis 350 n. Chr. dauerte, entwickelten sie die Töpferkunst zu unerreichten Höhen. Sie bemalten die Keramik, bevor sie gebrannt wurde. Über 14 Farben standen ihnen zur Verfügung, und damit schufen sie eine bunte Vielfalt von Tieren, Vögeln, Pflanzen und Fischen.

Auch übernatürliche Wesen wurden dargestellt, ebenso Menschen ohne Köpfe und Kopftrophäen. Daß dieses Volk der Kopfjägerei oblag, wurde weiter bestätigt, als man ganze Gruben voller Schädel in Friedhöfen der Nazca fand. Es gibt kaum Hinweise, daß die Nazca über eine nennenswerte Bautechnik verfügten, ausgenommen die berühmten Nazcalinien, die als riesenhafte, geheimnisvolle Zeichen in den Wüstenboden zwischen Palpa und Cahuachi gescharrt wurden. Bei Cahuachi befindet sich auch eine imposante Stufenpyramide aus luftgetrockneten Ziegeln, die mehr als 20 m in den Himmel ragt. Aber Steinbauten waren offenbar unbekannt. Die meisten Gebäude wurden aus dünnen, zusammengebundenen Rohrstäben errichtet.

Im Gegensatz zu den Nazca bauten deren Zeitgenossen an der Nordküste Perus, die Mochica, mit Begeisterung und errichteten einige der höchsten Gebäude des alten Südamerika. In ihrer Hauptstadt Moche stand ein massiver Sonnentempel aus soliden Luftziegeln. Dieser ist heute noch 41 Meter hoch und 385 Meter lang, was aber möglicherweise nur einem Drittel seiner ursprünglichen Größe entspricht.

Das Moche-Volk lebte in den ersten sechs Jahrhunderten n. Chr. und betrieb eine gewaltsame Eroberungspolitik, bis es schließlich das ganze Gebiet vom Lambayeque-Tal im Norden bis Huarmey im Süden beherrschte. Die Mochica überzogen das Land mit einem Netz von Straßen, um ihre stark befestigten Außenposten miteinander zu verbinden. Geschickte Ingenieure legten Bewässerungskanäle an und machten damit den Anbau von Pfeffer, Mais, Süßkartoffeln und Erdnüssen in den sonst unfruchtbaren, teilweise wüstenähnlichen Tälern möglich.

Die Herrscher der Mochica wurden in prachtvollen, mit herrlichem Edelsteinschmuck, Stoffen und Keramik gefüllten Gräbern bestattet. Denn das Handwerk stand im Moche-Reich in hoher Blüte.

Stoffe aus Paracas

Das stabile, trockene Wüstenklima der peruanischen Küste hat wie der Wüstensand Ägyptens tausende von Mumien in riesigen Friedhöfen konserviert. Die gestickten Gewänder, die man an den Mumien fand, zeigen, daß die Stoffe der alten Peruaner prachtvoll gefärbt waren. Sie enthielten Informationen über den Status und die Religion ihres Trägers. Die Stoffe aus Paracas stellen eine ganze Ikonographie dar: Die Katzengottheit *(oben)* mit ihrer langen Zunge, deren Spitze in einem Gesicht endet, hat zwei Schwänze. Der eine bildet ein Tier, der andere läuft in einem Menschenkopf mit flatterndem Haar aus. Ein anderes berühmtes Bild aus Paracas stellt ebenfalls eine Gottheit dar, das sogenannte »Augenwesen«, eine Figur, die dem »Lächelnden Gott« der Chavín-Kultur ähnelt. Auch heute noch ist die Weberei eine Hauptbeschäftigung der Frauen der Andendörfer. Wie ihre Vorfahren verwenden sie noch die einfachen Spinn- und Webgeräte, Spindeln, Rocken und Webrahmen. Aus den Gewändern kann man anhand der Muster und Farben die ethnische und regionale Zugehörigkeit des Trägers feststellen.

Ein kauernder, mit Speer und Schild bewaffneter Krieger bildet den Körper eines herrlichen Moche-Gefäßes (rechts) *mit Ausguß in Steigbügelform. Die Töpfer der Mochica waren berühmt für ihre großartigen naturalistischen Formen und Bemalungen solcher Vasen, die als Grabbeigaben dienten. In der Moche-Zeit lebten der Chavín-Keramikstil und die Chavín-Religion wieder auf. Auf diesem Exemplar ist der Einfluß der früheren Kultur gut zu erkennen.*

Drei Figurengefäße der Moche-Zeit: *Ein behelmter Krieger mit rundem Schild, ein Töpfer, der mit einem Spatel eine Vase modelliert und ein Musiker, der die Panflöte spielt.*

Die Nazca-Linien

Eines der aufregendsten archäologischen Rätsel Südamerikas sind die riesigen geometrischen Gebilde, die sich auf einer Fläche von ungefähr 500 qkm im Küstenland Südperus bei der Stadt Nazca befinden. Welchen Zweck und welches Alter haben diese sog. Nazca-Linien? Sie wurden vor mehr als 1000 Jahren angelegt, indem man die dunkelfarbige Oberfläche des Wüstenbodens abscharrte, so daß der hellere Sanduntergrund zum Vorschein kam. Das abgetragene Erdreich wurde an beiden Seiten der Linien sorgfältig wie ein langer Damm aufgeschüttet, wodurch die Linien noch betont und ein Verwischen der Ränder verhindert wurde.

Einige der Gebilde sind einfache Linien, die sich schnurgerade 10 km oder noch weiter durch die konturenlose Wüste ziehen. Andere gerade Linien laufen in gemeinsamen Mittelpunkten zusammen oder bilden geometrische Figuren wie Trapeze. Doch gibt es auch, allerdings weit seltener, gigantische Abbildungen von Tieren, z. B. einen Kolibri, eine Ente, einen Seevogel, einen Orkawal, einen fast 100 Meter großen Affen und eine Spinne *(links)*. Die Stilähnlichkeit mit Tieren, die auf Vasen der Nazca-Periode gemalt sind, legten den Schluß nahe, daß auch diese Bilder von den Nazca geschaffen worden sind.

Die Präzision, mit der diese Figuren entworfen und ausgeführt wurden, ist bemerkenswert. Daß diese Bilder erst aus der Luft richtig zu erkennen sind – eine Perspektive, die den alten Amerikanern nicht zur Verfügung stand –, hat viele auch etwas exzentrische Theorien über den Ursprung der Nazca-Linien ins Leben gerufen. So sollen sie etwa von Außerirdischen angelegt worden sein. Wahrscheinlicher ist, daß die geraden Linien in Verbindung mit astronomischen Beobachtungen standen, während die Tierbilder als Opfer für die Berg- und Himmelsgötter gedacht waren.

Der Aufstieg der Inka

***Dieser »Tumi«,** ein kultisches Messer mit halbkreisförmiger Schneide, wurde von einem Chimú-Goldschmied hergestellt. Dieses Volk beherrschte seit dem Untergang des Huari-Reiches den Norden Perus. Ende des 15. Jahrhunderts wurde es von den Inka unterworfen. Das Messer besteht aus gegossenem Gold mit eingefaßten Türkisen. Die Inka schätzten die Goldschmiede der Chimú so sehr, daß sie diese nach Cuzco brachten, wo sie für den Herrscher arbeiten mußten.*

Von der alten, in der Wüstenlandschaft an der peruanischen Küste gelegenen Chimú-Hauptstadt Chan-Chan stehen noch durch Wind und Regen verwitterte Ruinen von Lehmziegelmauern. Es handelt sich um die Überreste der zehn Paläste der zehn Chimú-Könige, deren Residenz nach ihrem Tod jeweils in ein Mausoleum umgewandelt wurde.

Nach etwa 500 n. Chr. verlagerte sich der Schwerpunkt der südamerikanischen Kultur von der Pazifikküste in die Becken der Hochanden. Von 500 bis 1000 entstanden zwei Reiche, Tiahuanaco und Huari, die einen Großteil der Zentral- und Südanden sowie Teile der Küstenstriche beherrschten. Sicher bestanden sie gleichzeitig und hatten vielleicht sogar die selbe Religion, doch kennen wir ihr Verhältnis zueinander nicht. Die Stadt Huari könnte die Hauptstadt eines unabhängigen Staates im Norden oder das politische Zentrum eines weit größeren Reiches gewesen sein, dessen religiöser Mittelpunkt dann die Stadt Tiahuanaco gewesen wäre.

Auf jeden Fall war Tiahuanaco ein großer Wallfahrtsort, der Pilger aus allen Gegenden der Anden und der Pazifikküste anzog. Es war eine große Stadt, fast 4000 Meter über dem Meeresspiegel, auf einer windgepeitschten baumlosen Ebene 20 km südlich des Titicacasees gelegen. 40 000 Menschen wohnten dort. Der Kultbezirk bestand aus steinernen Tempeln, megalithischen Toren, bis zu 8 Meter hohen monolithischen Skulpturen und tiefgelegenen, von Gräben umgebenen Höfen. Die Skulpturen sind mit Flachreliefs bedeckt, auf denen Wildkatzen, geflügelte, in schnellem Lauf begriffene Wesen im Profil und menschenähnliche Gestalten mit einem Stab in der Hand dargestellt werden. Einige Motive gehen auf die Chavín-Kunst zurück, während der stabbewehrte Gott ein Vorläufer des Viracocha, des Schöpfergottes der späteren Andenkulturen, sein könnte.

Motive, wie sie auf den Tiahuanaco-Skulpturen gefunden wurden, schmücken auch, obgleich in etwas gröberer Ausführung, die in den Huari-Ländern hergestellte Keramik. Um 600 hatte der Huari-Staat ein Gebiet erobert, das sich 500 km nach beiden Seiten der Hauptstadt entlang der Bergkette ausdehnte, und beherrschte den Küstenstrich beim heutigen Lima, der Hauptstadt Perus. Huari selbst, eine Stadt mit 100 000 Einwohnern, unterschied sich beträchtlich von Tiahuanaco. Seine massiven Befestigungsanlagen, Kasernen, Wohnbezirke für die Handwerker und großen Steinhäuser lassen auf eine starke Zentralgewalt schließen. Huari dehnte sich durch Kriege aus und untermauerte seine Macht in den Provinzen durch Festungen und strategisch gelegene Magazine. Trotzdem war dem Huari-Reich kein langes Leben beschieden. Um 800 war die Hauptstadt verödet. Offensichtlich hatten sie die Einwohner plötzlich verlassen. Tiahuanaco indessen existierte weiter und dehnte seinen Einfluß südwärts bis zum heutigen Chile und nach Westargentinien aus.

Nachdem das Huari-Reich zusammengebrochen war, kam ein anderes Volk, die sog. Chimú, im Norden Perus zur Macht und herrschte dort, bis es im Jahre 1476 von den Inka unterworfen wurde. Es wurde von Königen regiert, die als Halbgötter galten. Sie vergrößerten ihr Reich mit Waffengewalt und sicherten es durch eine wirksame Verwaltung. Die Hauptstadt Chan-Chan lag an der Pazifikküste im Moche-Tal und war vollständig aus Lehmziegeln erbaut. Im Zentrum befanden sich, umgeben von Mauern in sechsfacher Mannshöhe, zehn weitläufige labyrinthische Gebäudekomplexe, die sowohl als Paläste als auch als Königsgräber dienten. Wenn ein König starb, wurde sein Palast zum Mausoleum, und der neue König befahl den Bau eines neuen Schlosses. Die Gebäudekomplexe bestanden aus einem großen Hof, Magazinen, Brunnen, kleineren Höfen und einem Trakt, in dem die Gemächer der königlichen Familie lagen.

Das Reich erstreckte sich schließlich jeweils etwa 1600 km nördlich und südlich Chan-Chans an der Küste entlang. Jedes

neukolonisierte Gebiet erhielt sein eigenes Verwaltungszentrum, damit die unterworfenen Völker militärisch und wirtschaftlich im Griff gehalten werden konnten.

Die Inka betraten erstmals die Bühne der Geschichte, als sie um 1200 in das Hochandental bei der Stadt Cuzco einwanderten. Sie waren damals noch ein kleiner, kriegerischer Stamm, der dauernd in lokale Fehden verwickelt war. Ihr Einfluß nahm aber in dem Maße zu, wie sie ihr Herrschaftsgebiet um Cuzco, die aus Holz und Stroh erbaute Hauptstadt, vergrößerten. Von 1440–1450 unternahm der Inka Pachacutec, der eigentliche Begründer des Inkareiches, mehrere ausgedehnte, sehr erfolgreiche Feldzüge, die innerhalb von 30 Jahren Südamerika von Quito bis zum Titicacasee unter die Herrschaft Cuzcos brachten.

Über 40 000 km Straßen *wurden von den Inka gebaut. Sie sollten alle Teile eines Reiches* (oben) *miteinander verbinden, das sich an der Westküste Südamerikas entlang vom heutigen Ecuador im Norden bis Chile im Süden erstreckte. Die Inkastraßen überwanden Wüsten ebenso wie tropischen Urwald, schroffes Bergland und hochgelegene Steppen. Die Ingenieure ließen sich durch kein Hindernis abschrecken.*

Das Sonnentor (unten) *ist das größte und am schönsten geschmückte megalithische Portal in Tiahuanaco, einem großen religiösen Mittelpunkt genau im Süden des Titicacasees. Der Fries stellt die in eine fein gearbeitete Tunika gehüllte Hauptfigur dar. In jeder Hand hält sie einen Stab oder ein Szepter.*

Guaman Poma de Ayala, *ein Mestize mit Inkablut, schrieb im 17. Jahrhundert einen illustrierten Bericht über das Alltagslebens im Inkareich, der für Historiker eine unschätzbare Quelle bildet. Auf einem der Holzschnitte Pomas* (oben) *wird die Feldarbeit im Mai dargestellt: Ein Mann schneidet das Korn und eine Frau bindet es zu Garben. Der Holzschnitt für September* (oben rechts) *zeigt die Aussaat. Ein Mann bricht mit einem Handpflug die dünne Kruste des Andenbodens auf, und eine Frau sät Mais aus, während eine andere damit beschäftigt ist, die Samen mit Erde zu bedecken.*

Das Inkareich

Erst 1912 *wurden die weißen Granitruinen der Inkastadt Machu Picchu entdeckt. Zwar liegt diese nur 70 Kilometer von Cuzco entfernt, aber wegen ihrer versteckten Lage auf einer schmalen, 650 Meter hohen Felsterrasse über dem Urubamba-Fluß blieb sie den Blicken der Konquistadoren verborgen und wurde deshalb nicht verwüstet. Die kleine, aus 150 Häusern bestehende Stadt ist ein Triumph der Ingenieurkunst und Architektur der Inka.*

Der heiligste Tempel Cuzcos *war der Coriancha, der Sonnentempel, dessen von den Inka errichtete geschwungene Grundmauern trotz der Zerstörung der Stadt durch Pizarros Truppen im Jahre 1533 erhalten blieben. Auf ihnen wurde in der Kolonialzeit die Kirche Santo Domingo errichtet.*

In einem Zeitraum von nur 90 Jahren vollzogen sich Aufstieg und Fall des Inkareiches. Zur Zeit seiner Hochblüte, kurz vor seiner Zerstörung durch den Spanier Francisco Pizarro im Jahre 1532, bedeckte es eine Fläche von rund 1 Mio. qkm und vereinigte innerhalb seiner Grenzen zahllose unterworfene Völkerschaften unterschiedlichster Art, von den Jägern und Sammlern vom oberen Amazonas bis zu den hochzivilisierten Vertretern der Stadtkultur der Chimú.

Die Gesellschaft und das Regierungssystem der Inka lassen sich mit einer hierarchischen Pyramide vergleichen. Der Sapa Inka, der Kaiser, galt als Abkömmling des Sonnengottes und stand als absoluter Herrscher aller Länder des Reiches an der Spitze der Pyramide. Seine höchsten Räte und die Provinzgouverneure, von denen jeder für etwa 10 000 Menschen zuständig war, entstammten der Aristokratie, die vornehmlich aus Verwandten des Kaisers bestand. Die nächstniedere Ebene bildeten Verwaltungsbeamte und Offiziere mittlerer Ränge, einige von ihnen Anführer eroberter und assimilierter Volksstämme, die das Vertrauen des Kaisers genossen. Dieses System setzte sich nach unten fort, wobei jeder Beamte dem Sapa Inka verantwortlich und dem vorgesetzten Verwaltungsbeamten Rechenschaft schuldig war.

So hing die Wohlfahrt des Reiches nicht nur von einer großen Anzahl fähiger Bürokraten ab, sondern auch von der Existenz eines vorzüglichen Nachrichtensystems, genauer Planung der landwirtschaftlichen und gewerblichen Produktion, einer rücksichtslosen Besteuerung und ständiger Beobachtung auch der kleinsten Bewegungen seiner Bürger. Der Kaiser verfügte ferner über ein gut organisiertes, treu ergebenes Heer. Von ihren Vorläuferstaaten wie dem Chimú-Reich übernahmen die Inka ein schon gut ausgebautes Straßennetz, das sie als fähige Ingenieure erweiterten und verbesserten. Die großen Nordsüdstränge, die an der Küste entlang und durch die innerandischen Becken verliefen, waren durch kleinere Querwege miteinander verbunden, so daß das gesamte Netz gepflasterter Straßen eine Länge von über 40 000 km besaß.

Diese Straßen wurden von der in der jeweiligen Gegend ansässigen Bauern in Fronarbeit erbaut. Sie ermöglichten die Verlegung der Inkatruppen, den Gütertransport und eine schnelle Nachrichtenübermittlung, wie sie für die Aufrechterhaltung der Herrschaft in diesem Reich lebenswichtig war. Läuferstafetten konnten an einem einzigen Tag eine Botschaft über eine Entfernung von gut 240 km überbringen.

Die Infrastruktur des Reiches wurde von Meistern der Ingenieur- und Baukunst angelegt. Sie entwarfen Brücken, Chausseen, Bewässerungsanlagen, Hangterrassen für die Landwirtschaft, Magazine für Nahrungsmittel, Manufakturen, Festungen und ganze Städte.

Die Steuern waren einheitlich für das ganze Reich: Der Steuersatz betrug beträchtliche 66% auf alle Produkte, seien es Lebensmittel, Maisbier, Steinwerkzeuge, Matten oder Tücher. Riesige Magazine wurden errichtet, um Nahrungsmittel und andere Güter, die als Abgaben eingingen, zu speichern und später weiterzuverteilen. Welche Mengen von Gütern hier gehortet werden konnten, zeigt die Tatsache, daß ein einziges Magazin in Huánuco Pampa die erstaunliche Menge von 43 Millionen Liter Weizen aufnehmen konnte. Die hohe Besteuerung ermöglichte ein System sozialer Sicherheit. Bei Hungersnöten stellte der Staat den Alten und Kranken Lebensmittelrationen und Kleider zu Verfügung.

Es ist erstaunlich, daß ein so durchorganisierter Staat, der ja den Empfang und die Weiterverteilung großer Mengen von

Abgaben in Naturalien registrieren und die Wohlfahrt einer riesigen Bevölkerung sicherstellen mußte, ohne schriftliche Aufzeichnungen auskam. Doch besaßen die Inka eine Methode, mit der sie ihre Verwaltungsmaßnahmen belegen konnten: den Quipu. Es handelte sich dabei um Schnüre mit Knoten in bestimmten Abständen, mit deren Hilfe die Inkabeamten statistische Informationen speicherten und weitergaben.

Mittelpunkt dieses hyperzentralisierten Staates war der Sapa Inka selbst, und das Wohlergehen des ganzen Reiches hing von ihm und seiner Tüchtigkeit ab. Allein dieses alles beherrschende und überschauende Staatsoberhaupt hielt das Inkareich zusammen. Ein weiteres Problem ergab sich daraus, daß es keine klare Thronfolgeregelung gab. Pizarro und seine kleine Schar Konquistadoren überraschte das Reich in einer Krise, die aus diesen zwei Hauptmängeln entstanden war, und zog seinen Nutzen daraus. Ein Krieg um die Nachfolge zwischen den Halbbrüdern Huascar und Atahualpa hatte das Herrschaftsystem geschwächt und gespalten. Und als Atahualpa, der aus dem Kampf als Sieger hervorgegangen und Sapa Inka geworden war, von Pizarro gefangengenommen und ermordet wurde, brach das ganze gewaltige Reich widerstandslos zusammen.

Auf ihrer Suche nach Schätzen durchstreiften spanische Abenteurer ganz Südamerika. El Dorado war ihr Ziel, das legendäre Goldland. Einer der verwegensten unter ihnen war Orellana, dessen Zug über die Anden von dem deutschen Filmregisseur Werner Herzog unter dem Titel »Aguirre, der Zorn Gottes«, verfilmt wurde.

Das Standfoto (rechts) *zeigt die Stahlrüstung der Konquistadoren und ihre Waffen. Auch ihre Pferde, den alten Amerikanern unbekannte Tiere, waren schrekkenerregende Waffen.*

***Atahualpa,** der letzte regierende Inka, wurde in Cajamarca durch eine List von den spanischen Konquistadoren unter ihrem Führer Francisco Pizarro gefangengenommen und als Geisel zur Erpressung von Lösegeld festgehalten – eine Szene, die das unten abgebildete Gemälde von John Everett Millais (1829–1896) festhält. Um das Lösegeld aufzubringen, leerten die Inka ihre Tempel und Schatzhäuser im ganzen Reich und füllten einen großen Saal in Cajamarca bis unter die Decke mit Gold und Silber. Trotzdem ließ Pizarro seinen Gefangenen nicht frei, sondern verlangte von ihm, sich zum Christentum zu bekehren. Atahualpa weigerte sich. Da wurde er in einem Schauprozeß verurteilt und auf dem Scheiterhaufen als Ketzer verbrannt.*

Die ersten mexikanischen Kulturen

In La Venta, San Lorenzo und Tres Zapotes, den drei großen Städten der Olmeken, wurden riesige Steinköpfe entdeckt, die jeweils bis zu 20 Tonnen wiegen. Die Basaltfelsen, aus denen sie gebrochen wurden, liegen in den Tuxtla-Bergen etwa 100 Kilometer von ihren Fundorten entfernt. Auf den ersten Blick scheinen diese Skulpturen einander alle zu gleichen, doch lassen sich die Porträts einzelner Olmekenherrscher anhand der Muster auf ihren helmähnlichen Haartrachten deutlich unterscheiden.

Von etwa 1000 v.Chr. an lösten für zweieinhalbtausend Jahre verschiedene mexikanische Kulturen einander ab. Sie alle waren nur Variationen auf ein einziges Thema. Die ihnen gemeinsamen Hauptkomponenten waren Monumentalarchitektur, geometrisch konstruierte Kultstätten mit Pyramiden und Plätzen, genaueste astronomische Beobachtungen, präzise Kalenderberechnungen und Glyphenschrift.

Die erste dieser großen mexikanischen Kulturen, die olmekische, entstand in den feuchten Sumpfniederungen der heutigen Bundesstaaten Tabasco und Veracruz am Golf von Mexiko. Der Schlick der jährlichen Überschwemmung sicherte die hohe Fruchtbarkeit des Ackerlandes, und man konnte jedes Jahr mit mindestens zwei Ernten Mais und Erdfrüchten rechnen. Eine intensive Landwirtschaft erzeugte zuverlässig große Nahrungsüberschüsse. Sie ernährte das Heer der Handwerker und Künstler, die für die umfangreichen Bauprojekte der Olmeken eingesetzt wurden.

Die Kultur der Olmeken scheint sich mehr durch Handel als durch Eroberungen verbreitet zu haben. Im Herzstück ihres Landes, einer kleinen Fläche von etwa 45 auf 200 km, lagen einige größere Städte, die im Zeitraum zwischen 1200 und 300 v.Chr. entstanden. An Orten wie La Venta und dem noch älteren San Lorenzo sind zahlreiche Beispiele der olmekischen Kunst ausgegraben worden. Unter ihnen befinden sich Steinskulpturen, oft in Gestalt kolossaler menschlicher Köpfe von 3 m Höhe, herrlich gearbeitete Jadefigürchen und Beile. Viele der dargestellten übernatürlichen Wesen finden sich auch in den Kosmologien des späteren Mexiko. Bisher sind nur wenige olmekische Wohnsiedlungen entdeckt worden. Daher kennen

***Die »Nischenpyramide«** in El Tajín, so genannt, weil in ihre sieben Stufen 365 Nischen eingehauen sind, ist einer der wenigen Bauten an diesem für die klassische Veracruz-Kultur so wichtigen Ort, die ganz ausgegraben sind. In jeder Nische soll sich einst das Bild des Gottes befunden haben, der als Patron für den jeweiligen Tag des Jahres zuständig war.*

Nach dem Fall des Olmeken-Reiches wissen wir wenig über die Geschichte des Gebietes an der Golfküste. Das Dunkel erhellt sich erst wieder um 600 n. Chr., als die große Stadt El Tajín erbaut wurde. Die klassische Veracruz-Kultur ist berühmt für ihre Steinskulpturen – sie stellen Geräte dar, die beim rituellen Ballspiel benutzt wurden – sowie für die große Zahl von Ballspielplätzen, die in El Tajín selbst gefunden wurden.

wir die Olmeken vor allem durch ihre Heiligtümer. In La Venta befindet sich ein Kultgelände mit einer Pyramide aus Tonziegeln in Form eines runden, kanellierten Kegelstumpfs, die etwa 40 m hoch ist. Ebenso fand man drei Bodenmosaike aus Serpentinblöcken, die stilisierte Jaguarmasken darstellen.

Die Handelsbeziehungen der Olmeken reichten bis nach Oaxaka und dem Hochtal von Mexiko, wo man weiße Keramik im Olmekenstil gefunden hat. Aus vielen Teilen Mexikos importierten die Olmeken Mineralien wie Zinnober, Jade, Eisenerz, Serpentin, Basalt und Obsidian. Wesentliche Elemente der olmekischen Kultur behielten im ganzen Einflußgebiet der Olmeken ihre Bedeutung, auch nachdem sie selbst um das Jahr 100 v. Chr. untergegangen waren.

Den nächsten Höhepunkt erreichte die mexikanische Kultur in der großen Stadt Teotihuacán. Schon 1500 v. Chr. war diese Stadt im Tal von Mexiko ein wichtiger Wallfahrtsort des Sonnenkults. Im 1. Jahrhundert n. Chr. wurde hier die riesige Sonnenpyramide, der größte Bau des präkolumbianischen Amerika, erbaut und um diese eine Stadt in geometrischem Grundriß angelegt. Die Landbevölkerung zog zunehmend in die Stadt, und in den folgenden fünf Jahrhunderten wurde Tempel auf Tempel errichtet, so daß Teotihuacán zu einer der zwölf größten Städte der Welt wurde. Schließlich lebten an die 200 000 Menschen, das waren 90 Prozent der Bevölkerung dieser Region, in der Stadt. Die herrschende Elite wohnte in Palästen im Stadtzentrum, besser gestellte Künstler und Bauern besaßen einstöckige Häuser, während die Arbeiter in bescheideneren Hütten aus Luftziegeln hausten. Die Stadt war entlang einer Nord-Südachse angelegt, und ihr Grundriß blieb für mehr als 500 Jahre unverändert.

Der Einfluß der Stadt breitete sich durch Diplomatie und Handel über ganz Mittelamerika aus. Sogar in Kaminaljuyú im Mayahochland von Guatemala hat man die Gräber teotihuacanischer Großkaufleute gefunden. Abbildungen von Kriegern freilich sind bis zum letzten Jahrhundert der Existenz Teotihuacáns selten. Erst um die Zeit zwischen 650 und 750 erscheinen sie häufiger – ein schlechtes Vorzeichen, denn die zunehmende Bedeutung des Militärs dürfte mit dem Niedergang der Stadt in dieser Zeit zusammenhängen. Was schließlich zu ihrem Untergang und zur Zerstörung des Stadtkerns durch Feuer im 8. Jahrhundert führte, wissen wir nicht. Aber trotz dieser Zerstörung blieb Teotihuacán ein Wallfahrtsort, bis 800 Jahre später die Spanier kamen.

__Teotihuacán__ war in vier Bezirke untergliedert. Im Zentrum befanden sich die Kultbauten. Die »Straße der Toten« verband die »Mondpyramide« mit der 77 Meter hohen »Sonnenpyramide«. An der Straße lagen noch 100 kleinere Heiligtümer und Tempel, während sich im Süden der Tempel des »Quetzal-Schmetterlings« erhob. Um den kultischen Bezirk gruppierten sich die Häuser der herrschenden Schicht. Weiter außerhalb folgten die Wohnbezirke der Handwerker, und am Stadtrand lebten die Bauern.

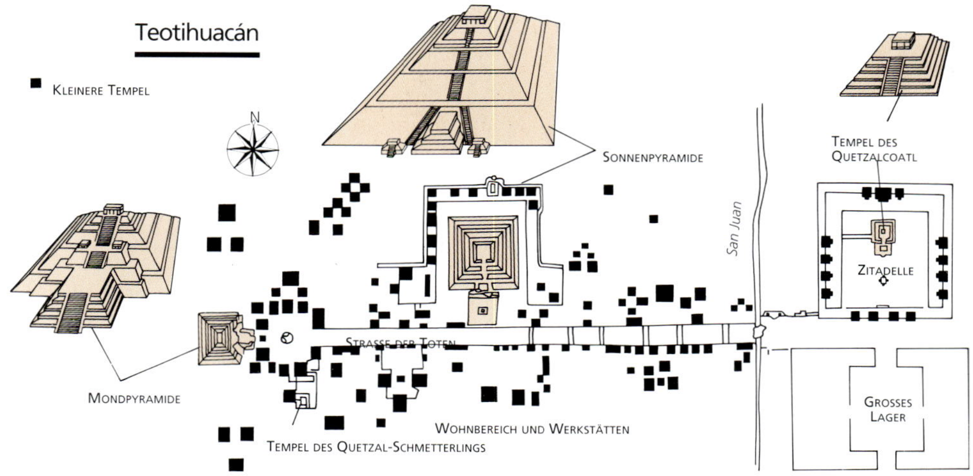

Dieses Detail aus einem Relief von Monte Albán zeigt einen der sog. »Tänzer« in sitzender Stellung. Aber es ist auch möglich, daß die Reliefs verwundete Krieger darstellen, die sich in Qualen winden.

Zur Zeit der Olmeken und der Blüte Teotihuacáns gab es in Mexico noch weitere weniger bekannte Kulturen. So scharten sich im Tal von Oaxaca die Zapoteken um ihren kulturellen Mittelpunkt Monte Albán (links). *Auf diesem Berg lag um die Mitte des 1. Jahrtausends v. Chr. eine zapotekische Siedlung, die aus einer Anzahl von Plätzen, Tempelterrassen und einer riesigen Pyramide bestand.*

Die Maya (1)

Die heutigen Maya-Bauern *wohnen noch in den gleichen einräumigem Häusern wie ihre Vorfahren, wie dieses Wandgemälde der Maya* (rechts) *beweist. Die Formen dieser Hütten finden sich in den Tempelheiligtümern wieder, die die Maya einst auf ihren Pyramiden errichteten.*

Die Mayastadt Copán *in Honduras, hier als Rekonstruktion, war ein Komplex von steinernen Tempeln, Palästen, Ballspielplätzen und Plätzen mit gekalktem Boden. Der gewaltige Tempel 11* (6) *mit seinem bemalten Dachaufsatz blickte nach Norden über den 320 Meter langen Großen Platz* (1) *und den Nordplatz. An ihn schloß sich der Hof der Hieroglyphen-Treppe* (4) *an, so genannt nach der 2500 Zeichen umfassenden Inschrift, die in die Steinstufen des angrenzenden Tempels* (3) *eingemeißelt war. Es ist die längste uns bekannte Maya-Inschrift.*

Die Mayakultur war die einzige im präkolumbianischen Amerika, die eine Schrift entwickelte. Sie blühte zwischen 300 und 900 n. Chr. in Guatemala, Westhonduras, Belize, Yucatan und Ostcampeche in Mexiko. Die Mayakultur reicht bis in die Zeit um 2000 v. Chr. zurück. Ausgrabungen bei Cuello, Belize, haben eine Vor-Mayakultur aufgedeckt, die für die Maya typische Gebäude aufweist, unter anderem Tempelanlagen auf niedrigen Hügeln, die um einen gekalkten, zentralen Platz gruppiert sind.

Von 300 vor bis 300 n.Chr entstanden große Städte, und schon zu Beginn der klassischen Mayaepoche, um 300 n. Chr, gab es außergewöhnliche, aus Stein erbaute Ansiedlungen, z. B. Tikal in Guatemala und Palenque in Campeche. Die Mayastädte enthielten mehrstöckige Gebäude, die man oft als Paläste bezeichnet hat, Pyramidenstümpfe mit bis zu 50 Metern Höhe, die von einem Tempel gekrönt waren, Plätze für kultische Ballspiele und astronomische Observatorien, alles stets um große, zentrale Plätze angeordnet.

Die Städte besaßen keinerlei Verteidigungsanlagen, und unter den öffentlichen Bauten herschten die religiösen Gebäude vor. Die Annahme, es habe sich um rein kultische Zentren gehandelt, an denen periodisch Feste abgehalten wurden, widerlegten die jüngsten Fortschritte bei der Entzifferung der Maya-Hieroglyphen und weitere Ausgrabungen. Die Inschriften beziehen sich nämlich auf politische Ereignisse, an denen die Mitglieder der herrschenden Dynastien beteiligt waren, z. B. Thronbesteigungen, und es wird immer Wert darauf gelegt, die legitime Abstammung der Herrscher nachzuweisen. Skulpturen und öffentliche Wandgemälde erinnerten die Menschen stets daran, daß eine Einheit zwischen den Göttern und den erblichen Herrschern bestand, und sie hielten das Gedenken an politische Bündnisse, Ehebündnisse und siegreiche Feldzüge wach. Die Städte der Maya waren dicht bevölkert. In Tikal zum Beispiel lebten an die 50 000 Menschen in zahlreichen kleinen, auf Hügeln erbauten Häusergruppen, die sich über 15 Quadratkilometer verteilten. Die Hauptnahrungsmittel waren Mais, Bohnen, Kürbisse, Maniok und Chili. Sie wuchsen auf Feldern, die durch Brandrodung gewonnen waren, oder auf intensiv bewirtschafteten Äckern.

Die Maya waren beileibe keine friedliebende Theokratie. Szenen und Inschriften lassen erkennen, daß bei rituellen Gelegenheiten Blut fließen mußte, sei es das Blut des Herrschers oder das Blut von Kriegsgefangenen. Auch war die klassische Mayakultur weder homogen noch schloß sie sich von der Außenwelt ab.

Jeder größere Stadtstaat entwickelte seine eigene Kunst und seinen eigenen Baustil, und es bestanden Kontakte mit Teoti-

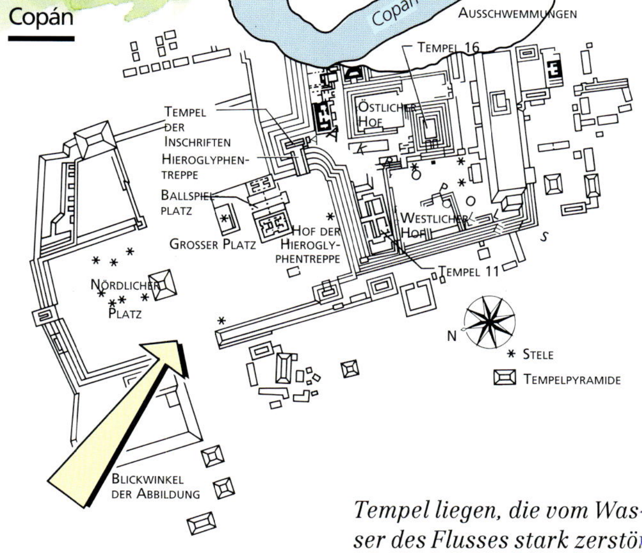

huacán in Zentralmexiko. Der Tempel in Kaminaljuyá im Hochland von Guatemala geht im Grundriß und in der Architektur auf mexikanische Traditionen zurück. Und in den Gräbern hochgestellter Verstorbener fand man importierte Keramik aus Teotihuacán. Die im Tiefland wohnenden Maya unterhielten auch Beziehungen zum Hochtal von Mexiko. Bilder und Inschriften in Tikal beweisen, daß Fremde aus Teotihuacán in die herrschende Dynastie einheirateten. Aber der mexikanische Einfluß ging nach 500 n. Chr. zurück, so daß die Maya-Kultur eine Renaissance erlebte. Viele herrliche Neubauten entstanden in Copán, Palenque und Naranjo, und Tikan selbst wurde praktisch neu aufgebaut, wobei die neuen Bauten auf den früheren errichtet wurden.

Am Großen Platz *lag der größte rituelle Ballspielplatz (2) mit seinen schrägen Seitenmauern. An den beiden Enden des Platzes befanden sich jeweils drei Steinmale in Gestalt von Papageienköpfen. Zwei Mannschaften kämpften um Punkte, indem sie ohne Zuhilfenahme von Händen und Füßen einen harten Kautschukball an eines der Papageienmale zu schlagen versuchten.*

Gegenüber dem Westplatz *(8) erhob sich Tempel 16 (7), hinter dem die Ruinen des Ostplatzes (5) und anderer Tempel liegen, die vom Wasser des Flusses stark zerstört sind. Aus diesem Grund leitete man im Jahre 1930 den Rio Copán (9) um, um weiteren Schaden zu verhindern.*

Die Maya (II)

Zeitberechnung

Das Zahlensystem der Maya beruhte auf Einheiten von 20 (Vigesimalsystem) und kannte auch die 0. Man schrieb die Zahlen in Form von horizontalen Balken für Fünfer-Einheiten, Punkten für Einer und einer stilisierten Muschelschale für die Null. Die Maya besaßen drei große Kalender: das »Sonnenjahr«, den »Heiligen Kreis« und die »Lange Zählung«. Das Sonnenjahr bestand aus 365 Tagen, was 18 namentlich bezeichnete Monate mit jeweils 20 durchnumerierten Tagen ergab. Am Ende des Jahres wurde eine extra 5-Tages-Periode angehängt. Die Maya verzichteten auf Schaltjahre, obwohl sie sehr wohl wußten, daß das Sonnenjahr in Wirklichkeit 365¼ Tage hat. Der Sonnenkalender *(links)* wurde mit dem Heiligen Kreis *(links außen)* verknüpft. Dieser bestand aus einem Zyklus von 20 namentlich bezeichneten Tagen, die der Reihe nach mit den Zahlen 1–13 verbunden wurden. Alle 52 Jahre kehrte der Kreis zu seinem Ausgangspunkt zurück. Dieser 52-Jahr-Zyklus wurde der »Kalenderkreis« genannt.

Der dritte Kalender bestand aus der »Langen Zählung«, die hauptsächlich dazu diente, historische Daten außerhalb des Kalenderkreises festzuhalten. Sie begann nach der christlichen Zeitrechnung am 13. August des Jahres 3114 v. Chr. Die seitdem vergangenen Tage wurden in einem ausgeklügelten Schema von Einheiten gezählt.

Im 9. Jahrhundert brach die Mayakultur zusammen. Nur in Yucatan, wo Chichén Itzá um 1000 n. Chr. von den Tolteken neu aufgebaut wurde, hielten sich die Maya-Städte länger. Um 1220 n. Chr. verließen die Maya Chichen Itzá und erbauten im Jahre 1283 eine neue Hauptstadt in Mayapán. Bemerkenswerterweise besaß diese Stadt Verteidigungsanlagen zum Schutz ihrer rund 10 000 Einwohner. Doch konnten auch diese nicht verhindern, daß sie im Zuge der Bürgerkriege im 15. Jahrhundert zerstört wurde. In den zwanziger Jahren des 16. Jahrhunderts trafen die eindringenden Spanier nur noch auf wenige versprengte und degenerierte Gruppen der Maya. Deren Traditionen und kulturelle Leistungen verschwanden im Dunkel der Geschichte.

Die entscheidende Rolle im Leben der Maya spielte das Prinzip der Zeit. Die Erstellung komplizierter, verschachtelter Kalender, mathematische Berechnungen und astronomische Beobachtungen der Bewegungen der Himmelskörper in Verbindung mit diesen Kalendern, waren die besondere Leistung der Maya. Darin übertrafen sie alle anderen mittelamerikanischen Völker.

Zeit, Schrift und Taten der Maya-Herrscher waren aufs engste miteinander verknüpft. Auf praktisch allen Monumenten finden sich Glyphen, die das exakte Datum der abgebildeten Rituale und Ereignisse festhalten. Die Festtage wurden mit größter Sorgfalt nach den Angaben der Astronomen festgelegt, die Herrscher stets zusammen mit Angaben über ihre Genealogie und ihre Leistungen abgebildet. Auf der Türschwelle jedes Gebäudes stand das Datum seiner Errichtung und der Name der Person, die den Bau veranlaßt hatte. Insofern bestehen die Mayatexte nur aus knappen Mitteilungen von Fakten, sind also nicht literarisch.

Aber nicht alle Inschriften der Maya wurden in Stein gemeißelt. Vier auf »Papier« aus Baumrindenbast geschriebene Bücher haben die Zeiten überdauert, und auf vielen Urnen sind Texte aufgemalt, die ebenso lang oder kurz sind wie die Inschriften auf den Gebäuden. Die Oberfläche der dünnwandigen, zylindrischen Krüge der Maya war mit bunten Szenen, rituellen Zeremonien, bemalt, etwa Ballspielen oder Ereignissen in der Unterwelt. Doch auch große Fresken am Innenverputz der Gräber und Tempel demonstrieren die Meisterschaft der Maya-Künstler.

Wie das hohe Niveau ihrer künstlerischen Produktion beweist, verfügten die Maya über talentierte, geübte und spezialisierte Handwerker, die wohl überwiegend für hochgestellte Persönlichkeiten arbeiteten. Manche der verwendeten Rohstoffe waren sehr wertvoll und ließen sich nur mit der größten Geschicklichkeit modellieren. So war z. B. die Jadeschnitzerei eine Kunst, die äußerstes Können erforderte. Jade mit ihren vielen Grünnuancen war den Maya kostbarer als Gold und wurde von den Hauptfundstätten im Motagua-Fluß aus bis weit ins Land hinein gehandelt. Der extrem harte Stein wurde mit Drahtsägen, Bohrern und Schleifmitteln zersägt, grundiert und poliert. Auf diese Weise wurde Jade zu den gewölbten Scheiben in Blumengestalt, die hochrangige Maya am Ohr trugen, zu Broschen, Anhängern, Perlen und kleinen Menschenmasken verarbeitet, die man als Schmuck trug und manchmal auch als Weihgeschenke niederlegte oder den Gräbern beigab.

Ebenso war die rosafarbene Spondylusmuschel ein beliebter Schmuck, und in der Herstellung von Federzier suchten die Maya ihresgleichen. Doch das empfindlichste Material, das ihre Kunsthandwerker bearbeiteten, war gewiß der Obsidian. Dieses dunkle vulkanische Glas wurde in durchsichtige, waffelartige Blätter oder ellipsenförmige Scheiben zerschnitten, in die man Zeichnungen einritzte, diente aber auch zur Herstellung von Waffen.

***In Chichén Itzá** im Zentrum der Halbinsel Yukatán wurde im 10. und 11. Jahrhundert n. Chr. eine klassische Maya-Stadt weitgehend wieder aufgebaut und noch vergrößert. Das Ergebnis war eine einzigartige Mischung der klassischen Maya-Architektur und -Kunst mit jener der Tolteken. Man erkennt sie am besten in der 24 Meter hohen Stufenpyramide* (oben rechts), *dem sog. Castillo, das sich mitten auf dem Hauptplatz befindet. Im Westen steht der Tempel der Krieger, dessen Eingang von Steingesichtern mit aufgesperrtem Maul bewacht wird, Symbole des Gottes Quetzalcoatl, der gefiederten Schlange.*

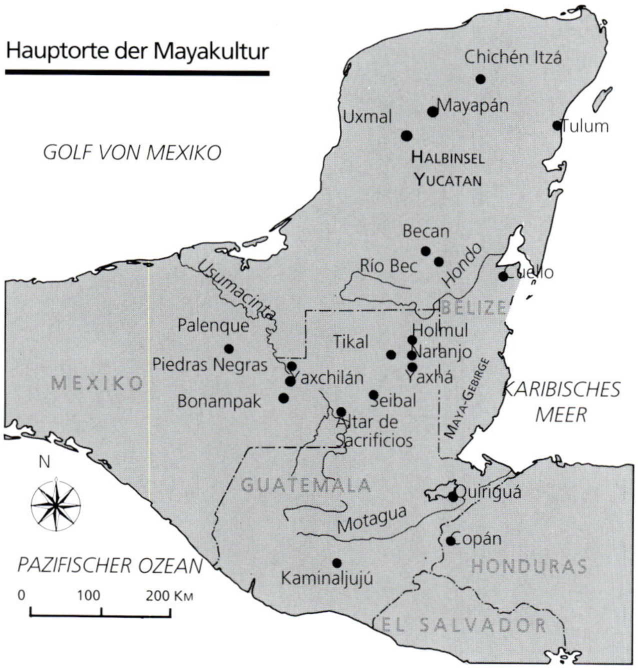

***Fast 600 Jahre lang** blühte die klassische Mayakultur in Teilen Guatemalas, El Salvadors, Belizes, Honduras' und Mexicos.*

DIE ENTDECKUNG DER MAYA

Im 19. Jahrhundert wurde die Maya-Kultur erforscht und ihre Ruinen allmählich freigelegt. Viele Gelehrte vertraten die Auffassung, daß die Ureinwohner Amerikas niemals so gewaltige Bauwerke hätten schaffen können, und schrieben diese daher weißen Einwanderern zu, etwa den legendären zehn verlorenen Stämmen Israels.

Es waren erst die Arbeiten von John L. Stephens, einem amerikanischen Anwalt, und Frederick Catherwood, einem britischen Künstler, die die Maya der Öffentlichkeit bekannt machten und die Theorie eines einheimischen Ursprungs der Mayakultur untermauerten. Im Jahre 1839 machten sich die beiden auf den Weg, um die Ruinen Copáns zu erforschen und nach weiteren Zeugnissen dieser Kultur zu suchen. Stephens' Bericht gibt die erste genaue Beschreibung von 44 Maya-Städten, und Catherwood fertigte ebenso genaue Skizzen der Maya-Bauten und -Inschriften an.

Ein anderer Mayapionier späterer Jahre war der Engländer Alfred Percival Maudslay, der in der Zeit zwischen 1881 und 1894 das Maya-Gebiet bereiste. In diesen Jahren nahm er verschiedene Städte in Augenschein: Cichén Itzá, Copán, Tikal und Palenque. Die Stadtpläne, Maßstabszeichnungen, Fotografien und Modelle von Skulpturen und Inschriften setzten Standards für die spätere Maya-Forschung.

***Maya-Stelen** finden sich in vielen Größen und Formen. 1885 fotografierte Maudslay in Quiriguá in Guatemala einen flachen, rechteckigen Monolithen* (links)*, während sein Vorgänger Catherwood im Jahre 1884 eine genaue Zeichung von dem »Steingötzen« in Copán anfertigte.*

Der Aufstieg der Azteken

***Bücher aus aufeinandergelegten Hirschhäuten** schufen die Azteken-Priester, um die komplizierten Rituale aufzuzeichnen, die an jedem Tag ihres Kalenders vollzogen werden mußten. Das unten rechts abgebildete Buch, der »Codex Borgia«, befaßt sich zum Teil mit Prophezeiungen. In der Mitte der Seite befinden sich Rücken an Rücken zwei Götter: Quetzalcoatl – der auch in einem Detail aus dem »Codex Florentine«* (unten) *gezeigt wird – steht rechts in Gestalt des geflügelten Gottes Ehecatl, Mictlantecuhtli dagegen wird in Menschengestalt* (links) *dargestellt. An den Rändern der Seite stehen die Zeichen für jeden Tag des aztekischen Monats.*

Der Zerfall der klassischen Maya-Kultur auf der Halbinsel Yucatán und die Verödung des zentralmexikanischen Stadtstaates Teotihuacán hinterließen ein Machtvakuum in zwei großen Gebieten Mexikos. Im 10. Jahrhundert schwärmten Stämme landhungriger Nomaden aus den Wüsten des Sierra Madre Gebirges im Nordwesten ins mexikanische Becken aus und besetzten das Land, das vorher von Teotihuacán beherrscht worden war. Die Stammeshäuptlinge führten grausame Feldzüge und machten aus den unterworfenen Feinden tributpflichtige Vasallen.

Um 950 hatten sich unter diesen Eindringlingen die Tolteken in den Vordergrund geschoben, die rasch die Reste der Kultur Teotihuacáns adaptierten. Sie übernahmen den Baustil, die Töpfertechnik, die Mythen, Legenden, Traditionen, und glichen sie ihrer eigenen Lebensart an, so daß eine Mischkultur entstand, die bis zur Eroberung durch die Europäer 500 Jahre später das Modell für alle folgenden mexikanischen Staaten wurde. Tatsächlich galten die Tage der Tolteken bei den späteren Mexikanern als das Goldene Zeitalter. Zwar war Tula, die toltekische Hauptstadt, wesentlich kleiner als Teotihuacán, aber das Zentrum enthielt doch, wie die Vorgängerin, einen geometrisch angelegten Komplex von Stufenpyramiden und Plattformen, freilich keine höher als 13 Meter.

In den ersten Jahrzehnten Tulas, von 950–987, war der bedeutendste Stadtgott Quetzalcoatl (gefiederte Schlange), eine wohltätige Gottheit, die aus Teotihuacán übernommen worden war. Aber nach der Legende wurde Quetzalcoatl im Jahre 987 n. Chr. von dem traditionellen Stammesgott der Tolteken, Tezcatlipoca (rauchender Spiegel), aus Tula verbannt. Dieser war Schutzgott der Krieger und Zauberer.

Ihn und die mit ihm verschwägerten Stammesgötter konnte man nur an der Zerstörung der Welt hindern, indem man ihnen immer wieder Menschenherzen und Menschenblut zum Opfer brachte. So wurden umfangreiche Menschenopfer zum Hauptcharakteristikum der alten mexikanischen Religion. Man hat in Tula Basaltskulpturen halbliegender menschlicher Figuren entdeckt, deren Bäuche ausgehöhlt waren, um als Ablage für menschliche Herzen zu dienen. Und in Felsnischen für die Schädel der Getöteten waren genaue Strichlisten angebracht, die die Zahl der Opfer festhielten.

Der toltekische Einfluß erstreckte sich schließlich von der Golfküste bis zur pazifischen Küste von Chiapas und weit in die heutigen Länder Guatemala und Belize hinein. Weite Handelsstraßen wurden angelegt, auf denen buntbemalte Töpferware feinster Qualität aus Costa Rica und große Mengen Türkise aus dem amerikanischen Südwesten importiert wurden. Doch in den siebziger Jahren des 12. Jahrhunderts wurde Tula von den Stämmen der Chichimeken verwüstet, die sich, aus ihrer zunehmend von Trockenheit und Hungersnöten geplagten Heimat im Nordwesten Mexikos vertrieben, nach neuem Land umsahen.

Und genauso wie die barbarischen Vorläufer der Tolteken errichteten auch die Chichimeken viele kleine Königreiche im mexikanischen Becken, die fast ständig miteinander im Krieg

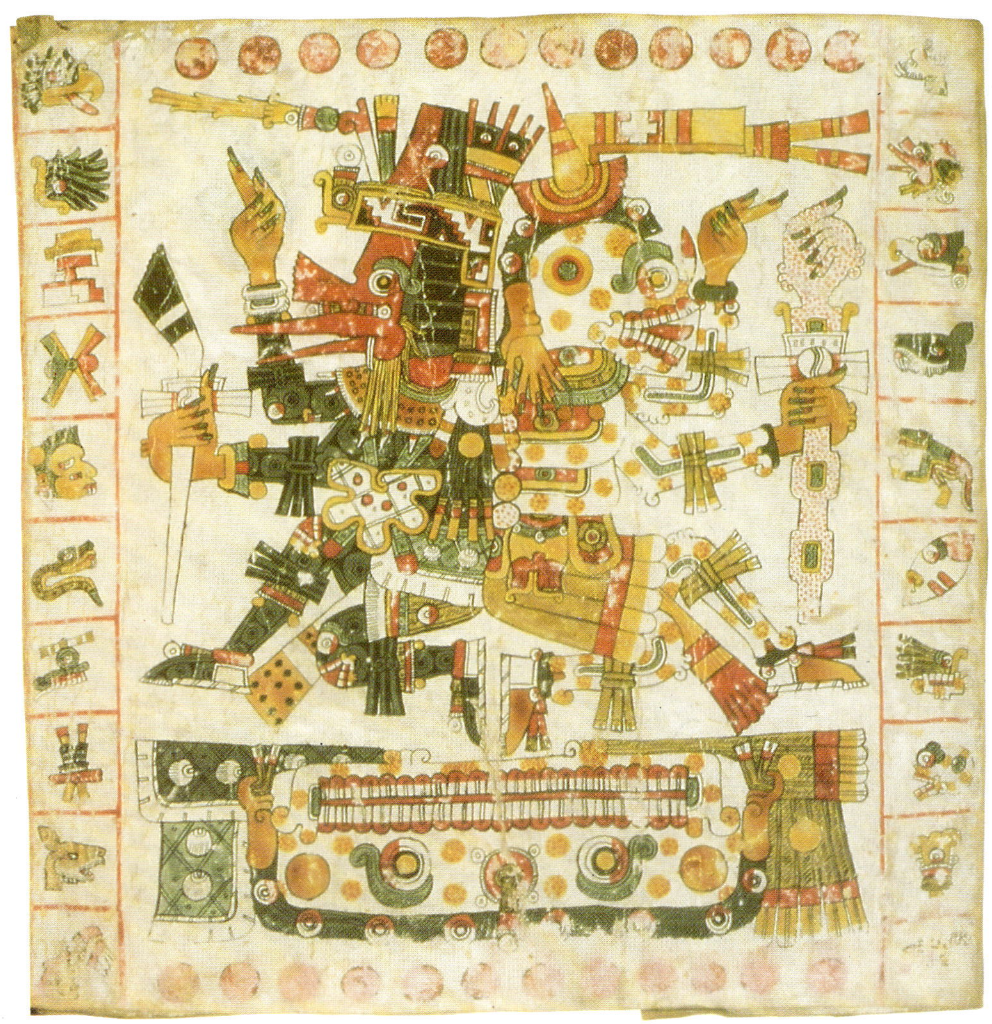

lagen. Schließlich erlangte ein Volk, die Azteken, die Oberhand über diese verschiedenen Volksstämme. Schon 1325 siedelten sie im Tal von Mexiko. In den folgenden drei Generationen standen sie als Söldner im Dienst der mächtigen Stadtstaaten, die dort bereits an den Seeufern bestanden, und sammelten auf diese Weise genügend militärische und politische Erfahrung, um im Jahre 1428 ihre früheren Herren, die Tepaneken von Azcopotzalco, anzugreifen und zu besiegen. In den nächsten 100 Jahren wuchs das aztekische Reich zu imponierender Größe und schien den Mythos zu bestätigen, daß Tenochtitlan das Zentrum und die Azteken die Beherrscher der Welt waren.

Der 130 Zentimeter hohe Kopfputz des Aztekenkaisers Montezuma bestand aus in ein Tuch eingewebte irisierende grüne Quetzalfedern.

***Tula, die Hauptstadt** der Tolteken, liegt etwa 70 km nordwestlich des heutigen Mexico City. Hier stehen auf dem Gipfel der besterhaltenen Pyramide vier in Basalt gehauene Toltekenkrieger* (unten). *Die Pyramide, wahrscheinlich der Tempel des Quetzalcoatl, ist mit Reliefs von Herzen verzehrenden Kojoten, Jaguaren und Adlern geschmückt.*

Jede Säule ist 5 Meter hoch und besteht aus vier Teilen. Sie trugen einst das Tempeldach. Die mächtigen Figuren stellen schwerbewaffnete Krieger in voller Rüstung dar und repräsentieren so den kriegerischen Geist der Tolteken-Kultur.

Das Reich der Azteken

Theoretisch bestand der Staat der Azteken aus einer Konföderation zwischen den drei Herrschern von Texcoco, Tlacopán und Tenochtitlán, doch in der Praxis lag die Oberherrschaft in Tenochtitlán, der Hauptstadt der Azteken. Seit 1428 ist die Geschichte der Azteken durch unaufhörliche Expansion gekennzeichnet, bis sie über ein Gebiet herrschten, das vom Pazifischen- bis zum Atlantischen Ozean reichte.

Der Staat der Azteken war durch und durch militaristisch. Viele Offiziere der großen Berufsarmee stammten aus der Aristokratie, deren Angehörige schon im jugendlichen Alter in einen der militärischen Ritterorden eintraten. Bewährten Offizieren winkten steile Karrieren. Die Krieger schützten sich durch gesteppte Baumwolljacken und runde Schilde. Sie kämpften mit Dolchen und gezähnten Holzschwertern, besetzt mit rasiermesserscharfen Obsidianklingen.

Eins der ständigen militärischen Ziele der Azteken war Landgewinn – nicht zur Kolonisierung, sondern als Einkommensquelle. Denn den von Marionettenregierungen beherrschten unterworfenen Völkern wurden schwere Steuern auferlegt, die von aztekischen Beamten eingetrieben wurden. Diese lebten in von Militärgarnisonen geschützten Verwaltungszentren. Zweimal im Jahr wurden sorgfältige Berechnungen angestellt, nach denen die Abgaben für jede Provinz festgesetzt wurden. Ströme von Gütern ergossen sich auf diese Weise nach Tenochtitlán, ebenso Scharen von Kriegsgefangenen, die für die Azteken vielleicht noch wichtiger waren.

Denn wie die Tolteken, als deren Nachkommen sie sich betrachteten, waren die Azteken davon überzeugt, daß der Fortbestand und die Sicherheit der Welt nur durch regelmäßige Hekatomben von Menschenopfern garantiert werden konnte. Kriegsgefangene stellten dabei das Gros der Opfer, und um ausreichenden Nachschub sicherzustellen, wurden regelmäßige »Blumenkriege« mit den benachbarten Staaten Tlaxcala und Huexotzinco ausgefochten. Aus diesen rituellen Kämpfen gewann man tausende von Kriegsgefangenen und schleppte sie nach Tenochtitlán, wo ihr Blut – »Blumen« in der poetischen Sprache der Azteken – vergossen wurde.

In weniger als 200 Jahren schufen die Azteken aus der einst unbewohnten Insel vor dem sumpfigen Ufer des Texcoco-Sees eine große Stadt aus Stein mit über 100 000 Einwohnern. Diese Inselhauptstadt war von schmalen Kanälen durchzogen, was die ersten europäischen Besucher an Venedig erinnerte. Im Herzen der Stadt lag ein heiliger Bezirk, wo der Kaiser, der von der erblichen Aristokratie aus den Mitgliedern der königlichen Familie ausgewählt wurde, in einem weitläufigen, herrlichen Steinpalast residierte. In nächster Nähe zu diesem Kultzentrum des Reiches lagen kleinere Paläste und Schulen. Hier standen auch Tempel, die dem Tezcatlipoca, dem Kriegsgott,

Cortés, der wiederkehrende Gott

Die Azteken glaubten, daß die Welt schon vier Schöpfungen durchlaufen habe. Diese waren der Reihe nach von den Jaguaren, dem Feuer, dem Wind und dem Wasser zerstört worden. Die fünfte – gegenwärtige – Schöpfung stand in Gefahr, ihr Ende durch Erdbeben zu finden, die von Erdungeheuern erzeugt wurden. Eine solche tödliche Bedrohung der Welt trat alle 104 Jahre auf, wenn die Zyklen des 260-Tage-Kalenders der Azteken, des Sonnenkalenders mit 365 Tagen und des 584tägigen Venuszyklus zusammenfielen. Es war somit von größter Wichtigkeit, diese gefährlichen Zeiten zu berechnen. Der große Kalenderstein (links) mit gut 4 Metern Durchmesser läßt ahnen, in welcher Angst die Azteken gelebt haben müssen. Im Zentrum des Steins wird die Fratze des Erdungeheuers sichtbar, umgeben von den Symbolen der vier früheren Schöpfungen. Die 20 Zeichen für die Namen jedes Tages des Azteken-Monats bedecken den innersten Kreisring.

Aber die Azteken fürchteten noch andere Katastrophen. Denn jeden Tag brauchte der Sonnengott Menschenherzen und Menschenblut, um genügend Kraft zum Überleben der Nacht zu sammeln und am nächsten Tag wieder aufgehen zu können. Auch die Erfüllung einer toltekischen Prophezeiung von der Wiederkehr des Gottes Quetzalcoatl wurde von den Azteken mit Bangen erwartet.

Sehr zum Vorteil des Spaniers Hernán Cortés hatten die Priester das Jahr 1519 als eines der wahrscheinlichen Daten für Quetzalcoatls Rückkehr errechnet. Auch hatten wilde Stürme und seltsame Zeichen in Tenochtitlán den Kaiser und sein Volk auf ungewöhnliche Ereignisse vorbereitet. Als Cortés an der Küste des Golfs von Mexiko landete, wurde Montezuma die Nachricht überbracht, es seien bleichgesichtige, bärtige Fremdlinge ins Land eingedrungen. Der Kaiser hielt Cortés für Quetzalcoatl und gewährte den spanischen Abenteurern Zugang zur Stadt, wo sie ihn auf Cortés' Befehl gefangennahmen und ermordeten.

und anderen von den Tolteken übernommenen Gottheiten geweiht waren. Die ursprünglichen aztekischen Götter aber wurden im großen Tempel verehrt, auf dessen Spitze dem Sonnengott Huitzilopochtli und dem Regengott Tlaloc geweihte Altäre standen. Die Menschenopfer wurden gewöhnlich außerhalb des Heiligtums auf einer besonderen Plattform vollzogen. Man legte die Bedauernswerten über einen steinernen Altar und schnitt ihnen das Herz aus der Brust.

Als der Spanier Hernán Cortés und seine Gefolgsleute im Jahre 1519 die aztekische Hauptstadt betraten, waren sie entsetzt über den Blutgestank und die blutverklebten Haare der Priester. Die Spanier, die bei Cempoala an der Golfküste gelandet waren, entdeckten schnell, daß sich Tlaxcala, der aztekischen Blumenkriege müde, den Eroberern bereitwillig als Verbündeter anschloß. Hinzu kam, daß die Azteken glaubten, der Gott Quetzalcoatl werde dereinst zurückkehren. Montezuma II. hielt Cortés für den wiederkehrenden Gott und lud ihn in seine Stadt ein. Der Spanier nahm seinen Gastgeber gefangen, tötete ihn und hatte im Jahre 1521 jeden Widerstand der Azteken im Blut erstickt. So zerstörte eine winzige Schar Europäer eine große mittelamerikanische Kultur, deren Wurzeln 3000 Jahre zurückreichten.

Diese aztekische Zeichnung (rechts) *aus Tlaxcala stammt aus der Zeit nach der Eroberung. Sie zeigt, wie Cortés* (rechts sitzend) *mit Montezuma II. spricht. Hinter Cortés steht dessen Dolmetscherin und Geliebte Malinzin, die, wie das Volk von Tlaxcala, Cortés unterstützte.*

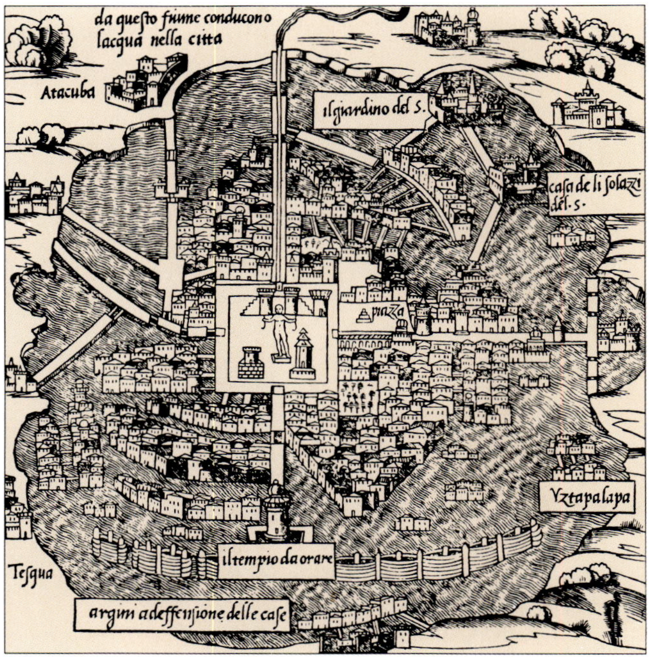

Nur sieben Jahre nach der Eroberung zeichnete der Spanier Benedetto Bordone Tenochtitlán (oben) als Stadt in europäischem Stil mit spitzen Dächern und umgeben von burgähnlichen Befestigungen. Die Straßen, die die Insel mit dem Festland verbanden, sind ziemlich genau wiedergegeben, ebenso das Aquaedukt, das ins quadratische Zentrum der Stadt führte. Tenochtitlán wurde nach einem genauen geometrischen Grundriß erbaut.

Nach der Überlieferung *beobachteten die nomadischen Azteken im Jahre 1325, wie sich ein Adler auf einem Feigenkaktus niederließ und eine Schlange packte. Dieses merkwürdige Ereignis, das auf diesem Azteken-Codex* (rechts) *dargestellt ist, faßten sie als Zeichen auf, daß sie hier ihre Hauptstadt Tenochtitlán, den »Platz des Feigenkaktus«, gründen sollten. Das alte Symbol der aztekischen Hauptstadt schmückt jetzt die Nationalflagge Mexikos.*

Die Erdhügelbauer

Von etwa 1000 vor bis 1450 n. Chr. entstanden und vergingen im Osten Nordamerikas drei eigenständige prähistorische Kulturen. Man bezeichnet sie – entsprechend den Fundstätten – als Adena-, Hopewell- und Mississippikultur. Charakteristisch für sie ist die Errichtung von Erdhügeln. Geburtsland der Adenakultur waren die östlichen Waldgebiete, eine Fläche mit dem heutigen Ohio als Kern, die sich bis nach Pennsylvanien, Westvirginia, Kentucky und Indiana hinein ausdehnte.

Zwischen 1000 und 300 v. Chr. errichteten die Menschen der Adenakultur umfangreiche Erdmonumente, von denen einige, die sog. Figurenhügel, in Tiergestalt ausgebildet sind. Häufiger jedoch bilden diese Erdbauten Ringe, und man glaubt, daß diese kultischen Zwecken dienten. Einige von ihnen umschließen auch Grabhügel. Aus dem Reichtum der Gräber und der Tatsache, daß der Bau der Ringe beträchtliche Organisation erforderte, läßt sich schließen, daß hinter der Adenakultur eine relativ hochorganisierte Gesellschaft stand.

Die Hopewell-Kultur (ca. 200 v. Chr. bis 500 n. Chr.) läßt sich als Fortsetzung und Fortentwicklung der Adenakultur ansehen. Die Erdbauten der Hopewell waren sehr ausgedehnt und bestanden manchmal aus ganzen Komplexen, in denen runde, rechteckige und vieleckige Erdwälle durch lange, von Dämmen gesäumte Chausseen verbunden waren. Die Grabhügel wurden innerhalb oder in der Nachbarschaft von Ringen angelegt. Sie bedeckten mehrere Grabkammern: eine für das erste Begräbnis, die zweite, um in der Folge weitere menschliche Gebeine aufzunehmen, und eine dritte für die reichen Grabbeigaben, unter denen sich Dolchspitzen aus Feuerstein und Obsidian, Speere, Steinmesser und polierte Äxte befanden. Kulturen wie diese waren in Nordamerika vom Westen des

***Tabakrauchen** war in der Frühgeschichte eine in fast ganz Nordamerika verbreitete Zeremonie. So gehören Tabakspfeifen zu den schönsten Kunstwerken, die von den Völkern der Adena und Hopewell angefertigt wurden. Diese steinerne Adena-Pfeife* (links) *ist bis zu 3000 Jahre alt und stellt einen Menschen mit Lendentuch und Ohrringen dar.*

Die Figuren-Pfeifen der Hopewell, zwischen 300 v. Chr. und 500 n. Chr. hergestellt, haben ganz verschiedene Formen. Unten links eine Pfeife in Gestalt eines Frosches, dessen Körper den Tabak enthält, während der Rauch durch den gebogenen Stiel eingesogen wurde. Die Städte der Adena und Hopewell sind auf den Karten unten links und Mitte eingetragen, die der Mississippi-Kultur (700–1450 n. Chr.) auf der Karte rechts.

***Die Archäologen,** die im 18. und Anfang des 19. Jahrhunderts Stollen in die alten amerikanischen Erdhügel hineintrieben, gingen dabei rücksichtslos vor. Eine rühmliche Ausnahme war Dr. Montreville Dickenson, der behauptete, er habe mehr als tausend Erdhügel »untersucht«. Auf dem Gemälde* (rechts) *wird dargestellt, wie er eine sorgfältige Ausgrabung leitet, auf der die Schichten, Skelette und entdeckten Gegenstände genauestens erfaßt werden.*

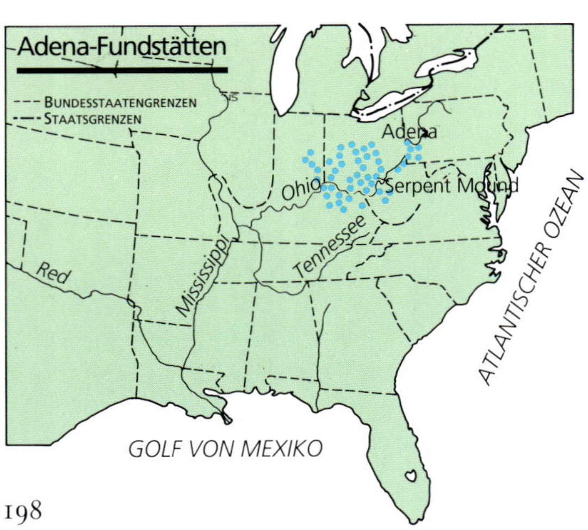

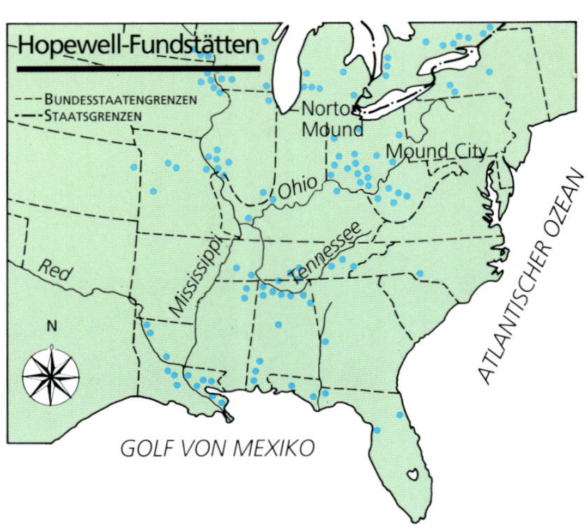

heutigen Staates New York bis nach Kansas hinein und vom Golf von Mexiko bis zum Huron-See verbreitet. Ihre Handelsbeziehungen reichten sogar noch weiter, was sich durch Funde in Hügelgräbern bestätigen läßt.

Die Mississippikultur, die sich von der Atlantikküste bis nach Oklahoma und von Minnesota zum Mississippi erstreckte, trat zuerst um 700 n. Chr. im Tal des mittleren Mississippi in Erscheinung. Sie ist charakterisiert durch rechteckige, flache Erdwälle, auf denen Tempel aus Holz, Begräbnisstätten und auch die Wohnungen der Häuptlinge standen. An die 20 solcher Hügel, die um einen Platz gruppiert und von einem starken Palisadenzaun umgeben waren, bildeten das Zentrum der ältesten uns bekannten Städte Nordamerikas. In städtischen Zentren wie Cahokia wohnten bis zu 10 000 Menschen. Daneben gab es ständige dörfliche Siedlungen, deren Bewohner vom Maisanbau lebte.

Viele Mississippigräber enthielten wertvolle Beigaben, z. B. Schmuck aus Kupfer und Glimmerschiefer, Perlen, monolithische Steinäxte, Tongefäße in Gestalt von Menschenschädel-Trophäen und Muschelgefäße. Sie sind mit eingravierten Motiven verziert, wie weinenden Augen, fliegenden menschlichen Flügelwesen und durch die Wolken brechenden Sonnen – Symbole einer rätselhaften Religion, des sog. Südlichen Kults. Die Mississippikultur gelangte um 1250 n. Chr. zu ihrer Hochblüte, dann aber begann der Niedergang, bis das Tal des mittleren Mississippi um 1450 n. Chr. ganz entvölkertes Gebiet war. Die dicht aufeinander lebenden Stadtbewohner waren Epidemien zum Opfer gefallen – ein Schicksal, das später noch viele Indianer ereilt hat, die den von den Europäern eingeschleppten Krankheiten wehrlos ausgeliefert waren.

__Der große Schlangenhügel__ in Ohio ist der berühmteste der rätselhaften Figurenhügel. Er erhebt sich nur 1 Meter über den Erdboden, doch mißt die Schlange vom Kopf bis zum Schwanz gut 430 Meter.

Im 1. Jahrtausend v. Chr. wurde die Jäger- und Sammlerbevölkerung des amerikanischen Südwestens, des heutigen New Mexico, Utah, Arizona und teilweise Colorado, dank der Einführung von Gemüsepflanzen und kultureller Einflüsse aus Mexiko seßhaft. Mais wurde schon um 1000 v. Chr. in diesen Gebieten angebaut, Kürbis und Bohne tauchten wenig später auf. Nach 300 n. Chr. lassen sich drei große prähistorische Kulturen in dieser Gegend nachweisen: die Hohokam, die Mogollon und die Anasazi.

Das von den Hohokam im heutigen Südarizona und Nordsonora in Mexiko besiedelte Land ist regenarm, so daß die Hohokam ihr Überleben nur durch meisterhafte Bewässerungsanlagen sichern konnten. Ihre Siedlungen mit zur Hälfte eingegrabenen Häusern befanden sich in der Nähe großer Flüsse, aus denen sie das Wasser auf ihre Felder leiteten. Eine beachtliche Landbautechnik ermöglichte es den Hohokam,

***Richard Wetherill,** auf dem Bild rechts außen, war der Entdecker des malerischen Felsdorfes Mesa Verde in Colorado, das von den Anasazi (1100–1300 n. Chr.) in die Felswand des Canyon gebaut wurde. Dieses Foto wurde 1894 aufgenommen, als Wetherill Besucher im Dorf herumführte.*

***Wertvolle Mimbres-Tongefäße,** wie diese* Schale (oben), *sind begehrte Objekte für Schatzjäger und Andenkensammler. Dieses zweifarbige Stück ist mit zwei menschlichen Figuren verziert, die Armbänder und Lendenschurze tragen und deren Körper bemalt sind. Es wurde im 11. Jahrhundert n. Chr. als Grabbeigabe verwendet und zerschlagen, um den Geist des Besitzers entweichen zu lassen.*

Die Zerstörung einer Fundstätte mit alten Gräbern in Slack Farm, Kentucky, im Jahre 1987 rief landesweit Proteste gegen die Plünderung von Gräbern für kommerzielle Zwecke hervor. Hier betrachtet ein Indianer (rechts) *die entweihten Gebeine seiner Vorfahren.*

Schutz der Vergangenheit

Künstlerisch wertvolle Urnen, die von etwa 1050–1200 n. Chr. im Mimbres-Tal hergestellt wurden, sind begehrte Sammelobjekte. Der Markt ist unersättlich, was dazu geführt hat, daß Fundstätten der Mimbres-Kultur von Schatzjägern um- und umgewühlt wurden.

Im Jahre 1987 zerstörte eine Gruppe von Schatzsuchern ein bedeutendes Dorf der Mississippi-Kultur in Slack Farm in West-Kentucky. Der Platz war von etwa 1450 bis 1650 n. Chr. besiedelt gewesen und bedeckte eine Fläche von circa 40 Morgen am Ohio. Insgesamt trieben die Räuber 450 kleine Löcher in den Boden und suchten so nach den Gräbern der amerikanischen Ureinwohner, die mit Opfergaben in Form von Vasen, Schmuck, Tabakspfeifen und Waffen bestattet worden waren. Die Gebeine von mindestens 650 Menschen wurden wie Abfall verstreut.

Nun gibt es aber, was gar nicht selbstverständlich ist, im Staat Kentucky ein Gesetz, nach dem Ausgräber wegen Schändung sakraler Stätten belangt werden können. Die Räuber wurden verfolgt, und Archäologen wurden gebeten, das verwüstete Bild der Vergangenheit an Ort und Stelle wieder zusammenzusetzen. Nach der wissenschaftlichen Untersuchung wurden die Gebeine nach traditionellem Ritus bestattet.

Der Fall Slack Farm dürfte in den USA zu neuen gesetzgeberischen Initiativen führen. Doch wirft er viele Fragen hinsichtlich der Eigentums- und Verfügungsrechte an archäologisch wichtigen Stätten und deren Schutz auf.

zweimal im Jahr Baumwolle, Mais, Bohnen und Kürbisse zu ernten. Ihren Speisezettel ergänzten sie durch wilde Früchte und Samen, Fisch und Wild.

Ausgrabungen in Pueblo Grande und Snaketown haben gezeigt, daß enge Beziehungen zu den großen Kulturen Mexikos im Süden bestanden. Es wurden Ballspielplätze entdeckt sowie große flache Erdhügel des breiten mittelamerikanischen Typs. Luxusgüter wie in Kupfer gegossene Glöckchen, Kolibri- und Papageienfedern, Spiegel aus Pyrit und Türkismosaike lassen auf Handelsbeziehungen bis nach Mexiko schließen.

Änderungen in den Bestattungsriten und der Befestigung der Hohokam-Siedlungen zwischen 1200 und 1400 n. Chr. zeigen, daß sich in dieser Zeit einschneidende Veränderungen vollzogen haben müssen. Nach 1200 n. Chr. kam ein Großteil des Territoriums der Hohokam unter die Herrschaft der Anasazi, und nach 1400 wurden viele Städte verlassen.

Die Mogollon-Kultur, die sich bis etwa 1200 n. Chr. hielt, entstand in den zerklüfteten Bergen Südwestmexikos und Ostarizonas. Schon früh hatte es in diesem Gebiet Ackerbau gegeben – Mais wurde bereits im 1. Jahrtausend v. Chr. angebaut –, doch waren die Menschen gleichzeitig auch noch Jäger und Sammler. Kleine Siedlungen aus Grubenhäusern wurden an Flüssen angelegt, so daß die Felder von gelegentlichen Überschwemmungen profitierten. In Gräbern gefundener Muschel- und Türkisschmuck weist darauf hin, daß auch hier eine Verbindung zu den mexikanischen Kulturen bestand.

Weiter im Norden des Gebietes der Mogollon änderten sich die bäuerliche Kunst und Architektur. Die Grubenhäuser wurden durch oberirdische Steinbauten ersetzt, die mehrere miteinander verbundene Räume enthielten. Zum erstenmal tauchten auch unterirdische runde Kulträume für Männer auf, die nach Form und Funktion den Kivas New Mexicos gleichen. Die ursprünglich braune, rotbemalte Keramik wurde durch weißglasierte Gefäße mit schwarzer Zeichnung abgelöst. Die schönsten dieser Erzeugnisse stammen aus dem Mimbrestal. Viele sind aus rituellen Gründen in der Mitte durchbohrt – sie sollten »getötet« werden. Die Mimbreskeramik kennzeichnet die letzte Phase der Mogollonkultur.

Wie die Mogollon bauten auch die Anasazi keine Bewässerungsanlagen, womit sie vom Regen und Flußüberschwemmungen abhängig waren. Nach 700 n. Chr. verließen sie ihre in die Erde eingegrabenen Häuser und ersetzten sie mit Ausnahme der Kivas durch oberirdische Bauten. In den nächsten 400 Jahren besiedelten die Anasazi bisher unbewohnte Gegenden und hatten schließlich große Teile von Utah, Colorado, New Mexiko und Arizona in Besitz genommen.

Zu dieser Zeit waren die Dörfer noch leicht zugänglich und unverteidigt. Doch bald führten Bedrohungen von außen dazu, daß man die Siedlungen an leicht zu verteidigenden Plätzen anlegte. So entstanden von etwa 1100 bis 1300 n. Chr. die eindrucksvollsten Siedlungen Nordamerikas. In Mesa Verde z. B. schützten Wachtürme Dörfer, die in hohen, fast unzugänglichen Felshöhlen mitten in der Wand des Canyons angelegt waren. Und im Chaco Canyon gibt es über 100 Dörfer, die alle aus vielstöckigen »Wohnblocks« und Kivas bestehen.

Die Siedlungen im Chaco Canyon waren durch Straßen miteinander verbunden, die auch weit ins Umland hinein führten, was den Schluß nahelegt, daß der Canyon ein Handels- oder Kultzentrum gewesen sein muß. Aber eine zwanzigjährige Trockenperiode mit entsprechendem Ernteausfall und Invasionen von außen waren die Ursache, daß kurz nach 1300 die Siedlungen verlassen wurden.

__Pueblo Bonito__ im Chaco Canyon war ein auf geometrischem Grundriß errichtetes Anasazi-Dorf, das von etwa 950–1300 n. Chr. besiedelt war. Innerhalb des D-förmigen Schutzwalles befinden sich die Ruinen von 800 Räumen, in denen die Bewohner lebten.

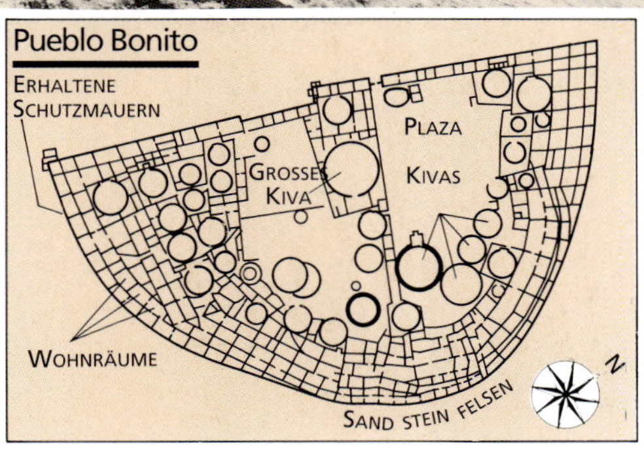

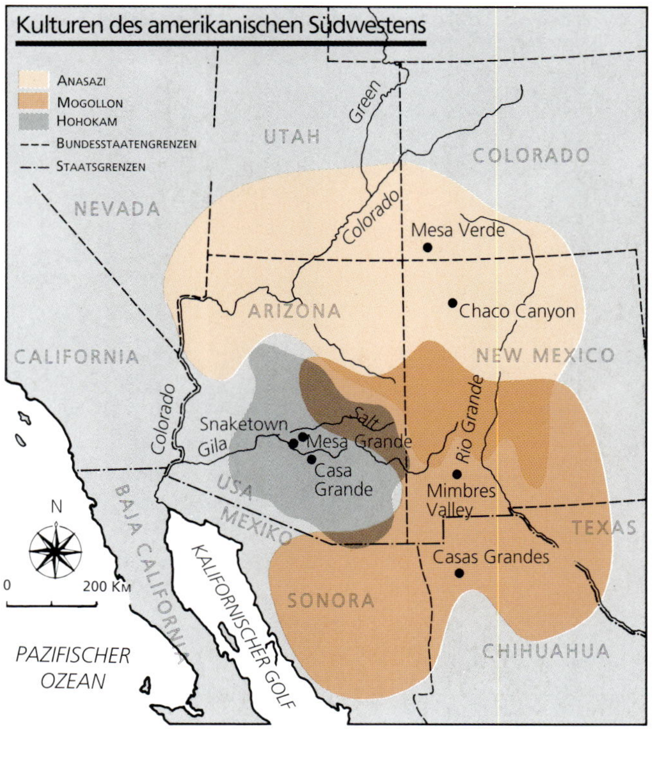

Wo die Staaten Colorado, Utah, Arizona und New Mexiko zusammenstoßen, lag das Kernland der Anasazi-Kultur. Die ersten Städte der Hohokam lagen in Arizona, während sich die wichtigsten Städte und Dörfer der Mogollon in Nordmexico und New Mexico befanden, ja auch noch im Zentralgebiet Arizonas. Die Karte (links) *zeigt die Hauptorte der drei Kulturen und die Gebiete, auf die sich ihr Einfluß erstreckte.*

Chronologie der Alten Welt

“›Ich, Ozymandias, bin der Herren Herr.
Verzweifelt vor den Zeugen meiner Macht!‹
Was aber bleibt? Ein Wrack auf ödem Strand,
sonst nichts, zeugt noch von längst vergangner Pracht.
Und endlos, formlos dehnt sich leerer Sand.”

Der englische Dichter Shelley (1792–1822)

Mesopotamien und der Nahe Osten

v. Chr.	
ca. 15 000	Jäger und Sammler ernten wild wachsendes Getreide.
ca. 9 000	Erste Siedlungen auf dem Gebiet von Jericho. Beginn des Getreideanbaus.
ca. 8000	Jericho wächst, bedeckt schließlich mehr als 4 Hektar und umgibt sich mit einer gewaltigen Steinmauer.
ca. 7000	Ackerbau und Viehzucht breiten sich aus.
ca. 6800	Çatal Hüyük in Kleinasien hat über 5000 Einwohner.
ca. 4500	In Eridu am Euphrat entsteht ein Tempel mit einem kleinen Altar und Opfertisch, Vorbild für alle weiteren Tempel in den ersten Städten der Region.
ca. 3300	Mit den ersten Städten entsteht auch die Schrift. Es ist eine Bilderschrift, von der älteste Proben in Uruk gefunden wurden.
ca. 2350	Lugalzagesi von Umma erobert Uruk und andere sumerische Städte.
ca. 2340	Sargon von Akkad erobert Sumer und gründet die Stadt Akkade.
2334	Sargon besiegt Lugalzagesi und erobert sein Land.
ca. 2200	Die Dynastie Sargons wird von den Gutäern, einem Bergvolk aus dem Osten, entmachtet.
2211	Der sumerische König Urnammu begründet die Dritte Dynastie von Ur. Hochblüte der Kultur. Er erbaut den berühmten Zikkurat von Ur, den besterhaltenen mesopotamischen Tempelturm.
2003	Die Elamiten plündern die Stadt Ur.
ca. 1900	Die Amoriter dringen in Mesopotamien ein und bemächtigen sich mehrerer Städte, unter anderem Mari, Assur und Babylon.
1815	Der Amoriter Schamschiadad wird König von Assyrien.
1792	Hammurabi wird König von Babylon.
1757	Hammurabi von Babylon zerstört die Stadt Mari.
ca. 1755	Auf einer Stele wird Hammurabi Gesetzeskodex eingemeißelt.
ca. 1750	Samsuiluna Nachfolger Hammurabis. In Anatolien steigen die Hethiter zur führenden Macht auf.
ca. 1700	Das Pferd revolutioniert die Kriegführung.
ca. 1650	Unter Hattusili I. kontrollieren die Hethiter wichtige Handelsstraßen und die Häfen Byblos und Ugarit am Meer.
ca. 1600	In der Levante benützen die Phönizier die kanaanitische Schrift, die erste alphabetische Schrift.
ca. 1595	Die Hethiter plündern Babylon.
ca. 1525	In Ägypten dehnen die mächtigen Pharaonen der 18. Dynastie ihr Reich bis zum Euphrat aus und gliedern ihm Palästina, die Levante und einen Teil Syriens ein.
ca. 1430	Hochblüte des Mitannireichs, das sich vom Zagrosgebirge bis zum Mittelmeer erstreckt. Sie dauert etwa 80 Jahre.
ca. 1380	Unter Suppiluliuma erobern sich die Hethiter die Macht zurück. Sie besiegen Mitanni und dessen Vasallenstaaten und entreißen Ägypten Syrien.
ca. 1285	Zusammenstoß zwischen Hethitern und Ägyptern bei Kadesch. Die Schlacht endet unentschieden.
ca. 1200	Das Hethiterreich findet aus unbekannten Gründen ein plötzliches Ende.
ca. 1100	Syrien und Palästina von Nomadenstämmen besiedelt.
ca. 1165	Ende der Kassitendynastie in Babylon.
1125	Nebukadnezar reißt die Macht in Babylon an sich.
ca. 1000	Der Nomadenstamm der Aramäer läßt sich am Euphrat in Syrien nieder. Ihre Macht dehnt sich auf assyrisches Gebiet aus. Gleichzeitig herrscht David als König über Israel und Juda.
ca. 930	Nach dem Tod von Davids Sohn Salomo teilt sich das Reich in die zwei Königreiche Israel und Juda.
883–859	Assurnasirpal II. regiert in Assyrien.
824	Am Ende der Regierungszeit Salmanassa III. erstreckt sich das assyrische Gebiet bis zum Euphrat.
745–727	Tiglatpilesar III. regiert über Assyrien.
729	Tiglatpilesar nimmt Babylon ein und wird König der Stadt. Er erobert Damaskus und die Staaten Syriens und macht sie zu Provinzen.
721–705	Unter Sargon II. besiegt Assyrien die Urartäer.
704–681	Sanherib, König Assyriens, unternimmt einen Feldzug zur Mittelmeerküste, wirft das Heer Ägyptens zurück und belagert Jerusalem. Er verlagert seine Hauptstadt nach Ninive.
680–669	Der Assyrer-König Assarhaddon führt Krieg in Ägypten und erobert Memphis.
668–627	Der Assyrer-König Assurbanipal zerstört das Elamiter-Reich, erobert Memphis zum zweiten Mal und plündert Theben. Das Assyrische Reich erreicht seine größte Ausdehnung.
609	Meder und Babylonier erobern das Assyrische Reich. Babylon wird zur größten Stadt in Mesopotamien und ist Hauptstadt eines Reiches, das sich bis zu den Grenzen Ägyptens erstreckt.
604	Nebukadnezar II. baut Babylon wieder auf. Er erobert Jerusalem und führt die Hebräer ins Exil.
539	Kyros von Persien erobert Babylon.

Ägypten

v. Chr.

ca. 3500 Noch vor der eigentlichen Pharaonenzeit entsteht eine einheitliche Kultur im Niltal und -delta.

ca. 3100 Einigung Ägyptens und Beginn der Dynastischen Periode. Die ersten vier Dynastien werden im Begriff »Das Alte Reich« zusammengefaßt.

ca. 2650 In Sakkara wird die Stufenpyramide für König Djoser, einen Herrscher der Dritten Dynastie, errichtet.

ca. 2590 In Gizeh wird die große Pyramide des Cheops erbaut. Sie ist die größte der Könige der Vierten Dynastie und die größte Pyramide überhaupt.

ca. 2181 Ende des Alten Reiches. Beginn der Ersten Zwischenzeit.

ca. 2060 Mit Mentuhotep II. von Theben beginnt die Epoche des Mittleren Reiches. Er begründet in Herakleopolis die Elfte Dynastie.

ca. 2010 Mentuhotep III. erschließt seinen ägyptischen Schiffen aufs neue den Seehandel auf dem Mittelmeer.

1991 Amenemhet I. begründet die zwölfte Dynastie und verlegt die Hauptstadt nach It-tawy in.

1878 Thronbesteigung Sesostris' III. Er beschneidet die Macht der Nomarchen, der Provinzgouverneure, und sichert Ägypten das nubische Gold.

1786 Ende des Mittleren Reiches – die Zweite Zwischenzeit beginnt.

1783 Die 14. Dynastie herrscht unabhängig in einem großen Teil des Deltas und einigen Gebieten Unterägyptens. Ihre Hauptstadt ist Xois.

ca. 1650 Eine neue Dynastie bildet sich in Theben heraus – die 17. Dynastie. Ihr vierter Herrscher Kamose erobert Auaris und beginnt mit der Vertreibung der Hyksos aus Ägypten.

1683 Die Hyksos, ein asiatisches Volk, errichten von ihrer Hauptstadt Auaris aus ihre Herrschaft in einem großen Teil Ägyptens und bilden die 15. und 16. Dynastie.

ca. 1550 Ahmose befreit Ägypten von den Hyksos und wird der erste Pharao der 18. Dynastie. Damit beginnt das »Neue Reich«, das bis zum Ende der 20. Dynastie dauert.

ca. 1500 Königin Hatschepsut, die fünfte Herrscherin der 18. Dynastie, besteigt den Thron und herrscht 21 Jahre.

1482 Thutmosis III. gelangt zur Macht.

1420 Amenophis II. unterwirft Nubien und kontrolliert nun den Nil bis zum Vierten Katarakt.

1402 Unter Amenophis III. erreichen die Macht, das Ansehen und der Reichtum Ägyptens ihren Höhepunkt.

1379 Amenophis IV. wendet sichvom Kult des Amun ab und verehrt Aton, Sonnenscheibe. Er nennt sich Echnaton und verlegt seine Hauptstadt von Theben nach Achetaton, das heutige Tell el-Amarna.

1362 Tutanchaton läßt sich dazu bewegen, sich von Aton wieder abzuwenden. Er kehrt nach Theben zurück und nimmt den Namen Tutanchamun an. 1922 wurde sein reich ausgestattetes Grab entdeckt.

ca. 1320 Ramses I. wird von dem Wesir Haremheb zum König ernannt. Er ist der erste Herrscher der 19. Dynastie.

ca. 1310 Während der Regierungszeit von Ramses' Sohn Sethos I. zeichnet sich zum erstenmal der Machtkampf Ägyptens mit den Hethitern ab.

1290 Thronbesteigung Ramses' II., des Enkels von Ramses I. Er regiert 67 Jahre.

ca. 1285 Ramses II. kämpft mit den Hethitern unter ihrem König Muwatallis in der Schlacht von Kadesch. Ramses proklamiert sich zum Sieger, doch endete die Schlacht wohl unentschieden. Einige Jahre nach der Schlacht wird ein Friedensvertrag unterzeichnet und durch die Heirat Ramses' II. mit einer hethitischen Prinzessin besiegelt. Der Vertrag bleibt bis zum Ende des Hethiter-Reiches, etwa 1200 v. Chr., in Kraft.

ca. 1245 Ramses II. verlegt seine Hauptstadt in die neue Stadt Pi-Ramses, wo er bis zum Ende seiner Regierungszeit verbleibt. Während dieser Zeit werden die Tempel zu Abu Simbel und die Monumente in Tanis aus dem Felsen gehauen.

1180 Ramses III. besiegt die als die »Seevölker« bekannten räuberischen Horden. Alle folgenden Herrscher der 19. Dynastie heißen auch Ramses.

1070 Ende der 20. Dynastie und des Neuen Reiches. Es beginnt die Spätperiode Ägyptens. Das Land wird zwischen den Amun-Priestern in Theben und Smendes, dem Wesir Unterägyptens, geteilt, der in Tanis residiert.

945 Spannungen zwischen Tanis und Theben führen zum Bürgerkrieg. Mitte des 8. Jahrhunderts besteht Ägypten aus mehreren rivalisierenden Kleinstaaten.

ca. 740 Beginn der Vorherrschaft der nubischen 25. Dynastie.

667 Die Assyrer plündern Memphis und Theben und beenden die nubische Dynastie.

663–525 Ägypten ist wieder unabhängig, und die 26. Dynastie regiert von Sais aus. Letzte große Blütezeit.

605 Die Babylonier erobern Ägypten.

539 Die Babylonier werden von den Persern besiegt, die von nun an die neue Gefahr für Ägypten darstellen.

525 Ägypten wird von den Persern unter Kambyses erobert und dem Persischen Reich einverleibt. Ungeachtet mehrerer Aufstände können die Perser ihre Herrschaft fast 200 Jahre lang aufrechterhalten.

332 Alexander der Große erobert Ägypten und gründet die Stadt Alexandria.

305 Alexanders Feldherr und Gouverneur Ägyptens, Ptolemaios I. erklärt sich selbst zum König.

30 Kleopatra VII., die letzte der Ptolemäer, begeht Selbstmord. Ägypten wird Teil des Römischen Reiches.

Persien

v. Chr.

ca. 6000	Mehrere Kulturen bilden sich im Iran.
ca. 3000	Verzierte Keramik entsteht auf Töpferscheiben.
ca. 2700	Die ersten Könige der alten elamischen Periode.
ca. 2300	Die sog. protoelamische Bilderschrift ist in Gebrauch. Proben wurden in Susa und Schar-i Sochteh gefunden.
ca. 2000	Beginn der elamischen Felszeichnungen. Man stellt Gegenstände aus Bronze, Silber und Gold her, sowie Terrakotta-Figürchen.
ca. 1400	Im Gebiet um Marlik entsteht die erste Graukeramik.
ca. 1300	Iranische Völker machen sich im Gebiet um Marlik ansässig.
ca. 1260	Der Elamiter-König Untaschnapirischa erbaut in Choga Zanbil eine neue Hauptstadt und einen Tempelkomplex.
1168	Die Elamiter erobern unter Schutruknahhunte Babylon und verbringen den Gesetzeskodex Hammurabis in ihre Hauptstadt Susa.
ca. 1100	Die Elamiter werden von den Babyloniern besiegt, womit diese Periode ihrer Geschichte endet.
ca. 640	Kurzes Wiederaufleben Elams, danach totale Vernichtung durch Assyrien.
615	Der medische Herrscher Kyaxares schließt ein Bündnis mit dem babylonischen König Nabupolassar gegen Assyrien.
612	Ninive unterliegt einer aus Medern und Babyloniern bestehenden Streitmacht.
559	Kyros II. der Große besteigt den Achämeniden-Thron.
550	Kyros besiegt Astyages, den letzten medischen König, und wird Großkönig der Meder und Perser. Er erbaut die Stadt Pasargadai.
546	Kyros besiegt den lydischen König Krösus. Lydien wird persische Provinz.
539	Kyros erobert Babylon, anscheinend ohne Blutvergießen. Dieser Sieg macht ihn zum Herrn des babylonischen Reiches.
530	Tod Kyros' des Großen an der Nordostgrenze. Seine Leiche wird nach Pasargadae überführt, wo sein Sohn Kambyses die Nachfolge antritt.
526	Die Perser unter Kambyses erobern Ägypten.
522	Kambyses wird ermordet. Darius, sein Speerträger, schlägt überall aufflammende Aufstände nieder und wird König.
518–468	Größte Ausdehnung des persischen Reiches. Darius residiert im Winter in seiner Hauptstadt Susa, im Sommer in Ekbatana.
500	Aufstand der griechischen Städte Ioniens.
490	Ein nach Griechenland entsandtes persisches Expeditionsheer erleidet bei Marathon eine Niederlage und wird zum Rückzug gezwungen.
486	Tod des Darius. Nachfolger ist sein Sohn Xerxes, der Aufstände in Ägypten und Babylonien niederschlägt.
480	Invasion des Xerxes in Griechenland. Nach einem Sieg bei den Thermopylen werden die Perser bei Salamis, Plataiai und Mykale geschlagen.
465	Xerxes ermordet – Thronbesteigung des Artaxerxes.
336	Thronbesteigung von Darius III.
331	In der Schlacht bei Gaugamela besiegt Alexander der Große Darius III. entscheidend. Darius wird von persischen Adeligen ermordet. Mit ihm endet das Achämenidenreich.
323	Tod Alexanders.
ca. 300	Seleukos, Begründer der Dynastie der Seleukiden, erobert die Macht im Iran, Mesopotamien, Nordsyrien und einen großen Teil Kleinasiens.
247	Arsakes begründet die Arsakiden- oder Parther-Dynastie.
ca. 175	Phraates I. beginnt mit der Ausdehnung des parthischen Gebietes.
171	Mithridates I., Nachfolger von Phraates I., begründet das Parthische Reich.
141	Eroberung von Seleukia am Tigris, der alten Hauptstadt der Seleukiden, durch die Parther. Diese herrschen nun auch in Mesopotamien.
124	Thronbesteigung Mithridates' III. Unter ihm erlangt das Parther-Reich seine größte Ausdehnung.
53	Die Parther bringen den Römern bei Carrhae (Harran) in Nordsyrien eine Niederlage bei.

n. Chr.

116	Die Römer erobern die parthische Hauptstadt Ktesiphon. Sie ziehen sich wieder zurück, aber die Macht der Parther ist angeschlagen.
164	Die Römer erobern und plündern Ktesiphon.
225	Artabanos V., der letzte Partherkönig, wird von Ardaschir I., dem Gründer des Sassaniden-Reiches, besiegt.
240	Schapur I. dehnt das Sassaniden-Reich aus. Er bringt drei römischen Kaisern, u. a. Valerian, Niederlagen bei.
272–293	Verfolgung aller sassanidischen Untertanen, die sich nicht zur Religion Zoroasters bekennen.
309	Thronbesteigung Schapurs II. Nomadenstämme bedrohen die Grenzen des Reiches.
615	Yazdgard III., der letzte Sassanidenkönig, wird von einer arabisch-islamischen Armee besiegt. Ktesiphon fällt. Damit endet das letzte iranische Reich.

Das vorgeschichtliche Europa

v. Chr.

ca. 6500 Im Neolithikum verbreitet sich die Technik des Ackerbaus von Anatolien nach Südosteuropa.

ca. 5000 Im Chalkolithikum (der »Kupferstein«zeit) werden auf dem Balkan die ersten Metallgegenstände durch Hämmern frei vorkommenden Goldes und Kupfers hergestellt.

ca. 4500 In Westeuropa Übergang von den Jäger- und Sammlerkulturen zu den bäuerlichen Siedlerkulturen. Fortschritte in der Metallverarbeitung auf dem Balkan durch die Anwendung von Schmelz- und Gußtechniken.

ca. 4000 Die neolithischen Volksstämme in der Bretagne in Nordwestfrankreich bauen Kammergräber. In Ostmitteleuropa bilden sich mit der chalkolithischen Periode hierarchisch gegliederte Gesellschaften heraus. Die Gräber der Reichen in Varna in Bulgarien enthalten Metallschmuck, Edelsteine und Perlen, während die ärmeren Gräber nur Stein- und Keramikgegenstände aufweisen.

ca. 3700 In einigen Teilen Nordeuropas beginnt die Bronzezeit, wobei aber gleichzeitig Kulturen der Steinzeit fortbestehen. Durch Handel und Wanderungen verbreitet sich neues Wissen überall auf dem Kontinent. Benachbarte Vorkommen von Kupfer und Zinn, der zur Bronzeherstellung benötigten Metalle, gibt es nur in Teilen Westbritanniens, Frankreichs, Nordwestspaniens und Norditaliens. Megalithische Kammergräber des Langtyps werden in West Kennet im Westen Englands erbaut.

ca. 3300 In ganz Britannien, Dänemark und Westeuropa entstehen Steingräber. Sie reichen von sehr einfachen Bauten, z. B. einer mit großen Steinen bedeckten Kammer, bis zu gewaltigen Ganggräbern.

ca. 3200 Die Menschen Britanniens und Nordwestfrankreichs errichten Monumente und Anlagen aus aufrechtstehenden Steinen und kreisförmige Wälle mit Graben. Diese Periode dauert bis zum Jahre 1500 v. Chr.

ca. 2500 Funde von Becher- und Schnurkeramiken aus der Bronzezeit Mitteleuropas, die man im neolithischen West- und Nordeuropa entdeckt hat, zeigen, daß schon zu dieser Zeit ausgedehnte Handelsbeziehungen bestanden.

ca. 2300 Bald nach dem Einzug der Bronzezeit in Mittel- und Osteuropa, beginnt diese auch in Westeuropa und Italien.

ca. 2000 In Ost- und Mitteleuropa finden sich befestigte Siedlungen, im Westen erst 1200 v. Chr.

ca. 1800 Stonehenge in Südengland wird von einer bronzezeitlichen Kultur errichtet. Zu dieser Zeit bilden sich soziale Schichtungen heraus. Reiche Persönlichkeiten werden mit aufwendigen Grabbeigaben unter großen Erdhügeln, den sog. Hünengräbern, abseits der Siedlungen bestattet.

ca. 1200 Im Donaugebiet entsteht eine neue Kultur, die nach ihrem Brauch, die Toten zu verbrennen und Urnen mit ihrer Asche in zu den Siedlungen gehörenden Gräberfeldern zu bestatten, Urnenfelderkultur genannt wird.

ca. 1000 Allgemeiner Gebrauch der Bronze, Reichtum und Wohlstand mehren sich. Aus dem Nahen Osten kommt die Technik der Eisenverarbeitung nach Europa.

ca. 800 In Österreich und Süddeutschland entstehen die ersten gesellschaftlichen Gebilde der keltischen Eisenzeit. Einige der ältesten Eisenartefakte hat man in Hallstatt in Österreich gefunden. Von diesem Ort hat die erste Eisenzeitkultur in Europa ihren Namen. Sie dauert etwa vom 8. bis zum 5. Jahrhundert v. Chr.

ca. 750 Die Skythen, ein nomadisches Reitervolk, werden aus den asiatischen Steppen nach Westen ins Schwarzmeergebiet abgedrängt. In den Gräbern der Skythen befinden sich Wagen, Pelze, Seide und Pferde neben den tätowierten Körpern der Toten.

ca. 600 Die Technik der Eisenverarbeitung verbreitet sich westwärts über ganz Europa. In Süddeutschland und Ostfrankreich werden Verteidigungsanlagen auf Hügeln errichtet. Anfangs sind Eisenwaren noch selten, aber mit der Zeit revolutioniert das härtere neue Metall die Kriegführung, die Landwirtschaft und das Handwerk.

ca. 500 Die Germanenstämme im Nordeuropa der Eisenzeit greifen in neue Räume aus.

ca. 450 Eine keltische Kultur, die nach einem Ort in der Schweiz benannte La Tène-Kultur, entwickelt sich. Sie ist berühmt für ihre Metallarbeiten, von denen man Relikte auf dem ganzen Kontinent gefunden hat.

38 Die Kelten tragen zum Untergang der Etrusker bei. Ein gallisches Heer plündert Rom.

272 Die Gallier verwüsten Delphi auf ihrem Zug nach Kleinasien.

ca. 200 Die Bastarner, ein Germanenstamm, bedrohen die griechischen Städte an der Schwarzmeerküste. Im nächsten Jahrhundert wandern Scharen von Germanen nach Belgien und in die Rheingegend ein.

61 Die germanischen Sveben unter ihrem Führer Ariovist verbünden sich mit den keltischen Sequanern und greifen die Kelten in Mittelgallien an. Das nimmt der römische Feldherr Julius Caesar zum Anlaß zu intervenieren und die Ordnung wieder herzustellen.

n. Chr.

118 Die Römer schließen Frieden mit den Markomannen und zahlen ihnen Subsidien.

ca. 300 Die Barbarenflut brandet immer heftiger an die Grenzen des Römischen Reiches. Germanen dringen in Gallien und auf dem Balkan ein.

410 Die Westgoten unter Alarich erobern und plündern Rom.

Griechenland und die Ägäis

v. Chr.	
ca. 3000	In der Ägäis entsteht die Kykladen-Kultur der frühen Bronzezeit.
ca. 2200	Auf der Insel Kreta entwickelt sich die minoische Kultur. Errichtung der ersten Paläste in Knossos und Phaistos.
ca. 2000	Man verwendet eine Bilderschrift, die noch bis etwa 1600 v. Chr. in Gebrauch ist.
ca. 1900	Die Linear A-Schrift kommt auf. Sie ist noch nicht entziffert.
ca. 1700	Ein Erdbeben zerstört die minoischen Paläste. Größere werden auf den Mauern der alten errichtet.
ca. 1600	Die Mykener werden zur führenden Macht auf dem griechischen Festland.
ca. 1500	Eine minoische Siedlung auf Thera wird durch ein Erdbeben zerstört. Ihm folgt ein gewaltiger Vulkanausbruch, woraufhin die ganze Insel von ihren Bewohnern verlassen wird.
ca. 1450	In Knossos wird die auf Ideogrammen beruhende Linear B-Schrift verwendet. Die meisten kretischen Paläste und Siedlungen werden zerstört. Knossos von den Mykenern besetzt.
ca. 1400	Der Palast von Knossos brennt nieder.Er wird von seinen Bewohnern verlassen und niemals wieder aufgebaut.
ca. 1300	In der spätmykenischen Periode wird Athens inmitten der Stadt gelegene Festung, die Akropolis, verstärkt.
ca. 1100	Die mykenische Welt nimmt ein plötzliches Ende. Griechenland tritt bis etwa 800 v. Chr. in sein »dunkles Zeitalter« ein.
ca. 1000	Kolonisten vom griechischen Festland besiedeln die Küsten Kleinasiens und die Inseln im Osten des Ägäischen Meeres.
776	Die ersten Heiligen Spiele mit sportlichen Wettkämpfen werden im Heiligtum des Zeus in Olympia veranstaltet.
ca. 750	Machtzuwachs Athens und Spartas in der archaischen Periode.
733	Korinth gründet die Stadt Syrakus auf Sizilien.
715	Sparta erobert Messenien und weitere Teile der Peloponnes.
706	Sparta gründet Tarent in Süditalien.
594	Solons Gesetzesreform in Athen.
546–528	Peisistratos reißt die Macht in Athen an sich und regiert als Tyrann.
514	Hipparchos, ein Sohn des Peisistratos, wird ermordet.
510	Dessen Bruder Hippias wird mit spartanischer Hilfe gestürzt, der andere flieht aus Athen.
508	Kleisthenes führt weitreichende Reformen durch.
490	Griechische Städte in Kleinasien lehnen sich gegen die persische Herrschaft auf. Die Athener unterstützen sie.
490	Um sie dafür zu bestrafen, schickt Persien ein Invasionsheer. Dieses wird von den Athern bei Marathon geschlagen.
480	Xerxes führt ein gewaltiges Heer gegen Griechenland. Nach einem Sieg bei den Thermopylen werden die Perser bei Salamis und später bei Plataiai und Mykale geschlagen.
478	Gründung des (ersten) Delisch-Attischen Bundes, einer Konföderation von Städten mit gemeinsamer Kasse und Militärpolitik unter Führung Athens.
471	Naxos versucht aus dem Delischen Bund auszuscheren, wird aber von athenischen Truppen zum Bleiben gezwungen.
469	Geburt des berühmten Philosophen Sokrates.
448	Baubeginn am Parthenon – nach 16 Jahren ist der Bau vollendet.
443	Perikles führt den Vorsitz in einer Kommission von 10 Strategen, die jährlich vom Volk gewählt werden. Er führt Athen bis zu seinem Tode im Jahre 429.
431–404	Peloponnesischer Krieg zwischen Sparta und Athen.
429	Geburt Platons, eines Schülers des Sokrates und Autors einer Reihe philosophischer Werke, u. a. des »Staates«.
404	Athen von Sparta besiegt, das jetzt der mächtigste Stadtstaat in Griechenland ist.
401	Kriegsausbruch zwischen Sparta und Persien obwohl die beiden Länder noch wenige Jahre zuvor Verbündete gegen Athen gewesen waren.
399	Sokrates wird unter der Anklage, die Jugend Athens verdorben zu haben, zum Tod verurteilt.
395	Eine Koalition aus Athen, Argos, Korinth und Theben besiegt Sparta. In den nächsten 40 Jahren liegen diese Staaten unablässig miteinander im Krieg.
384	Geburt des Philosophen und Gelehrten Aristoteles und des Redners Demosthenes.
362	Theben besiegt Sparta in der Schlacht von Mantineia. Die griechischen Staaten sind durch die vielen Kriegsjahre sehr geschwächt.
359	Philipp II. wird König von Makedonien. Innerhalb von 20 Jahren dehnt er sein Gebiet von der unteren Donau bis zur Ägäis und von der Adriaküste bis zum Schwarzen Meer aus.
338	Philipp schlägt die griechischen Staaten bei Chaironeia.
336	Philipps Sohn Alexander tritt die Nachfolge an.
332	Alexander wird in Ägypten willkommen geheißen, wo er die Stadt Alexandria gründet.
331	Alexander der Große schlägt die Perser unter Darius III.
323	Alexander stirbt in Babylon. In den Kriegen seiner Nachfolger löst sich das Reich auf.
278	Drei große hellenistische Reiche haben sich aus der Erbmasse Alexanders herausgebildet: die Ptolemäer in Ägypten, die Seleukiden in Babylon und Syrien, die Antigoniden in Makedonien.
146	Rom annektiert Makedonien und Griechenland.
86	Die Römer plündern Athen.
30	Nach dem Selbstmord Kleopatras VII. annektiert Rom das letzte noch unabhängige hellenistische Reich: Ägypten.

Die Römische Welt

v. Chr.

ca. 1000	Auf dem Palatin und den benachbarten Hügeln entstehen die ersten Dörfer.
814	Die Phönizier gründen Karthago.
ca. 800	Die etruskische Kultur entwickelt sich auf dem Gebiet der heutigen Toskana.
753	Nach der Überlieferung gründet Romulus die Stadt Rom.
ca. 650	Unter den etruskischen Königen expandiert Rom.
509	Vertreibung des Tarquinius Superbus. Gründung der römischen Republik.
496	Römischer Sieg über die latinischen Stämme am Regillus-See.
ca. 450	Das Zwölftafelgesetz, der Gesetzeskodex der Stadt, tritt in Kraft.
387	Rom von den Galliern geplündert.
343–290	Samnitenkriege.
340–338	Latinische Kriege.
312	Bau der Via Appia und Aqua Appia.
ca. 280	Die ersten römischen Münzen werden geprägt.
275	Weitere Ausdehnung des römischen Territoriums. Niederlage des Pyrrhus von Epirus.
264	Die ersten überlieferten Gladiatorenkämpfe in Rom.
264–241	Erster Punischer Krieg.
218–201	Zweiter Punischer Krieg – Hannibal überquert die Alpen und fällt in Norditalien ein.
217	Karthagischer Sieg am Trasimenischen See.
216	Karthagischer Sieg bei Cannae.
202	Karthagische Niederlage bei Zama in Nordafrika.
168	Der Sieg der Römer bei Pydna beendet die makedonischen Kriege und bedeutet das Ende des Reiches der Antigoniden.
149–146	Dritter Punischer Krieg – endgültige Niederlage und Zerstörung Karthagos.
73	Der Gladiator Spartakus führt einen Sklavenaufstand an, der jedoch scheitert.
63	Endgültige Niederlage des Mithridates von Pontus.
60	Pompeius, Crassus und Julius Caesar bilden das erste Triumvirat.
58–51	Caesars gallische Eroberungen.
46	Zwei Jahre nach seinem Sieg über Pompeius wird Caesar zum Diktator auf 10 Jahre ernannt und beginnt mit einem gewaltigen Reformprogramm.
44	Julius Caesar an den Iden (15.) des März ermordet.
43	Octavian, Caesars Erbe, kehrt aus Griechenland zurück und bildet mit Antonius und Lepidus das zweite Triumvirat.
31	Octavian besiegt Antonius und Kleopatra in der Seeschlacht bei Actium.
27	Octavian werden besondere Vollmachten übertragen. Er erhält den Titel Augustus. Beginn des Prinzipats (princeps = der Erste).
19	Tod des Vergil. Sein großes Epos »Äneis« wird posthum veröffentlicht.

n. Chr.

14	Augustus stirbt – Nachfolger ist sein Stief- und Adoptivsohn Tiberius.
37	Caligula folgt Tiberius und wird vier Jahre später ermordet.
41	Claudius wird Kaiser.
68	Mit dem Selbstmord Neros endet die Julio-Claudische-Dynastie.
69	Vier-Kaiser-Jahr. Vespasian wird schließlich Kaiser und stellt die Ordnung wieder her.
70	Der jüdische Aufstand. Vespasians Sohn Titus erobert Jerusalem.
96	Kaiser Domitian ermordet. Der Senat ernennt Nerva zum neuen Kaiser, der Trajan als Erben adoptiert. Beginn des »Adoptivkaisertums«.
114	Unter Trajan erreicht das Römische Reich seine größte Ausdehnung.
192	Nach dem Tod von Mark Aurels Nachfolger Commodus folgt eine Zeit des Bürgerkriegs, wobei verschiedene Kaiser einander ablösen.
193–235	Regierung der severischen Kaiser. Beginn des »Dominats« (dominus = der Herr).
235	Alexander, der letzte severische Kaiser, wird vom Heer ermordet. Die nächsten 50 Jahre innere Schwäche des Reiches.
284	Diokletian wird Kaiser und stellt wieder ein gewisse politische Stabilität her.
293	Diokletian teilt das Reich in zwei Hälften und richtet die »Tetrarchie« ein , die systematisierte Herrschaft von vier Kaisern.
312	Das System der Tetrarchie bricht wieder zusammen, es folgt eine Zeit der Bürgerkriege.
324	Konstantin wird Alleinherrscher im Römischen Reich.
337	Konstantin erhält auf dem Totenbett die christliche Taufe. Von da an ist fast jeder Kaiser Christ.
391	Theodosius I. unterdrückt die heidnischen Kulte und macht das Christentum zur Staatsreligion.
395	Nach dem Tod des Theodosius wird das Reich zwischen dessen Söhnen Arcadius im Osten und Honorius im Westen geteilt.
404	Die Hauptstadt des Westreichs wird nach Ravenna verlegt.
410	Die Westgoten unter Alarich erobern und plündern Rom.
451	Der Hunne Attila greift Gallien an und fällt 452 in Italien ein. Nach Verhandlungen zieht er sich zurück.
476	Im Westen rufen Soldaten den Germanen Odoaker zum König aus. Er setzt den letzten Westkaiser Romulus Augustulus ab.

Indien

v. Chr.

ca. 4000	In den Gebieten am Industal entsteht eine eigenständige städtische Kultur mit großer Flächenausdehnung.
ca. 3500	In der fruchtbaren Schwemmlandebene des Indus entwickeln sich mehrere Dörfer.
ca. 2500	Blütezeit der Indus- bzw. Harappa-Kultur. Es handelt sich um eine Kultur mit einer gewissen Einheitlichkeit, die eine Fläche von etwa 1,3 Millionen Quadratkilometer bedeckt. Die Menschen der Induskultur verwenden eine Hieroglyphenschrift.
ca. 1750	Ende der Induskultur aus unbekannten Gründen.
ca. 1500	Die Arier wandern in Nordindien ein. Als Hirten- und Nomadenvölker sprechen sie eine indoarische Sprache. Arier heißen sie eher aus sprachlichen als aus ethnischen Gründen.
ca. 1300	Die Arier breiten sich ostwärts aus und gründen kleine, rivalisierende Königreiche. Ihre Geschichte spiegelt sich in den späteren Epen Mahabharata und Ramayana wider.
ca. 1000	Der Rigveda, eine Hymnensammlung, wird zusammengestellt und mündlich von Generation zu Generation weitergegeben.
ca. 600	In Nordindien sind etwa 16 arische Königreiche entstanden. Zentraen in diesem Gebiet sind die großen Städte Kaushambi, Rajgir und Hastinapura.
ca. 566	Geburt des Gautama Buddha, des Erleuchteten.
543	Bimbisara, der Herrscher des Staates Magadha, vergrößert sein Gebiet und führt eine effiziente Verwaltung zur Erhebung von Steuern ein.
ca. 540	Geburt Vardhamanas, des Asketen, der den Jainismus gründet.
533	Gandhara wird Satrapie des persischen Achämeniden-Reiches.
491	Ajatashatru, Sohn Bimbisaras, setzt die Expansionspolitik seines Vaters fort, und erlangt die Herrschaft in einem großen Teil des Gangesbeckens.
459	Nach dem Tod Ajatashatrus regiert eine Reihe schwacher Herrscher in Magadha, bis durch Shishunaga eine neue Dynastie begründet wird. Sie dauert aber nur 50 Jahre, wonach sie von Mahapadmanaga, dem ersten Herrscher der Nanda-Dynastie, abgelöst wird.
327	Alexander der Große von Makedonien betritt indischen Boden. Er besetzt zeitweise den Punjab und Sindh.
ca. 320	Candragupta Maurya besiegt den letzten Nanda und besetzt Magadha. Er marschiert weiter bis zum Indus und nach Zentralindien.
304	Nach der Niederlage des Seleukiden-Königs Seleukos I. Nikator wird Ostafghanistan dem Maurya-Reich einverleibt, das jetzt von Kandahar im Westen bis jenseits des Ganges reicht.
ca. 297	Candragupta dankt nach seiner angeblichen Bekehrung zum Jainismus zugunsten seines Sohnes Bindisura ab. Dieser vergrößert das Reich bis nach Mysore.
ca. 272	Nach dem Tod Bindisuras folgt eine Zeit dynastischer Streitigkeiten. bis sein Sohn Ashoka die Macht an sich reißt.
ca. 260	Infolge eines besonders blutigen Feldzugs in Kalinga (Orissa) durchlebt Ashoka eine Krise und tritt zum Buddhismus über.
232	Nach dem Tod Ashokas löst sich das Maurya- Reich allmählich auf. Im Laufe von 50 Jahren schrumpft es auf ein kleines Gebiet im Gangestal zusammen.
ca. 200	Nach dem Untergang der Maurya errichten die baktrischen Griechen kleine Königreiche im Punjab und dem Kabultal, die im Lauf der Zeit von den Saken erobert werden.
185	Brhadratha, der letzte Maurya, wird von seinem brahmanischen Feldherrn Pusyamitra, dem ersten Herrscher der Shunga-Dynastie, ermordet. Die Shungas regieren etwa 110 Jahre in Magadha. Der Buddhismus erlebt einen Niedergang, der Brahmanismus eine Renaissance.
ca. 155	Beginn der Regierungszeit Menanders, des uns am besten bekannten indogriechischen Königs. Er regiert im Punjab und in Gandhara.
ca. 90	Gandhara und seine Hauptstadt Taxila werden von den Saken erobert.
ca. 30	Die Saken überrennen die indogriechischen Reiche und besetzen das Industal, Gujarat und den Süden bis nach Ujjain. Ihre Staatsgründungen, die sich durch großen Reichtum auszeichnen, halten sich bis ins 4. Jahrhundert n. Chr.

n. Chr.

um 100	Einer der fünf Yüe-chih-Stämme, die Kushana, vereinen die anderen vier Stämme. Sie dringen nach Gandhara und in den Punjab vor. Um 80 n. Chr. gelangt ihr größter König, Kanishka, auf den Thron. Von seiner Hauptstadt Purusapura bei Peshavar aus vergrößert er sein Reich, bis es sich von Benares nach Kabul und im Süden nach Sanchi erstreckt.
ca. 150	Nach dem Tode Kanishkas verlieren die Kushana das Gangestal wieder. Die Saken werden unabhängig, und Mitte des 3. Jahrhunderts sind die Kushana persische Vasallen.
320	Beginn der Gupta-Periode: Eine magadhische Familie unter Candragupta I. steigt zu Ruhm und Ehren auf.
ca. 330	Nachfolger Candraguptas I. ist sein Sohn Samudragrupta, der weitere Eroberungen in Nord- und Ostindien macht.
376	Samudraguptas Sohn Candragupta II. besiegt die Saken von Ujjain und führt das Reich der Gupta zur größten Ausdehnung. Es erstreckt sich jetzt vom Arabischen Meer bis zum Golf von Bengalen.
ca. 414	Wohlstand und Frieden herrschen auch unter Cumaragupta bis zum Ende seiner 50jährigen Regierungszeit, als sich bereits die Invasion der Weißen Hunnen abzeichnet.
ca. 460	Gegen die Hunneninvasion auf breiter Front faßt Skandagupta noch einmal alle Kräfte der Gupta zusammen. Er kann auch Erfolge verbuchen, doch nach seinem Tod verschlechtert sich die Lage, und das Guptareich zerfällt allmählich.
ca. 500	Das Gebiet der Gupta ist nun unter vielen lokalen Königen aufgeteilt. Die Hunnen greifen von neuem an. Obwohl sie schließlich besiegt werden, wird das letzte große indische Reich vernichtet.

CHINA

V. CHR.

ca. 6000 In den zentralasiatischen Wüsten entwickelt sich der Ackerbau. Neolithische Völker, wie die Banpo der Shaanxi-Provinz, legen Siedlungen an.

ca. 5000 An der Ostküste Chinas wird Reis angebaut.

ca. 4000 Im Nordwesten stellen die Menschen der Yangshao-Kultur bemalte Keramik her und leben in teilweise unterirdischen Siedlungen. Im Osten und Nordosten erzeugen die Longshan, eine andere neolithische Bevölkerungsgruppe, Jadeschnitzereien und schwarze Keramik. Sie betreiben Wahrsagekunst anhand von Tierknochen (Skapulamantie), eine Tradition, die von der Shang-Dynastie weitergeführt wird.

ca. 3500 Offenbar bestehen Kontakte zwischen den Yangshao und Longshan, den beiden neolithischen Bevölkerungsgruppen Chinas.

ca. 3000 Vom Osten her strahlt eine fortgeschrittene Longshan-Kultur, deren Gräber schon auf die Existenz gegliederter Gesellschaften verweisen, nach Westen aus. Im 3. Jahrtausend ist sie weit verbreitet.

ca. 1750 In den Provinzen Henan und Shaanxi entwickelt sich eine Bronzezeitkultur aus einer Mischung aus Yangshao- und fortgeschrittener Longshan-Kultur. Diese Kultur ist charakteristisch für die Shang-Dynastie, die etwa um diese Zeit von Tang gegründet wird und in Nordchina bis zum Ende des 2. Jahrtausends die Vormachtstellung inne hat.

ca. 1300 Die Menschen der Shangzeit produzieren Bronzehelme, Rüstungen und Kultgefäße für ihre Opferrituale, führen aber auch neue Techniken ein wie Bewässerung, Schrift, Maßeinheiten und Kalender. Sie betreiben weiterhin Wahrsagekunst und Jadeschnitzerei; die Wände ihrer Häuser bestehen aus festgestampfter Erde.

ca. 1050 Ende der Shang-Dynastie, als deren letzter König Di Xin von den Zhou besiegt wird. Die ersten 200 Jahre der neuen Dynastie der West-Zhou sind eine Zeit des Wohlstandes unter fähigen Herrschern. Die Kultur der Shang-Zeit wird fortgeführt, doch ohne die Exzesse wie z. B. der Menschenopfer.

ca. 770 Die Westzhou-Periode endet im 8. Jahrhundert, als die Zentralmacht zusammenbricht. Aus früheren Provinzen werden rivalisierende Staaten, und die Hauptstadt wird nach Luoyang verlegt. Die Zeit der Ostzhou ist auch als die »Frühlings- und Herbstperiode« bekannt.

ca. 600 Ackerbaugeräte und Waffen werden nun aus Eisen hergestellt, was zu größerer landwirtschaftlicher Produktivität führt. In dieser Zeit gelangen außerdem Gewerbe wie die Seidenmalerei, die Lackarbeit und die Töpferei zu einer Hochblüte.

ca. 480 Tod des großen Philosophen Konfuzius.

ca. 350 Die Qin, von den anderen Staaten als rohe Barbaren verachtet, holen sich Shanyang vom Herrscherhaus der Wei als Ratgeber an den Hof. Unter ihm wird ein neues politisches und Wirtschaftssystem eingeführt.

ca. 300 Um sich vor den Barbaren jenseits der Grenzen zu schützen, erbauen einige Staaten große Erdwälle mit Gräben. Doch die dauernden Kriege führen allmählich zur Erschöpfung.

221 Aus dieser Periode der Kriege geht die Qin-Dynastie als Sieger hervor, und ihr Führer Shi Huangdi erklärt sich zum Kaiser von ganz China. Die von den kriegführenden Staaten erbauten Mauern und Gräben werden zur Großen Mauer verbunden, die sich von der Provinz Liaoyang im Osten bis zur Provinz Gansu im Westen hinzieht.

210 Nach dem Tode Shi Huangdis kommt es zu Aufständen im ganzen Reich.

206 Verschiedene Gruppen kämpfen um die Vorherrschaft; die Qin-Dynastie wird abgesetzt. Schließlich wird Liu Bang unter dem Namen Gao Zu der erste Hankaiser. Seine Hauptstadt ist Chang'an.

136 Der Konfuzianismus wird zur Staatsreligion erhoben.

124 In Chang'an wird eine Reichsuniversität zur Ausbildung der höchsten Beamten des Reichs errichtet.

N. CHR.

9 Kostspielige Feldzüge gegen die Xiongnu, ein Nomadenvolk des Nordens, verursachen wirtschaftliche Schwierigkeiten, die sich der Höfling Wang Mang zunutze macht, um die Herrschaft an sich zu reißen. Damit beendet er die Westhan-Dynastie und begründet die Xin-Dynastie.

23 Als Wang Mang Landreformen durchzuführen versucht, wird er wieder abgesetzt.

25 Guangwu Di, ein Mitglied der Han-Dynastie, schlägt den Aufstand der »Roten Augenbrauen« nieder und setzt die Dynastie als die Osthan- oder »Spätere Han-Dynastie« fort.

ca. 65 Berichte über das erste Auftreten des aus Indien kommenden Buddhismus in China.

ca. 220 Die Han-Dynastie erliegt einer Kette von Hungersnöten, Überschwemmungen und Rebellionen. China wird in drei Reiche geteilt: die Wei, Wu und Shu.

264 Die kaiserliche Shu-Dynastie wird von der West-Yin-Dynastie abgesetzt, einem neuen einflußreichen Geschlecht, das im folgenden Jahr auch das Herrscherhaus der Wei entmachtet.

280 Schließlich werden auch die Wu besiegt, und Sima Yan, erster Herrscher der Yin-Dynastie, eint China.

291 Unter der schwachen Yin-Dynastie kämpfen reiche Magnaten um die Macht. Gleichzeitig erheben sich die Barbaren, die sich innerhalb der Grenzen der Großen Mauer hatten ansiedeln dürfen.

311 Die Barbaren plündern Luoyang und gewinnen im Lauf von fünf Jahren die Herrschaft über den Großteil der Nordprovinzen.

316 Mit der Stadt Chang'an fallen auch die West- Yin. Doch gelingt es Mitgliedern der kaiserlichen Yin, nach Nanking im Osten zu fliehen, wo sie die Dynastie der Ost-Jin begründen. China ist nun für mehr als 250 Jahre in eine Nord- und Südhälfte geteilt.

Nord-, Mittel- und Südamerika

v. Chr.

ca. 8500 Im Ayacucho-Gebiet in den Anden wird zum erstenmal Getreide angebaut.

ca. 8000 Anfänge des Ackerbaus in Mexico.

ca. 6300 Erdfrüchte wie Kartoffeln, Maniokknollen und Ulloco werden angebaut.

ca. 5400 Die Vorfahren des Lamas und Alpakas werden gezähmt.

ca. 5000 Erstmals finden sich Spuren von Mais, Bohnen, Avocados und Kürbissen.

ca. 3500 Erste Baumwollpflanzungen

ca. 3000 In Mexico entstehen im Tehuacántal feste Siedlungen mit fünf bis zehn Häusern.

ca. 2500 Die Bevölkerung Mittelamerikas und Perus ist schätzungsweise um das 25fache gestiegen, wodurch sich ein grundlegender gesellschaftlicher Wandel ergibt. Es entstehen feste Siedlungen mit bis zu 4000 Einwohnern. In Zentralperu lassen Siedlungen an der Küste erkennen, daß es eine institutionalisierte Religion und eine Klasse von Gewerbetreibenden gab, die Keramik, Kunstwerke aus Stein, Schmuck und gewebte Stoffe herstellte.

ca. 1500 Das Gebiet des späteren Tiahuanaco in Peru wird erstmals besiedelt.

ca. 1200 In den Anden entsteht eine komplexe Gesellschaft auf relativ großer Fläche, die sog. Chavín-Kultur, nach der Stadt Chavín de Huantar genannt. Im Kernland der Olmeken in Veracruz in Mexico entwickelt sich die erste Stadt der Olmeken-Kultur: das heutige San Lorenzo.

ca. 1000 Im Osten Nordamerikas entsteht die Adena-Kultur.

ca. 850 In Peru gelangt der Chavín-Kult, der auf der Verehrung des Jaguars beruht, zu seinem Höhepunkt.

ca. 500 Der Chavíneinfluß in Peru beginnt in dem Maße zu schwinden, wie andere Kulturen auftauchen. An der Südküste gewinnt die Paracas-Kultur, berühmt für ihre herrlichen Stoffe, an Bedeutung.

ca. 350 Die Nazca werden zum führenden Volk der Küstengebiete Südperus. Berühmt sind sie vor allem wegen der in den Wüstenboden gescharrten riesigen Figuren, den sog. Nazca-Linien.

ca. 300 Die ersten Maya-Städte entstehen. In Nordamerika erlebt die Hopewell-Kultur ihren Aufstieg. Die Adena-Kultur geht unter. Die Hopewell-Kultur setzt die Adena-Erdhügelkultur fort.

n. Chr.

ca. 10 An der Nordküste Perus entwickelt sich die Moche-Kultur. Die Mochica errichten die größten Bauten Südamerikas. Außerdem erzeugen sie meisterhafte Keramik und feine Goldarbeiten.

ca. 50 Die Stadt Teotihuacán in Mittelmexico wächst.

ca. 250 In Monte Albán in dem mexicanischen Staat Oaxaka entwickelt sich ein größerer Tempelkomplex der Zapoteken.

ca. 300 Teotihuacán ist auf rund 200 000 Menschen angewachsen. In Guatemala, Honduras, Belize und der Halbinsel Yukatán blüht die Maya-Kultur.

ca. 600 Der Schwerpunkt der Macht in Peru geht von Moche auf Tiahuanaco und Huari über. Tiahuanaco beim Titicacasee wird zu einer Stadt mit rund 40 000 Einwohnern. Weiter im Norden wächst die Einwohnerzahl Huaris auf 100 000. El Tajín entwickelt sich zur wichtigsten Stadt der klassischen Veracruz-Kultur.

ca. 700 Das Tal des mittleren Mississippi in Nordamerika wird zum Zentrum der Erdhügelbauer der Mississippi-Kultur. Im Südwesten der Vereinigten Staaten entwickeln sich drei Kulturen: die Hohokam, Mogollon und Anasazi.

ca. 750 Teotihuacan wird durch Feuer zerstört, bleibt aber weiterhin Wallfahrtsort.

ca. 800 Die befestigte Stadt Huari wird plötzlich verlassen. Tiahuanaco dagegen entwickelt sich weiter und dehnt seine Handelsbeziehungen auf dem Kontinent aus. Als das Huari-Reich zusammenbricht, werden die Chimú mit ihrer Hauptstadt Chan Chan die neue Großmacht Nordperus.

ca. 900 Im Süden neigt sich die Maya-Kultur ihrem Ende zu. Weiter im Norden der Halbinsel Yukatán werden Städte wie Chichén Itzá und Uxmal erbaut.

ca. 950 Die Tolteken erringen die Vormachtstellung in Zentralmexico. Mit großer Schnelligkeit errichten sie ein gewaltiges Reich in Mittelamerika. Auf der Halbinsel Yukatán bauen sie die inzwischen verlassene Maya-Stadt Chichén Itzá wieder auf.

ca. 1000 Die Menschen der Mogollon-Kultur im Südwesten der Vereinigten Staaten bauen steinerne Häuser und runde halb unterirdische Kulträume, die sog. Kivas.

ca. 1100 Die Anasazi, Zeitgenossen der Mogollon und Hohokam, nehmen Gebiete in Arizona, New Mexico, Utah und Colorado in Besitz.

1175 Tula, die Hauptstadt der Tolteken, wird von den Chichimeken, einem Volksstamm aus dem Nordwesten Mexicos, geplündert.

ca. 1200 Die Inka wandern unter Führung Manco Capacs in ein Andental bei Cuzcho ein und lassen sich dort nieder. Im Südwesten der Vereinigten Staaten werden die bewässerten Ländereien der Hohokam von den Anasazi in Besitz genommen, aber um 1400 n. Chr. wieder verlassen.

1325 Im Hochtal von Mexico siedelt das Volk der Azteken.

1428 Die Azteken besiegen ihre Feinde und beginnen mit der Errichtung ihrer Stadt Tenochtitlán auf einer Insel im Texcocosee. Ihr Reich dehnt sich aus, bis es einen Großteil Mittelamerikas bedeckt.

ca. 1440 Der Inka Pachacutec führt eine Reihe weiter Feldzüge in ganz Peru durch.

1476 Die Inka unter dem Sapa-Inka besiegen die Chimú und gliedern deren Gebiet dem großen Inkareich ein.

1521 Die letzte autochthone mittelamerikanische Kultur endet, als Montezuma II., Herrscher der Azteken, von dem Spanier Hernán Cortés gefangengenommen wird.

1532 Die Spanier unter Francisco Pizarro zerstören das Inkareich.

Literaturverzeichnis

Allgemeines

Bengtson, H. / Miloijčić, V. u. a.: *Großer Historischer Weltatlas I*, München ⁵1972
Bickerman, E. J.: *Chronology of the Ancient World*, London ²1980
Breuer, S.: *Imperien der Alten Welt*, Stuttgart u. a. 1987
The Cambridge Ancient History: Cambridge ²1970 ff.
Casson, L.: *Reisen in der Alten Welt*, München 1975
Eckschmitt, W.: *Die Sieben Weltwunder. Ihre Erbauung, Zerstörung und Wiederentdeckung*, Mainz 1984
Finley, M. I.: *Antike Wirtschaft*, München 1977
–, *Das politische Leben in der antiken Welt*, München 1991
Gutbrod, K., u. a.: *DuMont's Geschichte der frühen Kulturen der Welt*, Köln 1975
Der Kleine Pauly: *Lexikon der Antike*, Hg. K. Ziegler / W. Sontheimer, 5 Bde., Stuttgart 1964–1975 (Nachdruck München 1979)
Kolb, F.: *Die Stadt im Altertum*, München 1984
The Princeton Encyclopedia of Classical Sites: Hg. R. Stillwell, Princeton 1976
Renfrew, C.: *Before Civilisation*, London 1976
Stier, H. E. / Kirsten, E.: *Westermanns Atlas zur Weltgeschichte*, Braunschweig 1966

Alter Orient und Mesopotamien

Bittel, K.: *Die Hethiter* (Universum der Kunst), München 1976
Charles-Picard, G. u. C.: *Karthago. Leben und Kultur*, Stuttgart 1983
Clauss, M.: *Geschichte Israels von der Frühzeit bis zur Zerstörung Jerusalems (587 v. Chr.)*, München 1986
Contenau, G.: *Everyday Life in Babylon and Assyria*, London 1954
Fritz, V.: *Die Stadt im alten Israel*, München 1990
Herm, G.: *Die Phönizier. Das Purpurreich der Antike*, Düsseldorf – Wien 1973
Hooke, S. H.: *Middle Eastern Mythology*, London 1963
Huss, W.: *Die Kathager*, München 1990
Macqueen, J.: *The Hittites and Their Contemporaries in Asia Minor*, London 1975
Mellaart, J.: *Earliest Civilisations of the Near East*, London 1965
Moscati, S.: *Die Phönizier (Ausstellungskatalog Venedig 1988)*, Hamburg 1988
Nissen, H. J.: *Grundzüge einer Geschichte der Frühzeit des Vorderen Orients*, Darmstadt ²1990
Oates, D. u. J.: *Rise of Civilisation*, Oxford 1976
Parrot, A.: *Sumer und Akkad. Die mesopotamische Kunst von den Anfängen bis zum XII. vorchristl. Jahrhundert* (Universum der Kunst), München ⁴1983
–, *Assur. Die mesopotamische Kunst vom XII. vorchristl. Jhdt. bis zum Tode Alexanders des Großen* (Universum der Kunst), München 1961
Parrot, A. / Chéhab, M. H. / Moscati, S.: *Die Phönizier* (Universum der Kunst), München 1977
Saggs, H. W. F.: *Everyday Life in Babylonia and Assyria*, New York 1987
Sandars, N. K.: *The Sea Peoples*, London 1978
Schippmann, K.: *Grundzüge der parthischen Geschichte*, Darmstadt 1980
–, *Grundzüge der Geschichte des Sassanidischen Reiches*, Darmstadt 1990
v. Soden, W.: *Sumer, Babylon und Hethiter bis zur Mitte des 2. Jahrtausends v. Chr.*, in: G. Mann / A. Heuss (Hg.), Propyläen-Weltgeschichte I, 2, Fankfurt u. a. 1961 (ND 1976)
–, *Der Nahe Osten im Altertum*, in: G. Mann / A. Heuss (Hg.), Propyläen-Weltgeschichte II, 1, Frankfurt u. a. 1962 (ND 1976)

Ägypten

Aldred, C.: *Egypt to the End of the Old Kingdom*, London 1965
Assmann, J.: *Ma'at. Gerechtigkeit und Unsterblichkeit im Alten Ägypten*, München 1990
v. Beckerath, J.: *Abriß der Geschichte des Alten Ägypten*, München – Wien 1971
Brunner, H.: *Grundzüge einer Geschichte der altägyptischen Literatur*, Darmstadt ⁴1986
–, *Altägyptische Religion, Grundzüge*, Darmstadt ³1989
Brunner,Traut, E.: *Die alten Ägypter. Verborgenes Leben unter Pharaonen*, Stuttgart u. a. ³1982
–, *Gelebte Mythen. Beiträge zum altägyptischen Mythos*, Darmstadt ³1988
Clayton, P. A.: *Das wiederentdeckte Ägypten in Reiseberichten und Gemälden des 19. Jahrhunderts*, Bergisch Gladbach 1983
Gardiner, A. H.: *Geschichte des Alten Ägypten*, Stuttgart 1965
Helck, W.: *Die Beziehungen Ägyptens und Vorderasiens zur Ägäis bis ins 7. Jh. v. Chr.*, Darmstadt 1979
Hornung, E.: *Einführung in die Ägyptologie*, Darmstadt 1967
–, *Grundzüge der ägyptischen Geschichte*, Darmstadt ³1988
Leclant, J.: *Ägypten. Das Alte und das Mittlere Reich* (Universum der Kunst), München 1979
–, *Ägypten. Das Großreich* (Universum der Kunst), München 1980
–, *Ägypten. Spätzeit und Hellenismus* (Universum der Kunst), München 1981
Morenz, S.: *Ägyptische Religion*, Stuttgart 1960
Otto, E.: *Ägypten. Der Weg des Pharaonenreiches*, Stuttgart u. a. ⁴1966
Roeder, G.: *Die ägyptische Religion in Texten und Bildern*, 4 Bde., Zürich 1959–1961
Saleh, M. / Sourouzian, H.: *Die Hauptwerke im Ägyptischen Museum Kairo*, Mainz 1986
Stadelmann, R.: *Die ägyptischen Pyramiden*, Mainz ²1991
Wilson, J. A.: *Ägypten*, in: G. Mann / A. Heuss (Hg.), Propyläen-Weltgeschichte I, 2, Frankfurt u. a., 1961 (ND 1976)
Wolf, W.: *Kulturgeschichte des Alten Ägypten*, Stuttgart 1962

Persien

Altheim, F.: *Der alte Iran*, in: G. Mann / A. Heuss (Hg.), Propyläen-Weltgeschichte II, 1, Frankfurt 1962 (ND 1976)
Colledge, M.: *The Parthians*, London 1967
Collins, R.: *The Medes and Persians: Conquerors and Diplomats*, London 1974
Cook, J. M.: *The Persian Empire*, London 1983
Ghirshman, R.: *Iran. Protoiranien, Meder und Achämeniden* (Universum der Kunst), München 1964
–, *Iran. Parther und Sassaniden* (Universum der Kunst), München 1962
Hinz, W.: *Darius und die Perser. Eine Kulturgeschichte der Achämeniden*, Baden 1976
Olmstead, A.: *History of the Persian Empire*, Chicago 1948
Trümpelmann, L.: *Zwischen Persepolis und Firuzabad. Gräber, Paläste und Felsreliefs im alten Persien*, Antike Welt Sonderheft 1991
Walser G.: *Die Königspfalz des Darius*, Tübingen 1980

Prähistorisches Europa

v. Barloewen (Hg.): *Abriß der Geschichte antiker Randkulturen, München 1961*
Biel, J.: *Der Keltenfürst von Hochdorf*, Stuttgart 1985
Burl, A.: *Megalithic Brittany*, London 1985
Chadwick, N.: *The Celts*, London 1971
Collis, J.: *The European Iron Age*, London 1984
Duval, P. M.: *Die Kelten* (Universum der Kunst), München 1978
Krüger, B. (Hg.): *Die Germanen. Geschichte und Kultur der germanischen Stämme in Mitteleuropa*, 2 Bde. Leipzig I: ⁵1988, II: ²1976
Nougier, L. R.: *Die Welt der Höhlenmenschen. Kunst, Magie und Sexualität*, Zürich 1989
Rölle R.: *Die Welt der Skythen*, Luzern – Frankfurt 1980
Spindler, K.: *Die frühen Kulturen*, Stuttgart ²1991
Torbrügge, W.: *Europäische Vorzeit*, Baden-Baden 1968
Wahle, E.: *Vor- und Frühgeschichte im mitteleuropäischen Raum*, in: Gebhardt, Handbuch zur deutschen Geschichte Bd. 1, München (dtv) 1973

Griechenland und Ägäis

Austin, M. / Vidal-Naquet, P.: *Gesellschaft und Wirtschaft im alten Griechenland*, München 1984
Bengtson, H.: *Griechische Geschichte*, München ⁵1977
–, *Griechen und Perser. Die Mittelmeerwelt im Altertum I* (Fischer-Weltgeschichte 5), Frankfurt 1965
Bleicken, J.: *Die athenische Demokratie*, Paderborn 1986 (UTB)
Boardman, J.: *Kolonien und Handel der Griechen*, München 1981
Buchholz, H. G. / Karageorghis, V.: *Altägäis und Kypros*, Tübingen 1971
Chadwick, J.: *Die mykenische Welt*, Stuttgart 1979
Charbonneaux, J. / Martin, R. / Villard, F.: *Das archaische Griechenland* (Universum der Kunst), München ²1985
–, *Das klassische Griechenland* (Universum der Kunst), München ²1984
–, *Das hellenistische Griechenland* (Universum der Kunst), München ²1988
Clauss, M.: *Sparta. Eine Einführung in seine Geschichte und Zivilisation*, München 1983
Dalheim, W.: *Die griechisch-römische Antike I: Die Geschichte der griechischen Stadtstaaten*, Paderborn 1992 (UTB)
Davies, K.: *Das klassische Griechenland und die Demokratie*, München 1983 (dtv)
Demargue, P.: *Die Geburt der griechischen Kunst. Die Kunst im ägäischen Raum von vorgeschichtlicher Zeit bis zum Anfang des 6. vorchristl. Jhdts.*, München ²1975
Ebert, J. u. a.: *Olympia. Von den Anfängen bis zu Coubertin*, Leipzig 1980
Eckschmitt, W.: *Kunst und Kultur der Kykladen*, 2 Bde., Mainz 1986
Errington, M. R.: *Geschichte Makedoniens. Von den Anfängen bis zum Untergang des Königreiches*, München 1966
Faure, P.: *Kreta. Das Leben im Reich des Minos*, Stuttgart ²1983
–, *Die griechische Welt im Zeitalter der Kolonisation, Stuttgart 1981*
Finley, M. I.: *Die Griechen. Eine Einführung in ihre Geschichte und Zivilisation*, München 1976
–, *Die frühe griechische Welt*, München 1982
–, *Die Welt des Odysseus*, München 1979
Gehrke, H. J.: *Geschichte des Hellenismus* (Oldenbourg Grundriß d. Geschichte), München 1990
Gigon, O. / Welles, C. B.: *Griechenland. Die hellenistische Welt*, in: G. Mann / A. Heuss (Hg.), Propyläen-Weltgeschichte III, 2, Frankfurt u. a. 1962 (ND 1976)
Grimal, P.: *Der Hellenismus und der Aufstieg Roms. Die Mittelmeerwelt im Altertum II* (Fischer Weltgeschichte 6), Frankfurt 1965

Gruben, G.: *Die Tempel der Griechen,* München [4]1986
Hatzopoulos, M. B. / Loukopoulos, L. D. (Hg.): *Ein Königreich für Alexander. Philipp von Makedonien,* Bergisch Gladbach 1982
Heuss, A. / Schachermeyr, F.: *Griechenland. Die hellenistische Welt,* in: G. Mann / A. Heuss (Hg.), Propyläen-Weltgeschichte III, 1, Frankfurt 1962 (ND 1976)
Higgins, R.: *Minoan and Mycenean Art,* London [2]1981
Hooker, J. T.: *Sparta. Geschichte und Kultur,* Stuttgart 1982
Hopper, R. I.: *Handel und Kolonien im klassischen Griechenland,* München 1982
Lauffer, S.: *Alexander der Große,* München [2]1981
–, **(Hg.):** *Griechenland. Lexikon der historischen Stätten von den Anfängen bis zur Gegenwart,* München 1989
Marinatos, S.: *Kreta, Thera und das mykenische Hellas,* München [3]1976 (ND Darmstadt 1986
Marrou, H. I.: *Geschichte der Erziehung im klassischen Altertum,* München 1977 (dtv)
Melas, E. (Hg.): *Athen. Geschichte, Kunst und Leben der ältesten europäischen Großstadt von der Antike bis zur Gegenwart,* Köln [5]1984
Murray, O.: *Das frühe Griechenland,* München 1982 (dtv)
Roux, G.: *Delphi. Orakel und Kultstätten,* München 1971
Schachermeyr, F.: *Die minoische Kultur des alten Kreta,* Stuttgart u. a. [2]1979
Vermeule, E.: *Greece in the Bronze Age,* Chicago 1972
Walbank, F. W.: *Die hellenistische Welt,* München 1983 (dtv)
Warren, P.: *The Agean Civilisations,* Oxford 1975
Welwei, K. W.: *Die griechische Polis,* Stuttgart 1983

Die Römische Welt

Bianchi Bandinelli, R.: *Rom. Das Zentrum der Macht. Die römische Kunst von den Anfängen bis zur Zeit Marc Aurels* (Universum der Kunst), München 1970
–, *Rom. Das Ende der Antike* (Universum der Kunst), München 1971
Bianchi Bandinelli, R. / Giuliano, A.: *Etrusker und Italiker vor der römischen Herrschaft* (Universum der Kunst), München 1974
Bleicken, J.: *Verfassungs- und Sozialgeschichte des Römischen Kaiserreiches,* 2 Bde., Paderborn 1978 (UTB)
Bianchi Bandinelli, R. / Heuss, A. / Hoffmann, W.: *Die Römische Welt,* in: G. Mann / A. Heuss (Hg.), Propyläen-Weltgeschichte IV, 1, Frankfurt u. a. 1963 (ND 1976)
Carcopino, J.: *Rom. Leben und Kultur in der Kaiserzeit,* Stuttgart [3]1986
Christ, K.: *Die Römer. Eine Einführung in ihre Geschichte und Zivilisation,* München 1979
–, *Krise und Untergang der Römischen Republik,* Darmstadt [2]1984
–, *Geschichte der Römischen Kaiserzeit,* München 1988
Crawford, M.: *Die Römische Republik,* München 1983 (dtv)
Ducellier, A.: *Byzanz. Das Reich und die Stadt,* Frankfurt u. a. 1990
Etienne, R.: *Pompeji. Das Leben in einer antiken Stadt,* [4]1991
Grant, M.: *Das Römische Reich am Wendepunkt. Die Zeit von Mark Aurel bis Konstantin,* München 1984 (dtv)
Grimal, P.: *Der Aufbau des Römischen Reichs. Die Mittelmeerwelt im Altertum III* (Fischer-Weltgeschichte 7), Frankfurt 1966
Martin, J.: *Spätantike und Völkerwanderung* (Oldenbourg Grundriß der Geschichte), München 1987
De Martino, F.: *Wirtschaftsgeschichte des alten Rom.* München 1985
Meier, Chr.: *Caesar,* Berlin 1982
Meyer, E.: *Römischer Staat und Staatsgedanke,* Zürich–Stuttgart [4]1975
Millar, F.: *The Roman Empire and its Neighbours,* London 1981
Ogilvie, R. M.: *Das frühe Rom und die Etrusker,* München 1983 (dtv)
Pallottino, M.: *Etruskologie. Geschichte und Kultur der Etrusker,* Basel u. a. 1988
Passerini, L.: *Auf den Spuren der Etrusker durch Italien,* München 1987
Pflaum, H. G. / Rubin, B. / Schneider, C. / Seston, W.: *Rom. Die Römische Welt,* in: G. Mann / A. Heuss (Hg.), Propyläen-Weltgeschichte IV, 2, Frankfurt u. a. 1963 (ND 1976)
Syme, R.: *Die Römische Revolution,* München–Zürich 1992 (eng.: Oxford 1939)
Ternes, Ch. M.: *Römisches Deutschland. Aspekte seiner Geschichte und Kultur,* Stuttgart 1986
Vogt, J.: *Die römische Republik,* Freiburg 1973 (ND München 1979)
Wells, C.: *Das römische Reich,* München 1983 (dtv)

Indien

Embree, A. T. / Wilhelm F.: *Indien. Geschichte des Subkontinents von der Induskultur bis zum Beginn der englischen Herrschaft* (Fischer-Weltgeschichte 17), Frankfurt 1974
Garbe, P. (Hg.): *Die Bhagavadgîta,* [2]1921, ND Frankfurt 1988
Kulke, H. / Rothermund, D.: *Geschichte Indiens,* Mainz u. a. 1981
Petech, L.: *Indien bis zur Mitte des 6. Jahrhunderts,* in: G. Mann / A. Heuss (Hg.), Propyläen-Weltgeschichte II, 2, Frankfurt u. a. 1962 (ND 1976)
Piggott, St.: *Prehistoric India,* London 1950
Rawson, Ph.: *Indian Asia, Oxford 1977*
Schneider, U.: *Einführung in den Buddhismus,* Darmstadt [2]1987
–, *Einführung in den Hinduismus,* Darmstadt 1989
Urban, G. / Hansen, M.: *Vergessene Städte am Indus. Frühe Kulturen in Pakistan vom 8.–2. Jahrtausend* (Ausstellungskatalog 1987), Mainz 1987
Watson, F.: *A Concise History of India,* London 1974

China

Brinker, H. / Goepper, R.: *Kunstschätze aus China. 5000 v. bis 900 n. Chr.; Neue archäologische Funde aus der Volksrepublik China,* (Ausstellungskatalog Zürich) Zürich 1980
Cotterell, A.: *China: A Concise Cultural History,* London 1988
Eichhorn, W.: *Kulturgeschichte Chinas,* Stuttgart 1964
Fontei, I. / Hempel, R.: *China. Korea, Japan* (Propyläen-Kunstgeschichte 17), Berlin 1968
Franke, H. / Trauzettel, R.: *Das chinesische Kaiserreich* (Fischer-Weltgeschichte 19), Frankfurt 1968
Gernet, J.: *Die chinesische Welt. Die Geschichte Chinas von den Anfängen bis zur Jetztzeit,* Frankfurt 1979
Hambly, G.: *Zentralasien* (Fischer-Weltgeschichte 16), Frankfurt 1966
Hulsewé, A. F. P.: *China im Altertum,* in: G. Mann / A. Heuss (Hg.), Propyläen-Weltgeschichte II, 2, Frankfurt u. a. 1962 (ND 1976)
Schmidt-Glintzer, H.: *Geschichte der chinesischen Literatur,* Darmstadt 1990
Tregear, M.: *Chinese Art,* London 1980
Twitchett, D. (Hg.): *The Cambridge History of China,* Bd. I, Cambridge 1979
Watson, W.: *China. Kunst und Kultur,* Freiburg u. a. 1980
Weiers, M. (Hg.): *Die Mongolen. Beiträge zu ihrer Geschichte und Kultur,* Darmstadt 1986
Wiethoff, B.: *Grundzüge der älteren chinesischen Geschichte,* Darmstadt [2]1988
Yap, Y. / Cotterell, A.: *The Early Civilisation of China,* London 1975

Amerika

Anders, F.: *Indianische Kunst aus Mittelamerika,* München 1965
Bruggmann, M. / Waisbard, S.: *Die Kultur der Inkas, Freiburg 1980*
Coe, M. D.: *Die Maya,* Bergisch Gladbach 1975
Davies, N.: *Die Azteken,* Düsseldorf–Wien 1974
–, *Bevor Columbus kam,* Düsseldorf–Wien 1976
Deuel, L.: *Kulturen vor Kolumbus. Das Abenteuer Archäologie in Lateinamerika,* München 1975
Disselhoff, H. D.: *Geschichte der altamerikanischen Kulturen,* München [2]1967
–, *Das Imperium der Inka und die indianischen Frühkulturen,* Berlin 1972
Glanz und Untergang des alten Mexiko (Ausstellungskatalog Hildesheim), Mainz 1986
Haberland, W.: *Amerikanische Archäologie. Geschichte – Theorie – Kulturentwicklung,* Darmstadt 1991
Helfritz, H.: *Südamerika. Präkolumbianische Frühkulturen,* Köln 1973
Lindig, W. / Münzel, M.: *Die Indianer. Kultur und Geschichte der Indianer Nord-, Mittel- und Südamerikas,* München 1976 (TB 1978)
Müller, W.: *Kleine Geschichte der altamerikanischen Kunst. Die Hochkulturen Mittel- und Südamerikas,* Köln 1988
Nölle, W.: *Die Indianer Nordamerikas,* Stuttgart 1966
Präkolumbianische Kunst aus dem Andenraum (Ausstellungskatalog), Berlin 1986
Riese, B.: *Geschichte der Maya,* Stuttgart 1972
Schele, L. / Miller, M. E.: *The Blood of Kings. Dynasty and Ritual in Maya Art,* London 1986
Seler-Sachs, C.: *Frauenleben im Reiche der Azteken,* Berlin 1984
Stierlin, H.: *Die Kunst der Azteken,* Stuttgart 1982
–, *Die Kunst der Maya,* Stuttgart 1983
Thompson, J. E. S.: *Die Maya. Aufstieg und Niedergang einer Indianerkultur,* München 1968
Trimborn, H.: *Das Alte Amerika,* Stuttgart 1959
Trimborn, H. / Haberland, W.: *Die Kulturen Altamerikas,* Frankfurt 1969
Die Welt der Maya (Ausstellungskatalog Hildesheim), Mainz 1992
Westheim, P.: *Die Kunst Alt-Mexikos,* Köln 1966
Wilhelmy, H.: *Welt und Umwelt der Maya,* München 1981

REGISTER

Seitenzahlen in **Fettdruck** beziehen sich auf größere Abhandlungen zu einem Stichwort. Seitenzahlen in Kursivdruck beziehen sich auf Texte zu Abbildungen, Diagrammen und Einschüben.

A

B

L

M

N

O

P

Q

R

S

T

U

V

W

X

Y

Z

Bildquellennachweis

Fotonachweis

Schutzumschlag vorn: L. Villota / Zefa Picture Library
Schutzumschlag hinten: Mardoon / Zefa Picture Library / Israel Museum / Ancient Art & Architecture

1 Michael Freeman / Bruce Coleman; 2 Lee Boltin; 6/7 Bridgeman Art Library; 10 Robert Harding Picture Library; 10/11 Dr. Georg Gerster / The John Hillelson Agency; 11 l. British Museum / Michael Holford; 11 r. Robert Harding Picture Library; 12 F. Jackson / Robert Harding Picture Library; 13 Institute of Archaeology, University College London; 14 o. Tor Eigeland / Susan Griggs Agency; 14 u. British Museum; 15 Margaret Oliphant; 16 Robert Harding Picture Library; 17 l. Scala; 17 r. Michael Jenner / Robert Harding Picture Library; 18 l. British Museum / Michael Holford; 18 r. The Hulton Picture Company; 18/19 British Museum / The Bridgeman Art Library; 19 British Museum / Michael Holford; 20 l. Louvre, Paris / The Bridgeman Art Library; 20 r. Archiv für Kunst und Geschichte, Berlin; 21 o. Michael Jenner / Robert Harding Picture Library; 21 u.l. Ankara Museum / Michael Holford; 21 u.M. The Mansell Collection; 21 u.r. Photographie Giraudon / The Mansell Collection; 22 l. G. Tortoli / Ancient Art & Architecture; 22 r. Konrad Helbif / Zefa Picture Library; 23 John Bulmer / Susan Griggs Agency; 24 Hirmer Fotoarchiv; 26/27 Louvre, Paris / The Bridgeman Art Library; 27 l. Ronald Sheridan / Ancient Art & Architecture; 27 M. u. r. Hirmer Fotoarchiv; 28 Desmond Harney / Robert Harding Picture Library; 32 o. u. l. Mary Evans Picture Library; 33 The Mansell Collection; 36 Dr. Georg Gerster / The John Hillelson Agency; 37 o. The Hulton Picture Company; 37 l Erich Lessing / Magnum Photos; 37 r. British Film Institute; 38 o. image processed by NRSC Farnborough; 38 l Christies, London / The Bridgeman Art Library; 38 r. Weltbild Verlag; 39 Bildarchiv Preußischer Kulturbesitz; 40 Tor Eigeland / Susan Griggs Agency; 41 o. British Museum / Michael Holford; 41 u.Rene Burri / Magnum Photos; 42 Ronald Sheridan / Ancient Art & Architecture; 42/43 o. Petrie Museum; 42/43 u. Hirmer Fotoarchiv; 43 Explorer; 44 The Hulton Picture Company; 45 J. Jack Jackson / Robert Harding Picture Library; 46 o. The Hulton Picture Company; 46 l John Stevens / Ancient Art & Architecture; 46 r. John G. Ross / Susan Griggs Agency; 47 M. The Mansell Collection; 47 o. The Hulton Picture Company; 47 u. Guildhall Art Gallery, Corporation of London / The Bridgeman Art Library; 49 British Museum / Michael Holford; 48/49 The Hulton Picture Company; 50 Zefa Picture Library, 51/52 Peter Clayton; 53 l. British Museum; 53 M. Bildarchiv Preußischer Kulturbesitz; 53 r. Ronald Sheridan / Ancient Art & Architecture; 56 l. Bildarchiv Preußischer Kulturbesitz; 56 r. British Museum / Michael Holford; 57 Staatliche Museen zu Berlin; 58 Albert Shoucair / Thames & Hudson; 59 l. Werner Forman Archive; 59 r Britsh Museum; 60 l. u. o.r. Bildarchiv Preußischer Kulturbesitz; 60 u.r. The Kobal Collection; 61 o. Scala; 61 l. Peter Clayton; 61 . Sandra Lousada / Susan Griggs Agency; 62 Scala; 63 Bridgeman Art Library; 64 British Museum; 65 l. Anthony Howarth / Susan Griggs Agency; 65 r. Josephine Powell; 66 Dr. J. E. Curtis; 67 British Museum; 68 Lauros-Photographie Giraudon; 69 o. Museum of Anatolian Civilisations, Ankara; 69 u. Robert Harding Picture Library; 72 Maroon / Zefa Picture Library; 74 o. British Museum; 74 u. Robert Harding Picture Library; 75 o. British Museum / Bridgeman Art Library; 75 u. British Museum; 76 o. British Museum / Bridgeman Art Library; 76 u. Ronald Sheridan / Ancient Art & Architecture; 77 l. Jehangir Gazdar / Susan Griggs Agency; 77 r. Scala; 78/79 Robert Harding Picture Library; 79 Archiv für Kunst und Geschichte, Berlin; 81 o. Zefa Picture Library; 81 u.l. James Harpur; 81 u.r. Zefa Picture Library; 82 National Museum of Scotland; 83 l. Novosti; 83 r. Erich Lessing / Magnum Photos; 84 Archiv für Kunst und Geschichte, Berlin; 85 o. Musée Archaeologique Châtillon-sur-Seine / Bridgeman Art Library; 85 u. Archiv für Kunst und Geschichte, Berlin; 87 Lee Boltin; 88 National Museum, Copenhagen / Werner Forman Archive; 89 The Mansell Collection; 90 James Harpur; 91 o.l. Ronald Sheridan / Ancient Art & Architecture; 91 o.r. Harald Sund / Image Bank; 91 u. Zefa Picture Library; 93 o.l. British Museum; 93 o.r. Reflejo / Susan Griggs Agency; 93 u./94 Scala; 95 Ashmolean Museum; 96/97 o.l. The Hulton Picture Company; 97 o.r. Alison Frantz / Robert Harding Picture Library; 97 u. National Anthropological Museum, Athens / Robert Harding Picture Library; 98 Zoë Dominic; 99 o. Bridgeman Art Library; 99 u. Ekdotike Athenon; 100 John Bulmer / Susan Griggs Agency; 101 l. Scala; 101 r. Hirmer Fotoarchiv; 102 James Harpur; 103 K. Kerth / Zefa Picture Library; 104 o.l. Peter Clayton; 104 o.r. The Hulton Picture Company; 104 u. Cornell Capa / Magnum Photos; 105 James Harpur; 106 Richard Philpott / Zooid Pictures; 108 o. The Mansell Collection; 108 u. Ronald Sheridan / Ancient Art & Architecture; 109 o. Staatliche Antikensammlung, München / Bridgeman Art Library; 109 u. Giraudon / Bridgeman Art Library; 110 Scala; 111 o. Robert Harding Picture Library; 109 u. British Film Institute; 112 Richard Neave / The Manchester Museum; 114 Bridgeman Art Library; 115 o. Ekdotike Athenon; 115 u. Bildarchiv Preußischer Kulturbesitz; 116 Scala; 117 l. Villota / Zefa Picture Library; 117 r. Ian Yeomans / Susan Griggs Agency; 118 o. Obrenski / Image Bank; 118 u. Fred Mayer / Magnum Photos; 119/121 o.l. Ronald Sheridan / Ancient Art & Architecture; 121 u.l. Museo di Villa Giulia, Rome / Robert Harding Picture Library; 121 r. The Mansell Collection; 122 Robert Harding Picture Library; 123/124 Scala; 127 o. Ronald Sheridan/ Ancient Art & Architecture; 127 u. Scala; 128 l. British Museum; 128 r. The Mansell Collection; 129 Scala; 130 Biblioteca Apostolica Vaticana; 131 o. Metropolitan Museum of Art, Rogers Fund, 1903 / Bridgeman Art Library; 131 u. Scala; 132 o. British Museum; 132 u/133 o. The Mansell Collecton; 133 u. Archiv für Kunst und Geschichte, Berlin; 135/136 Scala; 137 The Mansell Collection; 138 John Flowerdew / Zefa Picture Library; 139 l. Bridgeman Art Library; 139 r. Adrianne Leman / Susan Griggs Agency; 139 u. Krafft / Explorer; 142 l. British Museum; 142 o. Werner Forman Archive; 142 u. Sonia Halliday Photographs; 143 British Museum; 144/145 The Mansell Collection; 146 r. Nick Sidle / The Dance Library; 146 l. Scala; 147 l. Alain Thomas / Explorer; 147 r. Scala; 148 Christine Osborne; 149 o. Robert Harding Picture Library; 149 u. Hanif Reza / Zefa Picture Library; 151 J. L. Nou / Explorer; 152 Ronald Sheridan / Ancient Art & Architecture; 153 Ann & Bury Peerless; 154 Robert Harding Picture Library; 155 o. Ann & Bury Peerless; 155 u. P & G Bowater / Image Bank; 156 l. Indian High Commission; 156 r. Michael Holford; 157 British Library; 158 l. Bruno Barbey / Magnum Photos; 158 r./159 Scala; 160 Josephine Powell; 161 o. Steve Satushek / Image Bank; 161 u. Michael Holford; 162 Östasiatiska Museet, Stockholm; 163 Dr. Georg Gerster / The John Hillelson Agency; 165 l. Victoria & Albert Museum / Michael Holford; 165 r. Hiroji Kubota / Magnum Photos; 166 l. Courtesy of the Freer Gallery of Art, Smithsonian Institution, Washington D.C.; 166 r. Robert Harding Picture Library; 167 Courtesy of The Institute of History and Philology; 168 l. Marie Antoinette Evans Fund, Courtesy Museum of Fine Arts, Boston; 168 r/169 l. Ronald Sheridan/ Ancient Art & Architecture; 169 r. Sally & Richard Greenhill; 170/171 Laurie Lewis Spooner Pictures; 170 Robert Harding Picture Library; 172 Popperfoto; 173 l. Robert Harding Picture Library; 173 r. Bridgeman Art Library; 176 Courtesy of The Institute of History and Philology; 177 o.l. Robert Harding Picture Library; 177 u.l. u. r. G & P Corrigan / Robert Harding Picture Library; 178 Israel Museum / Ancient Art & Architecture; 179 o. David Muench; 179 r/181 o.l. Tony Morrison / South American Pictures; 181 o.r. Lee Boltin; 181 M. ET Archive; 181 u. Tony Morrison / South American Pictures; 182 Israel Museum / Ancient Art & Architecture; 182/183 Cornell Capa / Magnum Photos; 183 l. ET Archive; 183 r./184 o. Michael Holford; 184 u. Robert Harding Picture Library; 185 Tony Morrison / South American Pictures; 186 o. Michael Holford; 186 u. Tony Morrison / South American Pictures; 187 o. The Kobal Collection; 187 u. Bridgeman Art Library; 188 o. Inge Morath / Magnum Photos; 188 u. Michael Holford; 188 o Inge Morath / Magnum Photos; 189 u. Bridgeman Art Library; 189 o. Heather Magrill; 189 u. Michael Holford; 190 o. Heather Magrill; 190 u. Norman / Ancient Art & Architecture; 193 o. Werner Forman Archive; 193 u.l. British Museum; 193 u.r. Tony Morrison / South American Pictures; 194 l. ET Archive; 194 r. Biblioteca Apostolica Vaticana; 195 o. Ronald Sheridan/ Ancient Art & Architecture; 195 u. Tony Morrison / South American Pictures; 196 National Museum of Anthropology / Werner Forman; 197 o. Fotomas Index; 197 u. ET Archive; 198 l. Ohio State Museum / Werner Forman Archive; 198 r. Ohio Historical Society; 199 o. Tony Linck / Shostal Associates / Superstock; 199 u. The Saint Louis Art Museum, Eliza McMillan Fund; 200 o. McNitt Collection,State Records Center, Santa Fe, New Mexico; 200 u.l. Maxwell Museum of Anthropology / Werner Forman Archive; 200 u.r. David Lucas / Evansville Courier, Indiana; 201 David Muench.

Abbildungsnachweis

Harry Clow: 30–31, 54–55, 70–71, 86–87.
Stephen Conlin: 106–107, 134–135, 150–151 o., 190–191.
Maxine Hamil: Schmucklinien
Richard Hook / Linden Artists: 29, 34–35, 82, 102 u. 113, 126, 127, 174–175.
Janos Marffy / Jillian Burgess: 8–9, 12, 24–25, 30, 33, 40, 51, 65, 72–73 u., 80, 84, 92, 120, 148 o., 164 u., 180 l.
Technical Art Services: 13, 15, 17, 18, 20, 23, 27, 32, 34, 36, 45, 55, 69, 95, 98, 100, 102 o., 107, 112, 117, 124, 125, 128, 138, 140–141, 145, 148 u., 150 u., 152, 157, 164 o., 167, 176, 180 r., 185, 189 o., 189 u., 191 u., 193, 198, 201 o., 201 u.
Roger Wade-Walker / Jillian Burgess: 44, 48, 73 o., 141 (Vignetten), 192.